만들어진 서양

THE WEST
만들어진 서양

서양이란 이름에 숨겨진 진짜 역사

니샤 맥 스위니 지음
이재훈 옮김

THE WEST
by NAOÍSE MAC SWEENEY

Copyright (C) 2023 by Naoíse Mac Sweeney
Korean Translation Copyright (C) The Open Books Co. 2025
All rights reserved.

Korean translation rights arranged with Andrew Nurnberg Associates Ltd. through EYA Co., Ltd.

일러두기
• 이 책의 각주는 옮긴이주이다.

이 책은 실로 꿰매어 제본하는 정통적인 사철 방식으로 만들어졌습니다.
사철 방식으로 제본된 책은 오랫동안 보관해도 손상되지 않습니다.

지아니, 그리고 발렌티노에게

들어가기 전에

나는 〈서양 문명Western Civilisation〉이라는 용어가 중립적인 서술이 아닌, 일종의 만들어진 추상적 구조임을 강조하기 위해 대문자로 표기하기로 했다. 비슷한 취지에서 순전히 지리학적 서술이 아닌, 어떤 문화 및 문명을 함축하는 추상적인 정치적, 문화적 개념으로 〈서양the West〉 및 〈서양의Western〉 등의 표현을 사용할 경우에도 대문자로 표기했다. 그러므로 소문자로 표기한 경우에는 단순히 지리적 설명을 위해 사용한 것이다. 예를 들어 유럽 대륙의 중앙부를 언급할 때는 소문자로 〈중유럽central Europe〉이라 표기했다. 그러나 각 대륙의 이름에 대해서는 대문자로 표기하는 관행을 따를 것이다.

인종과 관련된 용어에 대해서도 비슷한 원칙을 따랐다. 〈흑인Black〉이나 〈황인Yellow〉과 같은 용어는 대문자로 표기했는데, 이러한 범주가 중립적인 설명이 아니라 일종의 창안된 추상적인 구조물임을 드러내기 위함이다. 피부색과 관련된 용어를 건조하게 설명할 경우에는 소문자를 사용했다.

인명 및 지명의 철자는 일관성 및 독자의 편의를 위해 통용되는 라틴 문자 표기법을 사용했다. 그러나 이 책에서는 여러 표기법을 지닌 이름이 등장할 수 있다. 이 경우 나는 영어권 문헌에서 가장 널리 통용된다고 여겨지는 철자를 따랐다. 따로 번역자를 명시하지 않은 번역문은 내가 옮긴 것이다.

    이 책은 광범위한 인류사 속 다양한 문화 및 사회를 주제로 다루고 있다. 그에 상응하게도 내 연구의 상당 부분은 2차 문헌에 의존하고 있다. 내 전문 분야를 벗어나는 영역을 다룰 때 해당 지역 및 시기의 전문가들은 그 주제에 대한 최고의 길잡이가 되었다. 그렇지만 이 책에서 다루는 부분들은 그 정확성이나 세부 사항, 미묘한 어감 등에서 각 분야 전문가들의 글에 비할 수 없을 것이고, 사실관계와 해석에서 다소의 오류가 있을 수 있음을 인정한다. 그러나 한 가지 주제를 종합적으로 개괄하기 위해 노력했다는 점에서 이 책은 가치를 지녔다고 믿는다. 불가피하게도 큰 그림을 부감하기 위해서는 세심함과 명료함을 어느 정도 잃게 되겠지만 큰 그림을 보기 위해 이를 감내해야 할 때도 있기 마련이다.

차례

들어가기 전에　　　7

서　장	기원의 중요성	11
제 1 장	순수성을 거부하다: 헤로도토스	25
제 2 장	아시아계 유럽인: 리빌라	59
제 3 장	고대 세계의 국제적 계승자: 알킨디	83
제 4 장	재등장한 아시아계 유럽인: 비테르보의 고프레도	113
제 5 장	기독교 세계라는 환상: 테오도로스 라스카리스	143
제 6 장	고대를 재상상하다: 툴리아 다라고나	169
제 7 장	미답의 길: 사피예 술탄	203
제 8 장	서양과 지식: 프랜시스 베이컨	237
제 9 장	서양과 제국주의: 앙골라의 은징가	265
제10장	서양과 정치: 조지프 워런	295
제11장	서양과 인종: 필리스 휘틀리	325
제12장	서양과 근대성: 윌리엄 글래드스턴	351
제13장	서양과 그 비판자들: 에드워드 사이드	383
제14장	서양과 그 적수들: 캐리 람	413
결　론	역사 만들어 가기	449

감사의 말	461
주	465
참고문헌	513
추천 도서 목록	545
삽화 목록	551
옮긴이의 글	553
찾아보기	563

서장:
기원의 중요성

 기원은 중요하다. 가령 〈당신은 어디서 왔습니까?〉라는 질문은 많은 경우 〈당신은 누구입니까?〉라고 묻는 것이다. 개인, 가족, 국가 전체에 대해서도 똑같이 말할 수 있다. 이는 복합체이자 전체이며 단일체이기도 한 서양 또한 마찬가지이다.

 기원과 정체성 사이의 이러한 교차성이야말로 현재 서양을 뒤흔드는 문화 전쟁의 핵심에 놓여 있다. 지난 10년 동안 유해할 정도로 양극화된 정치 담론, 동상 끌어내리기, 국가 지도자에 의한 선거 제도 기반 흔들기 등이 목격되었다. 서양 내부에서 일어나는 정체성의 위기는 대체로 거대한 국제 정세와 상응한 결과이다. 세상이 바뀌면서 서양의 지배는 그 토대부터 흔들리고 있다. 이 역사적 순간에 우리는 서양에 대해 급진적으로 재고하고 더 나은 미래를 위해 서양을 새로이 만들 기회를 잡았다. 그러나 이는 우리가 기꺼이 과거와 직면할 때 가능하다. 서양이 어디서 비롯되었는지 대답함으로써 비로소 우리는 서양이란 무엇이고, 무엇이어야 하는지를 말할 수 있을 것이다.

 〈서양〉은 어떤 지리적 위치나 문화적 공동체를 가리키는 낱말이지만 보통은 어떤 문화적 요소 및 정치적, 경제적 원칙을 공유하는 근대적 국민 국가를 일컫는 데 사용된다. 대의 민주주의와 시장 자본주의라는 발상, 유대-기독교의 도덕적 기층 위에 놓인 세속 국가, 개인주의를 추구하는 경향 등이 그 요소와 원칙 중 일부이다.[1] 이러한 항목들이 서양의 전유물이라거나 서양 전체에 보편화되었다고 할 수는 없어도 이러한 특성 모두 혹은 대부분이 꾸준히 함께 나타난다는 점은 특징적이다. 샴페인과 코카콜라, 오페라하우스와 쇼핑몰과 같이 서구화의 척도로 여겨지는 수많은 진부한 상징 역시 그러한 요소에 포함된다고 볼 수 있다. 하지만 서양을 정의하는 한 가지 구체적인 요소는 공통의 기원과 역사를 가지고 있고 문화유산과 정체성을 공유한다는 개념이다.

서양의 기원 신화를 찾아 서양사를 거꾸로 거슬러 올라가면, 근대화된 대서양 연안 국가들에서부터 계몽주의 시기 유럽을 거치고 찬란한 르네상스와 암흑의 중세를 지나 마침내 그리스와 로마의 고전기 세계에 다다른다. 이는 정전이자 이제는 진부한 이야기로서 서양사를 설명하는 표준적 판본으로 자리매김했다. 하지만 이는 잘못되었다. 이 서양사의 판본은 사실에 근거하기보다는 이념에 의해 추동된 것으로 플라톤에서 나토에 이르는[2] 단일하고 온전한 연속체로서 서양사를 구성하고자 하는 거대 서사이다. 이를 〈서양 문명〉이라는 용어로 간단히 함축하여 언급하는 것이다.

오해를 피하기 위해 일러두자면 이 책은 어떤 문화적 혹은 정치적 개체로서 서양의 흥기를 다루지 않는다. 이미 그 주제를 다룬 수많은 위대한 책이 서양이 세계를 지배할 수 있었던 까닭을 폭넓게 설명하고 있다.³ 이 책은 그보다는 서양사에 관한 어느 특정한 판본의 등장을 그려 내고자 한다. 그 판본은 오늘날 깊이 뿌리내려 영속화된 것으로 자각 없이 받아들여지곤 하지만 도덕적으로도 문제가 있거니와 사실과도 다르다. 이 책은 〈서양 문명〉으로 알려진 그 거대 서사를 낱낱이 풀어헤치고자 한다.

서양 문명이라는 거대 서사를 담은 서양사의 이 판본은 우리 주변에 널리 퍼져 있다. 나는 그것이 얼마나 깊이 파고들었는지 진정으로 자각했을 때를 기억한다. 워싱턴 DC의 의회 도서관 열람실에 있을 때였다. 문득 천장을 올려본 나는 촉각을 곤두세운 사서가 아닌 열여섯 개의 등신대 동상이 나를 바라보고 있음을 깨달았는데, 그것들은 도금된 돔 천장 아래의 회랑에 세워져 있었다. 그중 고대 인물로는 모세Moses, 호메로스Homeros, 솔론Solon, 헤로도토스Herodotos, 플라톤Platon, 성 바오로St Paul가 있었다. 구세계 유럽의 인물로는 콜럼버스Christopher Columbus, 미켈란젤로Michelangelo Buonarroti, 베이컨Francis Bacon, 셰익스피어William Shakespeare, 뉴턴Isaac Newton, 베토벤Ludwig van Beethoven, 역사가 에드워드 기번Edward Gibbon이 있었다. 그리고 북아메리카 신대륙의 인물들인 법학자 제임스 켄트James Kent, 공학자 로버트 풀턴Robert Fulton, 과학자 조지프 헨리Joseph Henry가 거기 있었다. 나는 즉시 그 방(동상뿐만 아니라 벽화, 그리고 심지어 서가의 구성조차)의 전체적인 구성이 어떤 한 가지를 강조하기 위해 기획되었음을 알아차렸다. 즉 그곳의 책상에 앉은 우리야말로 천 년을 거슬러 올라가는 지적, 문화적 전통의 일부라는 것이다. 그리고 그 전통에 속한 선조들이 우리를 말 그대로 굽어보고 있었으니 우리의 성과에 따라 이는 격려가 될 수도, 혹은 심판이 될 수도 있었다.[4]

두 가지 문제가 머릿속을 스쳤다. 본능적으로 떠오른 첫 번째 생각은 내가 그 자리에 속하지 못한다는 것이었다. (여성이며 혼혈인) 나와 같은 사람은 엘리트 백인으로 상상되곤 하는 그 전통에 속하지 못하리라는 생각이 들었다. 나는 재빨리 그 생각을 우스꽝스럽다고 치부하며 몰아냈으나(어쨌든 나는 그곳의 열람석에 앉아 있는 특권을 누리고 있었다), 그보다 더 심각한 생각에 사로잡혔다. 그 열여섯 명의 인물이 과연 서양의 과거를 진정으로 대표할 수 있단 말인가? 그들을 연결하는 서사는 서양사를 정확하게 묘사하고 있는가?

서양 문명을 이야기하는 그 표준적인 서사는 어디에서나 접할 수 있기에 우리 대부분은 그에 대해 생각을 멈추기도 힘든 데다가 의문시할 기회는 더욱 드물다. 비록 이 서사가 더 많이, (그리고 성공적으로) 도전받고 있음에도 불구하고 그것은 여전히 우리를 에워싸고 있다. 학교 교과서와 저명한 역사서에서 서양사에 대한 설명을 읽을 때 우리는 보통 〈그리스와 로마에서 시작하여 중세를 거쳐 유럽의 탐험과 정복의 시대에 초점을 맞추고 그것을 근대 세계와 밀접한 것으로 분석한다〉.[5] 그러한 저서들에서 서양 문명을 설명하는 데 사용되는 언어는 대개 〈유산〉, 〈진보〉, 〈가계〉 등 보학적(譜學的) 은유로 꾸며져 있다.[6] 우리는 〈서양 문명은 고대 그리스와 로마, 기독교 교회로부터 계승되어 르네상스, 과학 혁명, 계몽주의를 거쳐 왔다〉는 식의 이야기를 반복적으로 듣곤 한다.[7] 서양 문명의 문화가 선형적으로 계승되었다는 생각은 초기부터 우리에게 주입되어 온 것이었다. 한 영향력 있는 아동 도서 시리즈는 서문에서 서양 문명을 〈활력을 지닌…… 불꽃〉으로 묘사하면서 그리스에서 그 마법과도 같은 여정을 시작한다. 로마를 거치고 독일, 프랑스, 스페인에 들렀다가 영국에서 수 세기를 머무른 다음 마침내 미합중국에 도달한다.[8] 기원은 중요하므로 서양의 출발점으로 지목하는 그 장소야말로 서양이 근본적으로 〈무엇〉인지를 특징짓는 한 가지 방식이다.

　서양에 대한 상상된 문화적 족보는 대중에 영합하는 정치인의 연설, 언론인의 수사(修辭), 권위자의 분석을 통해 효과적으로 상기된다. 그 족보를 기저에 둔 상징과 표현은 정치 성향을 막론하고 사람들 사이에서 폭넓게 사용된다. 서양의 출생지로서 고대 그리스-로마가 특히 강조되곤 하며, 고대 그리스와 로마는 현재를 암시하기 위한 정치적 수사로서 자주 동원된다. 2021년 1월 6일 한 무리의 군중이 서양의 가치를 수호하겠다고 주장하며 미국 의회 의사당에 들이닥쳤다. 그때 그들은 고대 그리스의 경구가 새겨진 깃발과 도널드 트럼프Donald Trump 대통령을 율리우스 카이사르Julius Caesar로 묘사하는 플래카드를 지니고 있었고, 몇몇은 고대 그리스의 투구 복제품을 착용했으며 심지어 로마 병사로 완전히 분장한 사람들도 있었다.[9] 2014년 유럽 연합이 미등록 이민자와 난민의 유입을 저지하기 위한 계획을 발동했을 때, 그들은 거기에 고대 로마의 전통을 뜻하는 〈모스 마이오룸Mos Maiorum 작전〉이라는 이름을 붙였다.[10] 2004년 오사마 빈라덴Osama Bin Laden은 서양에 대한 성전을 천명하면서, 무슬림에게 〈새로운 로마에 저항하라〉고 촉구했다.[11] 그러나 서양 문명에 대한 이 서사는 단순히 역사책 속의 이야기이자 정치적 맥락에서 상기될 만한 것에 그치지 않는다. 그것은 또한 우리 일상을 형성한 일부로서 우리 주변 어디에나 있다. 우리는 영화와 텔레비전에서 배역 감독, 의상 디자이너, 영화 음악 작곡가에게 선택되어 구성된 그 서사를 본다. 우리는 미국 의회 도서관뿐만 아니라 세계 각지의 제국 수도와 식민지 양쪽에 세워진 신고전주의 건축물에 새겨져 보존된 그 서사와 마주한다.[12] 그 서사는 어디에나 퍼져 있기에 우리 대부분은 그것을 당연하게 받아들인다. 하지만 그것은 정녕 진실인가?

워싱턴 DC의 비 내리는 오후에 내 머릿속에서는 그러한 생각이 걷잡을 수 없이 치달고 있었다. 그때를 계기로 내 20년의 연구에서 가장 훌륭한 부분이 상상된 서양의 기원을 다루는 데 사용되었고, 그 기원은 서양이라는 정체성의 상당 부분을 이루고 있었다. 특히 한 연구에서 나는 고대 그리스 세계의 사람들이 자신의 기원을 어떻게 이해하고 있었는지에 초점을 맞추어 그들이 구성한 신화상의 족보, 숭배했던 고대 종교 집단, 이주와 건국 이야기를 조사했다. 나는 (지금도 마찬가지이지만) 내 직업이 지닌 특권을 자각함과 동시에 상당한 불편함을 느꼈다. 나는 서양 문명이라는, 사상적으로나 실질적으로나 미심쩍은 거대 서사를 떠받치는 지적인 기만에 나 자신이 연루되어 있음을 깨달았다. 그 점에서 나는 내가 고대의 정체성과 기원을 탐구하기 위해 활용한 분석 방법을 재고했고 그것들을 내가 살아가는 오늘날의 세계에 적용했다. 이 책은 바로 그 결과물이다.

여기서 내가 주장하는 바는 두 가지이다. 첫 번째는 서양 문명이라는 거대 서사는 사실과 다르다는 것이다. 근대 서양은 고전기 고대라는 명백하고 단순한 기원을 갖지 않았고 중세 기독교 세계, 르네상스와 계몽주의 시기, 근대로 이어지는 온전하고 단순한 선형적 발전 과정을 거치지도 않았다. 서양의 정체성과 문화는 교수이자 철학자인 콰메 앤서니 아피아Kwame Anthony Appiah의 설명대로 〈금덩이〉라도 되는 것처럼 선형적으로 계승되어 내려온 것이 아니다.[13] 이 거대 서사는 불과 한 세기 전부터 그 결점이 노출되었고 현재 그것을 반박하는 증거는 차고 넘친다. 오늘날 모든 진지한 역사학자와 고고학자 들은 〈서양〉과 〈비서양〉 사이의 문화 교류가 있었고 근대 서양의 문화적 DNA의 상당 부분이 비유럽인 및 비백인 선조들에게서 폭넓게 빌려온 것임을 인지하고 있다.[14] 그 문화적 상호 작용의 본성과 복잡 미묘한 차이는 풀어야 할 과제로 남아 있고, 서양 문명에 대한 기존의 거대 서사를 대체할 새로운 서사는 아직 등장하지 않았다. 이 책을 쓴 동기의 일부분은 바로 그 과업에 이바지하기 위함이다. 동기의 나머지 부분은 그 모든 역사적 증거와 학술상의 합의가 서양 문명이라는 거대 서사에 반하고 있음에도 불구하고 대중의 인식은 거의 바뀌지 않았다는 불편한 사실에 기인한다. 그 서사는 오늘날의 서양 문화 곳곳에 남아 있다. 어째서 우리(넓은 의미에서 서양 사회)는 더는 신뢰할 수 없게 된 역사관을 여전히 고수하고 있는가?

　이 책의 두 번째 주요 주장은 서양 문명이라는 거대 서사의 발명, 보급, 지속이 이념적 유용성을 지닌 탓에 이루어졌다는 것이다. 토대가 되는 사실관계가 전혀 근거가 없는 것으로 드러난지 오래되었음에도 그 서사가 지금까지 유지되고 있는 것은 그것이 어떤 목적에 부합하기 때문이다. 개념적 틀로서 그 서사는 현재에도 계속되고 있는 백인종의 지배 체제와 더불어 서양의 확장 및 제국주의를 정당화한다. 이는 서양 문명이라는 거대 서사가 그들만의 명분을 위해 잘못된 역사관을 심어 주려는, 어떤 사악한 수뇌가 꾸민 냉소적인 음모의 산물이라는 뜻이 아니다. 오히려 정반대다. 이 이야기는 임시변통으로 그때그때 끼워 맞춰진, 의도된 계산 못지않는 즉흥에도 기대고 있다. 그 거대 서사는 수많은 미시 서사, 상호 연결, 끼워 맞추기로 구성되어 있고 그 모두는 각자 특정한 정치적 목적에 이바지하기 위해 고안된 것이다. 근대 서양 민주정의 설립 선언에 이용된, 고전기 아테네를 민주정의 등불로 여기는 발상,[15] 고대 로마가 유럽이 공유하는 문화유산의 토대로서 유럽다움의 근본이라는 생각,[16] 반서방 지하드와 〈테러와의 전쟁〉을 정당화하기 위해 각 진영이 이용하는, 십자군이 기독교와 이슬람교 간 문명의 충돌이었다는 신화 등이 여기에 들어간다.[17] 상기한 사례 및 그와 유사한 미시 서사들이 얼마나 유용한 이념이었는지는 잘 기록되어 있다. 그 각각은 특정한 화자의 기대와 이상에 적합했기에 이야기되었다. 그 이야기 각각은 다양하고 매력적이며, 나는 독자들이 이 책에서 아찔할 만큼 다채로운 그 이야기의 일부나마 알아 가는 즐거움을 맛보기를 소망한다. 그러나 총체적으로 그 이야기들은 서양 문명이라는 거대 서사를 구성함으로써 서양의 기원에 대한 신화에 기여하고 있다.[18]

물론 서양은 현재의 필요와 자화상에 따라 과거의 서사를 회고적으로 구성하는 사회정치적 개체에 그치지 않는다. 정치화된 역사 재상상하기는 매우 일반적인 관습이고, 역사 그 자체가 쓰인 기간만큼이나 오래 행해졌다(심지어 어쩌면 더 오래전부터 구술과 공동체의 전승을 통해 이루어졌을 수도 있다). 기원전 6세기 아테네인은 호메로스가 쓴 『일리아스 Ilias』 배경이 되는 영웅들의 시대에 아테네인이 에게해의 섬들을 장악하고 있었음을 암시하는 글귀를 삽입했다. 아테네인이 에게해를 장악하려 시도했던 바로 그 시기에 그러한 글귀가 삽입된 것은 새삼스러운 일도 아니다.[19] 최근의 예로 1923년 근대 국민 국가의 수립을 선언한 튀르키예는 〈튀르키예 역사 테제〉로 알려진 복합적인 역사학적, 고고학적 프로그램을 통해 아나톨리아 지역과 튀르키예인을 연관 짓는 정체성을 강화하고자 했다.[20] 더 최근에는 시진핑의 지도하에 제2차 세계 대전에서 중국이 수행한 역할에 대한 새로운 공식 서사가 적극적으로 힘을 얻고 있으며, 당신의 관점에 따라 그 방식은 우려스럽거나 장려될 만한 것일 수 있다.[21] 그리고 러시아군이 군사적 침공을 앞두고 우크라이나 국경을 어지럽히던 2021년 7월에는 러시아의 대통령 블라디미르 푸틴 Vladimir Putin이 러시아인과 우크라이나인의 역사적 단일성을 주장하는 논고를 발표하기도 했다.

  자신의 정치적 의제에 따라 역사를 다시 쓰길 바란다고 해서 반드시 악의나 거짓을 지닐 필요도 없고 역사를 위조해야만 하는 것도 아니다. 과거 다시 쓰기는 기존의 서사에 이미 기록된 사실들을 아울러 선별함으로써 이루어질 수도 있다. 2020년 영국 내셔널 트러스트는 자신들이 관리하는 역사적 건축물과 식민주의 및 노예제와의 관련성을 다룬 보고서를 발표했는데, 이는 영국의 제국주의적 과거를 두고 이미 뜨겁게 달아오른 논쟁에 기름을 끼얹었다.[22] 일각에서는 식민주의, 노예제, 착취 등 불편한 과거를 학교 교육 과정에서 더 자주 다루고 박물관과 다른 사적지에서 그에 대해 더 많은 정보를 기재해야 한다고 주장했다. 이 주장은 역사적 사실에 의해 추동된 동시에 또한 역사적 과오를 바로잡고 더 큰 사회 정의를 추구한다는 정치 의제에 의해 추동되고 지지를 받았다는 점에서 근본적으로 정치적이었다. 그러한 불편한 화제를 더 다루는 대신 긍정적인 주제를 강조해야 한다는 반대 측의 주장 역시 비록 현상 유지를 위한 주장일지언정 정치적 의제에 의해 추동된 것이다.

이 논쟁은 두 가지 중요한 점을 보여 준다. 첫째, 모든 역사는 정치적이라는 것이다. 다시 쓰기, 재고하기, 공식 역사 수정하기 등을 선택하는 것은 정치적 행동이다. 마찬가지로 역사를 다시 쓰지 **않겠다**는 선택 역시 정치적 행동이다. 둘째, 역사적 사실 그 자체가 언제나 분쟁의 대상이 되지는 않는다는 것이다. 논쟁은 **어느** 사실이 언제 어디서 강조되어야 할지에 초점을 맞춘다. 이 두 가지 주안점을 고려하면서 우리는 정치적 입장에 따라 역사를 쓰는 것이 근본적으로 나쁜 일이 아니라는 결론을 내려야 한다. 사실 이것이야말로 역사가 서술되는 **유일한** 방식이다! 그러나 당신이 쓴 역사가 알려진 사실과 어긋난다면 그 서술에는 문제가 **있다**.

그 어긋남이 서양 문명이라는 거대 서사가 지닌 주요한 문제 가운데 하나이다. 거대 서사를 뒷받침할 증거는 오랫동안 무너져 왔고, 개별적 요소들이 여전히 유지되는 동안 전체적 서사는 더는 우리가 아는 사실과 부합하지 않게 되었다. 그러나 서양의 일부 세력은 아직도 이념적 가치를 위해 이 거대 서사를 고수하고 있다. 이는 우리에게 서양 문명이라는 거대 서사가 지닌 두 번째 주요 문제, 바로 그 서사가 오늘날 서양에서 통용되는 원칙과 부합하지 않는 이념을 지지하고 있다는 점을 마주하게 만든다. 21세기 중반의 서양 사회를 지배하는 이념은 그 거대 서사가 정점에 다다랐던 19세기 중반의 그것과는 다르고, 그 서사가 처음 등장한 18세기 중반의 그것과도 다르다. 오늘날 서양의 많은 사람에게 백인종의 우월성이나 제국주의는 서양 정체성의 핵심이 아니다. 그 자리에는 대신 자유주의, 사회적 관용, 민주주의에 토대를 둔 이념이 들어섰다(서양 내부에서 무시할 수 없는 수의 사람들이 이에 동의하지 않고 19세기 모델의 서양 정체성으로 퇴행하려 하고 있다. 나는 결론부에서 이에 대해 자세히 논의하고자 한다).

    우리는 사실과 맞지 않을뿐더러 이념적으로도 뒤처진 그 거대 서사를 치워 버려야 한다. 그것은 목적에 더 이상 들어맞지 않는 기원 신화로 서양사에 대한 정확한 설명도, 서양 정체성에 적절한 이념적 토대도 제공하지 못한다. 이 책에서 내 주안점은 서양 문명이라는 거대 서사에 딴죽을 거는 것으로, 먼저 그것을 구성하는 미시 서사들을 풀어헤치고 다음으로는 그 위에 놓인 이념적 응어리들을 분석하는 데 있다.

    이 주제가 (비록 매우 강력하고 중요하지만) 추상적이라는 점을 고려하자면 이러한 종류의 책은 이론의 영역에 갇혀 버리기 쉽다. 이를 피하기 위해 나는 열네 명의 역사적 실존 인물의 삶 가운데 내 이야기를 배치했다. 어떤 인물들은 친숙할 것이고 다른 인물들은 덜 유명하다. 그러나 노예 시인에서부터 망명한 황제에 이르기까지, 외교관 사제에서부터 정적에 에워싸인 관료에 이르기까지, 그들의 이야기는 서양사의 새로운 면모를 보여 줄 것이다. 각 장에서 나는 한 사람의 주목할 만한 인생 이야기뿐만 아니라 그가 동시대를 살아갔던 다른 중요한 인물들과 어떻게 상호 작용했는지 그 맥락을 드러내도록 시대상에 대한 설명 역시 제공할 것이다.

이 책의 첫 절반은 거대 서사로서 서양 문명이 지닌 역사적 오류를 지적하기 위해 서양의 기원을 검증함으로써 문화적으로 순수하고 온전한 선형적 족보라는 환상을 벗겨 낼 것이다. 첫 두 인물은 서양의 출생지라 여겨지는 고전 세계 출신으로 고대 그리스인이나 로마인 모두 배타적인 서양 혹은 유럽 정체성을 지니지 않았음을 밝힐 것이다(제1장과 제2장). 다음 세 인물은 〈암흑기〉라 불리는 중세 출신으로 이슬람, 중유럽, 비잔티움이 각자의 맥락에서 그리스와 로마의 유산을 어떻게 포용하고 거부했으며 재상상했는지에 대한 예시가 될 것이다(제3장, 제4장, 제5장). 마지막 두 인물은 르네상스와 근세를 담당한다. 이 시기 유럽 대륙과 거대한 기독교 세계는 일관된 서양이라는 개념이 무색할 지경으로 분열되었고 그로 인해 다양하고도 상충하는 방식으로 문명의 계보가 그려지게 되었다(제6장과 제7장).

이 책의 나머지 절반은 서양 문명이 이념적 도구로 작동한 방식을 생각하고, 그것이 출현해 오늘날 익숙한 거대 서사로 발전해 나간 과정을 추적한다. 이 중 첫 세 장은 16세기와 17세기에 종교와 과학, 국제적 규모의 팽창과 제국주의, 정치적 계약 등과 관련하여 변화하는 사상이 어떻게 서양 문명이라는 발상이 점진적으로 부상하는 데 기여했는지 탐구한다(제8장, 제9장, 제10장). 다음에 등장할 두 인물은 서양 문명이라는 발상이 무르익으면서 서양 제국주의를 공고히 하고 인종적 지배 체계를 확산시킨 과정을 포착한다(제11장과 제12장). 마지막 두 인물은 서양과 서양 문명이 직면하는 두 가지 도전인 내부의 비판과 외부 경쟁자들의 실례를 보여 줄 것이다. 이로써 우리가 살아가는 현실 세계의 변화를 검증하고 서양과 서양 문명의 기원 신화라는 두 가지 근본적인 정체성을 완전히 재고할 필요가 있음을 촉구할 것이다(제13장과 제14장).

이 열네 명은 의회 도서관에서 내게 문제의식을 안겨 준 그 동상들에 대응하는 내 나름의 동상들이다. 그러나 그곳에서 선발된 상상 속 선조들과 달리 이 책에서 내가 선택한 인물들은 그들이 살았던 시대의 가장 중요하고 영향력 있는 사람은 아니었다. 나는 이 책에서 어떤 〈위인들의 회랑〉을 제시할 생각이 없다. 대신 내가 선택한 열네 개의 주제 속에 등장하는 모든 인물의 삶과 저작을 통해 우리는 어떤 시대정신을 엿볼 수 있을 것이다. 그들의 경험, 행동, 저술을 통해 우리는 문명의 계승 및 상상된 문화적 족보에 대해 생각이 바뀌는 것을 깨닫게 될 것이다. 물론 이 책에 등장하는 인물들이 유일한 선택지는 아닐 것이다. 만일 당신이 비슷한 프로젝트를 진행한다면 틀림없이 다른 인물들을 선발하리라 확신한다. 어쨌든 나는 내 목적에 부합하는 인물들을 골랐다. 그들은 서양 문명이라는 거대 서사가 명백히 사실과 부합하지 않고 이념적으로도 파산 상태를 맞이했음을 드러낸다. 그들은 각자 한 인간의 눈높이에서 이 거대 서사를 단호하게 폐기해야 하는 이유를 보여 준다. 그리고 더 나아가 우리가 새로운 서양사의 관점을 찾을 수 있도록 더욱 풍부하고 다양한, 일련의 역사적 계보를 제시할 것이다.

제1장
순수성을 거부하다:
헤로도토스

그 여인 에우로파Europa가 아시아에서 왔으며,
그리스인이 〈유럽〉이라 부르는 땅에는
발 한 번 디뎌 본 적이 없었다는 점은 분명하다.
— 헤로도토스(기원전 5세기 후반)[1]

한 이민자가 해안에 당도했다. 그는 바다를 바라보고 있었다. 지금 그의 시선과 마음은 그 너머에 있는 대륙, 그가 한평생을 보냈던 고향 땅을 향해 있었다. 그는 몇 년 전에 추방당해 북적이는 배에 몸을 싣고 튀르키예의 황량한 해안을 떠났다. 참주의 박해, 근본주의자 군중의 분노를 피해 달아난 그는 유럽에서 가장 번화하고 국제적인 도시에서 빛나는 새 미래를 찾길 기대했다. 그러나 마침내 그 위대한 대도시에 도착했을 때, 그의 꿈은 이내 산산조각이 났다. 한때 성공을 기대했던 곳에서 그는 의심과 마주했고, 기회를 상상한 곳에서 그는 한계를 깨달았다. 정부가 이주자들에게 적대적인 환경을 조성하기 시작하고 새로이 가혹한 시민권법을 제정하자 그는 떠났다. 그리고 지금 여기, 그는 다시금 낯선 해안에 서서 새로운 기회를 엿보고 있다. 아마도 이번에는 그가 구하던 것을 찾을 수 있으리라.

21세기 한 이민자의 이야기로 들릴 수 있는 이 사례의 주인공은 고대 그리스의 역사가 헤로도토스로, 이 책에 실린 열네 명 가운데 가장 먼저 다룰 인물이다. 물론 우리는 헤로도토스가 이탈리아 남부 해안에 당도했을 때 어떤 생각을 품었을지

(내가 그러했듯) 추측만 할 수 있을 뿐이다. 우리는 〈역사의 아버지〉로 알려진 그의 생애에 대해 상대적으로 아는 바가 적다. 기원전 5세기 초엽 할리카르나소스(지금의 튀르키예 보드룸)에서 태어난 그는 아테네에서 몇 년 동안 활동하다가 타란토만에 위치한 투리이라는 작은 도시에서 말년을 보냈다. 두 번의 추방과 두 번의 재정착 끝에 도착한 그곳에서 그는 자신의 걸작인 『역사 Histories』를 저술했다.

『역사』는 서양 최초의 역사 저술로 널리 인정받고 있다. 기원전 499년에서 470년 사이에(비록 그의 관심사는 기원전 499~479년 동안 일어난 사건에 쏠려 있었으나) 그리스 국가들이 어떻게 단합하여 아케메네스 왕조 페르시아 제국의 침공군과 맞서 싸웠는지가 이 책의 핵심 내용이다. 페르시아인은 규모, 자원, 조직력에서 우세했으며, 동서로는 오늘날의 불가리아에서 아프가니스탄까지, 남북으로는 이집트에서 흑해까지 뻗은 방대한 제국을 운영하고 있었다. 반면 (광의 또는 협의의) 그리스인이라 자처하는 수백 개의 소규모 독립 공동체는 각자의 영역에서 보잘것없는 삶을 이어 나가며 끊임없이 다툼을 일삼았다. 그러나 모두의 예상과 달리 그리스인은 성공적으로 페르시아 침략군을 몰아냈다. 이 이야기는 거의 3천 년 동안 사람들의 상상력을 자극했고, 오늘날까지도 계속되는 명성을 남겼다.[2]

『역사』의 명성이 이토록 오래 지속될 수 있었던 한 가지 이유는 바로 상상된 서양의 역사에서 그것이 지니는 중요성 때문이다. 많은 이들에게 그 책은 서양 문명의 어떤 설립 선언으로서 〈문명의 충돌〉이라는 근대의 개념에 대한 고대의 선례를 제공한 셈이다. 그 서문의 첫 구절은 이에 적합한 것처럼 보인다.『역사』의 서두에서 헤로도토스는 헬레네스와 야만인(그에게는 비그리스인을 뜻한다) 양쪽의 위대한 위업을 기록하는 것이 목적이라고 명시한다. 이는 그리스인과 야만인, 유럽과 아시아, 서양과 동양(더 정확하게 말하자면 서양과 그 나머지)이라는 이원적 대립을 암시한다. 헤로도토스는 그 충돌을 설명하기 위한 배경으로 더 먼 고대의 역사로 거슬러 올라간다. 그에 따르면 페니키아의 상인들이 그리스의 도시인 아르고스의 공주를 납치하면서 모든 이야기가 시작된다. 그리스인은 이에 응수하여 페니키아의 공주를 납치했고 대륙을 오가는 겁탈의 순환은 스파르타에서 헬레네Helene가 납치되면서 벌어진 트로이 전쟁과 함께 마침내 막을 내린다. 트로이의 파멸은 도를 넘은 확전이었고, 이후 아시아인이 그리스인에게 적개심을 갖게 되었다고 헤로도토스는 말한다(『역사』 1:5).

　헤로도토스의 서장은 서양 문명 서사의 초기 판본으로 읽힐 여지가 있다. 그렇게 읽히게끔 만드는 두 가지 핵심 요소는 다음과 같다. 먼저 그리스(〈서양〉이라 읽을 수 있는)와 아시아(〈그 나머지〉라 읽을 수 있는)라는 대립하는 두 진영이 있다. 다음으로 우리는 그 역사서가 저술될 당시의 정세가 그 안에 기록된 과거에 투영되어 있음을 알 수 있다. 다시 말해 페르시아인은 신화 속 트로이인과, 그리스인은 트로이를 약탈한 아카이아인과 동일시된다. 헤로도토스는 고대에 있었던 〈문명의 충돌〉의 사례뿐만 아니라 서양의 문화적 족보에 대한 초기 도식을 제공한 셈이다. 혹은 적어도 〈그렇게 여겨질 만한 것〉을 우리에게 제시하고 있다.

상당수의 독자는 헤로도토스를 읽으면서 그 말을 액면 그대로 받아들여 왔다. 새뮤얼 헌팅턴Samuel Huntington이 논쟁적인 베스트셀러 『문명의 충돌The Clash of Civilizations and the Remaking of the World Order』을 저술했을 때 그는 헤로도토스를 언급하면서 문명의 주요 특성을 정의했다.[3] 정치학자 앤서니 패그던Anthony Pagden에 따르면 『역사』에서 헤로도토스의 주제는 〈유럽과 아시아 사이의 영원한 적개심〉이었다.[4] 2007년에 잭 스나이더Zack Snyder는 영화 「300」에서 헤로도토스의 이야기에 등장하는 스파르타인을 흰 피부에 자유를 사랑하는 유럽인으로 묘사한 반면, 페르시아인은 도덕적으로 타락하고 육체적으로도 기형적인 아시아인 및 아프리카인으로 묘사했다.

헤로도토스가 그러한 오해를 사는 것도 이해할 만한 일이다. 그에게서 〈문명의 충돌〉 서사를 암시하는 글을 상당수 찾아볼 수 있기 때문이다. 그러나 그와 정반대로 읽어 낼 수 있는 글 역시 그 못지않게 풍부하다. 만일 헤로도토스를 신중하게 읽어 낸다면 우리는 그가 문명의 충돌이라는 개념을 그 토대부터 흩트려 놓기 위해 제시했음을 알 수 있다. 헤로도토스는 세계를 서양과 그 나머지로 구분하지 않았고, 그들 사이에 되풀이되는 영원한 충돌로 역사를 이해하지도 않았다. 다시 말해 헤로도토스는 서양 문명이라는 서사의 초기 판본을 창안한 사람도 아니었고, 그 자신과 그리스인이 오늘날 서양과 동일시되는 지리적, 문화적 집단에 속한다고 생각하지도 않았다. 헤로도토스가 죽은 지 2,500년이 지났음에도 그는 〈우리 대 그들〉이라는 이념을 촉발하는 데 자주 이용되고 있지만 그 이념이야말로 그가 부정하려 했던 것이라는 점에서 이는 역사의 언어도단이라 할 수 있다.

역사의 아버지, 거짓말의 아버지

오늘날 헤로도토스가 〈역사의 아버지〉로 알려졌음에도 불구하고 그는 최초의 역사가가 아니다.[5] 그보다 천 년도 더 전에 메소포타미아에서 역사 기록이 행해졌고 그가 태어나기 200년 전에는 고대 그리스어로 된 최초의 역사 저술이 존재했다.[6] 그러나 헤로도토스가 역사를 창안한 사람은 아닐지라도 그가 역사를 훌륭히 재창안했다고는 말할 수 있다. 그는 사건을 연속적으로 나열하기보다는 역사적 인과의 양상에 주목했고, 〈무엇〉이 일어났는지보다도 〈왜〉 그 일이 일어났는지를 강조했다.[7]

물론 『역사』는 그리스-페르시아 전쟁에 대해 〈무슨〉 일이 있었는지 이야기하면서 그 충돌에서 일어난 다양한 사건과 일화를 상세히 소개한다. 이야기의 큰 흐름은 이러하다. 기원전 499년, 소아시아 이오니아 지역의 그리스 도시들이 아테네(그리고 에게해의 다른 그리스 도시국가들)의 지원을 받아 페르시아 제국에 맞서 반란을 일으키면서 전쟁이 발발한다. 반란은 결국 진압되었고, 페르시아는 서쪽으로 시선을 돌린다. 페르시아 국왕 다리우스Darius가 기원전 492년에 그리스 반도를 향한 침공을 개시했으나 마라톤 전투에서 아테네가 이끄는 군대에 의해 패배한다. 그리고 10년 동안 제국 각지의 반란을 겪은 뒤 기원전 480년, 다리우스의 아들 크세르크세스Xerxes의 치하에서 페르시아는 제2차 그리스 침공을 개시한다. 그리스 반도로 진격하면서 크세르크세스의 군대는 300명의 스파르타인이 그 유명한 최후를 맞이한 테르모필레를 지난다. 결국 페르시아군은 아테네에 당도해 많은 사람을 죽이고 약탈했으며 상당량의 재보를 실어 갔다. 그러나 갑작스럽게 상황은 바뀌어 바다에서는 살라미스 해전, 육지에서는 플라타이아이 전투에서 페르시아군은 두 번의 괴멸적인 패배를 당했다. 불타는 아테네를 뒤로한 채 엉망이 된 군대는 손해에 연연하지 않고 본국으로 돌아가기로 결정한다.

왜 이런 식으로 진행되었을까? 이 난감한 질문에 대한 답을 찾기 위해 헤로도토스는 바깥으로 시선을 돌려 더 넓은 관점을 열어 두고 더 광범위한 맥락 안에 사건들을 배치한다. 그의 추론에 따르면 페르시아와 아테네의 외교 관계라는 배경을 모르면 페르시아가 아테네를 약탈한 까닭을 이해할 수 없다. 양국 내부의 정치 구조를 알지 못한다면 그들의 외교 관계를 이해할 수 없다. 그리고 그 국가들의 역사, 발전 과정, 기원을 모른다면 내적인 정치 구조를 이해할 수 없을 것이다. 당신은 이렇게 헤로도토스의 설명이 점점 밖으로 덩굴처럼 뻗어 가는 모습을 상상할 수 있을 것이다.

그 결과 『역사』는 그리스-페르시아 전쟁의 기록뿐만 아니라 제국의 수립과 통치 제도를 포함한 페르시아의 역사(비록 확실한 증거와 억측이 뒤섞여 있지만)를 담아낼 수 있었다. 그 이야기는 페르시아 역사 속 주요 인물들의 생애 및 성격과 더불어 페르시아의 문화 및 사회에 대한 민족지적 서술로도 뻗어 나간다. 그는 페르시아인뿐만 아니라 남쪽으로는 이집트인에서 북쪽으로는 스키타이인에 이르기까지, 동쪽으로는 인도인에서 서쪽으로는 그리스인에 이르기까지 제국에 속한 수많은 민족을 상세하고 풍부하게 기록했다. 물론 그리스인에 대해서는 여느 집단과는 다르게 취급했다. 그리스 독자를 상정하고 그리스어로 쓴 만큼 헤로도토스는 그리스의 문화와 관습을 낱낱이 설명할 필요는 없었다. 그러나 그는 몇몇 그리스 국가의 역사를 설명하고 서로 다른 발전 과정을 거론하며 그 독특한 특성을 조명했다.

〈왜〉그리되었는가에 관한 관심은 헤로도토스에게 (수백 년의 시간과 수천 킬로미터에 달하는 공간을 다루는) 범주의 거시성과 (왕의 성생활에서부터 어부의 해난 사고에 이르는) 세부 사항까지 풍부하게 기록하게 했다. 그렇기에 헤로도토스는 표면적으로는 그리스-페르시아 전쟁에 관한 이야기를 다루면서도 민족지적 설명, 철학 논쟁, 지리론, 투철한 조사 저널리즘을 곁들여 푸짐한 한상차림처럼 풍성한 역사적 정보를 제공한다. 가령 스키타이인이 왕을 장사 지낼 때 밀랍으로 시신을 감싼다는 사실을 어떻게 알 수 있겠는가?[8] 또한 페르시아인이 **투표**를 통해 군주제가 최상의 통치 형태라는 결론을 내렸다는 이야기,[9] 중간에 불쑥 끼어든 나일강의 근원에 관한 논쟁,[10] 익명의 제보자에게 들은, 숨겨진 문신을 통해 전달된 비밀 암호[11] 등의 이야기도 마찬가지이다.

『역사』의 풍부함과 다양성 덕에 헤로도토스에게는 불가피하게 또 다른 별명이 붙었다. 헤로도토스가 죽고 4세기 뒤에 키케로는 그를 〈역사의 아버지〉라 불렀으나 그로부터 다시 2세기가 지난 뒤 플루타르코스Plutarchos는 그에게 〈거짓말의 아버지〉

라는 이름을 붙였다.[12] 플루타르코스는 헤로도토스의 이야기가 너무나도 환상적이고 기이하며 재밌었기에 사실이 아니라고 생각했다. 그의 생각은 일부 옳았다. 금을 캐는 인도의 개미, 개의 머리가 달린 사하라의 주민 같은 이야기는 분명 믿기 힘든 것이다.[13] 다른 미심쩍은 이야기들은 문화적 차이로 인해 빚어진 오해일지도 모른다. 예컨대 스키타이인이 암말의 젖을 짜면서 그 음문에 뼈로 된 대롱으로 공기를 불어넣는다는 이야기가 그렇다. 또는 바빌로니아의 여자들이 일생에 한 번은 신전에서 매춘을 해야만 했다는 이야기도 비슷한 오해일 수 있다.[14] 그러나 헤로도토스는 자신의 이야기가 모두 정확한 사실이 아니라는 점을 알고 있었다. 그래서 때때로 환상적인 이야기를 전하면서 자기도 다른 사람에게서 전해 들은 이야기라고 토를 달아 스스로 부정하기도 했다. 그런 경우 〈어떤 사람이 말하기를〉 또는 〈그 지역 사람이 주장하기를〉과 같은 문구를 덧붙였다. 헤로도토스는 자신이 들은 이야기를 전부 믿지는 않았고 독자 역시 곧이곧대로 받아들일 것이라고 기대하지 않았다.

그러나 플루타르코스는 독자들이 꼼꼼하게, 비평적으로 읽으면 된다는 처방에도 큰 분노를 드러냈다. 그가 헤로도토스를 불신한 데는 더 뿌리 깊은 이유가 있었다. 근본적으로 그는 『역사』가 페르시아인에게 편향되었고 비그리스인을 긍정적으로 묘사한다고 생각했다. 플루타르코스에 따르면 헤로도토스는 틀림없는 〈필로바르바로스philobarbaros〉(야만인 애호가)였고 그의 글은 하나도 믿을 것이 못 되었다. 그리스인에 대한 헤로도토스의 비판 의식 역시 문제가 되었다. 헤로도토스는 캄비세스

Cambyses의 피에 굶주린 광기와 크세르크세스의 오만[15]을 기술한 동시에 밀레투스의 귀족 아리스타고라스Aristagoras의 이기적인 야심과 아테네의 장군 테미스토클레스Themistocles의 탐욕 역시 기록했다.[16] 비록 로마 제국의 속주로 전락한 그리스에서 살고 있으나 애국주의자였던 플루타르코스에게 이는 이상적인 헬레네스주의에 대한 향수를 모독하는 것이었다.

그렇다면 헤로도토스는 어떤 사람이었는가? 그는 역사의 아버지인가? 아니면 거짓말의 아버지인가? 그는 몽상가, 야만인의 대변자, 허풍쟁이 이야기꾼인가? 아니면 인간과 과거의 관계를 재인식함으로써 지식의 한계를 확장한 과학적 혁신가인가? 우리의 책과 관련하여 아마도 가장 중요한 질문은 이것일 것이다. 그는 오늘날의 서양을 뒷받침할 개념상의 토대를 일찍부터 내다보고 있었는가? 헤로도토스는 서양 문명이라는 거대 서사의 청사진을 제공했는가? 그 대답은 인간 헤로도토스의 개인사와 역사가 헤로도토스의 저술 사이 어딘가에서 찾아야 할 것이다. 그러나 『역사』는 온갖 인물들의 전기로 가득하면서도 그 저자에 대해 우리가 알고 있는 것은 좌절할 만큼 적다.

우리는 헤로도토스가 기원전 5세기 중반, 현재 튀르키예에 속하는 에게해 연안의 할리카르나소스에서 태어났음을 알고 있다. 할리카르나소스는 그리스의 〈폴리스polis〉(도시국가)였으나 다양한 주민으로 구성되었고, 아나톨리아 원주민들의 문화유산을 지니고 있었다.[17] 헤로도토스의 가문은 그 도시의 문화적 혼합의 일례라고 할 수 있다. 〈헤로도토스〉라는 이름은 그의 어머니 드리오Dryo와 마찬가지로 그리스어이다. 그러나 헤로도토스의 아버지 릭세스Lyxes, 그의 친척이자 시인인 파니아시스Panyassis 등 그 가문의 다른 구성원들의 이름은 카리아 지역의 아나톨리아인의 언어에서 비롯되었다.[18]

젊은 시절의 헤로도토스는 역사보다 정치에 더 관심이 많았던 것 같다. 그는 도시를 세습받아 다스린 리그다미스Lygdamis와 불화를 겪고 인근의 사모스섬으로 쫓겨났다.[19] 어느 시점에서 그는 고향으로 돌아가 리그다미스를 축출한 정변에 관여했고, 도시에 새로운 정권이 들어서는 것을 지지했다. 그러나 오래지 않아 그는 분노한 리그다미스파 군중에 의해 다시 내쫓겼다. 뒤이은 몇 년 동안 헤로도토스는 추방된 김에 고대 세계 곳곳을 여행했던 것 같다.[20] 『역사』 곳곳에서 우리는 증언과 목격담을 찾아볼 수 있다. 헤로도토스는 이집트 땅을 답사하여 나일강을 거슬러 올라 엘레판티네섬까지 다다랐다고 한다. 그는 페니키아의 북적이는 티레 항구와 국제적인 시장을 보고 경탄했다. 그는 화려하게 장식된 바빌론 신전을 자신의 눈에 담았다. 그의 저술을 믿을 수 있다면 헤로도토스는 가이드에게 질문을 퍼붓고 길가의 상인들과 흥정하며 현지의 고관에서부터 한낱 물장수에 이르기까지 만나는 사람마다 붙잡고 이야깃거리를 조르며 괴롭히는, 귀찮은 여행자였을 것이다. 새삼스러운 일도 아닐 테지만 그의 글은 아나톨리아에 우호적인 친근감을 보여 주면서 서쪽의 에게해 연안뿐만 아니라 흑해에 접한 북부 지역과 헬레스폰투스 지역을 아우른다. 그는 그리스 본토에서 스파르타, 델포이, 보이오티아, 그리고 당연하게도 아테네 등 몇몇 지역을 직접 답사한 것으로 보인다.

기원전 5세기의 그리스 세계는 정치적으로 파편화되어 있었으나 아테네는 논란의 여지가 없는 문화 수도였다.[21] 정치가 페리클레스Perikles, 철학자 소크라테스Socrates, 조각가 페이디아스Pheidias, 극작가 에우리피데스Euripides 등이 바로 그 시대에 살았다. 다양한 국적의 지식인과 정치적 급진주의자, 이름난 창기와 백만장자 난봉꾼 들이 그 도시를 집으로 삼았다. 세 대륙에서 찾아온 상인들이 시장에 모여 북새통을 이루었고 신전은 순례자로 가득했으며 장인들이 먼 길을 마다않고 찾아와 아크로폴리스에 사치스러운 새 건물을 세웠다. 세기말 빈,* 광란의 1920년대**를 보낸 뉴욕, 스윙의 1960년대***를 보냈던 런던과 마찬가지로 기원전 5세기의 아테네는 창조적이고 야심찬 사람들을 끌어 모으는 자석과도 같았다. 헤로도토스는 그 유혹에 저항하기 힘들었을 것이다.

그 위대한 대도시에 도착한 헤로도토스는 급기야 문학에 푹 빠져서는 비극 작가 소포클레스Sophocles와 깊은 우정을 나누었다.[22] 헤로도토스는 몇 차례 자신의 작품을 공개적으로 낭독했고 어느 성공적인 공연에서는 총 10달란트라는 거금을 벌어

---

* Fin-de-siècle Veinna. 19세기에서 20세기로의 전환기 동안 오스트리아 빈의 급진적 문화 사조를 일컫는 표현. 이 시기를 다룬 칼 쇼르스케의 저서의 제목이기도 하다.

** Roaring Twenties. 제1차 세계 대전 이후 경제적 호황을 누린 미국을 중심으로 재즈 음악과 플래퍼 패션 등 특징적인 유행을 선보였던 1920년대 및 그 문화를 가리키는 표현.

*** Swinging Sixties. 1960년대 중후반 영국에서 청년층에 의해 주도된 대중문화의 전성기를 일컫는 표현으로 이 시기에 비틀스를 비롯한 영국 출신 유명 가수들이 활약했다.

들이기도 했다(당시 1달란트는 아테네 해군 삼단노선 한 척의 전체 승무원이 받는 한 달치 급여에 맞먹는다).[23] 그러나 수년간의 그 모든 성공에도 불구하고 그는 새로운 친구들과 피어나는 경력을 저버리고 아테네를 떠났다. 그리고 이 장의 첫 부분으로 돌아와 그는 이탈리아 남부 타란토만의 해안에 서서 투리이를 자신의 마지막 거처로 삼고자 했다.

무엇이 헤로도토스를 아테네에서 내몰아 부와 명성에 대한 꿈을 저버리도록 만들었을까? 왜 그는 〈다 가졌다〉고 할 만한 순간에 모든 것을 포기하고 또다시 이주해야만 했을까? 물론 그의 결정에 영향을 미친 개인적인 사정이 있었을 것이다. 그러나 아테네 정치 역시 그 상황에 일조했으니 외국인 혐오, 그리고 서양 문명을 연상케 하는 어떤 서사를 창안한 새로운 급진적 정책이 제국에 도입된 것이다.

세계의 형성

근대 국민 국가로서 그리스는 200년 이상의 풍부하고 다채로운 역사를 자랑한다.[24] 그렇다고 지금의 그리스를 고대 그리스와 동일시할 수는 없다.[25] 헤로도토스가 살았던 기원전 5세기의 그리스는 하나의 국가나 민족으로 통합되지 않았다. 당시 그리스 세계는 각자 독립적인 정부를 가진 수천의 〈폴리스〉 및 소국으로 이루어져 있었다.[26] 아테네인, 코린토스인, 스파르타인 등에 못지않게 이들 국가의 그리스인 또한 독립성에 민감하고 개별 정체성이 강했기에 스스로 으뜸가고 중요하다고 여겼다. 때때로 일단의 그리스 국가들이 지역 단위의 동맹이나 연방을 결성했으나 그 안에서 각자 독자적 정체성을 유지했다.[27] 광범위한 영역에서 살아간 대다수의 그리스인은 헤로도토스 시대 이후로도 수백 년이 지나 마케도니아의 알렉산드로스Alexandros에게 정복될 때까지 단일한 그리스인 정부(비록 당시 그리스인은 마케도니아인 통치자들이 진정한 〈그리스인〉인지를 의심했으나) 아래서 살아간 적이 없었다.[28] 그러나 그 거대한 그리스인의 국가조차 흑해 그리스인과 중부 및 서부 지중해의 그리스인을 통치하에 두지는 못했다.

헤로도토스 시기의 그리스인은 정치적으로 파편화되어 있던 만큼 지리적으로도 분산되어 있었다. 기원전 5세기 후반의 그리스 폴리스는 스페인에서 키프로스까지, 리비아에서 크림반도까지 지중해와 흑해 연안 전역에 흩어져 있었다. 오늘날 프랑스의 마르세유, 이집트의 나우크라티스, 아다나에서 이스탄불에 이르기까지 지중해에 면한 튀르키예의 해안 도시들, 조지아의 포티에서 불가리아의 소조폴에 이르는 흑해 연안의 도시 등에서도 그 공동체의 잔재를 찾아볼 수 있다.[29]

그 다양한 공동체가 정치적으로 독립되었고 지리적으로도 분산되어 있다면 무엇이 그들을 결속했는지 궁금할 것이다. 심지어 고대의 논객들조차 누가 그리스인이고 무엇이 그리스다운 것인지에 대한 의견이 일치하지 않았다. 데모스테네스Demosthenes에 따르면 마케도니아인은 진정한 그리스인이 아니었고, 헤로도토스의 관점에서 보면 아테네인 역시 마찬가지였으니 그들 역시 비그리스인 〈야만인〉의 후예였기 때문이다.[30] 게다가 고대 그리스인조차 스스로를 〈그리스인〉이라 지칭하지 않았다는 것은 문제를 더 복잡하게 만든다. 그 명칭은 로마인이 그들을 통칭하기 위해 라틴어로 〈그라이키Graeci〉라 언급한 데서 유래했다. 그리스인은 스스로 신화 속 인물인 헬렌(트로이 전쟁의 중심인물인 헬레네와 혼동하지 말 것)의 후손이라 여겨 〈헬레네스Hellenes〉라 자칭했다.

따라서 헬레네스라는 자의식은 공통의 역사와 선조를 지녔다는 생각을 가지고 서로 결속하게 만드는 족보에 근거하고 있었다. 그러나 우리는 그리스인의 종족관이 근대적 개념의 민족의식과는 다르다는 점에 주의해야 한다. 고대 헬레네스는 일관된 민족 집단이 아니었고 다른 민족 집단과 구분되는 경계가 있었던 것도 아니다. 고대 그리스인에게 족보란 사람들을 결속하는 수단으로 그들이 지닌 다양한 기원을 반죽해 내 어떤 근본으로 삼을 만한 틀 안에 집어넣어 구워 낸 것이었다.[31] 헬렌의 혈통을 공유한다는 신화는 대안적인 비헬레네스 계보와 결합되었다. 예를 들어 테베인은 자신들의 건국자로 페니키아의 영웅 카드모스Cadmos를 지목했다. 아르고스인은 자신들이 이집트의 왕 다나오스Danaos의 딸들의 후예라고 주장했다. 아르카디아인과 아테네인은 다소 의심스럽지만 자신들이 원래부터 그곳에 살고 있었다고 주장했다. 어떤 그리스인은 그들의 조상이 페르시아인, 유대인, 로마인과 뿌리가 같다고 주장했다. 우리는 이러한 족보를 액면 그대로 받아들여서는 안 될 것이다(또한 고대 그리스인 역시 그러했다고 가정해서는 안 된다). 모든 건국 신화가 그렇듯 그들은 정체성과 소속을 표현하기 위해 고심했고 자신들이 실제로 어떤 사람들인지에 못지않게 어떤 사람들이 되고 싶은지에 따라 정체성과 소속을 형성했다. 이 족보들은 고대 그리스인이 지닌 어떤 사고관에 대해 말해 준다. 헬렌의 혈통을 함께 이었다는 생각은 분명 중요했으나 그 혈통의 순수성을 믿은 고대 그리스인은 거의 없었다.[32]

그리스의 폴리스들을 결속한 또 다른 요소는 헬렌의 혈통이라는 상상의 산물보다 더 강력했을 것인데, 바로 공통의 문화이다. 그리스의 말과 문자, 그에 수반되는 문헌 전통, 함께 공유하는 풍부한 신화 및 구전 설화 등이 그것이다. 올림포스의 신들을 숭배하는 다신교 체제는 어떤 형태의 신전이 적절한지에 대한 기준뿐만 아니라 도시마다 유사한 형태의 종교 의례와 교단 습속을 갖게 했다. 일상의 풍속과 생활양식에서도 다양성만큼이나 유사성 역시 뚜렷했으니 핵가족, 사회적 규칙, 교육 규범, 건축 및 공예에서의 전통과 관습 등이 그러했다. 그리스인이 된다는 것은 그리스인의 방식으로 그리스인다운 일을 행하는 것이었다. 이는 기원전 4세기의 연설가 이소크라테스Isocrates가 〈피를 함께 나눈 자들보다도 우리 문화를 함께 나누는 이들에게 헬레네스라는 이름이 돌아감이 마땅하다〉라고 말한 것과 같다(『찬가Panegyricus』 4:50). 헤로도토스는 그리스인의 정체성(헬레니콘)을 갖고 있었는데 일정 부분은 그의 핏줄에서 기인한 것이었으나 많은 부분에서는 〈공통된 언어, 신에 대한 공통된 성소와 희생 제의, 공통된 삶의 양식〉을 누리는 데서 비롯된 것이었다(8:144).[33]

물론 광의의 그리스 문화에는 각기 현지화된 전통이 존재했다.[34] 가지각색으로 분산된 그리스인의 세계에서는 당연한 일이 아니었겠는가? 아테네에서는 얌전하고 집에 머무르는 여성이 이상적이었던 반면, 스파르타에서는 야외 활동을 즐기는 운동선수가 이상적인 여성상이었다. 클라조메나이에서는 시신을 아름답게 채색된 테라코타 석관에 넣어 개별적으로 장사 지냈으나, 코린토스에서는 암석을 깎아 만든 공동묘 안에 시신을 넣어 장사 지냈다.[35] 시칠리아에서 아르테미스 여신은 혼기가 찬 젊은 여성들의 숭배를 받았으나, 에페수스에서 아르테미스는 황소의 고환을 목에 건, 동물들의 강력한 여주인이었다.[36] 이러한 현지의 다양한 양상은 비그리스 문화와의 접촉에서 비롯된 것이었다. 우리는 아나톨리아 원주민들이 할리카르나소스의 그리스인 폴리스에 통합된 사례를 이미 보았으나 그와 유사한 문화 교류가 그리스 세계 도처에서 나타났다. 나폴리만의 피테쿠사이에서는 그리스적인 문화 요소와 더불어 페니키아인, 에트루리아인, 이탈리아인의 문화적 요소가 발견되었다.[37] 나우크라티스에서는 다양한 도시에서 온 그리스인이 이집트인, 리비아인, 아랍인과 어깨를 부대끼며 살아갔다.[38] 혼종화된 양식, 관습, 정체성이 출현하면서 그리스다움의 핵심 요소인 문화적 공유의식과 서로 영향을 주고받았다.

그렇다고 고대 그리스 세계가 헬레니즘이라는 거대한 장막 아래에서 민족적, 문화적 다원주의를 누렸던 유토피아라고 착각해서는 안 된다. 인종주의와 외국인 혐오는 일반적이었고, 아리스토텔레스Aristoteles와 같은 저명한 사상가들은 그리스인이 태생적으로 우월하기 때문에 비그리스인을 노예로 삼는 것이 자연스러운 일이라고 주장했다. 흥미롭게도 이 우월성은 서양 대

동양이라는 관점에서 나온 것이 아니었다. 아리스토텔레스는 그리스 세계가 서양과 동양 모두와 구분되며 유럽과 아시아 모두보다 우월하다고 생각했다. 아리스토텔레스의 주장에 따르면 〈추운 지역에 사는 사람들과 유럽 등지의 사람들은 영적으로 충만하나 지식과 기술은 부족하다. 그래서 그들은 자유롭지만 정치적으로 조직되어 있지 않고 이웃을 통치할 능력이 없다. 아시아인은 지적이고 기술이 뛰어나지만 영성이 부족하다. 그래서 그들은 다른 이의 통치를 받는 노예가 된다. 그러나 헬레네스 종족은 중앙에 위치해 있기에 양쪽 모두에서 최상이니 용맹하고도 영리하다.〉[39]

고대 그리스의 이러한 대륙관은 확실히 우리와는 달랐다. 또한 그 안에서도 다양한 대륙관이 존재하고 있었다. 지중해와 흑해를 둘러싼 땅(즉 그리스인이 사는 곳)이 두 대륙 중간에 놓여 있다는 아리스토텔레스의 견해에 모든 그리스인이 동의했던 것은 아니다. 우리가 나중에 보게 될 것처럼 헤로도토스는 이렇게 대륙을 구분하는 것 자체가 우스꽝스럽다고 생각했다.

그러나 고대 그리스의 역사에서 대개 가장 첨예한 구별은 그리스와 비그리스인이 아닌 다른 그리스인 집단 사이에서 이루어졌다. 나는 그 구분이 헤로도토스가 아테네를 떠나 투리이에서 평안을 찾도록 내몰리는 데 중대한 영향을 미쳤으리라 추측한다. 서양 문명이라는 거대 서사를 만들어 낸 역사의 판본 덕에 우리는 아테네를 민주주의의 발원지이자 민중에 의한 통치(데모크라티아demokratia)와 법 앞의 평등(이소노미아isonomia)을 개척한 땅으로 생각한다. 그것은 부분적으로 사실이지만 현실의 아테네 민주정은 오늘날 서양과 결부되는 자유주의적 민주정의 원칙에 훨씬 못 미치는 것이었다. 우선 여성은 그로부터 배제되었고 아테네에 필수적인 노동력을 제공한 수천의 노예 역시 마찬가지였다.[40] 아테네의 남성 시민에게는 평등이 주어졌으나 나머지에게는 그렇지 않았다. 다른 도시 출신의 그리스인이든 비그리스인이든 아테네인이 아닌 경우 외지에서 온 이방인으로 취급받았다. 고전기 아테네 민주정은 종종 상상되는 것과 달리 포괄적이고 평등한 제도가 아니었다. 그보다는 〈반듯한〉 집안의 소년들에게만 문을 열어 주는 배타적인 사교 클럽에 가까웠다.

기원전 5세기 아테네의 문화적 역동성은 계몽주의적인 정치적 평등이 아닌 제국주의에 의해 추동되었다.[41] 아테네 제국은 과거 그리스-페르시아 전쟁 시기에 그리스 국가 동맹의 틀을 벗어나 성장해 나갔다. 아테네는 재빨리 동맹의 유일한 지도자를 자처했고 페르시아의 약탈에 대한 다른 그리스인의 동정심, 그리고 마라톤 및 살라미스에서 아테네인이 보여 준 용기 등을 지렛대 삼아 자신들에게 유리하게 활용했다. 그러나 동맹에 대한 지도력은 빠르게 통제력으로 바뀌었다. 매년 공물을 요구했고 〈동맹〉을 탈퇴한 도시를 무자비하게 응징했다. 도시가 약탈당해 성벽이 허물어지고, 정치인이 추방이나 사형을 당하고, 아테네 군대가 눌러앉아 꼭두각시 정부를 세우는 정도라면 그나마 다행이었다. 멜로스섬의 주민들처럼 운이 나쁜 경우, 성인 남성은 모두 살해되고 여성과 어린이는 노예로 팔려 가는 극형을 당했다.[42]

아테네로 돌아가자면 그곳의 분위기는 승리감에 취해 있었다. 기원전 453년 정치인 페리클레스는 아크로폴리스에 두 개의 기념비를 세웠다. 높이가 4미터에 달하는 그 석비에는 각 도시가 아테네에 바친 공물의 양이 표시되어 있었다. 그것은 아테네의 우월성을 선전하는 광고판이었다. 그로부터 2년 뒤에 그는 아테네 시민권의 기준을 더욱 강화했다. 이전에는 부모 중 한 명이 시민권자라면 시민권을 주장할 수 있었으나, 이제는 부모 양측이 시민권자일 경우에만 시민권을 허용했고, 그 결과 많은 사람이 평생 누려 왔던 시민권을 잃었다.[43]

기원전 5세기가 경과함에 따라 아테네인과 다른 그리스인 사이의 간극은 더욱 벌어졌다. 아테네인은 스스로를 무언가 다르고 특별하며 근본적으로 더 나은 사람들이라 여기기 시작했다. 아테네의 주요한 종교 축제였던 판아테나이아Panathenaia가 다시 조직되는 과정에서 이를 확인할 수 있다. 아테네 시민이 축제를 즐기는 동안 외국인 거주자들은 쟁반과 물을 나르고 양산을 받쳐 들며 아테네인이 앉을 의자를 가지고 다니는 등 아테네인에게 봉사하는 예속적인 역할을 했다.[44] 기원전 5세기가 끝날 무렵에 극작가 에우리피데스는 아테네의 기원을 재상상하는 희곡을 상연했다. 종래의 신화에서 아테네인은 한편으로는 지역 토착민들의 후예였고 다른 한편으로는 헬렌의 후예로서 광의의 헬레네스 가족의 일부였다. 그러나 에우리피데스는 『이온Ion』에서 헬렌의 자리를 아폴론으로 대체하여 아테네인의 선조를 신적 존재로 바꾸어 놓음으로써 신화적 족보를 수정했다. 에우리피데스의 작품에서 드러나는 아테네 예외주의는 단순히 아테네인이 최고의 그리스인이라는 의미를 넘어서 그리스인조차 아닌 다른 존재임을 뜻했다.

아테네인은 어떻게 그렇게 할 수 있었을까? 독점에 가까운 해군력에 더해 아테네인은 아테네와의 〈동맹〉이 필수적임을 다른 그리스인에게 설득하기 위해 적극적인 선전 캠페인에 착수했다. 아테네인은 사악한 페르시아인이 돌아올 것이기 때문에 모든 그리스인은 경계를 풀어서는 안 된다고 주장했다. 아테네의 해상 장악은 상존하는 페르시아의 위협에 맞서 그리스인을 지키기 위해 필수적이라는 것이다. 아테네의 선전가들은 페르시아인에 대한 증오를 부추기면서 여성스럽고 사치스러우며 겁쟁이에 배반과 기만을 일삼는 교활한 족속이라는, 동방 야만족에 대한 선입견을 키워 나갔다.⁴⁵ 반대로 그리스인은 남자답고 강인하고 용감하며 타인을 명예롭게 대할 줄 알고 초지일관 개인의 자유를 추구하는 사람들이었다. 이소크라테스의 법정 연설문의 사본 한 부를 집어 들었을 때, 아이스킬로스Aeschylos의 눈물을 짜내는 비극 「페르시아인들Persai」을 관람할 때, 나약한 페르시아인을 물리치는 그리스인 전사가 묘사된 수백 점의 적회식 항아리를 볼 때 이러한 선입견과 마주하게 될 것이다. 이에 따르면 페르시아인은 현재뿐만 아니라 역사를 통틀어 그리스인의 적이었다. 페르시아인은 트로이인과 함께, 혹은 트로이인 그 자체로서 등장했고 아시아에 대한 전설적인 과거는 현재의 모습과 혼합되었다.⁴⁶ 기원전 5세기의 아테네인은 〈문명의 충돌〉이라는 수사를 고안했고, 이를 그리스인에 대한 제국주의의 도구로 이용했다.

이 모든 이야기가 친숙하게 들린다면, 이는 당신이 이런 이야기를 이미 많이 들었기 때문이다. 근대 서양에서 여성스럽고 교활한 아시아인이라는 선입견은 대중문화에서 반복적으로 등장하므로 피하기 힘들다. 에드워드 와디 사이드Edward Wadie Said(그에 대해서는 제13장을 보라)가 지적하듯이, 유럽의 제국주의를 다룬 문헌 및 미술이 널려 알려져 있으나 우리는 또한 할리우드 영화, 베스트셀러 소설, 신문 만평에서도 이를 찾아볼 수 있다. 우리가 살아가는 시대에서 비서양〈타자〉의 이미지는 서양 대 동양, 남성성 대 여성성, 강인함 대 나약함, 용기 대 비겁함, 밝은 피부 대 어두운 피부 등 일련의 대립되는 개념을 통해 이상화된 서양인의 거울상으로 설정되어 있다. 오늘날 서양에서 이러한 수사는 정치 담론의 수면 아래 불편하게 웅크리고 있다가 이따금 거품을 부글거리며 떠오른다. 그러나 기원전 5세기의 아테네에서 이러한 인종주의는 확실한 주류 담론이었다.

기원전 5세기 중반의 아테네는 언뜻 보기에 문화, 문학, 예술, 민주주의의 황금기였다. 그러나 그 성취는 다른 그리스인의 부담 위에 세워져 인종주의 선전을 통해 정당화된 제국의 결실이었다. 그리고 그 선전을 통해 외지인과 비그리스인을 위험한 〈타자〉로 규정하고 아테네인에게 이상적인 그리스다움의 본보기라는 〈상표를 새긴〉 것이었다.[47] 아테네에서 살아가면서 헤로도토스는 이 점을 분명하게 인지했을 것이다.[48] 그를 둘러싼 환경은 점차 적대적으로 변했다. 인종적 순수성, 민족적 우월성, 이주자 배척 같은 유독한 주제가 아테네 정치를 지배했다. 그러니 헤로도토스와 같은 아시아 출신의 이중 문화적 이민자가 그곳을 더 이상 거처로 삼지 못하게 됐다고 해서 놀랄 일일까? 그가 다시금 바다를 건너 이 장의 시작부에서 마주한 이탈리아의 해안에 도착하게 된 일이 놀랄 만한 일일까? 자신의 역작을 통해 그를 내몬 이념에 대한 반격을 의도했다는 점을 새삼스럽게 여겨야 할까?

탐문

헤로도토스가 『역사』를 완성하기까지는 오랜 시간이 걸렸을 것이다. 그는 개별적인 일화들을 기워 하나의 거대한 구조로 짜냈을 것이다. 따라서 『역사』의 일부분은 아테네에서 저술되었을지 모르나 전체적인 작업의 구상은 투리이에서 이루어졌을 가능성이 있다. 이미 언급한 헤로도토스의 그 유명한 서문에서 그는 이 구상을 내비치며 자신이 〈탐문〉(그리스어로 말하자면 히스토리에historiē)이라 부르는 것에 대해 소개한다.

> 할리카르나소스의 헤로도토스의 탐문이 시작되니 이로써 사람들이 이루었던 일들이 시간의 흐름에 의해 빛바래지 않도록 하기 위함이요, 그들이 서로 전쟁을 한 이유와 다른 사건들을 포함해 헬레네스와 야만인 모두가 보인 위대하고 놀라운 행적이 그 영광을 잃지 않게 하기 위함이다.[49]

이 구절의 해석은 얼핏 분명해 보인다. 그것은 그리스와 야만인(즉 비그리스인) 사이의 대립으로, 문명의 충돌이 분명하다. 이미 설명한 바와 같이 헤로도토스는 헬레네의 납치와 트로이의 파괴로 정점을 이루는 일련의 유괴를 통해 대륙 간 적개심의 배경을 이야기했다. 지금까지 이는 매우 친숙한 이야기였다. 그러나 곧 헤로도토스가 말하고자 했던 것을 우리는 더욱 면밀히 들여다볼 필요가 있다.

헤로도토스는 그 모든 이야기가 믿기 어려운 신화라고 말한다. 그는 자신이 뒷부분에서 소개할 금을 캐는 개미나 개의 머리를 가진 사람들의 이야기를 터무니없게 여기는 만큼 그 이야기들 역시 진지하게 여기지 않았다. 중요한 점으로 그는 저자로서 스스로 신화 속의 그 겁탈 사건을 이야기하는 대신 다른 이들의 입을 빌려 〈페르시아의 저술가들은 페니키아인이 그 분쟁을 시작했다고 말했다〉라고 주장한다. 이어서 그는 페니키아인에게 들은 다른 이야기를 전하면서도 그 진위를 의심하는데 그들이 청중에게 말하길 〈페니키아인은 페르시아인의 주장을 부정한다〉는 것이었다. 헤로도토스는 머나먼 신화시대로부터 기인하는 해묵은 증오라는 발상은 말도 안 될뿐더러 일관성도 없어 화자들이 각자의 목적에 맞게 모순된 이야기를 지껄여 대는 데 불과하다고 생각했다.

그는 그리스와 페르시아 사이의 적개심을 진정으로 이해하기 위해서는 최근의 역사적 사건을 살펴봐야 한다고 주장하면서 〈헬레네스를 복속시켜 공물을 바치게 한 최초의 야만인〉에 대한 이야기로 시작한다. 헤로도토스에 따르면 그자는 바로 리디아의 왕 크로이소스Kroisos인데, 오늘날에는 막대한 재물을 소유했던 것으로 유명한 인물이다.[50] 다른 이들이 말하는 우스꽝스러운 신화와 반대로 헤로도토스는 이 제국의 지배 행위에

서부터 출발해 그 자신의 탐문, 즉 〈히스토리에〉를 통해 그 문제를 주의 깊게 다루었다. 그는 소아시아의 이오니아인이 이웃한 리디아인에게 받은 억압을 기술한다. 그가 상정했을 독자를 고려하자면 그는 자신의 표현을 다듬는 과정에서 당대 상황을 더욱 반영했을 것이다. 기원전 5세기에 〈헬레네스를 복속시켜 공물을 바치게 한〉 자들은 야만인이 아닌 아테네인이었다. 여기서 헤로도토스가 공물을 가리키는 데 사용한 낱말인 〈포로스Phoros〉는 아테네인이 〈동맹〉에게서 거두어들인 공물을 가리키는, 구체적인 의미를 가진 조어였다.[51] 그보다 한 세기 전인 크로이소스 시기에는 존재하지 않았던 낱말이기 때문에 눈에 확 들어왔을 것이다. 이는 정치적으로 폭발의 도화선이 될 수 있는 언어 선택이었다.

헤로도토스의 서문을 주의 깊게 읽는다면 그의 주된 관심사가 그리스와 비그리스인의 충돌이 아니었음을 알 수 있다. 분명 〈서로 전쟁을 한 까닭〉은 그가 다룬 주제였으나 〈다른 사건들〉과 함께 다뤄지는 여러 주제 가운데 하나에 불과했다. 〈사람들이 이루었던 일〉, 더 구체적으로 말해 〈헬레네스와 야만인 모두가 보인 위대하고 놀라운 행적〉이야말로 그가 가장 염두에 두었고 『역사』 전체를 관통한 주제였다. 그가 양측에 보인 중립성은 두드러진다. 그리스인 못지않게 비그리스인 역시 위대한 행적을 이룰 수 있었다. 헤로도토스가 근본적으로 후대의 〈사람들〉(그의 표현을 옮기자면 안트로포이anthropoi)을 위해 기록으로 남기고자 했다는 점 역시 중요하다. 헤로도토스는 서문에서 이를 언급하는 데 그치지 않고 『역사』에서 초지일관 이를 다루고

자 했다. 그리하여 이집트 파라오들의 관대함과 스키타이 여왕들의 영웅심, 바빌로니아 기술자들의 창의성과 에티오피아인의 매력을 소개한다.[52] 헤로도토스의 『역사』는 그리스인만이 아닌 〈모든〉 사람이 이룬 위대한 일을 기리는 데 집중하고 있었다.

그러므로 헤로도토스가 도입부에서 그리스와 아시아 간의 대립이라는 발상을 소개했을 때 이는 동의의 의미가 아니었다. 오히려 비판하고 전복하며 잇따른 증거들을 통해 거짓임을 폭로하는 것이 그의 목적이었다. 그는 그리스인이 고대 서아시아로부터 많은 문화적 영향을 받았다고 주장했다. 그는 아나톨리아의 프리기아인이 가장 오래된 문명을 이루었다고 생각했는데, 그들은 언어를 최초로 발명했다(『역사』 2:2). 아나톨리아의 또 다른 민족인 리디아인은 그리스인에게 화폐와 상업을 알려 주었으니 그리스의 많은 놀이와 여가 활동 역시 그들에게서 전해진 것이었다(『역사』 1:94). 문자와 글짓기는 페니키아인에게서 배운 것이었다(『역사』 5:58). 그러나 그리스인은 이집트인에게서 가장 많은 것을 가져왔다. 신들에 대한 지식은 이집트에서 그리스로 전해져(『역사』 2:5) 종교 의례의 절차가 그에 수반되었고(『역사』 2:51) 역법, 천문, 점복 등이 알려지게 되었다(『역사』 2:81). 요컨대 순수하게 그리스적인 그리스 문화는 없다는 것이었다.

헤로도토스에게 그리스인의 혼종성은 문화뿐만 아니라 생물학적 혈통에서도 나타났다. 그에 따르면 당시 그리스 최강의 국가인 스파르타와 아테네는 다른 민족 집단에 속해 있어 별개의 족보를 지니고 있었다(『역사』 1:56). 스파르타인은 참된 헬렌의 혈통에서 비롯되었으나 이주민(헤로도토스가 폴리플라네토스polyplanētos, 즉 〈이리저리 떠돌아다닌〉이라 표현한) 출신이었다. 반대로 아테네인은 진정한 그리스인이 아니라 비그리스인 펠라스고이인의 후손이었다(『역사』1:58). 다른 그리스 도시국가들 역시 혼종적인 혈통을 지니고 있었다. 그의 고향인 이오니아의 도시들은 그리스인 못지않게 아나톨리아 원주민이 많았고(『역사』1:147~148) 아르고스인은 이집트 여인들의 자손이었으며(『역사』2:91; 4:53; 4:182), 펠로폰네소스인의 이름은 어느 프리기아 이주자에게서 비롯된 것이었다(『역사』7:11). 그리스 중부의 테베인은 페니키아인의 후예였다(『역사』5:182). 마찬가지로 몇몇 비그리스인은 부분적으로 그리스인 선조에게서 비롯되었는데 스키타이인이 그러했고(『역사』4:8~10), 심지어 페르시아인조차 때때로 그리스의 영웅 페르세우스의 후예로 일컬어졌다(『역사』7:150).

헤로도토스가 보기에 그리스인은 문화로나 혈통으로나 특별히 구분되지 않았다. 마찬가지로 윤리나 원칙에 대해서도 특출나지 않았다. 『역사』의 어떤 구절에서 몇몇 그리스인이 실로 자유에 대한 사랑을 고백했기에 우리는 그것을 근대 서양과 결부된 이상으로 여기곤 한다. 자유(엘레우테리아eleutheria)라는 낱말은 그리스인이 페르시아의 압제로부터 자유를 찾고자 하는 맥락에서 몇 차례 등장한다(『역사』1:170; 5:2; 7:135; 8:143; 9:98). 그러나 페르시아인, 이집트인을 비롯해 다른 비그리스인이 등장하는 맥락에서도 그 낱말이 나오는데, 그들 역시 자유에 대한 사랑을 행동의 원동력으로 삼을 수 있었다(『역사』1:95;

2:102; 3:82; 7:2). 가장 놀랍게도 그 낱말은 그리스인들 사이의 전쟁에서도 등장했으니 자유란 야만인뿐만 아니라 동료 그리스인에 의해서도 빼앗길 수 있는 것이었다(『역사』 1:61; 3:142; 6:5). 펠로폰네소스 전쟁이 절정으로 치달으면서 그리스의 소도시들이 아테네와 스파르타의 틈바구니에서 고통을 겪고 있던 헤로도토스의 시대에 그 낱말은 그야말로 시의적절했다.

헤로도토스가 〈문명의 충돌〉 모델을 가장 완강히 거부했을 법할 부분은 대륙의 지리를 다루는 대목이다. 〈나는 세계 지도를 그리면서 머리를 사용하지 않는 이들을 비웃는다〉라고 말하면서 그는 유럽과 아시아로 세계를 나누는 것이 특히 우스꽝스럽다고 지적했다(『역사』 4:37). 그가 생각하기에 〈하나의 세계〉를 분리된 대륙으로 그리는 것은 불필요한 일이었고, 한 대륙에 어떤 여인의 이름을 붙여 구분 짓는다는 발상 역시 터무니없는 일이었다(『역사』 4:45). 헤로도토스가 대륙을 넘나드는 이민자이자 정치적 난민이었다는 점을 고려하면 그의 입장이 이해된다. 그가 겪어 본 유럽과 아시아는 별반 다를 것이 없었다. 두 대륙 모두 친절과 악의, 배타주의와 환대를 지닌 사람들이 살고 있었다. 두 대륙 양쪽에서 그리스인과 비그리스인만이 아니라 어떤 점에서는 그리스인이기도 하고 또 어떤 점에서는 비그리스인이기도 한 이들을 찾아볼 수 있었으니, 헤로도토스가 바로 그런 사람이었다.

헤로도토스는 〈우리와 그들〉로 세계를 설명하는 대신 문화, 계보, 민족, 지리 등의 특성을 설명함으로써 그러한 이분법을 흔들었다. 그러나 일부 고대 그리스인은 이를 다르게 받아들였다. 그중 한 명인 플루타르코스는 기원전 5세기의 아테네 제국주의 이념을 신봉했다. 그러나 헤로도토스는 그러한 부류에 속하지 않는다. 그는 세계를 흑백이 아닌 총천연색으로 그려 냈다. 풍부하고 다원적인 인본주의적 시각이 엿보이며 문화적 복잡성과 혼종성을 지닌 헤로도토스의 세계는, 그가 어린 시절을 보냈던 할리카르나소스를 연상케 한다. 또한 그는 기원전 5세기의 외국인 혐오 성향의 아테네 세계를 명백히 거부했다. 『역사』가 보여 주는 다양성은 다원적이고 복잡한 고대라는 세계관을 제공한다. 그것은 고대 그리스인을 순수하게 유럽 백인 문명의 기원으로 바라보는 거대 서사와 첨예하게 대립한다. 아마 헤로도토스 자신은 그러한 생각을 진저리칠 만큼 싫어했을 것이다.

───

고전기 그리스 세계를 서양의 초기 판본으로 가정하는 것은 완전히 잘못된 이해이다. 근대 서양은 역사적으로 유럽, 유럽의 후예들인 북아메리카 국가, 광의의 앵글로 문화권에 집중해 왔다. 반대로 고대 그리스인은 자신들이 유럽인이라고는 전혀 생각하지 않았다. 아리스토텔레스나 헤로도토스의 글에서 드러나듯 유럽은 야만족과 결부되곤 했다. 비록 점잖은 모임에서는 꺼려지는 이야기이지만 근대 서양을 함축하는 또 다른 특성은 백인이라는 인종 규정이 있다. 이는 흑인, 갈색인, 황인 등으로 인종화되는 비서양인과 대비된다. 하지만 고대 헬레네스인이라는 정체성이 부분적으로는 공통의 선조와 민족 집단에 의해 규정되었다고 하더라도 그것이 신체적 외양에 의한 차이로 표현되지는 않았고 피부색에 의한 것은 더더욱 아니었다. 타인의 피부색은 고대 그리스 세계에서 그들 자신의 피부색과 마찬가지로 그다지 중요하지 않았다. 비록 어떤 집단에서는 피부색이 남들과 구분되는 특징으로 여겨졌으나(갈리아인은 우윳빛 피부색을 지녔다거나 에티오피아인은 어두운 피부를 지녔다는 식으로) 그리스다움에 대한 고대의 담론에서 중요한 역할을 수행하지는 않았다.[53]

고대 그리스 세계와 근대 서양 양쪽에서 찾아볼 수 있는 한 가지 이념적 모델은 바로 〈우리〉와 〈그들〉의 문화적 대립이다. 고대 그리스 세계에서 이는 세대를 거치며 이어진, 헬레네스와 야만인 사이의 오랜 충돌로 받아들여졌다. 즉 용맹하고 남성적이며 자유를 사랑하는 〈우리〉와, 겁이 많고 여성적이며 종속적인 〈그들〉로 나뉘었다. 이러한 구도는 단순한 묘사 이상의 의미를 갖는다. 이것은 자기 정체성의 형성과 지배 논리를 동시에 제공하는 이념적 구조이다. 비록 그러한 특성 짓기가 극단적이라고 생각할지 모르지만 그와 동일한 기초적 모델은 오늘날까지도 서양과 그 나머지 세계를 구분하는 이념의 토대를 이루고 있다. 이는 근대 서양이 고대 그리스로부터 그 개념적 모델을 물려받았기 때문이 아니라 그 모델이 양쪽의 환경 모두에서 확장주의, 인종주의, 가부장주의에 이바지한다는 동등한 정치적 기능을 수행하기 때문이다. 다시 말해 서로 다른 시대와 조건에도 불구하고 이분법적으로 구분한 형식은 지배 구조를 정당화하는 수단으로 기능해 왔다는 것이다. 이 책의 뒷부분(제9장)에서 보게 되겠지만 서양이라는 관념의 출현과 서양 문명이라는 역사의 발명은 제국에 부역하고자 개발된 이념적 도구였다. 그 이후 상이한 형태로 변용되고 상이한 사회문화적 의미를 지니게 되었을 뿐 그 기원은 제국주의적 맥락에서 비롯된 것이다. 마찬가지로 헬레네스주의 역시 아테네 제국을 위한 정치적 무기로 개발되었다.[54]

그리스 정체성과 문화의 차이에 대한 그러한 시각을 헤로도토스는 거부했고, 그의 『역사』는 그리스인과 야만인이라는 이분법에 대한 강력한 반론이었다. 헤로도토스의 세계는 더 유동적이고 가변적이었으니 단선적인 문화, 민족, 원칙, 지리 등에 따른 경계선이 뭉그러지는 곳이었다. 그의 삶의 경험을 고려하자면 그가 바라본 세계가 바로 그러한 모습이었음이 분명하다. 그리고 이러한 생각을 한 것은 헤로도토스만이 아니었다. 호메로스는 트로이 전쟁을 문명의 충돌이 아니라 서로 밀접하게 연관된 집단 사이의 분쟁으로 기술했다. 즉 그들은 문화와 관습을 공유했을 뿐만 아니라 서로 통혼했으며 가계로도 이어져 있었다.[55] 에우리피데스의 비극을 다시 언급하자면 그들의 행동만 보고 누가 그리스인이고 누가 비그리스인인지, 진짜 야만인은 어느 쪽인지 구분할 수 있겠는가?[56] 역사가 투키디데스Thucydides 또한 공동의 헬레네스 정체성을 비교적 최근에 발명된, 다양한 기원을 가진 여러 집단의 불안정한 묶음으로 기술했다.[57]

서양 문명이라는 거대 서사는 고대 그리스 세계를 서양의 기원으로 간주하지만 헤로도토스, 호메로스, 투키디데스가 묘사한 고대 그리스 세계는 그와 달리 역동적이고 다채로운 세계였다. 페리클레스와 같은 아테네 정치가들이 장려한 세계관은 제국주의적 팽창을 정당화하는 수단으로 〈우리〉와 〈그들〉 사이의 크나큰 차이에 의해 세계가 갈라졌다는 시각을 고수했다. 일반적으로 그리스인의 후손이자 그들로부터 서양 문명의 계보를 이었다고 여겨진 자들은 정작 이러한 시각에 동의하지 않았다. 그들이 바로 다음 장의 주제가 될 사람들이다.

제2장
아시아계 유럽인:
리빌라

안키세스의 핏줄을 이은 자, 아프로디테 여신과 같은
리빌라에게 영광이 있을지니 이 신성한 혈통에
가장 크고 위대한 공헌을 했노라.
— 일리움의 명문(기원후 18~19)[1]

리빌라Livilla는 미인으로 유명했다. 또한 로마 최초의 황제인 아우구스투스Augustus가 총애한 손녀딸이자 무자비하고 야심만만한 성정의 소유자였다. 리빌라의 삶은 어린 시절부터 이미 계획되어 있었다. 리빌라는 커서 좋은 혼처를 찾아 결혼하고 남편과 함께 로마 제국을 통치하게 될 터였다. 그러나 그녀의 남편들은 요절하고 말았으며 그 죽음의 정황이 의혹을 샀다.[2] 그 사실이 이 장을 시작하며 소개한 비문을 설명해 주지는 않는다.[3] 영광을 돌리는 비문부터 예사로운 것은 아니다. 제국 곳곳의 도시에서는 제국의 후원을 얻기 위해 그와 비슷한 비문을 새겨 황실의 다양한 구성원에게 헌정하곤 했다. 그러나 이처럼 혈통과 족보를 강조하는 내용의 비문은 흥미로운 대상이다. 튀르키예 북서부의 변방 속주의 주민들이 이러한 비문을 새겨 리빌라에게 헌정해야만 했던 특별한 이유가 있었을까?

그 대답은 이 외진 땅의 역사에서 찾을 수 있다. 1세기가 시작될 무렵 일리움은 전략적 가치나 실용적인 중요성이 거의 없는, 농업 경제에 의존하는 평범한 소도시에 불과했다. 그러나 그 세기가 끝날 무렵 그곳은 정치적 권력이 모여든 곳이자 문화적으로 융성하는 중심지가 되었다. 일리움의 이러한 변화는 상승세에 있던 로마 제국의 후원 덕분이었는데 그 후원 관계는 그들이 지닌 저명한 신화적 유산에서 기인했다. 로마인이 〈일리움〉이라는 낱말에서 상기해 낸 이 유산은 오늘날 우리에게 트로이라는 다른 이름으로 더잘 알려져 있다.

  예나 지금이나 그 장소는 관광객을 끌어들인다. 페르시아 왕 크세르크세스는 그리스로 가는 길에 그곳에 들렀다고 전해진다. 알렉산드로스 대왕 역시 며칠 동안 그곳에 머무르면서 『일리아스』의 영웅들을 기리기 위해 희생제와 체육 경기를 열었다고 한다. 기원전 1세기 중반에 율리우스 카이사르는 정치적 연설을 하기 위해 트로이를 방문했다. 그의 연설은 그 유명한 트로이 전쟁에 관한 신화보다는 그 후일담과 더 연관되어 있었다. 파괴된 도시에서 달아난 생존자들을 다룬 그 이야기에서 트로이의 경건한 왕자 아이네이아스Aeneias가 이끄는 트로이 난민들은 (카르타고에서 디도Dido 여왕과 얽힌 비극적 사건이 있은 뒤에) 마침내 이탈리아 중부에 도착했고, 아이네이아스의 쌍둥이 후예인 로물루스Romulus와 레무스Remus 형제가 로마를 세우기에 이르렀던 것이다.[4]

  이 신화는 다소 이상하게 들릴지 모른다. 오늘날 로마인은 일반적으로, 그리고 특히 유럽연합에서 유럽인의 족보를 상기하는 수사에 동원된다는 점을 고려한다면 그들이 유럽이 아닌 아시아적 기원을 주장하는 것이 직관에 반하기 때문이다.[5] 마찬가지로 로마인이 막강한 군사력과 제국의 권력을 가졌음에도 불구하고 고대 세계에서 가장 유명했던 그 전쟁에서 패배한 난민들의 후예를 자처했다는 점 역시 이해하기 힘들지도 모른다. 특히 지난 10년 동안 이탈리아가 절망에 빠진 난민들이 안전, 번영, 새로운 삶을 찾아 자국의 해안으로 들어오는 것을 막기 위해 애쓰고 있음을 고려하면 그러한 발상은 위화감을 불러일으킨다. 현대 난민 문제와 신화 속 아이네이아스가 이끄는 트로이인을 비교하자면 그 유사성은 명백하지만 현대의 난민들은 이탈리아의 반이민주의자들의 분노에 찬 반발을 일으켰고 〈아이네이아스는 난민이 아니다!Enea non sia un rifugiato!〉라는 구호를 소리 높여 외치게 했다.[6] 마지막으로 우리가 서양 문명이라는 렌즈를 통해 역사를 바라본다면 로마의 트로이 계승 의식은 직관에 반하는 것으로 여겨질 수 있다. 어쨌든 서양 문명이라는 거대 서사에서 로마인은 그리스인의 문화적 후계자로서의 면모가 강조되었지 그 적대자들의 생물학적 후예라는 면모가 중시되진 않았던 것이다.

그러나 로마인은 서양 문명이라는 근대적 개념과 상응하는 어떤 개념도 갖지 않았다. 그들에게는 자신들이 동양이 아닌 서양에, 아시아가 아닌 유럽에 속해야 할 이유가 전혀 없었다. 그들은 스스로 그리스인의 후예라고 생각하지 않았고 오히려 그들을 정복했다고 여겼다. 마지막으로 로마인은 자신들의 혈통이 근본적으로 잡종이라고 상상했는데, 핏줄로나 문화로나 사방팔방 영향을 받았다는 것이었다. 우리는 리빌라가 신중하게 엄선한 공적 페르소나를 통해 이 상상된 혈통이 부각되는 모습을 볼 수 있을 것이다.

잡종 국가

문화적으로나 인종적으로나 로마인만큼 순수성에 무관심한 제국은 없었다. 아이네이아스 신화를 제쳐두더라도 로마는 태초부터 용광로라 불릴 만했다. 역사가 리비우스Livius는 로마의 주민들은 본디 로물루스의 비차별 정책에 이끌려 사방에서 모여든 이민자였다고 주장했다. 리비우스의 주장에 따르면 이러한 초창기의 개방성이 후대 로마시를 힘과 성공으로 이끈 바탕이었다(리비우스1:5~6). 로마인은 건국 이후 몇 세대에 걸쳐 자신들의 도시가 다문화적이었다고 기술했다. 전설 속 왕들 가운데 오직 소수만이 로마 태생이었고 나머지는 미덕과 장점으로 왕좌에 오른 이민자였으며 이는 전통으로 굳어졌다.[7] 로마 제국이 세 대륙에 걸치게 될 정도로 팽창하면서 그들은 새로운 문화를 열렬히 받아들이고 유입되는 집단을 흡수해 나갔다. 이 때문에 시인 유베날리스Juvenalis는 그 수용이 너무 열렬한 나머지 급격한 문화적 변화를 일으킨다고 불평했다(유베날리스, 『풍자시집 Satire』 제3권).

로마에 영향을 끼친 무수한 문화 중에서도 그리스 문화는 로마 문화의 주류가 되어 신화, 종교, 예술, 지성 등 광범위한 영역에서 중요한 차용과 덮어씌우기가 일어났다. 황제 하드리아누스Hadrianus의 통치 기간만큼 이를 잘 드러낸 시기는 없었다. 그는 자의식이 강한 그리스 애호가였다. 기원전 5세기 아테네에 대한 그의 애착은 로마의 문학과 예술 속에서 다른 어느 시기나 지역도 견주지 못할 만큼의 찬사를 고대 그리스에 돌리게 만들었고 그 결과 고대 그리스에 클라시쿠스classicus(제11장에서 다시 다루게 될, 〈고전〉이라는 개념의 기원이 되는)라는 이름표가 붙게 되었다.[8] 그러나 우리가 온전히 그리스-로마적인 것이라고 생각하는 몇 가지 요소는 고대 지중해와 서아시아 세계 전역의 사람들 사이에서 폭넓게 공유되고 있었다. 예를 들어 다른 문화의 신들을 자신들의 신과 동일시하는 것은 그리스와 로마만의 일이 아니었다. 그리스의 사랑의 여신 아프로디테를 라틴인은 〈베누스〉라 불렀지만 페니키아인은 〈아스타르트〉라 불렀고 메소포타미아에서는 〈이슈타르〉라고 불렀다. 마찬가지로 그리스인이 〈헤라클레스〉라 부르며 숭배한 영웅이 로마인에게는 〈헤르쿨레스〉가 되었고 페니키아인에게는 〈멜카르트〉로 불렸다.

실제로 로마인은 제국 안팎의 여러 문화에 개방적이었다. 로마인은 이집트의 이시스 여신, 페르시아의 미트라 신, 프리기아의 키벨레 여신 등에 대한 숭배 풍습을 받아들였다. 제국을 가로지르는 교역망을 통해 로마는 이민족으로부터 직접적인 영향을 받았다. 로마의 가정에서 가장 평범한 저녁 식사를 차릴 때조차 그들은 이집트의 곡물로 만든 빵에 포르투갈에서 가져온 생선장으로 양념을 하고 리비아산 올리브 기름을 뿌려 갈리아에서 만든 접시에 담았다.[9] 부유한 로마인은 중국에서 수입한 비단으로 옷을 지어 입고 게르마니아풍으로 머리카락을 염색하기를 욕망했다.[10] 사회의 최상류층을 살펴보자면 이탈리아인뿐만 아니라 이베리아인, 리비아인, 아랍인, 시리아인, 그리고 발칸 반도 출신의 사람이 황제 자리에 올랐다.[11]

이러한 세계 시민주의가 언제나 행복한 공존을 만들어 내지는 않았다. 로마 제국주의 치하에서의 경험은 잔혹했고 로마의 평화는 칼날에 의해 강제되곤 했다.[12] 기원후 60년 이세니족의 족장 부디카Boudicca는 브리타니아를 로마에 종속시키기 위한 본보기로서 그 자신은 매질당하고 딸들은 겁탈당하는 사건을 겪은 뒤 로마인의 침탈에 저항하는 봉기를 일으켰다.[13] 기원후 66년에는 유대인들이 봉기했는데, 로마는 예루살렘의 성전을 약탈하고 유대 전역에 가혹한 전쟁을 일으키는 것으로 응답했다.[14] 학살, 노예화, 착취, 문화 탄압은 동쪽 끝에서 서쪽 끝까지 로마 제국의 통치의 일상적인 요소였다.[15] 그러나 이 모든 가혹함에도 불구하고 로마 제국주의의 중심적 이념은 문화적, 민족적, 인종적 배타주의가 아니었다. 그와는 완전히 반대로 문화와 사람의 혼합이라는 계율이 로마라는 국가의 토대를 이루었다. 로마는 스스로 잡종 국가임을 영광으로 여겼다. 그 중심에는 로마의 기원에 대한 신화가 있었다. 그것은 바로 그리스와 튀니지를 거치며 방랑했던 아시아 출신의 난민들이 마침내 이탈리아에서 안식을 찾고 원주민들과 피를 섞으면서 혼종적인 국가를 설립했다는 이야기이다.

순수함과 진정성을 중시하는 근대 서양의 관점에서 이 이야기는 서양에서 스스로 말하는 바와 애초부터 어긋나는 것처럼 보인다. 하지만 로마에게 이 혼종적인 기원 신화는 제국의 설립 헌장과 같았다. 이는 로마인의 제국주의를 귀향으로 포장하고 지중해 동부를 오랫동안 잃어버렸던 정당한 상속물이라고 주장하게 함으로써 그들의 정복을 위한 역사적 정당성과 이념적 무기를 제공했다.[16] 로마인은 아시아 난민의 후예라는 생각을 받아들여 자신들의 정체성으로 삼았다. 여러 대륙을 지배하는 다문화적 제국의 지배층은 자신들이 대륙을 넘나드는 다문화적인 존재라고 생각했다.[17] 다문화성은 언제나 최우선적으로 고려되는 이념이었다. 로마 최초의 왕조인 율리우스-클라우디우스 가문은 자신들의 계보를 아이네이아스에게까지 소급했고 트로이 기원 신화를 제국뿐만 아니라 자신들을 위해 이용했다.

그 왕조의 창시자인 율리우스 카이사르는 군대를 지휘할 때만큼이나 자신의 공적 이미지를 활용할 때도 전략적이었다. 그는 기원전 48년에 옛 트로이가 있었다는 지역을 방문했고 조세와 행정상의 특별 지위를 부여했다. 로마로 돌아온 그는 어느 포룸의 건설을 후원했다. 그 중앙에 새로 들어선 장엄한 신전은 베누스 게네트릭스Venus Genetrix, 즉 아이네이아스의 어머니인 베누스 여신에게 봉헌되었다. 베누스 여신은 곧 로마인 전체의 어머니라고도 할 수 있었다. 카이사르는 그 신전의 개장을 축하하는 마차 경주를 열면서 〈트로이 대회〉라는 이름을 붙였다. 해마다 개최된 그 대회는 얼마 지나지 않아 로마시의 정례 스포츠 행사로 자리 잡았다. 그것만으로는 부족했는지 이어지는 10년 동안 카이사르는 새로운 주화를 만들었는데 한쪽 면에는 베누스 여신의 두상이, 다른 면에는 이후 상징적인 도상이 되는, 트로이를 탈출하는 아이네이아스의 모습이 새겨졌다.[18]

카이사르는 유행을 주도했다. 곧 한미한 귀족 가문조차도 그들의 족보에서 아시아와의 연결 고리를 〈발견〉해 냈다. 이러한 욕망에 부응하여 시인 바로Varro와 히기누스Hyginus는 「트로이인의 가계에 대하여De familiis Troianis」라는 제목의 소책자를 발간하여 로마의 귀족층을 트로이 전쟁의 영웅들과 이어 주는 가계도를 만들어 냈다.[19] 괴팍한 풍자 시인 유베날리스는 로마를 뒤덮은 수많은 외국인에 대한 불평을 멈출 때는 벼락출세한 중산층이 으스대고 위신을 차리며 심지어 스스로 〈트로이 태생troiugenas〉이라 주장한다고 개탄했다(『풍자시집』1:110). 신분 상승에 성공한 그 어떤 로마인도 아시아 난민의 후예라는 이름표를 오명으로 생각하지 않았다.

카이사르의 양자이자 후계자인 아우구스투스는 이 신화적 선전에 더욱 열을 올렸다.[20] 그는 떠오르는 권력자가 되는 동안 이미 율리우스 카이사르의 주화 디자인을 본떠 트로이를 탈출하는 아이네이아스를 묘사한 그 유명한 도상을 재활용했다. 아버지를 등에 업고 어린 아들의 손을 붙잡은 채 불타는 고향을 등진 아이네이아스의 모습을 곧 제국 전역에서 볼 수 있게 되었다. 그 모습은 상인의 주머니 안에서 쩔렁거리는 동전에도 다소 변용된 채 새겨졌고, 도시의 시장에서 대량 생산되었던 손바닥 크기의 테라코타 봉헌물로 재현되었으며, 심지어 집안의 낙서를 통해 풍자적으로 모방되기까지 했다.[21] 그러나 가장 유명하고 전형적인 도상은 아우구스투스의 새로운 포룸에 세워진 기념물이었다. 거의 4미터에 이르는 아이네이아스의 입상은 그 자랑스러운 장소에 우뚝 섰으니, 오직 로물루스의 조각상만이 그것에 필적하는 명성을 지니고 있었다.

트로이와 연관된 아우구스투스의 위업 중에서 아마도 가장 유명한 것은 베르길리우스Vergilius의 서사시 『아이네이스Aeneis』일 것이다. 로마 제국과 더불어 율리우스-클라우디우스 왕조를 칭송하기 위해 기획된 그 저술을 후원한 사람은 아우구스투스였다.²² 그 시에서 베르길리우스는 의도적으로 아나톨리아와 이탈리아, 트로이와 로마, 아시아인과 유럽인의 구분을 흐리면서 그들을 단순히 동일시하는 데 그치지 않고 상호 호환되고 모호한 용어로 묘사했다.²³ 예를 들어 아이네이아스는 후대의 로마인이 영광스러운 미래를 맞으리라는 예언을 듣자 〈트로이의 자손들에게 영광이 찾아올 것이니 그 자녀들은 이탈리아의 혈통이 될 것〉이라고 말했다(『아이네이스』 6:756~757). 트로이인의 자손이 이탈리아인의 후예가 될 것이라는 이 구절에서 최초의 혈통이 다른 혈통으로 변모하는 지점을 확실히 짚을 수는 없다. 그러나 아마도 그 부분이야말로 요점이었을 텐데, 베르길리우스에게 〈뒤섞인 피commixtus sanguine〉(『아이네이스』 6:762)는 로마의 막강한 힘의 원천이었다. 같은 구절에서 로마는 마치 고유한 족보를 지닌 것처럼 의인화된다. 로마는 로물루스에게서 〈태어나게〉 될 것이고(『아이네이스』 6:781) 〈그 자손에 복이 있을 것이다〉(『아이네이스』 6:784). 베르길리우스는 로마시를 아나톨리아의 키벨레 여신에 빗대면서 〈자신의 신성한 아이를 반기며 그에게서 날 백 명의 후예들을 포옹하노라〉고 적었다(『아이네이스』 6:783). 그 작품에 내내 등장하는 선조와 족보에 대한 표현은 트로이와 로마라는 두 도시 못지않게 아시아인과 유럽인 사이의 구분이 흐려지도록 공들인 결과였다.

  카이사르의 선례를 따라 아우구스투스 역시 트로이를 방문했고, 새로운 공공시설의 건설과 신전의 재단장을 포함하는 도시의 대규모 재개발을 후원했다.²⁴ 트로이 시민들은 열렬한 태도로 그에게 감사를 표했다. 적어도 세 개 이상의 아우구스투스 입상이 세워졌고, 작은 신전 하나가 그에게 헌정되었다. 그 후 수년 동안 아우구스투스의 양자이자 계승자인 티베리우스Tiberius, 사위인 아그리파Agrippa, 불운한 최후를 맞이한 손자 가이우스Gaius(리빌라의 첫 남편이기도 하다), 그리고 후대 황제들인 클라우디우스Claudius와 네로Nero, 율리우스-클라우디우스 왕조의 크고 작은 여러 가문의 일원들이 입상으로 남겨졌는데 두 개의 안토니아Antonia 조각상, 두 개의 아그리피나 조각상, 한 개의 옥타비아Octavia 및 브리타니쿠스Britannicus 조각상도 여기에 포함된다. 그러나 이들 가운데서도 리빌라의 명문은 수수께끼로 가득하다.

못난 아이

당대 최고의 역사가인 타키투스Tacitus는 리빌라를 〈놀랍도록 아름답다〉고 기술했다. 그러나 짓궂게도 어린 시절에는 볼품없었다고 덧붙였다.[25] 어쨌든 리빌라의 어린 시절은 행복했던 것 같다. 황제 아우구스투스의 손녀딸로서 리빌라는 두 형제 및 사촌들과 함께 로마의 황궁에서 자랐으며, 아름답고 카리스마 있는 아그리피나Agrippina 역시 사촌들 가운데 하나였다(아그리피나에 대해서는 뒤에서 다루게 될 것이다). 그중에서도 리빌라는 자신의 할머니이자 황후인 리비아Livia의 이목을 끌었다. 〈리빌라〉라는 이름도 할머니에게서 온 것이었다. 정식 이름은 클라우디아 리비아 율리아Claudia Livia Julia였으나 〈작은 리비아〉라는 뜻의 리빌라라는 별명이 친근함을 담아 붙여졌다. 이는 그들의 밀접한 관계를 암시한다.[26]

리빌라는 사춘기에 접어들자 사촌인 가이우스와 혼약했다. 이 10대 부부의 결혼생활이 순탄했는지 어땠는지는 자료마다 의견이 엇갈린다.[27] 늠름하고 젊은 가이우스가 동부 속주로 떠나자 열세 살의 신부인 리빌라는 심경이 복잡해졌다. 아마도 리빌라는 그 이별에 대해 후회에서 안도로 바뀌어 가는 무언가를 느꼈을지 모른다(애석하게도 로마 제국의 여성들이 특히 정략결혼에 대해 어떤 감정을 느꼈는지는 알려지지 않았다). 어쨌든 리빌라는 어떤 즐거움을 느꼈을 것 같다. 로마 정계에 대한 논객들의 눈에 가이우스는 아우구스투스의 차기 계승자로 낙점될 만큼 신임을 얻고 있었다.[28] 그의 시작은 아주 좋았다. 가이우스는 아랍과 메소포타미아에서 큰 외교적 성공을 거두었고, 아르메니아의 반란을 진압하는 동안 경미한 부상만을 입었다.[29] 그런데 그 상처가 빠르게 곪더니 갑자기 심신이 악화되기 시작했고 결국 로마로 귀환하는 길에 사망하고 말았다. 역사 자료에서는 리빌라가 남편의 갑작스러운 죽음을 어떻게 받아들였는지, 가이우스가 죽은 지 1년도 채 지나지 않아 두 번째 정략결혼을 하게 되었을 때 어떤 마음이었는지 말해 주지 않는다. 리빌라는 이제 겨우 열일곱 살이었다.

리빌라의 새 남편인 드루수스Drusus는 성미가 급하기로 유명했으며, 리빌라의 또 다른 사촌이었다. 가이우스의 때 이른 죽음 이후 드루수스의 아버지인 티베리우스가 차기 황제로 부상했다. 이는 리빌라가 후계자의 아내가 아닌 그저 후계자의 며느리로 밀려난다는 뜻이었다. 이 시기에 리빌라는 몇 년 동안 역사 기록에서 자취를 감춘다. 리빌라가 자신의 딸 율리아Julia를 충실히 돌보았다는 사실 정도가 알려져 있는데, 우리는 리빌라가 매우 불행했으리라고 예상할 수 있을 따름이다. 드루수스에게 호의적인 사료조차 그의 성격이 나빴음을 인정하고 있다. 다른 사료에서는 그가 음탕하고 잔인하며 공공연히 폭력성을 드러냈다고 이야기한다.[30] 그런 그가 아내와 딸을 어떻게 대했을지는 그저 상상에 맡길 뿐이다. 그러나 폭력적인 기질이 문제시될 정도였다 해도 아무튼 그는 제국의 계승자였다. 티베리우스는 아우구스투스의 뒤를 이어 황제가 되었지만 인기가 없었다. 로마 대중의 마음을 사로잡지 못했고 원로원의 지지를 얻지도 못했다. 티베리우스는 자신의 취약한 위치를 인지하고 있었기에 드루수스를 신중하게 후계자로 선택했다. 그를 집정관으로 임명해 원로원에서 일하도록 했으며, 그의 이름으로 검투 경기를 후원해 인심을 얻게 했다. 얼마간은 그 전략이 먹히는 것처럼 보였다. 그러나 기원후 17년에 상황이 바뀌었다.

리빌라가 서른 살이 되었을 때 그녀의 오빠 게르마니쿠스 Germanicus가 게르마니아와 일리리쿰에서 수년간의 원정을 마치고 로마로 돌아왔다. 게르마니쿠스의 아내이자 사촌인 아그리피나도 그와 함께 돌아왔다. 리빌라와 드루수스, 그리고 게르마니쿠스와 아그리피나, 황실의 두 부부는 극명한 대조를 이루었다. 게르마니쿠스가 군사 반란을 진압하고 북방의 국경을 확장할 때 드루수스는 로마에 머물러 있었다. 리빌라가 병약한 딸 하나를 낳은 데 그친 반면, 아그리피나는 적어도 아홉 명 이상의 건강한 자식을 출산했다.[31] 게르마니쿠스와 아그리피나는 곧 인기인이 되었고, 티베리우스와 드루수스 부자의 치세에서 오랫동안 잠잠했던 열렬한 찬사가 그들 부부에게 돌아갔다.[32] 사실 게르마니쿠스의 원정은 제한적인 성과를 거두었을 뿐이지만 어쨌든 그는 화려한 개선식을 통해 자신의 위업을 굉장한 승리로 포장했다.[33]

티베리우스에게 게르마니쿠스와 아그리피나는 자신의 권력에 대한 위협이었다. 티베리우스는 이 젊은 부부를 가능한 한 빨리 로마에서 내보내야 했고, 마침 동방 속주에서 반란이 일어나자 오직 게르마니쿠스만이 진압할 수 있다는 명분을 내세웠다.[34] 드루수스에게 게르마니쿠스의 인기는 넘어서야 할 과제였다. 게르마니쿠스의 성공에 자극을 받은 드루수스는 스스로 원정에 나서 말썽을 일으키는 일리리쿰 속주의 통치권을 확보했고 로마의 북쪽 국경을 안정시키기 위해 비우호적인 게르만족 국왕의 몰락을 획책했다.[35] 한편 리빌라가 대중의 인기를 얻기 위해 선택할 수 있는 수단은 제한적이었고 위험했다. 그러나 황궁에서 자란 율리우스-클라우디우스 왕조의 일원인 리빌라는 로마 제국의 정쟁에 뛰어들기에 충분한 자격을 갖추고 있었다.

리빌라가 가장 먼저 한 일은 정부(情夫)를 만드는 것이었다.[36] 그녀가 선택한 남자는 공훈을 세운 군인이자 황제의 신변을 보호하는 근위대의 수장인 세야누스Sejanus였다. 이탈리아의 평범한 가정에서 태어난 세야누스는 군대에서 두각을 드러내면서 근위대의 지휘권을 얻게 되었다. 아우구스투스의 신임을 얻은 그는 티베리우스의 치세에서도 황제의 최측근이 되었고 그 덕분에 명성과 부를 쌓았다.[37] 리빌라의 두 번째 행적은 아이를 갖는 것이었다. 사건의 선후 관계가 명확하지 않아서 아이의 아버지가 드루수스인지 세야누스인지는 알 수 없다.[38] 확실한 것은 드루수스가 기원후 17년 후반경에 로마를 떠나 일리리쿰으로 향했고, 리빌라가 19년 후반에 쌍둥이 아들을 출산했으며 그 시기를 전후해 세야누스와 가깝게 지내기 시작했다는 것이다.

리빌라의 쌍둥이 출산은 제국 전역에서 축하받았고 그에 대한 환호는 심지어 게르마니쿠스의 개선식조차 능가할 정도였다. 티베리우스는 손자들의 탄생을 두고 아부하는 원로원 의원들에게 짜증을 낼 지경이었다.[39] 축하 행사에서 그는 리빌라와 두 아이의 모습을 새긴 주화를 전 속주에 퍼뜨리도록 지시했다. 기념주화가 로마, 코린토스, 키레나이카에서 발행되었다.[40] 키프로스에서 그들의 이름을 딴 사제단이 설립되었고 그들을 숭배하는 성지가 에페수스에 봉헌되었다.[41] 이 시기에 만들어진 세공된 보석과 명문에는 리빌라의 우아한 초상화가 새겨졌다. 그 훌륭한 예시 중 하나에서 리빌라는 수확의 여신 케레스 여신으로 묘사되었고 그 곁에는 풍요의 상징인 뿔을 쥔 쌍둥이의 작은 초상이 새겨졌다. 리빌라와 쌍둥이 아이들은 제국의 미래이자 왕조를 계승할 차세대 지도자로서 활발히 모습을 드러냈다.

두 아들이 태어난 10월 10일은 리빌라에게 더욱 의미가 있는 날이었다. 바로 그날, 리빌라의 오빠인 게르마니쿠스가 사망한 것이다. 게르마니쿠스는 시리아에서 기묘하고도 예기치 못한 질병을 얻었고 그 병이 종국에는 그의 목숨을 앗아가고 말았다. 로마의 거리는 소문으로 들썩였다. 항간에서는 티베리우스가 수하를 사주하여 게르마니쿠스가 질병에 걸리도록 저주를 걸었다는 소문이 돌았다.[42] 의혹을 품은 대중의 상당수는 게르마니쿠스에게 가졌던 충성심을 그의 유복자들과 과부 아그리피나에게 돌렸다. 리빌라에게 이는 골치 아픈 일이었음이 틀림없다. 첫 남편에 이어 이번에는 오빠가 유사한 정황에서 죽었을 뿐만 아니라 건강한 남성 후계자를 둘이나 출산함으로써 로마 귀부인의 의무를 충족하여 승리를 선언했어야 할 그 순간에 아그리피나가 다시금 관심을 독차지했기 때문이다. 게르마니쿠스의 죽음을 둘러싼 흑마법과 음모에 대한 소문, 그에 따르는 대중의 비난은 리빌라가 두 아이를 돌볼 때조차 오명을 남겼다.

전선은 이제 확고히 그어졌다. 로마의 대중은 아그리피나와 게르마니쿠스의 유복자들을 지지하는 진영과 리빌라 모자를 지지하는 진영으로 나뉘었다. 두 여인은 곧 정면 승부를 펼치게 되었고 권력을 차지하기 위한 목숨을 건 경쟁에 뛰어들었다.

대륙을 아우르는 게네트릭스

아그리피나와 리빌라의 경쟁은 군사력이나 원로원의 지지가 아니라 대중의 가차 없는 평가에 좌우되었다. 로마 민중의 지지를 얻는 여인이 승자가 되리라. 그 보상은 영광, 권력, 그리고 제국의 통치권이 될 터였다. 위험천만한 권력 다툼에서 패배자에게 주어지는 벌칙은 치욕과 죽음이었다.

드루수스가 그 싸움의 첫 희생자가 되었다. 기원후 23년, 그가 사망했을 때 쌍둥이는 고작 세살이었고 처음에는 질병으로 인한 자연사로 보였다. 그러나 곧 리빌라와 그 정부인 세야누스에게 의혹의 눈길이 돌아갔고, 그들이 드루수스를 독살했을 것이라는 억측이 난무했다. 드루수스에게 몇 년 동안 조금씩

독을 먹여 중독시켰으리라 생각한 사람도 있었고, 한 번의 속임수로 충분했으리라 말하는 사람도 있었다. 이런 이야기가 전해진다. 어느 날 저녁 식사 자리에서 세야누스는 티베리우스에게 드루수스가 그의 술잔에 독을 탔다고 속삭였다. 의심에 사로잡힌 티베리우스는 그 말이 사실인지 시험하기 위해 드루수스와 술잔을 바꾸었다. 그런데 드루수스가 잔을 비우기가 무섭게 죽어 버리자 겁에 질리고 말았다는 것이다. 믿기 힘든 이야기이지만 경솔한 술꾼 드루수스를 교활한 세야누스와 음모꾼 리빌라가 노쇠한 황제의 의심증을 이용해 농락했다는 이 소문은 제국의 주요 인물들에 대한 대중의 생각을 반영하는 것일 수 있다.[43] 드루수스가 죽은 후에 리빌라가 세야누스와의 결혼을 허락해 달라고 요청했을 때 소문은 거의 기정사실이 되었지만 속물적인 티베리우스는 그 요청을 거부했다.[44] 우리가 그들을 어떻게 생각하든 리빌라와 세야누스는 서로를 진정으로 아꼈던 모양이다. 티베리우스의 반대와 대중의 반감에도 불구하고 그들은 7년에 걸친 인내 끝에 혼약을 성사시켰다.[45]

한편 리빌라는 자신과 두 아이에 대한 대중의 인식을 바꾸기 위해 노력했다. 리빌라는 자신의 딸을 아그리피나의 장남과 결혼시켜 양측 사이의 균열을 메우려는 모습을 보여 주었다. 그와 비슷한 시기에 쌍둥이 아이들의 모습이 테세라tessera에 나타나기 시작했다. 테세라는 곡물이나 다른 식량과 교환할 수 있는 일종의 토큰으로 빈민에게 배급되었다.[46] 이는 쌍둥이에게 대중의 인기가 쏠리도록 고안된 행위였다.

아그리피나도 가만있지는 않았다. 비극의 주인공이라는 배역을 맡은 아그리피나는 비통해하는 게르마니쿠스의 아내로서 사람들의 동정심을 끌어냈다. 당대의 초상화에서 아그리피나는 부드럽고 슬픔에 찬 얼굴에 화려한 머리장식을 풀고 숱이 많은 곱슬머리가 목덜미로 흘러내린 모습이다.47 같은 시기에 리빌라는 매우 다른 모습으로 묘사되었다. 근엄한 인상에 가르마를 따라 양쪽으로 나눈 머리카락을 목 뒤에서 올림머리로 묶은 검소한 모습이다.48 아그리피나가 낭만적이고 매력적인 과부가 되기로 했다면, 리빌라는 겸손과 미덕을 갖춘 로마의 어머니상을 연기했다. 아그리피나가 세심하고 화려한 옷으로 자신을 꾸민 반면, 리빌라는 의도된 소박함을 내세웠다. 아그리피나의 초상이 감정적인 반응을 불러일으킨다면 리빌라의 초상은 존경을 요구하는 전략을 내세웠다. 두 여인은 대립하는 정파의 수장이었을 뿐만 아니라 대립하는 여성상의 화신이었다(두 여성이 그 이상에 어울리는 삶을 살았는지는 물론 별개의 이야기이다).49

이 신중하게 만들어진 대중적 이미지를 염두에 두고 다시 트로이의 비문으로 돌아가 보자. 비문에서 리빌라는 아프로디테 여신과 동일시되며, 그 가족관계와 혈통을 노골적으로 강조한다. 여기서 아프로디테는 사랑의 여신이 아닌 로마인의 모계 선조로서 숭배된다. 또한 리빌라는 아프로디테의 인간 연인이자 아이네이아스의 아버지인 〈안키세스의 후예Ancheisiados〉로 언급된다. 말하자면 리빌라는 최상의 게네트릭스, 즉 모계 시조로 그려진 것이다. 로마인의 발원지인 아시아의 주 광장에 세워진 이 비문은 리빌라를 트로이인과 로마인 사이의 족보를 연결하는 상징적인 인물로 내세우고 있다. 이는 차지해야 할 강력한 이

넘적 지위였다.

이 명문이 아그리피나가 아닌 리빌라에게 바쳐졌다는 점을 주목할 만하다. 게르마니쿠스가 죽기 몇 년 전에 아그리피나와 함께 그 도시를 방문한 적이 있었음을 고려하면 더욱 그러하다.[50] 우리는 왕가의 손님들을 기리는 글귀를 새기느라 부산을 떠는 모습을 쉽게 상상해 볼 수 있겠지만 트로이에서 아그리피나에게 바치는 기념물이 없다는 점은 수상하다.[51] 더욱이 리빌라에게 과도한 찬사를 보내는 동시에 그 어머니 안토니아에게도 영광을 돌리고 형제들인 클라우디우스와 게르마니쿠스 역시 언급하고 있다. 그런데 아그리피나에 대해서는 일절 언급하지 않은 채 리빌라와 같은 핏줄인 오빠 게르마니쿠스를 추도한 것은 확실히 정치적 의도가 있다고 봐야 한다. 트로이의 시민들은 아그리피나를 반대하며 리빌라 정파에 대한 지지를 나타낸 것이다.

하지만 고작 속주의 일개 도시에 사는 현지 지배층의 지지가 로마에 어떤 영향을 주었을까? 트로이의 장로들이 리빌라에 대한 지지를 돌에 새겨 기념했을 때 리빌라가 이를 신경 쓰기라도 했을까? 제국의 다른 속주 도시였다면 그 대답은 아마도 〈아니요〉일 것이다. 그러나 트로이는 달랐고, 트로이의 지지는 중요한 정치적 보상이 될 수 있었다. 트로이가 로마의 어머니 도시였듯 리빌라는 두 가지 방식을 통해 로마의 국모로 등극할 수 있었다. 첫째는 차기 황제의 생모가 되는 것이었고, 둘째는 로마인의 상징적인 어머니, 즉 게네트릭스가 되는 것이었다.

리빌라의 이야기는 그다지 행복한 결말을 맞이하지 못했다. 기원후 31년 세야누스는 티베리우스에 대한 음모를 꾸몄다는 죄목으로 처형당했고 리빌라는 투옥되었다. 유폐된 리빌라는 아사했거나 혹은 스스로 목숨을 끊었다.[52] 경쟁자인 아그리피나의 운명도 그리 나을 것이 없었다. 아그리피나는 그보다 몇 년 전에 판다테리아*라는 바위투성이 섬에 갇혀 역시 굶어 죽었다.[53] 비록 아그리피나 자신은 승리를 만끽하지 못했으나 결국 그녀의 아들이 리빌라의 자식들을 제치고 티베리우스를 계승했다. 그가 바로 미치광이 폭군 칼리굴라이다. 그러나 칼리굴라가 후사를 남기지 않고 사망하자 계승권은 리빌라의 후계 쪽으로 돌아갔다. 리빌라의 남동생으로 그동안 무시되어 온 소심한 성격의 클라우디우스가 제위에 오른 것이다.

    왕조, 족보, 그리고 유산. 초기 제정 로마는 혈통이라는 개념에 천착했다. 그토록 계보에 집착하는 사회에서 다양한 기원을 기념하는 것은 우연이 아니었다. 대륙을 아우르는 유산을 지녔고 아시아의 트로이가 자신들의 기원이라는 자의식은 로마인의 세계가 서양이나 유럽인의 눈으로 보는 것과 달랐음을 드러낸다.

    생각으로나 실제로나 로마 제국의 다양성을 보여 주는 압도적인 증거에도 불구하고 근대 서양인은 로마인을 백인종으로 특징짓고 민족적이고 관상학적인 용어들을 그들에게 적용했다. 하지만 정작 로마인은 완전히 다른 방식으로 자신들을 범주화했을 것이다. 예를 들어 2019년 여름 영국에서 논란이 된 BBC의 한 만평은 다인종으로 구성된 로마인 가족이 하드리아누스 방벽 근처에 살고 있는

---

* 오늘날의 이탈리아 벤토테네섬.

모습을 묘사했다.⁵⁴ 피부색이 어두운 사람들이 로마 지배층의 일부였으리라는 생각은 크나큰 분노를 불러일으켰지만, 그것은 문헌상으로도 잘 입증된 사실이다.⁵⁵

비슷하게 로마 제국을 주로 유럽의 현상으로 생각하는 경향이 남아 있다. 이러한 발상은 1957년 유럽연합을 만들어 낸 로마 조약의 조인식에 뒤따랐던 의전, 상징, 정치적 연극에서 잘 드러난다. 당시 조약은 캄피돌리오 언덕에 자리한 콘세르바토리 궁의 호라티우스 형제와 쿠리아티우스 형제의 홀에서 치러졌는데, 그 방은 로마의 건국과 초기 역사를 다룬 리비우스의 기록을 재연한 프레스코화로 뒤덮여 있다. 2017년 영국의 유럽연합 탈퇴가 임박한 시점에 나머지 가맹국은 바로 그 방에서 로마 선언에 조인했다. 이는 유럽의 단일성이 로마라는 공동의 유산에서 비롯되었다는 생각에 대한 이념적 긍정이었다. 이 책의 도입부에서 우리는 이미 불법 이민과 난민 위기에 맞선 유럽연합의 프로그램에 〈모스 마이오룸 작전〉이라는 이름이 붙었음을 보았다. 이는 유럽의 공통된 문화적 유산을 강조하고 이민자들의 고향인 아프리카 및 아시아와 대비시키려는 시도였다.⁵⁶ 아프리카와 서아시아가 로마 제국의 통합된(그리고 실로 근본적인) 일부였고, 심지어 서아시아는 로마인 정체성의 핵심을 이루는 중심지였다는 점은 유럽인들의 프로젝트에서 로마가 갖는 이념적 중요성을 바꾸어 놓지 못했다.

마지막으로 많은 이들은 로마를 그들이 서양의 핵심이라 주장하는 문화적 가치의 모델로 보는데, 특히 특정한 정치적 원칙에 있어 그러하다. 예컨대 2021년 1월에 미국 의회 의사당 습격 사건이 벌어지기 전에 트럼프 대통령의 지지자들은 소셜 미디어에서 그에게 〈우리 공화국을 구해 달라〉고 요청하면서 자신들의 메시지를 퍼뜨리기 위해 #CrossTheRubicon(루비콘강을 건너라)이라는 해시태그를 사용했는데, 이는 율리우스 카이사르가 로마를 장악하기 위해 군대를 움직인 일을 상기하는 것이었다.[57] 카이사르가 군사력을 이용해 대의제에 더욱 가까웠던 정부를 무너뜨리고 스스로 독재관이 되었다는 사실을 고려하면 이는 부정 선거에 저항함으로써 민주정을 바로 세운다는 그릇된 주장을 펼치고 있는, 친트럼프 정치 운동가들을 궁색하게 만든다.

요약하자면 고대 로마는 인종적으로는 백인이고 지리적으로는 유럽이며 문화적으로는 서양이라는 통념과 어긋난다. 그런 식으로 로마를 묘사하려는 시도에도 불구하고 로마는 고대에 존재했던, 근대 서양과 유사한 무언가가 아니었다. 트로이 비문에 새겨진 리빌라의 정치적 행보는 이를 완벽하게 보여 준다. 리빌라의 지정학적 관점은 로마 그 자체가 그러했듯 좀 더 포괄적이었다.

제3장
고대 세계의 국제적 계승자: 알킨디

우리는 그 출처가 무엇이든 진실을 인정하거나 수용하는 것을
부끄럽게 여겨서는 안 된다. 설령 그 진실이 머나먼 타국이나
이방인에게서 온 것일지라도 말이다.
— 알킨디(870년경)[1]

리빌라의 사망 이후 로마 제국은 휘청거리고 쇠약해졌다. 3세기 후반에 제국은 결국 반으로 쪼개졌다. 서쪽 절반은 점차 수많은 독자적 왕국으로 나누어졌고, 동쪽 절반은 비잔티움 제국으로 발전해 나갔다. 로마의 문화와 학문 가운데 일부는 소실되었고 일부는 보존되었다. 또 다른 일부는 근본적으로 새로운 세계, 즉 초기 중세 세계에 알맞은 완전히 새로운 방식으로 변모했다.

서양 문명에 대한 기존의 서사에서는 이 시기를 퇴보와 야만의 암흑기로 여긴다. 그러나 중세를 암흑기로 보는 시각은 북유럽과 서유럽에만 시선을 고정하기 때문에 생겨난 것이다. 지중해의 동쪽, 비잔티움 제국은 화려함과 세련됨을 자랑하고 있었다.[2] 이 장에서 살펴볼 이슬람 세계 역시 세비야에서 사마르칸트까지, 모술에서 말리까지 예술과 과학의 진보를 통해 번영을 누렸다. 동아시아에서는 당 제국이 중국을 변모시키고 있었고, 동남아시아의 다도해에서는 불교 제국 스리위자야가 황금기를 구가하고 있었다. 그러나 다시 유럽으로 돌아가자면 한 유명한 역사학자의 표현대로 사람들은 〈입에 겨우 풀칠할 정도로〉 서양 문명을 간신히 지켜 내고 있었다.[3] 기존의 서사에 따르면 귀중한 고전기의 유산이 유럽 전역의 도서관과 필경실에서 수고한 남녀 수도자들(비록 대부분이 남성이긴 하지만) 덕분에 보존될 수 있었고, 미래 세대가 발견할 수 있도록 고대 세계의 유산이 숨겨질 수 있었다는 것이다. 그러나 중세기에 대한 이러한 관점은 거칠게 말하자면 틀렸다.

먼저 지난 수십 년 동안의 연구는 중세 유럽이 암흑기였다는 통념을 깨뜨렸고, 오히려 그 시기에 이루어진 과학과 예술의 성취를 조명하고 있다. 철학적인 수사 로저 베이컨Roger Bacon의 논고에서부터 박식한 수녀 힐데가르트 폰 빙엔Hildegard von Bingen의 의학 저술에 이르기까지 수많은 문화적 혁신이 수도원의 무균 상태에 가까운 환경에서 탄생했다. 중세는 그동안 생각했던 것만큼 그리 암흑기는 아니었다.[4] 또한 중세를 어떤 중간적인 시대로 볼 필요도 없다. 우리는 〈중세Middle Ages〉를 두 중요한 역사적 시기의 중간에 끼어 있는 시대로 규정 짓는 경향이 있다. 〈중세기Medieval〉라는 용어는 어감이 조금 더 낫지만 나는 이 책에서 그 낱말을 편의를 위한 약칭으로 사용할 것이다.[5] 우리는 중세기의 사람들을 고대라는 중요한 시기를 지나 근대라는 또 다른 중요한 시기로 넘어가기 전에 주먹구구식으로 살았던 이들로 보아서는 안 된다.

둘째, 서유럽의 남녀 수도자들만이 고대 그리스와 로마의 문화를 보존한 유일한 기여자는 아니다. 수많은 라틴어 문헌이 수도원에 보존되어 필사되었고, 몇몇 애서가 성향의 성직자들이 고대 세계의 과학과 신학에 관련된 사고를 다시 끌어낸 것은 맞다. 하지만 그들이 그 일을 해낸 유일한 사람들은 분명 아니었다. 우리가 생각하는 서양 문명의 혈통은 고대 그리스와 로마로부터 단 하나의 통로를 경유해 서유럽으로 전달되지 않았다. 그 통로는 사방으로 어지럽게 뻗어 나갔고, 동서남북의 모든 이들이 고대 그리스와 로마의 문화유산을 간직하고 있었다.

고대 세계의 후계자들

서양 문명에 대한 이론은 서유럽과 중유럽의 사람들을 고전기 고대의 주요 계승자의 자리에 둔다. 새뮤얼 헌팅턴은 그의 악명 높은 책 『문명의 충돌』에서 〈서양은 이전의 문명들, 그중에서도 고전기 문명으로부터 가장 많은 유산을 물려받았다. (……) 이슬람권 및 정교회권의 문명들 역시 고전기 문명으로부터 일부 상속을 받았지만 서양과 비슷한 수준에 미친 곳은 없었다〉라고 주장했다.[6] 헌팅턴의 말은 틀렸다. 서유럽은 그리스-로마 세계의 유산을 물려받은 여러 지역 가운데 하나에 불과하다(제4장에서 자세히 살펴볼 것이다). 게다가 서유럽이야말로 그리스-로마 세계의 주요한 계승자이고 비잔티움과 이슬람은 단지 그 일부를 상속했을 뿐이라는 헌팅턴의 주장은 완전히 잘못되었다.

우선은 그 표준적인 서사에서 그나마 진실을 담고 있는 부분을 다루어 보자. 410년 고트족의 왕 알라리크Alaric에게 로마를 약탈당하고 서로마 제국이 〈몰락〉(사실 파편화에 더 가까웠다)했음에도 불구하고 로마 시기와 초기 중세 사이에는 어느 정도 문화적 연속성이 존재했다. 상당한 부분의 로마법을 포함해[7] 도로나 교량 등의 기반 시설,[8] 지배적인 문어로 자리 잡은 라틴어, 지식인과 교회 등이 그에 해당한다. 그러나 교회에서 라틴어를 계속 사용하는 동안에도 그 안에 고대 세계의 토속 신앙적 요소가 공공연히 깃들어 있다는 의심 역시 계속되었다. 이러한 의혹은 고대의 예술품과 문헌에 대한 의도적인 파괴 행위로 나타나기도 했다. 『성 마르틴의 삶Life of St Martin』이라는 성인전을 예로 들자면 그 성인의 선행으로 프랑스의 몇몇 마을에 존재했던 토속 종교의 성지를 파괴하거나 파괴하려 시도한 일이 포함되었다.[9] 그럼에도 거시적으로 볼 때 서유럽에서 그리스-로마 문화의 소실은 기독교 근본주의자들의 악랄한 음모의 결과는 아니었다.[10] 오히려 기독교의 확산은 그저 문헌이나 미술 양식과 같은 고대 문화의 많은 요소가 조용히, 그리고 점진적으로 사라져 갔음을 뜻한다. 그것은 적극적인 분서 행위가 아니라 그저 옛 책을 복제하지 못했다는 일상적인 실패에 가까웠다.

문화적 연속성을 유지하는 데 있어 거대한 시련은 로마 제국의 서쪽 절반을 차지하면서 널리 퍼져 있던 여러 후계 왕국들의 존재였다. 이탈리아의 고트 왕국, 프랑스 남부와 이베리아의 서고트 왕국, 브리타니아의 앵글로색슨 왕국, 북아프리카의 반달 왕국, 지금의 프랑스에 존재했던 프랑크인, 수에비인, 부르군트인의 여러 왕국 등이 이에 속했다. 그 결과 서유럽에서 로마의 전통은 하나가 아닌 복수로 존재하게 되었다.[11] 중요한 점은 과거 로마의 여러 상이한 요소들이 각지의 현지 풍습과 혼합되었다는 것이다. 노섬브리아의 신성한 섬인 린디스판에서 수사 앨드레드Aldred는 라틴어로 성가를 필사했지만 책의 여백을 켈트식 매듭 문양으로 장식했고 행간에는 고영어로 주석을 달았다.[12] 비슷하게 아를에 위치한 원형 경기장은 중세에도 신중하게 보수되어 사용되었으나 본래 목적과 달리 요새로 개축되어 네 개의 사각형 탑이 추가되었다.[13] 게다가 라틴어 자체도 지역에 따라 다르게 발전한 탓에 9세기의 카롤루스 대제는 심지어 교육받은 성직자들의 격식 있는 문장에서조차 방언이 들어 있다며 불평했다.[14] 고대 세계의 유산은 마치 박물관에 보존된 것처럼 아무런 변화 없이 고정된 상태가 아니었다. 그것은 생동하면서 유연하게 현지의 필요와 맥락에 맞게 수 세기 동안 적응해 나갔다. 그렇기에 서유럽에서 로마의 문화적 유산은 필연적으로 그 정치적 계승자들에 의해 분화되었다.

정치적 계승자로 말할 것 같으면 오직 비잔티움 제국만이 고대와 단절되지 않은 유일한 국가라고 주장할 수 있었다.[15] 6세기를 정점으로 비잔티움 제국은 지중해 동부 전역을 통제하고 있었고, 지중해 서부에서도 이탈리아와 튀니지의 일부 지역을 장악하고 있었다. 그러나 제국의 중심지는 아나톨리아 반도와 에게해 연안으로 위대한 도시 콘스탄티노폴리스가 보스포루스 해협을 사이에 두고 마주 보는 두 땅에 걸쳐앉아 있었다. 정치적 측면에서 비잔티움 제국은 동로마 제국의 직계로서 동일한 영역을 지배하고 동일한 구조의 통치 체제, 법률, 행정을 운영했다. 무엇보다도 그들은 스스로 〈비잔티움인〉이 아닌 〈로마이오이Romaioi〉, 즉 로마인이라고 칭했다(제5장에서 자세히 다룰 것이다). 어쨌든 이 장의 주인공인 알킨디Abū Yūsuf Yaqūb ibn Ishāq al-Kindī가 태어났던 9세기에 그리스 반도와 콘스탄티노폴리스의 사람들은 천 년도 넘게 로마인으로 살아왔다.

문화적인 면에서도 비잔티움인은 로마는 물론 그리스의 전통 역시 이어 오고 있었다. 그들은 그리스어로 말했고 고대 그리스어 문헌은 상류층 교육 과정의 일부였다. 비잔티움의 학자들이 헤로도토스, 소포클레스, 플라톤 등 고대 아티카 방언을 사용했던 저자들의 문체를 시대착오적으로 흉내 내며 학식을 과시하는 모습은 흔한 광경이었다. 예를 들어 12세기 비잔티움의 황녀 안나 콤니니Anna Komnene는 자신의 부친이 이룩한 군사적 업적을 칭송하는 서사시인 『알렉시아드The Alexiad』를 집필할 당시에도 이미 1,400년 넘은 고급 아티카 방언을 사용했다.[16] 21세기의 영국인 작가가 7세기의 앵글로색슨 시인들이 『베오울프Beowulf』를 지을 때 사용한 고영어로 작품을 쓰는 것과 같다. 게다가 비잔티움의 학자들은 기술적 정보를 얻기 위해 고대 문헌을 발굴하기도 했다. 그들은 산더미처럼 쌓인 고문헌을 분류하여 기병 전술부터 양봉까지 유용한 정보라면 무엇이든 수집해서는 백과사전식 문헌으로 집약했다. 그 책이 바로 10세기에 나온 『콘스탄티누스 발췌록Constantinian Excerpts』[17]이다. 비잔티움 사람들은 고대 로마의 정치적 계승자였을지 모르나 문화적으로는 고대 그리스를 계승하고 있었다.

그들은 또한 그리스와 로마의 고대 유산을 필요에 따라 취사선택했다. 서양의 이웃들과 마찬가지로 비잔티움의 정교회 기독교도 역시 고대 토속 신앙을 경계했다. 고대 문헌을 적극적으로 검열하고 어떤 예술품들은 파괴했으나 서유럽에서 그러했듯 대부분은 그저 무시하거나 잊거나 다른 목적으로 재사용했다. 신화, 시가, 희곡 등의 고대 저작들이 특히 이러한 수난을 겪었는데, 우리는 수백 종 이상의 고대 저술이 이름만 남긴 채 소실되었음을 알고 있다. 비잔티움인은 아이네이아스 탁티쿠스Aineias Taktikos의 공성전 교본, 데모스테네스의 법률 연설, 투키디데스의 정치사 등은 복간할 가치가 있다고 보았을 것이다. 그러나 그들은 타소스Thasos의 헤게몬의 희극, 헤카타이오스Hecataeos의 족보집, 사포Sappho의 관능시 등은 필사할 만한 가치가 없다고 생각한 것 같다.[18]

그러나 더 동쪽에도 그리스와 로마의 문화적 계승자들이 존재했다. 서양 안에서 서양 문명을 다루는 가장 우세한 판본에 익숙한 사람은 대부분 인도 아대륙에 그리스 세계의 일부가 존재했다는 사실을 생각하지 못한다. 기원전 327년 알렉산드로스 대왕의 정복 활동은 오늘날 인도 북부에 해당하는 펀자브 계곡까지 이르렀다. 그가 돌아간 뒤에도 일부 마케도니아 군인들은 그곳에 남아 박트리아(오늘날의 아프가니스탄)에 영구적인 정착지를 마련했다. 세월이 흐르면서 현재의 아프가니스탄, 파키스탄, 북인도 일부 지역에 해당하는 땅에 인도와 그리스 사이의 문화적 혼합을 이룬 왕국들이 출현했다. 이 헬레니즘 제국의 극동부 역시 고대 그리스 세계의 일부로서 지중해 세계와 정기적으로 교류했고 이후 그리스 철학의 발전에 영향을 미쳤다.[19]

한편 인도 아대륙 남부의 인도 남서부와 스리랑카에서 수천 개의 로마 주화와 암포라 도기가 발굴되었는데, 이는 한때 지중해와 인도양 사이에 융성했던 교역의 잔재였다.[20] 『에리트라이해 항해기Periplus of the Erythraean Sea』라는 제목의 로마 문헌은 이 교역로에 대해 실감 나게 묘사하고 있어 놀랄 만큼 자세한 현지 정보들을 전해 준다. 저자에 따르면 바리가자(오늘날 구자라트의 바루크)의 부유한 주민들은 이탈리아 포도주에 탐닉했고, 말라바르 해안에 위치한 무지리스는 진주를 살 수 있는 최적의 산지였다.²¹

인도 아대륙에서도 특히 박트리아는 고대 그리스의 요소들을 어느 정도 보존하고 있었다. 1세기에서 5세기에 이르는 간다라 미술은 중앙아시아와 그리스의 조소 전통에서 비롯되었고, 이따금 그리스 신화 속 일화를 주제로 차용하곤 했다. 한때 페샤와르 지구에 있었으나 현재 영국 박물관에 전시되어 있는 한 유명한 부조는 바퀴 달린 목마가 트로이의 성문으로 향하고 트로이의 예언자 카산드라Kassandra 공주가 도시의 운명을 내다보며 비통에 차 울부짖는 모습을 묘사하고 있다.²² 고대 그리스의 유산은 시각적 예술뿐만 아니라 언어와 행정 조직에도 남아 있다. 쿠샨 제국에서 그리스어는 공용어로 계속 사용되었고 왕들은 그리스 양식의 주화를 발행했으며, 5세기에 들어서자 쿠샨의 언어를 글로 옮기기 위해 그리스 문자가 도입되었다.²³ 박트리아인 역시 8세기까지 자신들의 말을 그리스 문자로 기록했다.²⁴ 신화 속의 영웅 헤라클레스가 중세에 거듭난 모습은 남아시아 및 동아시아에서 고대 그리스의 유산이 어떻게 살아남았는지를 보여 주는 최고의 사례이다. 남아시아에서 헤라클레스는 부처의 가장 충실한 수행원인 금강역사Vajrapani와 혼합되었다.²⁵ 헤라클레스는 더 동쪽으로 여행하여, 당나라(7~10세기)의 고분벽화와 입상에서 사자 머리를 뒤집어쓰고 곤봉을 쥔 모습으로 나타난다.²⁶

사하라 이남 아프리카는 고전기의 문화유산과 무관한 지역으로 여겨지곤 하지만 그곳에도 고전기 문화의 자취가 남아 있다. 남아시아와 마찬가지로 그곳에서도 로마가 아닌 그리스의 문화적 요소가 더욱 잘 드러나는데, 다른 점은 그리스 문화가 기독교와 혼합되어 있다는 것이다. 예를 들어 4~7세기 에티오피아에 있는 아바 가리마 수도원의 지적인 수도자들이 그리스어 성가를 현지 언어인 그으즈어로 번역한 채색 필사본은 전형적인 비잔티움 양식대로 토가를 입은 복음서 저자들로 꾸며졌다.[27] 수단에서는 14세기까지 그리스어가 사용되었다. 전례 언어 및 묘비문과 같은 의례와 종교 의식뿐만 아니라 곡물 운송 기록이나 낙서 등 일상생활에서도 그리스어가 사용되었다.[28] 특히 수단 북부에 있던 중세 왕국인 마쿠리아에서 그리스어는 행정 및 상업을 위한 공용어였다.

서양 문명에 대한 이론은 그리스의 문화와 문명이 점진적이지만 착실히 서진하여 로마에 닿았고 이후 중세기 서유럽에 도달했다고 가정한다. 그러나 서유럽은 고대 세계의 〈계승자들 가운데 하나〉일 뿐 유일한 계승자는 결코 아니었다. 그리스와 로마로부터 이어져 온 문화는 서쪽과 북쪽뿐만 아니라 동쪽과 남쪽으로도 뻗어 나갔고, 그 본고장인 지중해 세계(유럽뿐만 아니라 아프리카와 아시아까지 포함한)에서도 보존되고 발전해 나갔다. 지금까지 우리는 서유럽의 여러 왕국, 비잔티움 제국, 남아시아와 사하라 이남 아프리카 등지에서 살아남은 그리스와 로마의 문화적 잔재를 둘러보았지만 우리는 아직 고대 세계의 적법한 상속자라고 주장할 수 있는 또 하나의 지역을 거론하지 않았다. 만약 당신이 고대부터 수 세기 동안 이어진 고전기 학술

과학의 발자취를 따라간다면 어느 샌가 중세 바그다드의 길거리를 거닐고 있음을 깨닫게 될 것이다.

지혜의 집

넓은 거리에는 그늘이 드리워져 있었다. 가장자리를 따라 제때 물을 준 정원과 부자들의 저택이 늘어선 덕분이었다. 건물들은 시원한 대리석으로 지어졌고 높이 솟은 돔과 우아한 아치를 설계에 도입했으며 담장은 도금된 문양과 색색들이 물들여 내건 능라 직물로 호화롭게 장식되었다. 강의 양안에는 대리석 계단이 놓여 소박한 조각배, 중국의 정크선, 승객들을 실어 나르는 나룻배, 육중한 교역용 바지선이 북적거리는 항구를 향해 이어졌다. 바지선에서 하역된 상품들이 도시의 소매상과 시장을 가득 채웠다. 향신료와 향수의 냄새, 길가에 버려져 썩어 가는 음식들과 가축 떼의 악취, 일상을 영위하며 먹고 마시고 장보고 떠들고 움직이는 수많은 사람들의 냄새로 공기조차 텁텁할 지경이었다. 726년에 〈평화의 도시〉(마디나트 알살람Madinat al-Salam)로서 건립된 바그다드는 9세기 중반 무렵 세계에서 가장 큰 도시였는데 100만 명이 넘는 인구가 살았을 것으로 추정된다.[29] 동심원 구조로 계획된 도시의 심장부에는 칼리파의 궁전이 위치했는데, 궁전의 높은 녹색 돔은 칼리파가 지닌 지상 및 천상에서의 권위를 상징했다. 사치스러운 교외 지대, 산업 지구와 슬럼가가 성벽 밖으로 급격히 확장되면서 9세기의 바그다드는 이미 티그리스강의 양안에 걸친 대도시가 되어 있었다.

바그다드는 중세 이슬람 세계의 심장이었다. 이슬람 세계는 서쪽으로는 오늘날 스페인과 포르투갈에 해당하는 알안달루스까지, 동쪽으로는 중국 신장 자치구에 있는 카슈가르까지 뻗어 나갔다. 그 남쪽 끝에는 서아프리카의 팀북투와 말리 제국이 있었는데 부와 세련미를 겸비한 만사 무사 왕 덕에 이름난 곳이었다.[30] 그러나 중세기 이슬람 세계에서 가장 세력을 떨친 나라는 아바스 왕조 칼리파국이었다.[31] 최전성기의 아바스 왕조는 시칠리아에서 사마르칸트까지 이르는 제국을 다스렸고 지중해, 홍해, 인도양으로 이어지는 교역로를 지배했다.[32] 그 수도인 바그다드는 정치적으로나 문화적으로나 마치 자석과 같이 세 대륙으로부터 사람과 물자를 끌어들이는 심장부였다. 학업의 마지막 관문을 통과하기 위해 이 도시에 도착한 젊은 알킨디의 눈에 9세기 초 그 도시의 풍경은 가히 압도적이었을 것이다.[33]

그러나 아부 유수프 야쿱 이븐 이샤크 알킨디는 고작 어린이에 불과했을지언정 그 도시의 장관에 그리 간단히 압도되지 않았을지도 모른다. 현존하는 전기에 따르면 그는 아라비아 중부의 유력 씨족인 킨다 부족, 그중에서도 귀족 가문의 태생이었다고 한다. 심지어 그는 옛 킨다 씨족의 전설적인 왕이자 예언자 무함마드Muḥammad의 측근이었던 알아슈아트이븐 카이스al-Ashath ibn Qays의 직계 후손으로 전해진다.[34] 아랍 사회에서 가장 특권적인 계층에서 태어난 셈이다. 그는 처음에는 요새 도시 바스라에서, 그리고 나중에는 그의 부친이 에미르로서 다스리고 있던 쿠파에서 풍족한 어린 시절을 보냈다. 바그다드로 이사한 그는 상당한 충격을 받았을 것이다. 쿠파에서 알킨디는 존경받는 통치자의 아들이었고 금지옥엽으로 자란 도련님이었으며 작은 물에서 노는 큰 물고기였다. 그러나 제국의 수도에서 그는 야심만만한 젊은 학생들 가운데 하나에 불과했다. 바그다드에서 가장 위대하고 신성한 기관에서 입지를 다지고 승진하려면 부단히 노력해야 했으니, 그곳은 다름 아닌 바이트 알히크마Bayt al-Hikma, 즉 지혜의 집이었다.

지혜의 집은 9세기 초 칼리파 알마문al-Mamūn에 의해 건립된 거대한 도서관이다. 전 세계의 지식을 모은다는 포부 아래 제국에서 가장 위대한 학자, 번역가, 과학자 들로 이루어진 다국적 팀이 한 지붕 아래서 연구를 했다.[35] 그 학자들 가운데는 알킨디와 같이 아라비아 반도 출신뿐만 아니라 바누 무사Banu Musa 형제와 같은 이라크계 아랍인도 있었다. 야심만만한 수학자이자 공학자였던 그 삼형제는 알킨디와 거의 목숨을 건 직업상의 경쟁자가 되었다. 그들은 또한 페르시아인과도 어깨를 부대끼며 살았는데 처음에는 신실한 신학자였으나 나중에는 점성술사로서 명망을 얻은 아부 마샤르Abu Mashar가 그중 한 명이었다. 중앙아시아와 남아시아의 현인들도 합류했으니 아프가니스탄 출신의 의사 아부 자이드 알발키Abu Zayd al-Balkhī는 지도 제작술에서 완전히 새로운 방식을 발견했다. 동아프리카인으로는 유능하고 박식한 알자히즈al-Jāhiz가 있었다. 무슬림 학자들과 더불어 기독교도인들 역시 함께했는데 수많은 고대 문헌을 오늘날까지 보존하는 데 공헌한 네스토리우스교도 후나인 이븐 이샤크Hunayn ibn Ishāq가 그중 한 명이었다. 또한 파키스탄의 유대인 가정에서 태어난 천문학자 신드 이븐 알리Sind ibn Ali도 있었다.

전 세계의 다양한 학자들만 지혜의 집을 드나들지는 않았다. 세계고금의 문헌과 학술 전통 역시 그 집에 모여들었다. 유클리드Euclid의 그리스어 수학 논문, 수슈루타*의 산스크리트어 의학 논고, 브라흐마굽타**의 페르시아어 천문학 문헌은 물론 기자의 피라미드에 대한 고고학적 논고 등이 모두 종이에 적혔으니 중국에서 도입된 종이는 정보 기록 매체의 최신 혁명이었다. 지식을 추구하는 알마문의 바람을 이루기에는 전 세계도 모자랐다. 전해지는 바에 따르면 그는 적국의 왕과 싸워 이겼을 때 황금, 노예, 그밖에 다른 재보 대신 도서관에 보존된 책들을 공물로 요구했다고 한다.

이처럼 탐구심과 창조성을 독려하는 지적 환경에서 많은 진보와 발견이 이루어졌다.[36] 피타고라스Pythagoras와 유클리드의 기하학이 인도의 숫자 0, 십진법, 자릿값 체계 등의 개념과 결합하여 대수학의 발명으로 이어졌다. 물리학에서도 진전이 있어 빛의 작용과 렌즈의 기능 등을 포함한 광학의 이해에서부터 속도와 가속도의 측정과 같은 운동 역학까지 아울렀다. 이 모든 발견이 천문학적 신기원에 공헌했다. 오늘날까지도 우리는 큰곰자리를 이루는 별들인 두베Dubhe, 메그레즈Megrez, 알리오스Alioth, 미자르Mizar, 알카이드Alkaid 등을 포함해 주요 천체에 아랍어 이름을 사용하고 있다. 의학에서는 히포크라테스 의학과 베다 의학 전통이 화학과 약학 실험에 대한 새로운 관심과 결합했다. 정

---

* Sushruta. 기원전 9세기(또는 기원전 6세기) 무렵에 활동한 인도의 의사. 인도의 전통 의학 체계인 아유르베다Ayurveda를 정립한 사람으로 알려졌다.

** Brahmagupta. 7세기경에 활동한 천문학자이자 수학자. 숫자 0을 최초로 수학에 도입한 사람으로 여겨진다.

신 의학에서부터 위 기생충, 여성 의학, 안과 외과 수술에 이르기까지 의학 지식을 망라한 새로운 백과사전식 서적이 저술되어 증상과 처방을 범주화했다. 자연과학과 이론과학 양쪽에서 이 시기는 실로 황금기였다.

특히 지혜의 집은 〈번역 운동〉의 중심지였다. 고대 그리스어(그리고 그보다 더 적은 양의 시리아어)로 적힌 철학 및 과학 문헌이 바그다드에서 아랍어로 번역되었다.[37] 아랍어 필경사들과 번역가들의 노고 덕분에 수많은 고대 그리스 문헌이 오늘날까지 살아남을 수 있었다. 일례로 아리스토텔레스를 비롯한 과학 연구, 플라톤을 비롯한 철학 저술, 갈레노스Galenos를 비롯한 의학 문헌 등이 그 혜택을 입었다. 고대 그리스어가 서유럽에서 잊히고 비잔티움의 신실한 기독교인들이 과학과 철학 문헌에 의심의 눈길을 보내던 그 시기에 아바스 칼리파국의 수도이자 폭발적으로 성장하는 도시 바그다드에서는 고대 그리스 학문이 보존될 수 있었다. 수많은 역사 저술에서 오늘날의 서양 문명이 고대 그리스와 로마로부터 중세 세계로 전해진 문명의 불꽃이라고 설명하고 있지만 이슬람 세계 역시 중요한 불꽃을 전달해 주었다는 사실은 자주 무시되곤 한다.

그 작업이야말로 알킨디가 정력적으로 임한 일이었다. 바그다드에 도착한 이후 알킨디는 저명한 학자로 자리매김하기까지 10년 이상의 시간을 열심히 공부하고 일하는 데 보냈다. 그는 자신의 연구에서 두각을 드러냈을 것이고 20대 후반에서 30대 초반에 칼리파의 총애를 받는 학자들의 동아리에 들 만큼 성장했을 것이다. 알마문이 833년에 사망하기 전에 알킨디는 자신의 최초의 철학 논고 『인과에 관한 편지 *A Letter on Cause and Effect*』를 그 애서가 칼리파에게 헌정할 수 있었다. 호전적인 차기 칼리파인 알무타심의 치세에서도 알킨디는 성공 가도를 달렸고 833년에서 842년까지 10년의 황금기 동안 궁정에서 그의 입지는 정점에 달했다. 심지어 알킨디는 칼리파의 아들인 아흐마드의 스승으로 임명되었다고도 하는데 이는 굉장한 신임과 영광을 나타내는 자리였다. 10년에 달하는 이 기간에 알킨디는 자신의 가장 유명하고 중요한 저작들을 저술했고 그 대부분은 칼리파에게 헌상되었다.

이 시기 그의 작업량은 놀라울 정도였다.[38] 동료 학자들과 달리 알킨디는 고대 그리스의 문헌을 아랍어로 번역하는 작업에 직접 관여하지는 않았다. 그러한 작업은 후나인과 같은 재능 있는 언어학자의 몫이었다. 대신 그는 그리스 사상가들이 다져 놓은 철학적 토대를 바탕으로 번역된 문헌들을 분석하고 주해하는 데 정력을 쏟아부었다. 알킨디는 자신의 역할이 〈가장 직접적이고도 손쉬운 방식과 절차에 따라 옛사람들이 말하고자 했던 바를 보완하여, 이를 다루는 자들이 온전히 논하지 못했던 부분을 완전하게 만드는 것〉이라고 생각했다.[39] 그는 그리스 문헌에 대한 집념이 얼마나 강했던지 우스꽝스러운 사람으로 보일 지경이었다. 한 전기 작가의 주장에 따르면 길거리의 익살꾼은 이따금 알킨디를 흉내 내면서 그리스어처럼 들리지만 사실 아무 뜻도 없는 가짜 철학 경구를 읊조리곤 했다고 한다.[40]

그러나 알킨디의 관심은 그런 고상한 전통에만 머물지 않았다. 300종이 넘는 그의 저작에는 향수에 관한 소책자, 조수 간만에 관한 논고, 렌즈에 관한 토막글, 지질학 지침서 등도 있다. 심지어 어느 저작에서는 옷에 묻은 얼룩을 제거하는 방법을 소개한다. 학자들끼리의 동아리를 벗어나서도 알킨디는 의사로서 유명했고 그가 자신을 공개적으로 비방한 어느 부유한 바그다드 상인의 아들을 치료해 준 이야기가 전해져 온다.[41] 그러나 다재다능한 의사이자 자연과학자이자 실험 물리학자였음에도 불구하고 그를 가장 유명하게 만든 업적은 신학 및 철학에 관한 저작들이었다. 그는 우주의 운동, 신의 본성, 우주적 질서 안에서 인간의 위치 등을 탐구했다.

알킨디의 개인적 삶이나 인간관계에 대해 알려진 것은 거의 없다. 그가 누구와 친했는지, 어떤 사람과 사랑을 나누었는지 우리는 아는 바 없다. 출처 미상의 이야기에 따르면 그는 아들 하나를 두었고(그가 결혼을 했다는 뜻이기도 하다) 그 아들에게 〈음악 감상은 매우 나쁜 고질병과 같다. 음악을 듣고 즐기는 사람은 돈을 사치스럽게 쓰기 때문에 빈궁해지고 괴로움과 질병을 얻어 죽게 된다〉라며 음악을 멀리하라고 충고했다.[42] 그러나 그가 가족을 언급하는 글은 이것이 유일하므로 우리는 이 일화를 가감해서 들을 필요가 있다. 현존하는 대부분의 문헌을 살펴보면 알킨디의 삶에서 유의미한 사람들은 오직 그의 제자와 연구 동료들뿐인 듯하다. 그들 가운데는 점성술사 아부 마샤르, 공학자 신드 이븐 알리, 지도 제작자 알발키 등 당대 최고의 지성들이 포함되어 있었다.[43]

하지만 알킨디를 존경했을지는 모르지만 진정으로 좋아한 사람은 없었던 것 같다. 사전 편찬자 알라티프al-Latif는 알킨디에 대해 〈탁월하고 지적이며 부유한 현인shaykh으로 칼리파의 총애를 누리고 있으나 자아도취가 심하고 동료들에게 공격적인 사람〉이라고 평했다.[44] 알자히즈는 자신의 『수전노의 책Book of Misers』에서 알킨디에 대해 상당한 분량을 할애했다.[45] 그에 따르면 알킨디의 세입자 중 한 사람이 손님이 올 것이라고 말하자 그는 그 자리에서 바로 집세를 올렸고 그 인상을 정당화하기 위해 철학 서간을 가장한 장황한 글(물 사용량이나 쓰레기 처리 비용이 늘어난다는 등의 시시콜콜한 이유를 포함한)을 써서 자신의 행동을 옹호했다. 알자히즈는 그 편지를 자신의 책에 실었는데 그 글을 읽노라면 과연 인상된 집세와 그에 대한 변명을 읽는 일 가운데 어느 쪽이 더 괴로웠을지 모를 지경이다.[46] 어찌되었든 알킨디는 그토록 좋아하는 연구, 철학, 저술에 전념하도록 사람들이 자신을 내버려 두기만 한다면 충분히 행복했을 것이다.

불행히도 중세 바그다드는 그런 책벌레 은둔자가 피난처로 삼을 만한 곳이 못 되었다. 아바스 왕조의 학계 내 경쟁은 무자비했다. 경쟁자들은 앞다투어 혁신적인 새 이론을 내놓으면서 가장 세련된 해석을 전개했고 가장 흥미로운 문헌을 발굴하거나 번역하고자 했다.[47] 그리고 지적인 호기심을 채우는 것보다도 더 중요한 것은 많았으니 사회적 지위, 칼리파와의 관계, 심지어 경제적 안정조차도 학술적 성취에 좌우됐기에 그들은 지식을 탐구하는 데 집중할 수밖에 없었다. 알킨디의 화려한 성공담은 시기심이 가득한 경쟁자들의 이목을 끌기에 충분했다.

연대기의 기록들은 칼리파 알무타와킬al-Mutawakkil의 치세에 있었던 한 극적인 사건을 전해 준다.[48] 알킨디의 명성 높은 붕당은 바누 무사 형제가 이끄는 붕당의 학자들로부터 공격을 받았는데, 그 형제는 궁정에서 총애를 얻으려 혈안이 되어 있었다. 그들은 알킨디의 집단에 속한 구성원 몇몇을 상대로 음모를 꾸미며 그들의 궁정 출입을 막았던 것 같다. 알킨디와 그의 붕당은 고립되었고 칼리파의 후원과 의뢰 역시 중단되었다. 또한 바누 무사 일당은 비방 작전을 통해 신실한 알무타와킬이 신학적 일탈을 구실로 알킨디에게 태형을 내리도록 꼬드겼다. 바누 무사 형제는 알킨디가 가장 소중하게 여기는 장서를 몰수했고, 그들이 〈킨디야Kindiyyah〉라 부른 특별한 창고에 그 책들을 숨겼다. 알킨디에게 장서 몰수는 틀림없이 절망적인 사건이었을 것이다.

바누 무사 형제의 승리는 오래가지 못했다. 그들은 알무타와킬에게 그의 이름을 딴 대운하를 건설할 것을 약속했으나 바누 무사 형제와 그 협력자들의 계산에는 오류가 있었다. 운하의 입구가 너무 깊어 물의 흐름이 멈춰 버린 것이다. 알무타와킬이 격노했음은 당연하다. 엄청나게 고통스러운 죽음이 그들을 기다리는 상황에서 바누 무사 형제는 비굴하게도 알킨디의 동료이자 자신들이 내쫓았던 신드 이븐 알리에게 도움을 요청했다. 유능한 공학자였고 엄격한 윤리적 잣대를 지니고 있던 신드는 알킨디의 장서를 반환하기 전에는 돕지 않을 것이라며 거절했다.

학계의 경쟁자들은 알킨디가 겪게 될 여러 문제들의 시작에 불과했다. 이번에는 완전히 다른 방면에서 더욱 치명적인 위협이 다가왔다. 보수적인 종교 사상가들은 알킨디의 통념을 벗어난 시각에 동의하지 않았고, 특히 신학과 철학을 융합하려는 그의 급진적 시도에 반발했다. 선동가들은 그가 진정한 무슬림이 아니라고 외쳐 댔고, 항간에는 그가 집 안에서 몰래 일탈 행위를 저지르고 있다는 소문이 떠돌았다. 심지어 직업적 경쟁 관계에서 비롯된 바누 무사 형제의 적대감조차도 종교적 분노를 담은 수사로 치장되었다. 그러나 알킨디의 사상의 실체는 입방아에 오르내리는 소문보다도 더욱 기이한 것이었다.

아리스토텔레스와 알라

알킨디가 고대 그리스 문헌과 그 저자들을 연구했다는 사실 자체는 문제가 아니었다. 9세기 바그다드에서 그러한 작업에 열정을 쏟아부은 학자는 결코 적지 않았다. 유명한 과학자이자 풍자 시인인 알자히즈는 그리스 문헌에 대해 애정을 담아 이렇게 말했다. 〈옛사람들[그리스인]이 우리에게 놀라운 지혜를 남겨 주지 않았다면 우리가 지닌 지혜는 더욱 적었을 것이고 지식을 얻기 위한 수단 역시 빈약했을 것이다.〉[49] 칼리파 알마문조차도 꿈에서 아리스토텔레스를 만났다고 말할 정도였다.[50] 그와 반대로 알킨디는 자신의 가장 유명하고도 중요한 논고인 『제1철학에 관하여 On First Philosophy』에서 다소 정제된 어조로 이렇게 썼다. 〈우리는 그 출처가 무엇이든 진실을 인정하거나 수용하는 것을 부끄럽게 여겨서는 안 된다. 설령 그 진실이 머나먼 타국이나 이방인에게서 온 것일지라도 진실을 추구하는 학생에게 진실보다 더 중요한 것은 없다.〉[51]

이러한 발언은 우리에게는 온건하게 들릴지 몰라도 9세기 바그다드에 살았던 사람들에게는 충격적일 정도로 급진적이었다. 그러나 알킨디는 거기서 더 나아갔다. 단순히 고대 그리스 사상가들이 이슬람 지식 세계에 유용한 발상을 제공할 수 있다고 여기는 데 그치지 않고 그리스와 이슬람의 지적 전통이 본질적으로 단일한 전통의 일부라고 주장했던 것이다. 이슬람 학문의 다양한 분과에 접목할 수 있도록 고대 그리스의 철학과 과학을 연구해서 유용한 지식만을 선별하는 것으로는 충분하지 않았다. 알킨디는 그리스와 이슬람의 지적 전통은 본질적으로 차이가 없고, 그리스 철학과 이슬람 신학이 사실상 일치한다는 점을 증명하길 원했다. 이러한 주장은 기독교 유럽 세계가 중동의 이슬람 세계보다도 고대 그리스의 적장자에 더 가깝다는, 서양 문명의 서사를 정면으로 반박한다.

　9세기 바그다드에서 고대 그리스의 지적 전통과의 연속성이나 그들이 끼친 지적 영향력이 폭넓게 인정되었다고 하더라도 그리스와 이슬람의 문화가 근본적으로 동일하다는 주장은 사람들의 눈살을 찌푸리게 했다. 그러나 알킨디는 『제1철학에 관하여』에서 장 하나를 이러한 주장을 전개하는 데 할애했다. 그는 참된 지식은 문화, 언어, 인종, 종교에 국한되지 않는다고 주장했다. 우주의 단일하고 조화로운 진실을 이해하길 바란다면 수 세기에 걸친 학문을 통해 지식을 쌓아 올려야 했다. 〈지식이 축적되는 데는 우리의 시대에 이르기까지 매 세기마다 과거를 돌아보는 과정이 필요했던 것이다.〉[52] 따라서 지식은 그리스인이나 무슬림만의 것이 아니었다. 그것은 전 인류에게 속한 문화유산이었다.

　『제1철학에 관하여』의 나머지 부분에서는 이러한 이론을 실천에 옮기고 있다. 알킨디는 신플라톤주의 학자들의 주장을 끌어다가 세계가 영원하다는 주장에 반대하고 아리스토텔레스의 과학적 분류법을 이용해 복합체와 단일체 사이에 존재하는 것들의 본질을 검증했으며 (당대에 우세했던 이슬람 교리에 따라) 신의 본질은 단일체, 즉 하나라는 결론에 다다른다. 알킨디의 철학적 시각에는 아리스토텔레스 과학, 신플라톤주의 철학, 이슬람 신학의 급진성과 전통성이 혼합되어 있었다.[53] 그리스 사상과 이슬람 사상이 문화적으로 다르지 않다는 급진적인 결론을 증명하기 위해 알킨디는 완전히 전통적인 수단을 사용했다. 그가 그리스의 문헌을 독해하고 주해하고 발상을 전개하는 방식은 이미 오래전에 정립되어 있던 문헌 주해 전통을 따르고 있었다. 이 점에서 그의 철학적 방법론은 수 세대에 걸쳐 그리스 철학자들이 행해 온 방식과 비슷했다. 아리스토텔레스를 플로티노스Plotinos가 주해하고, 포르피리오스Porphyrios가 플로티노스를 주해했듯 알킨디는 포르피리오스를 주해했다. 그는 그리스와 이슬람 세계의 문화적 연속성을 주장하는 데 그치지 않고 철학적 실천을 통해 그 연속성을 몸소 수행했다.

당연한 얘기이지만 모두가 이러한 철학에 수긍하지는 않았다. 그러자 알킨디는 고대 그리스의 문화를 이슬람이 계승했다고 주장하기 위해 다른 전략을 취했다. 그는 아마도 대중을 의식해서 유난Yunan(그리스어 〈이오니아인Ionian〉과 상응하는)이라는 제목의 신화적 족보를 창안했다. 유난은 그 족보의 주인공으로서 그리스인의 시조가 되는 인물이기도 했다. 거기에서 유난은 아랍인의 시조로 전해지는 신화적 인물인 카흐탄Qahtan의 형제로 나온다.⁵⁴ 유난은 형제간의 말다툼 끝에 헤어지면서 자신의 아이들, 추종자들, 그밖에 자원자들을 모아 고향 예멘을 떠났다. 그는 처음에는 마그레브로 가서 정착지를 세웠고, 거기에서 그의 자손들이 불어나 퍼져 나갔다. 그 대목에서 알킨디는 애석해하는 어조로 그들이 언어의 순수성을 상실했다고 이야기했다. 수 세대 뒤에 마케도니아의 알렉산드로스가 아랍의 변경에 도달한 사건은 일종의 귀향으로 기술되는데, 한 집안의 떨어져 나간 분가가 고향에 돌아온 셈이기 때문이었다. 요컨대 고대 그리스의 문화와 철학은 아랍인에게 결코 낯선 것이 아니었고, 생득적으로 마땅히 취해야 할 것이었다.

알킨디의 이 놀라운 족보의 원문은 현재 남아 있지 않으나 그로부터 한 세기 뒤의 역사가인 알마수디가 그의 방대한 역사서인 『황금 초원 *The Meadows of Gold*』에 그 내용을 축약해 실어 놓았다. 알마수디는 유난에 관한 알킨디의 족보를 그와 상충하는 다른 이야기를 먼저 실은 뒤에 다루었는데, 이는 그리스인의 기원을 〈고대사에 정통한 저명한 학자〉의 권위에 기대어 설득력 있게 설명하려는 의도로 보인다. 그는 알킨디의 이 이야기를, 고대 그리스인이 족보상으로 비잔티움인과 연결되어 있다고 주장하는 다른 이야기와 함께 실었는데 후자의 이야기를 명백한 거짓말로 여겼던 것이다.

비록 비잔티움인이 고대 그리스인의 강역을 점유하고 그들과 동일한 정치 구조를 공유하고 있다는 점을 알마수디가 마지못해 인정했을지 몰라도 원칙, 철학, 언어에서 차이를 보인다는 점을 통렬히 지적했다. 그의 글을 빌리자면 〈비잔티움 사람들은 그리스인을 흉내 내는 데 지나지 않으니 언변의 유창함이나 담론의 수준이 그들에 미치지 못한다〉. 비잔티움인이 고대 그리스 유산의 부당한 찬탈자라고 생각한 것은 알킨디의 동시대인도 마찬가지였다. 예를 들어 알자히즈는 고대 그리스 저자들의 목록을 들이밀면서 그들이 비잔티움도 기독교인도 아니었다면서 조롱조로 강조했고, 고대 그리스인에 대해〈그들의 문화는 비잔티움의 문화와 달랐다〉라고 공격적으로 주장했다.[55] 그는 비잔티움인이〈지리적으로 가까운 덕에 그리스인의 책을 도용했을 뿐〉이라고 말했다. 9세기 말에 생물학적 혈통이 아닌 의학을 전수하는 사제 관계를 실은 족보가 통용되기 시작했다. 이 지식의 족보에 기술된 바에 따르면 의학이 알렉산드리아에서 바그다드로 전해지는 동안 모든 과학과 철학을 의심하는 비잔티움의 기독교인들은 그 지식을 거부했다.[56]

비잔티움 제국이 그리스의 유산을 거부했고 이슬람 세계가 그것을 차지했다는 주장은 분명 정치적으로 과장된 것이다. 알킨디가 활동했던 9세기 중반의 아바스 왕조 칼리파국은 비잔티움 제국과 정면으로 충돌하여 아나톨리아와 시칠리아 양편에서 영토 전쟁을 벌이고 있었다. 두 지역 모두의 현지 역사에 고대 그리스의 문화유산이 눈에 띄는 실체로서 남아 있었다(오늘날에도 마찬가지이다). 이러한 맥락에서 고대 그리스 문화가 아랍 학문에 살아 숨 쉬고 있다는 생각은 큰 잠재력을 가지고 있었다. 즉 아바스 왕조의 그리스 애호주의는 일종의 반비잔티움주의인 셈이었다.[57]

하지만 당장의 정치적 필요를 넘어서 알킨디와 그의 동시대인이 취한 입장은 우리가 문화적 족보를 상상하는 방식에 폭넓은 영향을 끼칠 수 있다. 오늘날 서양 문명이라는 거대 서사에서 그리스-로마라는 문화적 단일체를 상정하는 것과 달리 그들에게 그리스와 로마는 구분되는 존재였다. 그리고 그 거대 서사에서 그리스-로마의 문화유산이 기독교 유럽 세계에 혼합되었다고 주장하는 것과 달리, 그들에게 고대 그리스의 진정한 계승자는 서아시아의 이슬람 세계였다. 마케도니아의 알렉산드로스가 아랍어, 시리아어, 페르시아어, 심지어 말레이어의 문학 전통에서 활발히 등장하는 것은 그런 사례 중 하나이다.[58] 또한 알킨디와 그 동료들의 문화적 계승 의식 역시 이를 강하게 입증한다. 고대 그리스의 학식과 문화가 하나의 횃불이라면, 알킨디에게 그 횃불은 서쪽이 아닌 동쪽을 향해 전달된 것이었다.

―

학문이 민족과 정치의 경계를 초월한다는 생각은 오늘날 당연하게 받아들여진다. 대학에서는 다국적 연구자들이 긴밀히 협력하며 당면한 문제를 해결하고자 하는데 통신 기술의 혁명 덕분에 때로는 국경을 넘어 수천 킬로미터 밖에서도 그러한 협력이 이루어지곤 한다(별개의 이야기이지만 정치적 민족주의의 발흥으로 인해 이 사상이 최근 큰 위협을 받고 있다는 것은 안타까운 일이다). 그러나 알킨디의 시대에 이는 참신하고도 급진적인 발상이었다. 그는 『제1철학에 관하여』에서 장 하나를 할애해 가며 자신의 비판자들을 논박했다. 그가 보통 대중과 충돌하는 것을 피했고 공개적인 비난을 받을 만한 꼬투리를 잡히지 않으려고 노력해 왔던 점을 고려하면 비통함과 증오가 가득한 그의 어조에서 비판자들의 공격이 그에게 얼마나 큰 상처를 주었는지 짐작할 수 있다.

> [우리는] 우리 시대의 수많은 유해한 해석가들을 경계해야 한다. 그들은 어림짐작으로써 명망을 얻었고 스스로 월계관을 쓴 자들로서 진실과는 거리가 멀다. (……) 그들의 금수 같은 영혼에는 추악한 시기심이 도사리고 있었으니 그들의 마음의 눈은 어두운 장막에 가려져 진실의 빛을 보지 못한다. 그들은 자신에게 없는 인간의 미덕을 갖춘 자를 끌어내린다.
> (……) 그들은 신앙이 없음에도 종교의 우위를 차지하고 소통이란 명분을 내세워 부당하게 차지한 거짓된 지위를 지키려 한다.[59]

알킨디가 이 대목에서 보수적인 신학자들을 겨냥했다는 점은 의심할 여지가 없다. 그들은 그의 삶을 망치고 제국의 국정에서나 길거리에서나 그를 곤경으로 몰아넣었다. 그러나 알킨디는 책에서는 쓰디쓴 비난을 쏟아부었을지언정 자신을 비난하는 사람과 직접 마주할 때는 신사적으로 대했다. 어느 저명한 신학자가 대중 앞에서 알킨디를 비난했을 때 그는 공개적으로 반론하기를 청했다.[60] 그의 집안으로 들어선 알킨디는 그 신학자와 동료들에게 수학에 흥미를 갖게 하려고 노력했다. 신학자가 점차 생각의 지평을 넓혀 나갔고, 어느 순간 알킨디에게 책을 빌리고 지적인 대화를 나누기에 이르렀다. 마침내 신학자는 알킨디에 대한 공개적인 비난을 철회했고, 훗날 정확한(그러나 암울한) 예언으로 유명한 점성술사가 되었다. 그는 바로 알킨디의 학술적 동지가 되는 아부 마샤르이다.

아부 마샤르는 알킨디의 마지막을 지켜 본 사람이었고, 그가 무릎에 담액이 쌓여 갑작스럽게 죽기까지의 정황을 기록했다. 알킨디는 처음에는 병을 치료하기 위해 묵은 포도주(많은 증상에 특효약이었으나 무릎 통증에는 효과가 없었을 것이다)를 마셨고, 나중에는 꿀물 주스(매우 그럴듯한 이 처방도 별 효험이 없었다)를 마셨다. 그러나 어떤 처방도 통하지 않았다. 감염과 고통이 전신에 퍼져 나가 결국 뇌에 다다라 그를 죽음에 이르게 했다고 아부 마샤르는 기록했다.[61]

그러나 알킨디의 죽음은 끝이 아니었다. 수 세기에 걸쳐 이어질 어떤 유산의 시작이었다. 그가 죽고 몇 년 뒤, 그의 제자인 알발키와 알사라크시 al-Sarakhsī는 다음 두 세기 동안 중요한 영향을 미칠 학교를 바그다드에 세웠다. 이후에도 알킨디의 저술은 미래의 이슬람 학자들의 업적의 토대가 되었다. 비록 알파라비 al-Fārābī, 이븐 시나 Ibn Sina, 이븐 루시드 Ibn Rushd 등 후대 사상가들의 이름이 더욱 널리 알려졌지만 그들의 위업은 알킨디와 그 동료들의 선구적인 노력이 있었기에 가능했다. 그들의 모임은 수백 종에 달하는 고대 그리스 문헌을 수집하고 번역하여 후대에 전해 주었던 것이다. 알킨디는 아랍 철학의 언어를 정의하고 이후 중세 과학이 뒤따르게 될 틀을 제시했다. 또한 알킨디는 철학이 어떤 혈통이나 문명권에 국한되어 계승되는 것이 아니라 모든 이에게 평등하게 공유되는 것이라는 생각을 수호했다.

알킨디의 삶과 저작은 서양 문명이라는 거대 서사가 거짓되었음을 드러낸다. 중세기는 사그라진 고대 그리스-로마라는 횃불을 유럽에서 조심스럽게 보존하여 후대에 다시 빛을 발하기를 기다린 암흑기가 아니었다. 고대 그리스와 로마는 별개의 존재로 생각되었고 다양한 사람들이 서로 다른 유산을 차지하고 있었다. 서양 문명이라는 서사에서는 우리가 서양과 밀접히 관련된 지역으로 여기는 중유럽과 서유럽이 고전기 문화의 주요한 계승자라고 가정한다. 하지만 그곳에서 고대 로마와의 연속성은 유지되었던 반면(제4장에서 자세히 다룰 것이다) 고대 그리스에 대한 관심이나 접촉은 거의 이루어지지 않았다. 반대로 비잔티움 제국의 영토에서는 로마의 정치, 문화, 혈통상의 상속이 명백히 주장되었고 고대 그리스와의 지적인 접점 역시 지속되었다. 서양 문명이라는 서사에서 누락되곤 하는 이슬람 세계에서 사람들은 나름의 방식으로 고대 그리스의 유산 상속을 주장했고 지적 전통이나 문화적 연속성뿐만 아니라 신화적 족보를 그 근거로 삼았다. 만일 우리가 고대 그리스와 로마로부터 시작되는 가계도를 그려 본다면 중세기의 이슬람 세계는 가장 굵고 무성한 가지일 것이다.

제4장
재등장한 아시아계 유럽인: 비테르보의 고프레도

실로 고귀하신 로마인과 독일인의 왕과 황제 들은
트로이인의 왕이라는 같은 근원을 지녔노라.
— 비테르보의 고프레도(1183)[1]

비테르보의 고프레도Goffredo da Viterbo는 진노했다. 그는 며칠 동안 방에 갇혀 있었고, 요강에서는 고약한 냄새가 나기 시작했다. 그는 최대한 멀찍이 팔을 내뻗은 채 요강을 살며시 들어 올려서는 오물이 튀지 않게 조심조심 창가로 걸어갔다. 그는 창문 밖으로 요강을 비우면서 바깥의 광경을 잠깐이나마 내다볼 수 있었다. 완만하게 경사진 강이 포도밭을 굽이쳐 흐르고 있었고, 포도 덩굴은 과실의 무게로 늘어져 있었다. 그의 시선은 포도밭을 넘어 들판과 목초지, 작은 마을인 카살레 몬페라토의 지붕으로 향했다. 피에몬테의 아름다운 풍경을 보며 그는 한숨을 내뱉었다. 고프레도는 창문 아래에 요강을 내려놓고는 자신이 걸친 어두운 빛깔의 양모 외투를 무심코 손가락으로 쓸어내리며 책상으로 돌아왔다. 그는 약간의 좌절감을 느끼고 있었다. 그의 앞에 놓인 새 양피지는 텅 빈 채였다. 구금 생활에서 한 가지 좋은 점이 있다면 글을 쓸 시간이 남아도는 것이라고 그는 생각했다.

이 장면은 나의 상상의 산물이긴 하지만 우리는 고프레도가 가택 연금을 당하는 동안 저술 활동에 힘써 연대기적 세계사를 집필했음을 알고 있다. 그곳에서 그는 고대 그리스를 제쳐 두고 아나톨리아에서 기원하여 로마 세계에서 발전했으며 중유럽의 게르만족 왕조에서 성숙해 나간 권력의 축의 계승 과정을 칭송했다. 수년에 걸쳐 고프레도는 말을 타고 이동할 때나, 길가의 나무그늘 아래서 휴식을 청할 때나, 심지어 공격받는 성 안의 조용한 구석에 틀어박혀 있을 때도 양피지와 깃털 펜을 손에서 놓지 않았다. 그는 서간을 전달하거나 칙령을 게시하거나 주군을 위한 밀서를 전하는 등 업무 시간의 대부분을 길 위에서 보냈다. 그의 주군인 신성 로마 제국의 황제 프리드리히 1세Friedrich I는 명성(또는 악명)이 자자한 호엔슈타우펜 왕조의 황제로서 붉은 턱수염 때문에 〈바르바로사〉라는 별명을 갖고 있었다.[2] 고프레도는 어딘가에 머무르고 있을 때조차 일상적인 업무를 처리하느라 바빴다. 제국 관료 집단의 일원인 그는 온종일 승상부에서 초안을 작성하고 문서를 베꼈으며 중세의 성직자로서 교회의 일상적인 업무에 참여할 의무가 있었다. 그의 불평을 곧이곧대로 받아들인다면 그가 맡은 일은 상당히 까다로웠다. 〈쉴 틈도 없이 여러 사안을 처리하느라 전쟁통에서나 그에 준하는 상황에서, 그리고 큰 법정과 같이 소란의 한복판에서조차〉 계속 일을 해야 했다.[3]

고프레도가 성직자이자 외교관이자 연대기 작가로서 언제나 바빴다는 점은 우리에게는 다행일지도 모른다. 그의 다채롭고 흥미로운 삶의 경험은 그의 저술에서도 묻어 나온다. 그의 세계사는 대담하게도 인류의 기원에서부터 시작해 그가 살아가고 있던 12세기 후반에서 끝난다. 그럼에도 그가 몸담고 있던 격동적인 정치를 기록한 연대기는 함축적이면서도 간결하다.

이 점이 고프레도의 역사를 흥미롭게 만든다. 그는 격변하는 정치 상황에 맞춰 원고를 수정하고 다시 쓰기를 반복했고, 그러다 보니 4년 동안 적어도 세 개 이상의 판본을 썼다. 최초의 판본은 1183년에 완성되었고 바르바로사의 아들 하인리히 6세Heinrich VI에게 『왕의 보감Speculum regum』이라는 제목으로 헌정되었다. 그로부터 2년 뒤인 1185년에 그는 여전히 호엔슈타우펜 가문에 자신의 책을 바쳤으나 이번에는 내용을 고친 뒤 『세속의 기억 Memoria seculorum』이라는 새 이름을 붙였다. 1187년에 그는 마지막으로 자신의 역사서를 수정해 『판테온-Pantheon』이라는 제목을 붙여 이전까지 섬기던 후원자들 대신, 그들의 호적수였던 교황에게 헌상했다. 말할 것도 없이 고프레도는 매 판본마다 독자의 구미에 맞게 연대기의 내용을 수정하면서 말 그대로 역사를 다시 썼다.

그럼에도 고프레도가 쓴 연대기의 모든 판본에서 드러나는 한 가지 일관된 요소는 그의 역사관이다. 그것은 오늘날 서양 문명에서 제시하는 족보와는 극적으로 다르다. 고프레도는 인류 여명기의 혼탁한 신화시대를 지난 뒤 신에 의해 잇달아 세워진 세 개의 나라를 열거하는데, 각 제국은 그 이전에 있었던 나라로부터 순조롭게 속세의 통치권을 넘겨받았다. 지상의 권력이 어느 제국에서 다른 제국으로 넘어간다는 〈제위의 이전translatio imperii〉이라는 발상은 중세 유럽의 연대기에 매우 널리 퍼져 있었다. 고프레도는 제위imperium를 지녔던 세 나라 중 최초는 트로이라고 말했다. 트로이인의 후예로서 정당한 계승자였던 로마가 제위를 지닌 두 번째 나라였다. 그리고 제위를 지닌 세 번째 나라는 역시 로마의 후예로서 정당한 계승자라 할 수 있는 독일 제국이었다. 고프레도는 트로이가 위치했던 헬레스폰투스 해협의 해안가에서부터 시작된 역사가 바르바로사를 배출한 호엔슈타우펜 왕조의 터전인 독일 라인강 변에서 그 정점에 다다랐다고 생각했다.

반대로 오늘날 서양 문명에 대한 서사에서는 그와 다른 문화적 계보를 따른다. 이 계보에 따르면 (고프레도가 저술했던) 중세기는 르네상스와 계몽 시대를 거쳐 우리가 살아가는 근대 서양으로 나아가기 위해 거쳐 가는 시기였다. 또한 우리는 중세를 더 거슬러 올라가서 그리스와 로마의 문화적 혼합이 일어났던 고전기 세계와 연결 지을 수도 있다. 그러나 고프레도를 비롯해 중세에 살았던 사람들은 그리스와 로마를 하나의 문명으로 묶어서 보지 않았다. 또한 자신들이 고대 그리스-로마 세계의 문화와 지식을 보존하여 고전기의 문화유산을 후대에 넘겨줄 수호자라고 여기지도 않았다. 그들은 그리스 세계와 로마 세계가 근본적으로 다르고 분리되어 있으며 심지어 대립한다고 생각했다. 그들은 고대 로마를 자신들의 문화유산을 이루는 일부라고 여겼던 반면, 고대 그리스에 대해서는 그다지 관심을 보이지 않았다. 이는 9세기와 10세기 바그다드의 지혜의 집에서 일했던 학자들과는 매우 다른 태도였다.

임페라토르 로마노룸

신성하지도 않고 로마인도 아니며 제국조차 아니라는, 신성 로마 제국에 대한 볼테르Voltaire의 조롱은 유명하다. 그 말에는 일

말의 진실이 담겨 있을지 모른다. 그러나 그 규모와 이상에서 신성 로마 제국은 분명 제국이었다.[4] 그 제국은 800년에 카롤루스 대제Carolus Magnus에 의해 건립된 이래 1806년 프란츠 2세Franz Ⅱ 때 해체될 때까지 천 년 이상 존속했다. 제국의 강역은 오늘날의 오스트리아, 벨기에, 체코, 덴마크, 프랑스, 독일, 이탈리아, 룩셈부르크, 네덜란드, 폴란드, 슬로바키아, 스위스 등을 아우르고 있었다. 그럼에도 제국의 통치는 직접적이지 않았고 황제는 자신의 영방 모두를 고려해 정책을 결정했다. 그로 인해 권력이 취약해졌고, 결국 볼테르가 그 유명한 말을 남기게 되었다. 신성 로마 제국은 수백 개의 독립 국가 및 초소형 영토로 구성된 흔들리는 집합체였다. 그 각각의 통치자들은 제국에서 가장 막강한 제후들과 성직자들로 구성된 7인(이후 9인으로 늘어났다)의 선거인단에 의해 선출된 황제에게 충성할 의무가 있었다. 그러나 쾨니히스발Königswahl(국왕 선출)에서 이변은 거의 일어나지 않았다. 세 명의 성직 선제후(마인츠, 트리어, 쾰른의 대주교)와 네 명의 세속 선제후(보헤미아, 팔츠, 작센, 브란덴부르크의 통치자)가 당대의 유력 가문에서 적당한 후보를 낙점했다. 카롤루스 대제가 창건한 프랑크인의 카롤루스 왕조를 비롯해 훗날 잉글랜드의 플랜태저넷 왕조를 포함한 쟁쟁한 가문의 선조가 된 잘리어 왕조나 오스트리아의 합스부르크 왕조 등 유명한 통치자 가문들이 존재했다. 그러나 고프레도 시대의 왕가는 호엔슈타우펜 또는 슈타우퍼Staufers로 불린 가문으로 오늘날 독일 남부의 슈바벤 지역 출신의 쟁쟁한 제후 가문이었다.

고프레도가 일생의 대부분을 섬긴 주군인 바르바로사는 호엔슈타우펜 가문 가운데서도 가장 걸출한 황제였다.[5] 유능한 군인이었으나 때로는 성마르고 충동적인 바르바로사는 끝없는 야망을 지니고 정력적으로 활동했다. 바르바로사는 순전히 자신의 의지와 카리스마로 이탈리아 북부와 오스트리아에서 독립을 엿보는 제후들과 독일 내의 강력한 통치자들을 규합했을 뿐만 아니라 남쪽으로 시칠리아까지 내려가 호엔슈타우펜 가문의 지배력을 확립했다.

제국이 세속적 권력을 유지하기 위해 어떤 문제를 겪었든 가장 큰 골칫거리는 영적 권위를 주장하는 과정에서 나왔다. 바르바로사의 가장 큰 난적은 작센의 불만 많은 제후나 팔레르모의 노르만 왕조가 아니라 로마의 교황이었다.[6] 그는 교황 하드리아노 4세Hadrianus IV와 수위권을 두고 다투었고, 루치오 3세Lucius III와 일련의 분쟁을 겪었으며, 가문의 결혼을 승인하는 문제로 인해 우르바노 3세Urbanus III와 충돌했다. 그러나 가장 쓰디쓴 분쟁은 알렉산데르 3세Alexander III(재위 기간: 1159~1181)와의 분쟁이었다. 바르바로사는 알렉산데르를 교황으로 인정하길 거부하면서 자신이 지원하는 후보인 빅토르Victor를 교황에 앉히고자 했다. 18년 동안 피비린내 나는 전투와 파문 조치 끝에 바르바로사는 결국 알렉산데르의 교황직을 인정했다.

신성 로마 제국이 완전한 제국도 아니고 완전히 신성하지도 않았을지언정 그 황제들은 분명 로마인으로서 군림했다. 800년에 카롤루스 대제가 제국을 건립했을 때 그는 교황으로부터 임페라토르 로마노룸Imperator Romanorum(로마인의 황제)이라는 이름으로 관을 받았고 고대 로마의 주화를 모방한 새로운 제국 주화를 발행했다.⁷ 비록 그의 후계자들이 그 칭호를 렉스 로마노룸Rex Romanorum(로마인의 왕)으로 바꾸긴 했으나⁸ 그들이 다스리던 강역의 상당 부분은 이전에 서로마 제국에 속했으며 정치 제도 역시 파편으로나마 남아 있었다. 고프레도가 살았던 12세기에는 특히 고대 로마에 대한 관심이 커져 가고 있었다. 고대 라틴어 문헌이 더 많이 필사되어 유통되었으며 바르바로사 자신도 로마의 문화적 상징을 복구하고 로마 법전을 제국의 각 영방에 보급하도록 장려했다.⁹ 제위의 이전이라는 생각은 자연스럽게 당대 사람들에게 수용되었고, 중세 유럽의 연대기들은 고대 로마 제국과 이 새로운 로마 제국의 정치적 연속성을 주장했다.¹⁰ 예를 들어 고프레도로부터 고작 한 세대 이전에 미헬스베르크의 프루톨프Frutolf of Michelsberg는 그 계보에 결코 단절 따윈 없었다는 듯 아우구스투스에서부터 당대 로마 황제까지 이름을 직선적으로 나열했다.¹¹ 고프레도는 연대기를 집필할 때 한술 더 떠서 바르바로사에서부터 카이사르를 거쳐 로마 〈씨족gens〉, 즉 로마인의 전설적인 시조인 아이네이아스까지 거슬러 올라갔다. 새로운 제국 행정부의 〈로마다움Romanitas〉에 대한 애착은 강렬했다. 그것은 새로운 제국에 대한 존경을 불러일으키는 고대의 광채와 더불어 정통성 역시 빌려 주었다.

신성 로마 제국이 고대 로마인의 〈제위〉를 물려받았다는 생각에 모든 사람이 동의하지는 않았다. 제3장에서 보았듯 (〈그리스인Hellenoi〉이 아닌) 〈로마인Romaioi〉을 자처하면서 자신들만이 진정하고 유일한 고대 로마의 계승자라고 주창했던 비잔티움 제국은 이를 모욕으로 받아들였다.¹² 비잔티움 사람들의 생각에는 일리가 있었다. 신성 로마 제국의 황제들과 달리 비잔티움 제국의 통치자들에게는 진정 고대부터 끊어지지 않고 이어진 정치적 연속성이 존재했다. 신성 로마 제국과 달리 콘스탄티노폴리스는 로마 제국 시절에 건설된 이래 여전히 수도로서 자리를 지키고 있었고, 활기 넘치고 번성하는 대도시였다. 반면에 신성 로마 제국은 고정된 수도가 없었고, 로마는 신성 로마 제국과 적대하곤 했던 교황의 본거지로 남아 있었다. 비잔티움 사람들에게 〈로마인〉 운운하는 건방진 주장은 실로 헛소리로 들렸을 것이다.

두 제국 사이의 정치적 긴장은 콘스탄티노폴리스 총대주교와 로마 교황 사이의 종교 분쟁으로 이어졌다. 부활절 축일을 정확히 언제로 지정할지, 성체로 사용할 빵에 효모를 넣어도 될지, 사순절에 〈알렐루야〉 성가를 부를지, 그밖에 많은 점에서 의견이 일치하지 않았다. 그러나 이 모든 신학적 문제 너머에는 권력 경쟁이 있었다. 교황과 총대주교 모두 자신의 수위권을 주장했는데, 전자는 성 베드로의 계승자임을 내세웠고 후자는 로마에서 콘스탄티노폴리스로 세속의 권력이 옮겨 가면서 영적 권력도 함께 이전되었다고 주장했다. 그 두 교회 사이에는 언제나 긴장이 흘렀고 11세기에 절정에 이르렀다. 교황이 이탈리아의 교회들에 콘스탄티노폴리스의 전례를 따를 경우 파문할 것이라고 위협하자, 총대주교는 콘스탄티노폴리스 내에서 로마 전례를 따르는 모든 교회에 대한 폐쇄령을 내리는 것으로 응답했다. 이듬해에는 교황의 특사가 콘스탄티노폴리스를 방문하여 로마의 우위를 공식적으로 인정할 것을 요구했고, (당연하게도) 그 요구를 거부한 총대주교를 그 자리에서 파문했다. 바로 그 순간에 중세 유럽의 두 위대한 교회, 즉 콘스탄티노폴리스의 정교회와 로마의 가톨릭교회가 탄생했다고 볼 수 있다. 라틴어를 쓰는 가톨릭교회와 그리스어를 말하는 정교회 사이의 이 결별은 이른바 동서 대분열Great Schism로 알려져 있다.[13] 고프레도가 살았던 12세기 후반에 동서 대분열은 이미 오래된 사건이었다. 비잔티움 제국과 정교회가 자리 잡은 땅은 이제 〈동방〉이 되었고, 신성 로마 제국과 가톨릭교회가 차지한 땅은 점차 〈에우로파Europa〉와 동의어가 되었다.[14]

잠시 짚고 넘어가자면 중세에서 〈에우로파〉라는 지리적 관념은 오늘날 우리가 생각하는 〈유럽〉과 동일하지 않았다. 중세 에우로파에서 우랄 산맥과 카스피해는 그 동쪽 경계가 아니었다. 북쪽의 발트해와 서쪽의 대서양 변경지에 대해서도 별 관심을 갖지 않았을 만큼 그곳은 지리적으로나 문화적으로나 주변부였다. 고프레도의 시대에 에우로파라 불린 지역은 오늘날 독일에서 말하는 〈중유럽Mitteleuropa〉과 근접하는데 현재 독일, 오스트리아, 스위스, 이탈리아 북부, 프랑스 북부, 헝가리, 슬로바키아, 체코 등이 그 땅에 속한다.

9세기 카롤루스 왕조의 궁정에서 이러한 대륙관이 처음 등장했으나 에우로파는 신성 로마 제국의 강역과 동일시되었다.[15] 9세기 초 카롤루스 대제와 교황 레오 3세Leo III의 만남을 기리는, 그 유명한 『파더보른 서사시Paderborn Epic』에서 카롤루스 대제는 〈렉스, 파테르 에우로파에rex, pater Europae〉(유럽의 아버지이신 왕)라는 칭호를 얻었다.[16] 한편 스코틀랜드 출신의 문법학자 세둘리우스Sedulius는 9세기 중반 카롤루스 대제를 〈에우로파에 프린켑스Europae princeps〉(유럽의 원수)라고 기술했고, 말더듬이 노트케르Notker the Stammerer가 그를 〈토타 에우로파tota Europa〉(유럽의 모든 것)라고 불렀다.[17]

그로부터 두 세기가 지난 고프레도의 시대에 〈에우로파〉는 대륙의 이름이나 하나의 문명으로 구분되는 문화가 아닌 정치 및 종교적 함의를 지닌 지리적 명칭으로 이해되었다. 에우로파는 라틴 교회가 대부분 장악해 (적어도 명목상으로는) 로마 교황의 영적 권위를 따르는 중유럽을 가리켰다. 그리고 점차 경쟁자인 비잔티움 제국이 위치한 동유럽과 북서아시아로부터 신성 로마 제국의 영향력이 미치는 중유럽 권역을 구분하기 위한 의도로 사용되었다. 신성 로마 제국의 황제와 비잔티움 제국의 황제 모두 자신을 카이사르의 후예라고 주장했고, 그들의 제국이 진정하고 보편적인 기독교 제국임을 인정받고자 경쟁했다.[18] 이 시기에 경쟁은 그리 극심하지 않았다. 호엔슈타우펜 왕조가 보기에 비잔티움 제국은 큰 위협이 아니었다. 안으로는 황실의 내분, 밖으로는 중앙아시아에서 몰려와 동부 변경을 공격하는 셀주크튀르크라는 내우외환에 시달리는 비잔티움 제국은 겨우 핵심부 영토를 유지하고 있을 뿐이었다. 그와 반대로 바르바로사의 통치하에 승승장구하는 신성 로마 제국은 외부로 팽창하면서도 내부 결속을 다지고 있었다. 새삼스러운 결과일지 모르나 이 시기 라틴어 연대기에서는 점차 그들의 제국이 물려받은 로마의 문화유산에 관심을 보였고, 비잔티움의 황제를 〈렉스 그라이코룸Rex Graecorum〉(그리스인의 왕)으로 격하했다.[19]

이 시기 번성하는 신성 로마 제국에서 근대 서양이 태동했다는 가정은 매력적인 생각일지도 모른다. 어쨌든 서양의 정체성을 이루는 중심 요소로 여겨지는 기독교, 유럽에 대한 지리적 강조, 그리스-로마의 계승 의식 등은 이 시기에 이미 틀을 잡아가고 있었다. 하지만 이 세 요소 가운데 이 구도에 정확히 들어맞는 것은 없었다. 당시 신성 로마 제국은 기독교 세계를 통합하지 못한 채 종교적 분열과 갈등에 시달리고 있었다. 게다가 신성 로마 제국이 분명 중유럽에 근거한 유럽의 세력이긴 했으나 그들이 당시 주변부로 치부하던 다른 세 지역이야말로 오늘날의 서양 문명에서 매우 중요하기 때문에 지리적으로 들어맞는다고 보기 어렵다. 참고로 이 세 곳 중 첫 번째 지역은 그리스 문화권의 남동유럽으로 고대 서양 문명의 발상지로 여겨지는 곳이다. 두 번째 지역은 대서양 연안의 서유럽으로 근대성이 출현한 지역으로 간주된다. 세 번째 지역은 북유럽의 스칸디나비아 반도이다. 그리고 마지막으로 신성 로마 제국이 로마의 계승자를 자처하긴 했으나 고대 그리스와의 계승은 의식적으로 부정되었다. 고프레도와 같은 신성 로마 제국의 거주자들이 상상했던 세계는 서양과 그 나머지로 나뉘지 않았고, 그들은 오늘날 서양 문명의 족보와 뚜렷이 구분되는 문화적 족보에 자신들의 자리를 마련했다. 고프레도는 자신의 야심작인 연대기를 통해 인류의 보편적 역사를 다시 씀으로써 그 문화적 족보를 다듬고 알리고자 했다.

외교관 사제

알킨디와 그의 동료들이 바그다드에서 황금기를 누린 지 두 세기가 지난 1120년대에 비테르보의 고프레도가 태어났다. 비테르보는 이탈리아 중부에 자리 잡은 도시로 퇴위당한 교황들과 정치적 망명자들이 로마를 떠나 피난처로 삼곤 했다. 고프레도의 가족에 대해서는 거의 알려지지 않았으나 그는 지역의 유력자 가문 태생으로 독일인과 이탈리아인의 혈통을 가진 것으로 추정된다.[20] 그는 어린 시절에 신성 로마 제국 황제인 로타르 3세Lothar III의 이목을 끌면서 사회적 신분 상승을 이루었던 것 같다. 로타르는 고프레도에게서 학자의 자질을 알아보았고 오늘날 바이에른의 밤베르크에 있는 성당 부속학교에 그가 입학할 수 있도록 주선했다. 책 읽기를 좋아하는 조숙한 아이였던 고프레도는 12세기 유럽의 학술 중심지에서 공부할 기회를 누릴 수 있었다. 그러나 소년은 향수병을 앓았던 것 같다. 훗날 고프레도는 자신의 글에서 고향 도시 비테르보에 상당한 애착을 드러냈고 오랜 세월 동안 제국에 성실하게 봉사한 끝에 은퇴하여 그곳에서 여생을 보냈다.

비록 황실의 후견에 힘입어 교육의 기회를 누릴 수 있었지만 고프레도는 황실의 궁정이 아니라 교황이 있는 이탈리아에서 첫 업무를 시작했다. 현존하는 고프레도의 저술 작업에 대한 심층 분석에서 그가 〈교황청 필기체〉를 사용했다는 것이 밝혀졌는데 교황청에서 고안된 그 필체는 오로지 교황청에서만 쓸 수 있었다.[21] 그는 10대 시절과 청년기에 교황청에서 일하는 동안 그 필체를 익혔을 것이다. 또한 이 시기에 사제의 길을 걷기로 결심했을 것이다. 그와 같은 사회적 지위에 있는 젊은이가 사제복을 입는다는 것은 영적 중요성만큼이나 직업적 중요성 역시 고려한 결정이었을 것이다. 그는 성직자 집단의 일원이 됨으로써 입신양명의 기회를 얻을 수 있었고, 비록 존경받긴 하지만 평범한 수준의 지역 유력자 가문의 아들에게는 그것 말고는 다른 출세의 수단이 없었을 것이다.

그러나 고프레도가 제국의 품으로 돌아오기까지는 그리 오랜 시간이 걸리지 않았고, 이번에는 새로이 번창하는 호엔슈타우펜 가문이 제국을 다스리고 있었다. 호엔슈타우펜 왕조는 통제하기 어려운 제국을 관리하기 위해 관료 집단을 키워 나가고 있었고, 고프레도는 그 대열에 합류했다. 예나 지금이나 거대한 관료 조직에서 늘 그렇듯 제국 승상부의 고위직은 정치적 고려에 의해 신뢰할 만한 귀족 및 소제후에게 돌아갔다. 대부분의 실무는 공증인에 의해 처리되었는데 그들은 조약문, 법률, 포고문, 제국 통치에 필요한 여타 문서를 작성하느라 분주했다.[22] 모두가 그랬던 것은 아니지만 공증인은 대체로 성직자였고 승상부와 황실 교회 양쪽에 발을 걸치고 있었으니 고프레도 역시 마찬가지였다.

이 보잘것없는 성직자 겸 공증인 집단 가운데서 고프레도는 콘라트 3세Conrad III의 치세 동안 승상부에서 문서를 베끼며 일했다. 이 시기의 고프레도는 자신의 저술에 이름을 남기거나 중요한 문서의 공증인이 될 만한 수준에 이르지 못했기에 학자들은 그의 필적을 심혈을 기울여 분석한 끝에야 그의 행적을 알아낼 수 있었다. 그가 로마를 떠나 순회하는 제국 궁정에 몸담게

된 계기가 무엇이었든 간에 해가 지날수록 고프레도는 호엔슈타우펜 왕조에 깊은 충성심을 보였다. 그러다 인생의 마지막이 다가올 즈음에야 그들에게 환멸을 느끼게 되었다. 특히 호엔슈타우펜 왕조에서 두 번째로 섬긴 황제이자 가장 유명한 황제인 바르바로사는 그에게 가장 큰 희망과 가장 큰 절망을 안겨준 사람이었다.

우리는 이미 바르바로사의 날것 그대로의 카리스마, 용기, 끝없는 에너지를 살펴보았고 이 모든 것이 그를 간과할 수 없는 사람으로 만들었다는 것을 안다. 위험한 적수들을 상대해야 할 황제가 그러한 자질을 갖춘 것은 행운이었다. 독일, 프랑스, 오스트리아의 제후들을 거느리려면 섬세한 행보를 보일 필요가 있었고, 그밖에도 바르바로사가 해야 할 일은 많았다. 이탈리아인은 다루기가 더 까다로웠다. 특히 교황은 툭하면 제국의 명분에 반대하기 일쑤였다. 바르바로사는 이탈리아를 향해 적어도 다섯 번 이상의 군사 원정을 감행했으나 그 와중에도 특사와 대리인이 제국의 궁정과 이탈리아 북부 사이를 분주히 오가면서 미래의 충돌을 피하기 위한 외교적 해결책을 모색하고 있었다.

이탈리아에서 자라 독일에서 교육을 받은 고프레도는 이 상황에서 매우 유용한 인재였다. 바르바로사의 치세 초기에 그는 점차 중요한 역할을 맡게 되었고 제국 승상부에서 그의 지위 역시 상승했다. 다시금 필적 분석을 통해 고프레도가 중요한 문서들을 직접 작성했다는 사실을 확인할 수 있고 그로써 그의 경력의 발자취를 추적할 수 있다. 그는 1154년 봉건법(1158년에

갱신된다),* 1155년에 제정된 학자 및 대학에 대한 규정(〈학생 특권 부여령Authentica Habita〉으로 알려져 있다. 이 규정 덕분에 학자들에게 성직자에 준하는 지위가 주어져 그들은 성직자 면책 특권, 여행의 자유 및 안전 보장 등의 특혜를 누리게 되었다), 그리고 가장 중요한 문서로 꼽히는 콘스탄츠 조약문 등을 손수 작성했다.23 1153년 바르바로사와 교황 에우제니오 3세Eugenius III 사이에 체결된 이 조약은 바르바로사의 취임에 대한 조건을 다루고 있었다. 하드리아노 4세가 새로 교황으로 취임하자 1155년에 다시 조약을 체결했다. 두 조약 사이의 기간에 있었던 고프레도의 지위 변화는 흥미롭다. 그는 두 문서 모두에 공증인으로 이름을 올리고 서명했는데 1153년에는 〈왕실 담당 사제 비테르보의 고프레도Gotefredus Viterbiensis Capellanus regis〉로 기록된 반면 고작 2년 뒤에는 친근하고 격식 없는 어조로 〈우리 담당 사제 고프레도Gotifredi capellini nostri〉라고 기록되었다. 바르바로사가 옥좌에 오른 뒤 고프레도는 제국의 내부 권력층에 급격히 편입되었던 것 같다.

그러나 고프레도의 운수는 문서 초안을 작성하거나 공증 업무를 보는 데 머무르지 않았다. 머지않아 그는 외교 사절로서 돌아다니게 되었다. 그는 바르바로사의 이탈리아 원정에도 최소 세 차례 이상 동행했고, 나폴리가 항복했던 1162년에 황제를 수행하는 영광을 누렸다. 1167년 로마에서 바르바로사의 군대

* 1154년(그리고 1158년)의 봉건법은 이탈리아 론칼리아에서 열린 제국 의회에서 공포되었다. 그 법령은 이탈리아 원정에 앞서 제도를 정비하고 제후들의 지원을 의무화하는 데 그 목적이 있었다.

가 전염병에 희생되는 끔찍한 광경을 목도했고,[24] 1174년 피에몬테의 도시 수사가 바르바로사의 군대에 의해 약탈당할 때는 정보원의 집을 보호하느라 분투했다.[25] 당시 그는 매우 바빴기 때문에 휴식이나 재충전을 할 시간이 거의 없었다. 과거를 회고하면서 고프레도는 이 시기 자신의 삶이 업무와 여행의 끝없는 반복이었다고 기록했다.

> 왕실 사제로서 나는 매일 정해진 시간에 미사에 참여했고 협상에 나서고 서간의 초안을 작성하고 새로운 안건을 정리하고 나와 내 식구들의 생계를 돌보느라 온종일 책상 앞에서 시간을 보냈으며, 중요한 명령서를 몸소 전달하기 위해 출타했다. 시칠리아에 두 번, 프로방스에 세 번, 스페인에 한 번, 프랑스는 몇 번인가 방문했고, 독일과 로마를 네 차례 왕복했다. 궁정의 동년배 가운데 그 누구보다도 더 많은 노고가 나에게 요구되었기에 쉴 틈이 없었다.[26]

고프레도가 자신의 지위와 중요성을 과장했을 수 있지만,[27] 그가 노련하고 신뢰할 만한 외교관으로서 당대에 충분히 짜릿한 경험을 했으리라는 점은 분명하다. 특히 한 모험은 짜릿함이 지나쳤을 것이다. 1179년 고프레도는 이탈리아 중부에 있는 마르케주의 비옥한 구릉 지대를 건너 바르바로사의 대사 역할을 수행하고 있었다. 그때 갑자기 바르바로사의 사촌이자 철천지원수인 몬페라토의 콘라트Conrad에게 붙잡혔고, 프리드리히가 그의 석방을 위해 협상할 때까지 고프레도는 꼼짝없이 갇힌 신세가 되었다.28 고프레도가 얼마나 오래 구금되어 있었는지, 어떤 대우를 받았는지는 알 수 없다. 그래서 나는 이 장의 첫 부분에서 순전히 상상에 의지해 그 모습을 그려내야만 했다. 그리고 고프레도가 훗날 신경질적으로 불평했듯 그 자신이 예상했던 것보다 더 오래 구금되어 있었다는 사실을 알 수 있을 따름이다. 같은 해 콘라트에게 붙잡힌 또 다른 바르바로사의 관료인 마인츠 대주교는 1년 이상 구금되었다.29

구금 생활은 고프레도에게 삶의 전환점이 되었다. 정황상 그에게는 더 이상 외교 임무나 승상부 업무가 주어지지 않았던 것 같다. 그는 60대 초반이었을 것이고 지난 40년 동안의 공사 다망한 삶에서 벗어나야 할 단계였다. 그러나 구금 생활로 인해 고프레도는 크게 동요했고, 바르바로사가 자신을 구해 내지 못했을 때 버려졌다는 생각과 함께 실망감을 느꼈을 것이다. 지치고 불만족스러운 채로 고프레도는 은퇴를 결정했다.

다행스럽게도 그에게는 은퇴 이후의 계획이 있었다. 구금되기 이전의 10년 동안 바르바로사로부터 많은 특혜와 특권을 받은 덕분에 그는 일하지 않고도 안락한 삶을 누릴 수 있었다. 바르바로사가 하사한 재보 중에는 비테르보의 대저택이 있었고, 고프레도는 그의 형제인 베르너와 조카인 라이너와 함께 그곳을 세습 봉토로서 받았다. 여기에 더해 고프레도는 이탈리아의 루카와 피사, 라인란트의 슈파이어 대성당으로부터 매년 정기적으로 수입의 일부를 할당받았다.30 그 덕분에 고프레도는 재정적인 걱정 없이 비테르보에서 은거하면서 연대기를 집필하는 데 전념할 수 있었다. 1183년에 원고를 거의 완성한 고프레도는 거기에 잠정적으로 『왕의 보감』이라는 제목을 붙였다. 그 책은 젊은 제후이자 바르바로사의 후계자로 지명된 하인리히에게 헌정되었다. 그는 하인리히에게 과거를 돌아봄으로써 훗날 군주다운 통치에 귀감이 될 역사상의 모델을 찾을 수 있으리라 공언했다. 그런데 우리의 예상과는 달리 고프레도는 군주다움의 이상적 모델을 고대 그리스나 로마에서 찾지 않았다. 그는 군주다움의 모델을 서아시아에서 찾았다.

프리아모스의 자손

> 이제 『왕의 보감』이 시작되니 황실 담당 사제인 비테르보의 고프레도가 로마인 및 독일인의 왕이자 황제이신 프리드리히 폐하의 아드님인 하인리히 4세 전하께 이를 지어 헌상하였으며, 전하야말로 대홍수로부터 지금까지 트로이인과 로마인과 독일인의 모든 왕 및 황제의 계보를 이은 분이로다.[31]

그 시작은 참으로 대담했다. 고프레도는 세계사 연대기의 첫 문장에서 자신의 견해를 뚜렷하게 드러낸다. 이 당당한 세계 정치사는 트로이인을 시조로 삼으면서 로마인이 그다음을 잇고 현재의 독일에 이르는 제국들의 계보로 구성되었다. 우리는 제2장에서 로마인이 트로이로 거슬러 올라가는 자신들의 족보에 대해 자부심을 가졌음을 보았다. 신성 로마 제국이 고대 로마의 후손임을 내세우면서 로마의 트로이 기원설 역시 함께 채택했음은 놀랄 일도 아니었다.

앞서 살펴보았듯 〈제위의 이전〉이라는 발상은 제국 통치의 정당성을 뒷받침하는 동시에 신성 로마 제국이 고대 로마의 〈제위〉를 끌어다 쓰는 것을 해명하고 또한 정당화했다. 그러나 트로이를 기원으로 삼는 것은 더욱 민감한 문제였다. 12세기 후반에 신성 로마 제국은 경쟁자인 비잔티움 제국과 자신들을 비교하면서 스스로 〈서양〉이자 〈유럽인〉으로 특징짓는 경향이 강해졌다. 앞서 보았듯 유럽의 정체성은 카롤루스 대제를 〈유럽의 아버지〉로 일컫는 시를 통해 이르면 9세기부터 형성되기 시작했으며 그로부터 신성 로마 제국의 설립이 이어진 것이다. 11세기에서 12세기로 넘어 오는 과정에서 로마와 콘스탄티노폴리스 사이의 종교 분쟁으로 그러한 경향은 더욱 심해졌다. 중유럽에 확고히 자리 잡은 제국이 아시아(트로이는 오늘날의 튀르키예에 있었다)를 기원으로 삼은 것이 이러한 배경과 어긋나는 선택으로 보일 수 있다. 오늘날 서양 문명 중심의 역사적 사고에 익숙한 사람들에게 이는 이상하게 보일 것이다. 그에 따르면 유럽은 지리적으로도 아시아와 분리될 뿐만 아니라 문화, 문명, 인종에서도 구분된다고 여겨지기 때문이다. 그러나 고프레도는 당대의 수많은 사람과 마찬가지로 전혀 다른 관점을 갖고 있었다.

고프레도는 왕권의 기원과 호엔슈타우펜 가문의 뿌리가 〈트로이 황실 씨족genus imperii Troianaque〉이라고 확신했다.[32] 그는 트로이 황실 씨족을 거론하기 전에 우선 선사시대의 주요 인물 몇몇을 열거한다. 예를 들자면 성서에 등장하는 바빌로니아 사람, 이스라엘 사람, 그리고 거의 신화화된 고대 그리스인 등이다 (이상한 점은 그중 신들의 왕인 제우스가 인간의 모습을 한 채 아테네를 다스렸다고 언급된 것이다). 그러나 그는 〈진정한〉 시작은 역시 트로이라고 생각했다.

트로이에 대한 고프레도의 관심은 그가 노회한 외교관이었음을 고려할 때 정치적 노림수가 있다고 봐야 한다. 『왕의 보감』에서 트로이인의 유산은 일반적인 문화적 연속성이나 폭넓은 문명의 계승이 아닌 호엔슈타우펜 왕가의 혈통을 통해 전해지는 것이었다. 하인리히, 바르바로사, 그리고 호엔슈타우펜 왕조의 모든 일원이 프리아모스Priamos의 직계 후손이라고 고프레도는 주장했다. 중세 유럽의 귀족 가문을 트로이 왕족의 족보와 연결한 사람이 고프레도만은 아니었다. 마치 천 년 전 카이사르의 로마가 그러했듯 12세기에도 이러한 접점을 찾는 노력이 유행했고, 대륙을 통틀어 역사가들도 역시 비슷한 이야기를 주장했다.[33] 노르만인, 색슨인, 프랑크인, 튜턴인, 베네치아인, 제노바인, 파도바인이 그러했고, 심지어는 『산문 에다Prose Edda』의 저자인 아이슬란드인조차 북유럽의 신들이 트로이인의 후손이라고 주장하기에 이르렀다.[34] 12세기 말에 잉글랜드의 연대기 작가인 헌팅턴의 헨리Henry of Huntingdon는 비꼬는 투로 거의 모든 유럽인의 조상이 트로이인이라고 말할 지경이었다.[35]

이러한 역사 연대기와 귀족들의 족보는 커다란 그림의 일부에 불과했다. 트로이 이야기는 대중문화에도 녹아들어 자국의 속어로 이야기된 유럽의 다양한 기사도 문학에서 트로이 전쟁을 극의 배경으로 삼았다. 브누아 드생트모르Benoît de Sainte-

Maure의 『트로이 로망스Roman de Troie』는 고프레도가 『왕의 보감』을 처음 집필하던 때 발간되었고 곧 세계적인 베스트셀러가 되었다. 프랑스어로 쓰인 원작은 곧 라틴어, 독일어, 네덜란드어, 이탈리아어, 스페인어, 현대 그리스어로 번역되었다. 이로써 완전히 새로운 문학 장르가 등장했다. 〈트로이 사건〉을 중심으로 하거나 그를 둘러싸고 펼쳐지는 이야기에 집중하는 로망스가 그것이었다. 연구자 엘레나 보에크Elena Boeck가 지적한 대로 이 시기에는 〈트로이를 주제로 한 유명하고도 사상적 영향력을 지닌 베스트셀러들이 범유럽적으로 유행했다〉.[36]

고프레도는 트로이 이야기에 열광하는 군중에게서 벗어나서 보학적 관점을 분명히 하고 거기에 담긴 자신만의 정치적 의도를 확고히 하고자 했다. 흥겨이 운을 맞춘 라틴어 운문에서 고프레도는 트로이의 몰락 이후 사람들이 뿔뿔이 흩어진 과정을 이야기한다. 그들 가운데 일부는 이탈리아로 항해했고,[37] 다른 일부는 육로를 거쳐 라인강의 강둑에 이르렀다.[38] 그는 트로이인의 이러한 분산을 중요하게 다루면서 매우 강조했다.

> 이렇게 프리아모스의 후손은 두 갈래로 나뉘었노라.
> 한 무리는 이탈리아에 남기를 선택했으나
> 다른 이들은 독일인의 터전을 건립했노라.[39]

고프레도에 따르면 이탈리아인과 독일인은 형제지간으로 트로이라는 하나의 나무줄기에서 뻗어 나간 두 가지였다. 이는 수완 좋게 보학을 동원함으로써 당대의 정세를 말한 것이었다. 고프레도는 지난 30년 동안 이탈리아의 콧대 높은 제후들과 독일의 황제 사이를 중재하고자 애썼고, 때로는 그 과정에서 고통을 감내해야만 했다. 1177년 바르바로사와 교황이 위태로운 평화에 동의했지만 이탈리아 북부의 롬바르디아 동맹에 속한 도시들은 그 후로도 몇 년은 더 황제에게 반기를 들며 군사 행동을 지속했다. 『왕의 보감』의 첫 판본이 완성된 1183년까지도 콘스탄츠 화평은 비준되지 않았고 그해에 이르러서야 양측은 마침내 화해했다. 그렇기에 고프레도의 『왕의 보감』에 트로이인의 계보가 등장한 것은 독일인과 이탈리아인이 형제의 맹약을 맺어 그 관계를 공고히 할 것을 권고하는, 왕권 강화 외교의 일환이었던 셈이다.

또한 그 계보는 고프레도에게도 와 닿는 부분이 있었다. 그는 연대기에서 늘어지는 분쟁을 중재하기 위해 양측을 오간 외교관으로서의 경험뿐만 아니라 자신의 출신 배경에 대해서도 이야기한다. 고프레도는 자신이 태어난 고향인 비테르보를 매우 의식했으나 한편으로는 독일인 선조를 두었고 독일에서 정식으로 공부했으며 독일 황제들의 도움에 힘입어 학문을 연마하여 현재의 지위에 올랐다. 그는 직업뿐만 아니라 자신의 삶 역시 그 두 세계와 얽혀 있음을 잘 알고 있었을 것이다. 고프레도가 정리한 트로이의 계보가 바르바로사의 이탈리아 원정에 대한 나름의 표현이었다면, 우리는 고프레도 역시 마음속으로 느낀 바가 있었으리라고 상상해 볼 수 있다.

여담이지만 그 트로이 계보는 프랑크인에게도 절호의 기회를 제공했다. 당시 많은 유럽 귀족 가문이 그러했듯 프랑크인의 지도자들도 스스로 트로이 왕족의 후예라고 주장했다. 그들의 이름이 유래했다는 전설상의 선조인 프랑키오Francio가 트로이의 영웅 헥토르Hector의 아들이었다는 것이다. 고프레도는 프랑크족을 〈프랑크 씨족Francigenae〉 또는 〈프랑크 놈들Franklings〉이라 부르면서 그들이 독일인의 주류 갈래에서 빠져나온 작은 분파라며 그 이야기를 손보았다. 이 분파 집단은 라인강을 건너 파리 근방에 살게 되었다며 고프레도는 거만한 투로 그곳을 〈소프랑키아〉라고 불렀다.[40] 고프레도의 독자들이 자신의 입장에 따라 파안대소했든 분노로 얼굴을 찌푸렸든 이러한 폄훼에 어떻게 반응했을지는 상상에 맡기겠다.

　이렇듯 프랑크인을 독일인의 한 분파로 보는 생각은 단순히 모욕에 그치지 않고 상징적인 중요성이 있었다. 이로써 신성 로마 제국의 건립자인 카롤루스 대제가 독일인이라고 주장할 수 있게 된 것이다. 카롤루스의 아버지인 피핀Pippin은 〈프랑크 놈들〉 사이에서도 독일인의 혈통을 지녔던 사람으로서 고프레도는 트로이인의 족보에서 피핀을 독일인의 가지에 끼워 넣을 수 있었다. 또한 고프레도는 카롤루스 대제의 어머니인 베르타Bertha의 가계를 자세히 기술했다. 그의 주장에 따르면 베르타는 트로이인 가운데서 이탈리아에 정착한 분파의 후손이었다. 그러므로 카롤루스 대제는 트로이의 두 혈통이 결합된 하나의 계보를 지니고 태어난 사람이라는 것이 고프레도의 주장이었다.

　　그 트로이의 가족은 〈둘로 갈라졌으나〉
　　피핀과 베르타의 만남으로 합쳐졌으니

> 그들의 아들에게서 트로이는 재결합하였노라.
> 그대가 트로이의 계보를 살핀다면
> 카를(카롤루스)이 그 후예임을 알게 되니
> 독일인 아버지와 로마인 어머니로써 그리됐노라.[41]

말하자면 건국자 카롤루스 대제의 핏줄을 통해 신성 로마 제국은 트로이의 〈제위〉를 거듭 지닌 계승자가 되었다. 그러나 그것이 호엔슈타우펜 왕조에 시사하는 바는 독일인의 계보가 이탈리아 계보에 우선하고 지배적이라는 것이다. 이는 당시의 가부장적 사고에 따라 카롤루스의 독일인 부친인 피핀이 이탈리아인 모친인 베르타를 지배할 권리를 지녔던 것과 같았다. 또한 고프레도는 독일인의 기원에 대한 인식을 자신의 서사에 이용할 수 있었다. 당대의 역사 서술에서는 북방 게르만족을 자신들의 중요한 기원으로 여기는 전통 또한 널리 퍼져 있었다.[42] 고프레도에 따르면 호엔슈타우펜의 핏줄에도 카롤루스의 피가 흐르고 있었는데, 이는 고대 트로이의 유산이 그들을 통해 체현되었다는 뜻이다. (적어도 고프레도 판본에서) 모든 인류사는 호엔슈타우펜 왕조야말로 신성 로마 제국의 우두머리라는 사실로 귀결되었다. 이는 정치적으로 폭탄선언이나 마찬가지였다.

그러나 『왕의 보감』은 최종 판본이 아니었다. 4년 뒤에 고프레도는 자신의 역사서를 확장하여 최근의 사건을 더욱 자세히 다루었다. 그런데 그는 『왕의 보감』에서 썼던 내용의 상당 부분을 뜯어고치거나 심지어 삭제했다. 고프레도는 최종 원고를 손보면서 족보에 관한 설명을 삭제하고 성서 속의 역사를 삽입했는데, 이는 요령 있는 정치 사상가답게 시류에 맞춰 내용을 수정했던 것이다. 그는 이 작품을 다른 이에게 헌정했다. 바르바로사와 그의 아들 하인리히(〈트로이인과 로마인과 독일인의 모든 왕 및 황제의〉 정점으로 묘사되었던)는 새 판본의 연대기에서 더 이상 언급되지 않았고, 『모든 것에 관한 책Liber universalis』 혹은 『판테온』이라는 제목이 붙은 그 책은 이제 교황에게 헌상되었다. 어느 수서본(手書本)에서는 교황 우르바노 3세가, 다른 수서본에서는 그 후계자인 그레고리오 8세Gregorius VIII가 그 수혜자로 거론된다. 하지만 누구에게 바쳤든 고프레도의 전향은 명백한 사실이었다. 수십 년에 달하는 봉사 끝에 그는 황제의 하수인이기를 그만둔 것이다.

연구자들은 그가 변절한 이유를 폭넓게 추측하고 있다. 그가 바친 『왕의 보감』이 미적지근한 반응을 얻자 자신의 재능을 다른 곳에 바치겠다고 마음먹은 것일까?[43] 자신이 억류당하는 동안 바르바로사에게 외면당했다는 모멸감에 무릎 꿇은 것일까? 아니면 은퇴를 바라보는 나이가 되자 영적인 삶으로 고개를 돌려 교회에 반항했던 관료 생활을 속죄하기로 했을까? 우리는 결코 알 수 없을 것이다. 확실한 점은 그 최종적인 결과물이 바로 연대기에서의 정치적 입장의 변화로 드러났다는 것이다.

『왕의 보감』이 독일인과 이탈리아인의 통합을 촉구하면서 내부에 집중했다면 『판테온』은 외부로 시선을 돌렸다. 교황과 신성 로마 제국이 다스리는 라틴 교회, 그리고 총대주교와 비잔티움 제국이 다스리는 그리스 교회라는 양분된 기독교 세계를 더욱 쪼개는 데 집중했다. 거기에서 고프레도는 고대 그리스와 비잔티움 제국을 모두 무시하는 태도를 보였다. 적어도 『왕의 보감』에서 고대 그리스인은 반쯤은 신화적인 선사시대의 명예로운 인간으로 그려졌으나, 『판테온』에서 그들의 역할은 이상할 정도로 무심하게 축소되었다. 비잔티움인은 그보다 약간 더 자주 등장할 뿐인데, 그마저도 대부분 경멸적인 어조로 다루어졌다.

> 우리가 다시금 그리스인의 왕들에 대해 말하자면
> 그들은 한때 이탈리아를 다스렸다고 생각할지 모르네만
> 한때 그리스인의 것이었던 터전이 이제는 이탈리아인
> 의 것이 되었노라.[44]

다시금 등장한 카롤루스 대제는 이번에는 자신의 제위를 확립함으로써 그리스인의 통치를 종식하는 데 기여한 인물로 그려진다. 흥미롭게도 고프레도는 제위라는 낱말을 결코 비잔티움이나 그리스와 결부 지어 사용하지 않는다. 〈제국〉 혹은 제위는 오로지 자기네 문명의 계보를 이루는 트로이인, 로마인, 독일인에게 돌아가는 것이 합당했다. 그의 세계관에서 그리스인은 다른 문명에 속하는 자들이었다.

―――

오늘날 서양사의 보편적인 설명에서는 서양의 기원을 고대 그리스 세계에 둔다. 그곳에서 서양 문명이라는 복잡하고 거대한 구조물을 세울 토대가 마련되었다는 것이다. 근대 국가 그리스는 정치적으로

나 문화적으로나 유럽에 통합된 일부이며, 우리는 오늘날의 그리스인이 처음부터 지금까지 서양에 속해 온 사람들로 생각하고 있다. 그러나 고프레도는 그렇게 생각하지 않았다. 12세기 중세 세계에서 그리스인은 에우로파에 속하지도 않았고 서양의 모태로 여겨지지도 않았다. 에우로파에 사는 사람들에게 고대 그리스의 문화유산은 거의 언제나 관심 밖이었다.

이 유산은 알킨디(제3장)와 같은 이슬람 세계의 학자들, 테오도로스 라스카리스Theodore Laskaris(제5장)와 같은 비잔티움의 지성인들이 보존하고 발전시켜 나간 것이었다. 그러나 그 양쪽 모두 중유럽과는 근본적으로 다른 문명으로 여겨진 사회에 속해 있었다. 이탈리아의 저택에 앉아 역사 공부에 매진했던 고프레도에게는 트로이와 성서를 배경으로 살아간 고대 아시아인이 낯설지만 적대적인 세계의 헬레네스인보다 더 친근하게 느껴졌을 수 있다. 고프레도는 오늘날 서양 문명 이론에서 설정한 문화적 족보를 매우 어색해 하며 반문할 것이다. 서로 대립하는 여러 기독교가 존재했음에도 왜 그렇게 기독교 세계에 집중하는가? 로마인이 옛 트로이인을 기원으로 삼고 그리스인과 충돌했음에도 왜 고대 그리스와 로마를 접붙이기를 주장하는가? 유럽 바깥의 변경만큼이나 내부에서의 경계를 중요하게 생각했음이 명백한데도 왜 대륙 전체의 우월 의식을 고수하는가?

제5장
기독교 세계라는 환상:
테오도로스 라스카리스

그대는 언제 유럽에서 헬라스로 올 것인가?
— 테오도로스 라스카리스(13세기 초)[1]

종교 전쟁은 극단적인 유혈 사태로 치닫곤 한다. 십자군도 예외는 아니었다.[2] 1095년부터 1291년까지 거의 200년 동안 십자군 전쟁은 계속되었고 세 대륙에서 남녀노소를 가리지 않고 수많은 생명을 앗아 갔다. 서유럽과 중유럽에서 모여 든 기독교인들은 종교적 열망을 지니고 불신자와 이교도의 무리로 둘러싸인 땅을 차지하고자 싸웠다. 이베리아 반도에서는 알안달루스의 무어인 왕국을 상대로 한 레콩키스타(재정복)가 벌어지고 있었다. 북유럽과 동유럽에서는 토속 신앙을 지닌 슬라브인을 상대로 한 원정이 벌어졌다. 그리고 아마도 가장 유명한 사례로서, 기독교인과 무슬림의 양측 군대는 성지를 차지하기 위해 서로 싸웠고 두 진영 모두 그 싸움을 성전으로 여겼다.

〈십자군〉이라는 말을 들으면 대다수는 아마 라틴 기독교도와 무슬림이 레반트와 지중해 동부를 놓고 12~13세기에 걸쳐 벌인 싸움을 떠올릴 것이다. 십자군은 전형적인 도식이 되어 후대에 상징적인 문화적 위상을 지니게 되었으며, 십자군의 행위에 대한 정치적, 경제적 중요성마저도 (그 나름의 중요성을 인정하더라도) 지나치게 과대평가되었다. 절대선과 절대 악의 격렬한 충돌이라는, 십자군에 대한 관념은 일반적인 은유가 되었다. 1784년에 토머스 제퍼슨Thomas Jefferson은 〈무지에 대한 십자군crusade against ignorance〉에 대해 썼고,³ 드와이트 D. 아이젠하워Dwight D. Eisenhower는 1948년에 제2차 세계 대전에 대한 비망록을 집필하면서『유럽에서의 십자군Crusade in Europe』이라는 제목을 붙였다. 최근의 사례를 들자면 마약, 암, 에이즈, 가정 폭력에 맞서는 운동이 십자군이라는 이름으로 불렸다. 그러나 이처럼 폭넓게 사용되고 있음에도 불구하고 그 용어는 여전히 이슬람을 폄훼하는 혐오 정서를 담고 있다. 특히 21세기 초에 있었던 이른바 〈테러와의 전쟁〉 기간에 그러한 정서가 표출되었다. 십자군은 대중에게 서양 문명을 규정하는 역사의 한 장으로 상상된다. 그 장에서 기독교 세계는 무슬림과의 치열한 전투를 통해 벼려 낸 칼날로 묘사되는데, 그 칼날은 범유럽적인 공조 속에서 담금질된 것이다. 십자군은 서양 문명이라는 상상된 문화적 족보에서 큰 비중을 차지하는 것으로 여겨진다. 우파 진영 및 서양의 수호자를 자처하는 이들의 수사에서 십자군이 그토록 자주 호명되는 것도 놀랄 일은 아닌데, 그들은 자신의 활동에 역사적 정당성을 부여하기 위해 십자군의 상징성과 인상을 활용하고 있는 것이다.

    그러나 우리는 십자군이 지닌 은유적인 의미(뚜렷이 구분되는 양자 간의 단순한 윤리적 충돌)를 가지고 역사상의 십자군 전쟁(12~13세기 기독교도들이 무슬림을 상대로 벌인 종교 전쟁)을 다루는 실수를 범해서는 안 될 것이다. 십자군 전쟁의 실상은 그보다 훨씬 더 복잡하다. 역사상의 레반트 십자군 전쟁은 기독교 세계와 칼리파국 사이의 전면적인 충돌도, 기독교와 이슬람의 최후 결전도 아닌 일련의 복잡하고 피비린내 나는 패권 전쟁이었고, 여기에 종교의 중요성이 필요에 따라 가미되었다. 그리고 매우 중요하게도 십자군은 비기독교도들과 싸우기도 했지만 그들끼리도 싸웠다.

　이 장의 주인공은 이 사실을 너무나 잘 알고 있던 유일한 사람이었다. 때는 1221년이 끝나갈 무렵, 오스트리아의 레오폴트Leopold와 헝가리의 국왕 언드라시András가 이끄는 군대가 치욕적인 패배를 겪으면서 제5차 십자군이 막을 내리던 시기였다. 아이유브 왕조의 술탄인 이집트의 알카밀Al-Kamil은 카이로를 향해 진군하는 십자군을 격파했고, 원정 초기에 점령당한 다미에타 항구를 되찾았으며, 8년에 이르는 휴전을 강요했다. 같은 시기에 오늘날 튀르키예 북서부에 위치한 니케아의 황궁에서 새로운 망명자 황제가 탄생했다. 그의 이름은 바로 테오도로스 라스카리스였다.

조각난 기독교 세계

중세 기독교 세계에 대한 가장 큰 오해는 그것이 통일된 단일체였다는 것이다. 우리가 〈중세기〉라 부르는 천 년 동안 스스로 기독교인이라고 여긴 수많은 민족과 나라가 존재했으나 그들을 묶어 주는 엄밀한 공통점은 거의 없었다. 안목이 있는 개종 희망자라면 다양한 성향의 기독교 가운데 하나를 선택할 수 있었다. 영지주의, 네스토리우스파, 발도파, 바오로파, 보고밀파, 칼데아파, 롤라드파 등은 교리와 신앙에 대해 접근하는 방식이 저마다 달랐고, 그 모두가 시기와 정권에 따라 이단으로 여겨지곤 했다.[4] 시간이 지나면서 더 거대하고 조직적인 교단이 출현했으며, 종교 지도자들은 자신들의 지배적 이념을 수호할 목적에서 철학 논쟁을 하는 데 많은 잉크를 종이에 쏟았고 강제 개종 과정에서 그보다 더 많은 피를 땅에 쏟았다. 그러나 기독교의 진정한 통합은 요원했으며, 십자군은 불신자 못지않게 이단자를 상대로도 선포되었다. 예를 들어 1208년에서 1229년까지 프랑스 남부의 카타리파에 닥친 학살과 파괴는 그들의 교리적 일탈이 자초한 것으로 정당화되었다. 카타리파는 신을 선과 악의 이원적인 우주적 힘으로 분리했고, 그 결과 라틴 교회 주류의 경직된 일신론에서 벗어났다.[5] 알비파 십자군의 살육은 그에 지당한 대가였다. 그러나 지배적인 교단에 의해 벌어지는 광신적인 이단 색출에도 불구하고 반대 의견을 완전히 뿌리 뽑을 수는 없었고 기독교 분파들의 관습과 믿음은 계속 발전해 나갔다.

중세 기독교의 다양성은 교리에 국한되지 않았다. 지리, 인종, 문화의 영역에서도 마찬가지였다. 서양 문명이라는 거대 서사는 중세 기독교를 주로 유럽적인 현상으로 묘사하면서 아프리카와 아시아에서 기독교가 번성했다는 사실을 편리하게 잊어버린다. 중세 기독교 공동체들이 기도를 올리고 경전을 적는 데 쓴 언어는 로마 교회의 언어인 라틴어에 그치지 않았다. 비잔티움 그리스어, 콥트어, 그으즈어, 아람어, 아랍어, 아르메니아어, 고전 페르시아어, 다양한 튀르키예어와 몽골어의 방언, 중국어 등이 이에 포함되었다.

유럽 밖에서 가장 강력하고 오래 살아남은 교회는 에티오피아 교회였다.⁶ 4세기 에티오피아에 존재했던 악숨 왕국은 기독교를 국교로 지정했다. 로마 제국에서 기독교가 공인된 시기와 대략 비슷하다. 중세가 되자 악숨에서 기독교는 단지 국교의 지위에 머무르지 않았고 대다수가 믿는 신앙으로 자리 잡았다. 아름답게 꾸며진 가리마 복음서는 중세 초 에티오피아의 솜씨 좋은 수도자들이 상당한 노고를 들여 만든 작품으로 그리스도의 삶을 그으즈어로 우아하게 설명했다. 또한 무슬림이 성지를 정복한 이후 〈새로운 예루살렘〉을 건설하기 위해 바위를 깎아 만든 랄리벨라의 장엄한 교회는 오늘날 유네스코 세계 문화유산으로 지정되었다.

그러나 이집트의 콥트 교회, 레반트와 메소포타미아의 시리아 교회, 이란과 투르크메니스탄의 아시리아 교회 역시 에티오피아 교회 못지않게 오래되었는데 모두 4세기에 형성되었다.⁷ 중국 시안의 비석은 8세기 중국 북서부에 네스토리우스파 기독교 공동체가 존재했음을 입증한다(비록 중국에서 기독교가 10세기에 사멸하고 13세기에 다시 모습을 드러냈지만 말이다).⁸ 플랑드르인 수도사로 13세기 중반에 몽골 제국을 여행했던 루브릭의 빌럼은 현지에서 만난 기독교인들이 술을 너무 많이 마시고 불교도 및 다른 불신자들과 어울리며 심지어 다신교에 빠져 있다고 불평했으나 어쨌든 그들 역시 기독교인임을 마지못해 인정했다.⁹ 동방 교회들이 공식적인 국교로서 보호받지는 못했을지라도 그들의 전통이 지닌 생존력과 영향력은 중요하다. 아프리카와 아시아의 기독교인은 유럽 중심주의적으로 다뤄지곤 하는 중세 기독교의 역사에 마땅히 포함될 자격이 있다.¹⁰

기독교의 유럽 중심주의는 중세에도 존재했던 현상이다. 이는 오늘날의 유럽 중심주의와는 완전히 달랐는데 그 주된 이유는 제4장에서 보았듯 중세의 〈에우로파〉라는 관념이 오늘날의 〈유럽〉과 완전히 달랐기 때문이다. 〈에우로파〉라는 용어는 유럽 대륙에 사는 기독교인과 아시아와 아프리카 등 그밖에 다른 대륙에 사는 무슬림 및 이교도와 구분하는 표현으로는 그다지 사용되지 않았다. 에우로파는 일반적으로 가톨릭교회와 신성 로마 제국이 지배한 땅을 나타내기 위한 용도로 자주 사용되었고, 이는 정교회와 비잔티움 제국의 통치권이 미치는 지역과 구분하기 위함이었다(제4장을 보라). 라틴 교회와 그리스 교회의 관계는 중유럽의 신성 로마 제국과 남동유럽 및 아나톨리아의 비잔티움 제국 사이의 관계를 반영한 것으로 두 제국 모두 로마의 계승자임을 주장했다. 그 관계에서 긴장이 고조될 때도 있었으나 수 세기 동안은 대체로 평화로운 편이었다. 그들의 경쟁은 십자군 전쟁이 한창이던 12세기 후반에 다시금 격화되었고 파멸적인 결과를 낳았다.

문제는 베네치아 상인들에게서 시작되었다.[11] 뛰어난 항해사이자 지나치게 실용주의적인 베네치아 상인들은 지중해 동부의 해상 교역로를 지배했고, 그들 중 상당수가 콘스탄티노폴리스에 정기적으로 체류하고 있었다. 비잔티움 사람들은 베네치아 상인들의 부와 권력을 거북하게 여겼고, 도시 안에서 그들이 보이는 행동거지 역시 짜증스러웠다. 피사와 제노바 출신 상인들도 도시에 상당수 거류하고 있었는데, 그들은 비잔티움 제국 내에서 교역로와 시장 지분을 놓고 베네치아 상인들과 경쟁했다. 〈라틴인〉이란 그들 공동체 모두를 아울러 일컫는 낱말로 그들이 라틴어를 사용하는 로마 교회에 속한다는 이유에서였다. 라틴인 내부의 경쟁은 1170년대에 폭력 사태로 비화되어 베네치아인과 제노바인 간 시가전과 약탈이 벌어졌다. 비잔티움 당국은 그들을 진압할 명분을 얻었다. 퇴출, 체포, 재산 몰수 등의 조치가 이어지면서 베네치아와 비잔티움 제국은 폭력에 발을 들이게 되었다. 유럽 기독교 세계의 동부와 서부 사이의 관계에서 빚어진 긴장은 혼란으로 빠져들수록 점점 더 깊이 꼬여 들어갔다.

라틴인 상인들을 향한 콘스탄티노폴리스 주민들의 원한은 사정없이 끓어올랐다. 1182년의 폭동은 도시 전역에서 라틴인 거주자들에 대한 학살로 귀결되었다. 수천 명이 죽었고 살아남은 사람들은 노예로 팔렸다. 보복은 잔혹했다. 1185년에 라틴인들은 테살로니키를 약탈하여 비잔티움 제국에서 둘째가는 도시를 완전히 파괴했다. 유럽의 두 주요 교회 사이의 냉전은 이제 열전으로 바뀌었고, 산발적인 충돌이 다음 20년 동안 지속되었다. 그중에서도 1204년의 제4차 십자군은 결정타였다.[12]

제4차 십자군에 참가한 라틴인 군대는 원래대로라면 지중해에서 무슬림의 해군력을 약화하기 위해 이집트로 향했어야 했다. 그러나 베네치아에 함대가 집결했을 때 뜻밖에도 자금이 부족하다는 사실이 드러났다. 그러자 그들은 계획을 바꾸었다. 이제 십자군은 남쪽이 아닌 동쪽으로 항해하여 콘스탄티노폴리스를 포위했다. 농성은 1203년 7월부터 1204년 4월까지 열 달 동안 이어졌다. 그 결말은 도시의 약탈, 살육, 겁탈, 주민 다수의 추방, 교회, 수도원, 궁전 등에 대한 조직적인 강탈과 파괴였다. 비잔티움의 궁정은 피로 얼룩진 콘스탄티노폴리스를 벗어나 아나톨리아 서부의 안전지대이자 주도였던 니케아로 피신해야만 했다.

콘스탄티노폴리스 약탈 이후 십자군은 전리품을 분배하는 데 착수했다. 콘스탄티노폴리스뿐만 아니라 그리스 반도의 상당 부분이 그들의 수중에 떨어졌다. 원정을 주도한 베네치아는 도시에서 약탈한 재산의 4분의 3과 더불어 십자군이 차지한 비잔티움 영역의 4분의 3을 자신들의 몫으로 요구했다. 남은 약탈물과 토지는 십자군에 참가한 프랑크인 제후들에게 돌아갔고, 새로운 라틴인 황제와 총대주교가 콘스탄티노폴리스에 들어섰다.[13] 이 사건으로 300년 동안 라틴인은 식민 지배 계급으로서 그리스 반도의 상당 부분을 통제하게 되었다. 이 시기를 〈프랑코크라티아Frankokratia〉라고 부른다.[14] 예를 들어 부르고뉴 출신의 어느 한미한 기사가 수립한 아테네 공국은 1458년 오스만 제국에 의해 정복될 때까지 라틴인의 통치하에 있었다. 그리스가 서유럽의 식민 지배를 받았다는 사실은 금시초문일 수 있지만 이는 실재했던 일이다.

십자군이 실컷 차지하고 나자 비잔티움 제국의 소중한 독자적 영역은 얼마 남지 않았다.[15] 아나톨리아 서부가 제국의 핵심부로 잔존했고 프랑크인들은 그리스 반도와 에게해 제도를 다스렸으며 중앙아시아에서 발원한 튀르키예인들의 왕조가 아나톨리아 중부 및 동부에서 통제권을 행사했다. 아나톨리아 남부는 아르메니아 왕국이 장악하고 있었다. 비잔티움 제국은 하루아침에 쪼그라들었다. 역사학자 마이클 앤골드Michael Angold의 말을 빌리자면 제4차 십자군 전쟁은 〈우주적 격변〉이었다.[16] 그리고 적대하는 무슬림이 아닌 기독교인의 손에 의해 이러한 일이 벌어지리라고는 누구도 생각하지 못했을 것이다.

테오도로스 라스카리스는 바로 이 13세기의 세계를 살았던 황제이다. 그는 태어날 때부터 죽을 때까지 망명 생활을 할 운명이었다. 그의 양친은 피와 불길을 부르는 십자군의 맹공을 피해 콘스탄티노폴리스를 떠났고, 아나톨리아 북서부의 니케아에서 라스카리스를 낳았다. 그는 얼마 남지 않은 비잔티움의 영역을 통합하고 라틴인들로부터 〈도시들의 여왕〉인 콘스탄티노폴리스를 탈환하기 위해 애쓰면서 인생을 바쳤다.[17] 비록 라스카리스는 1261년 콘스탄티노폴리스가 마침내 비잔티움 제국에 의해 수복되는 모습을 살아서 보지 못했지만(최선을 다했음에도 그는 그리스 반도에서 라틴인을 완전히 몰아내지 못했다) 한 가지 중요한 유산을 남겼다. 그것은 민족적으로나 문화적으로나 그리스적인 헬레네스의 국가라는 발상이었다. 고대 그리스인은 자신들이 단일한 정치적 단위로 묶일 수 있다는 생각은 해본 적이 없었다(제1장을 보라). 따라서 헬레네스를 하나의 인종적, 정치적 단위로 주조한다는 라스카리스의 구상은 13세기만 해도 낯선 것이었지만 그 이후로도 놀라울 만큼 오래 이어졌다.[18] 2021년 근대 그리스의 독립 200주년을 축하하기 위한 행사가 개최되었을 때 그리스인은 그리스주의를 정치적 힘과 국민 정체성의 원천으로 삼았다. 그들이 원천으로 삼았던 그 관념이 대중화되는 데 크게 이바지한 사람이 바로 라스카리스였다.

그리고 라스카리스는 근대 그리스인이 본질적으로 유럽인이라고 믿는 흔들림 없는 정체성에 의문을 던진다. 그는 한쪽으로는 동유럽과 서아시아, 다른 한쪽으로는 중유럽 및 서유럽과 접하여 동서의 적개심이 충돌하는 땅에서 태어났으니 그곳은 그리스 기독교 세계와 라틴 기독교 세계 사이의 균열이 만들어낸 세상이었다. 서로를 향해 뜨겁고 맹렬하게 타오르는 그들의 증오심은 통합된 기독교 세계라는 개념을 정면으로 부정했다. 오늘날 중세기와 십자군 전쟁을 돌이켜 보면서 우리는 두 기독교 세계가 이슬람보다 더 많은 공통점을 지녔으므로 결국 그들의 불화는 공동의 적에 맞서 싸우기 위해 접어 둘 수 있는 것 정도로 치부하려는 유혹에 빠질지 모른다. 그러나 이는 잘못된 생각이다. 이 불화란 형제지간의 사소한 말다툼 따위가 아니었다. 13세기에 그리스인과 라틴인의 입장 차이는 기독교인과 이슬람교도 사이의 차이 못지않게 넓고도 깊었기 때문이다.

망명지에서 온 편지

테오도로스 2세 라스카리스의 이름은 그의 할아버지인 테오도로스 1세Theodore I에게서 따온 것이다. 그의 할아버지는 1204년 도시가 함락될 때 십자군 침공군을 피해 달아났던 불운의 황제이다.[19] 그렇기에 우리의 주인공 라스카리스가 첫 숨을 들이쉴 때 그의 폐를 채운 공기는 콘스탄티노폴리스의 해풍이 아닌 아나톨리아 내륙의 잔잔한 서풍이었다.

그는 옛 수도에 그다지 감정적인 애착을 느끼지 못했던 것 같다. 그는 다작하는 작가로서 〈어머니 아나톨리아의 사랑스러운 대지〉를 기리는 수백 편의 감상적인 서정시를 써서 서간, 연설문, 신학적 수필에 남기곤 했다.[20] 그러나 고향을 어떻게 생각했든 그의 삶은 라틴인의 콘스탄티노폴리스 정복과 비잔티움인 축출이라는 사건에 의해 운명 지어진 것이었다. 그는 자신의 왕조가 망명 중이라는 사실을 뼈저리게 느꼈을 것이고 아나톨리아 서부는 보스포루스에 위치한 선조들의 터전을 되찾을 때까지 잠시 머물 곳에 불과했다.

반면 라스카리스의 양친은 콘스탄티노폴리스를 온전히 기억하고 있었다. 그의 부친인 요안니스 바타치스Ioannis Vatatzes는 황실과 통혼하곤 했던 특출난 무인 가문 출신의 귀족 청년이었다. 그는 테오도로스 1세의 장녀인 이레네 라스카리나Irene Laskarina의 세 번째 남편이 되었다.[21] 이레네와 요안니스 모두 어린 시절에 콘스탄티노폴리스의 함락을 겪었는데, 이레네는 대략 다섯 살에서 열 살 사이, 요안니스는 열 살에서 열다섯 살 사이였다. 따라서 둘 다 그 사건을 또렷이 기억하고 있었고 망명지인 니케아의 새 궁정에 정착하기까지의 고통스러운 과정 역시 뇌리에 생생히 남아 있었다.

콘스탄티노폴리스 함락 이후의 세대가 대두하면서 니케아는 빠르게 확장하고 번영하는 도시가 되었다.[22] 비잔티움의 최고 귀족층과 정교회 고위 성직자가 식솔들과 함께 황제를 따라 이 도시로 망명했다. 많은 이들에게 니케아는 쓰디쓴 망향의 도시였다. 구세대는 우수에 찬 눈빛으로 서쪽을 바라보며 사라진 영광의 나날들을 곱씹었다. 그러나 니케아는 새로운 시작의 도시이기도 했다. 라스카리스는 이 활기찬 신세대의 필두로 자라났고 그들에게는 옛 도읍의 기억 같은 것은 없었다. 이 세대는 과거의 영광을 되찾는 것이 아닌 새로운 미래를 만들어 나가는 것을 목표로 삼았다.[23]

라스카리스는 행복한 어린 시절을 보냈다. 그는 그저 철부지였고 이레네는 사냥 중에 사고를 당해 더 이상 아이를 갖지 못하게 되었다. 그런 만큼 그는 금지옥엽으로 자랐고 애정을 듬뿍 받았다. 어린 라스카리스가 잘못을 저질러 스승을 화나게 해도 양친은 그를 엄하게 훈육하기보다는 감싸 주었다. 특히 이레네는 라스카리스의 성장기에 큰 영향을 주었다. 황제의 딸인 이레네는 남편의 황위 승계를 보장할 정통성을 지니고 있었기에 상당한 권력을 휘두를 수 있었다. 또한 몇 군데의 장원을 소유하고 있어 정치적 영향력에 더해 재력까지 갖추었다.

젊은 시절부터 라스카리스는 제왕학을 익혔다. 성서와 고대 그리스 문학에 근거한 핵심 교육 과정에 수사학, 논리학, 수학, 음악이 더해졌다. 모든 영역에서 라스카리스의 성취는 탁월했다. 그가 어린 시절에 익혔던 작문 습관은 성년이 된 후에도 은연 중에 묻어나는 박식함과 세련된 언어 유희의 원천이었다.[24] 특히 라스카리스는 플라톤의 이상적인 군주 모델에 영향을 받아 자신을 〈철인 군주〉로 내세웠고 도덕, 신학, 우주론 등에 관한 장문의 논고를 집필했다.[25] 그러나 미래의 군주에게는 신체 단련과 군사 훈련 역시 중요했다. 사냥과 격구는 승마 실력을 기르기에 알맞은 활동이었고, 특히 격구 시합은 함락 이전의 콘스탄티노폴리스에서 인기가 높았다. 라스카리스는 격구에 상당히 심취하여 훗날 이 놀이의 즐거움을 상세히 설명했으며, 〈애용하

는 운동장〉에서 자신이 펼친 활약을 기록했다.²⁶

그러나 문무를 겸비하고 출중한 실력을 갖추었다고 해서 완전해질 수는 없었다. 비잔티움 제국의 옥좌를 노리는 경쟁자들을 제치고 후계자의 자격을 지켜 내기 위해서는 배우자가 필요했다. 열세 살의 라스카리스는 불가리아와의 동맹을 확고히 다지기 위해 불가리아에서 온 열두 살 신부 엘레나Elena와 정략결혼을 했다.²⁷ 어린 나이에 이루어진 선택의 여지가 없는 결혼이었지만 그들의 결합은 행복했던 것 같다. 라스카리스는 훗날 자신의 아내를 〈내 영혼의 봄날〉이라 표현했고, 그들의 결혼이 〈비할 데 없는 사랑의 결합〉이라고 술회했다. 그들은 다섯 명의 자식을 낳았다. 1252년 엘레나가 갑작스럽게 병사했을 때 라스카리스는 재혼을 권하는 자문관들에게 분노를 터뜨렸고「신붓감을 찾기를 재촉하는 벗들에게 보내는 답신Response to Some Friends Pressing Him to Find a Bride」에서 자신은 학문에 전념하겠다는 뜻을 알렸다. 아내와 사별한 지금 자신과 삶을 함께할 여성은 오직 소피아Sophia(지혜)와 필로소피아Philosophia(철학)뿐이라고 선언했다.²⁸

학습, 신체 단련, 혼인 등은 모두 라스카리스가 권력을 쥐기 위한 준비 과정이었다. 그는 어린 나이에 부친과 함께 공동 황제로 선포되었고, 20대 초반이 되자 부친과 동등한 입장에서 주어진 의무를 독자적으로 수행해야만 했다.²⁹ 라스카리스는 비잔티움의 경제를 일으키기 위해 지치지 않고 일해 직물 생산과 국외 교역에 집중했다. 또한 니케아를 언제나 자신의 집으로 여기고 있었을지언정 그는 조세와 사법의 효율적인 체계를 확립하고 부패를 몰아내며 신민의 지지를 얻기 위해 아나톨리아 서부를

순방하는 데 많은 시간을 들였다.[30]

내치에 열중하는 와중에도 라스카리스는 외교적, 군사적 성공을 거두었다. 그는 부친을 도와 몽골에 맞서기 위해 셀주크인들과 방어 동맹을 수립했고 셀주크의 술탄인 이즈 앗 딘 카이카우스 2세Izz al-Dīn Kaykāwūs II와도 친분을 쌓아 그가 형제에 의해 일시적으로 축출되었을 때 비잔티움의 궁정에 그의 거처를 마련해 주기도 했다.[31] 라스카리스는 셀주크 술탄국의 내분을 재빨리 활용해 카이카우스를 지원한 대가로 그에게서 아나톨리아의 영토를 얻어냈다. 그러나 라스카리스는 동맹 관계에 목을 매지는 않았다. 그는 외교적 도박을 피해 몽골인들과도 직접적인 외교 관계를 구축했다. 사절들이 몽골과 비잔티움의 궁정을 오간 끝에 마침내 두 제국 간의 혼인 동맹이 성사되었다. 비잔티움의 역사가 게오르기우스 파키메레스Georgius Pachymeres는 라스카리스가 어떠한 허장성세로 몽골의 사절단을 맞이했는지 기록해 두었다. 몽골 사절단이 산길을 지나는 동안 한껏 꾸민 비잔티움 병사들은 지름길로 그들을 앞질러 가서 곳곳에 모습을 드러냈는데, 라스카리스는 이를 통해 몽골인에게 실제보다 병력을 부풀려 보이게 해서 깊은 인상을 남기고자 했다.[32]

서방과의 관계는 동방에서의 외교보다 더욱 아슬아슬했다. 라스카리스는 트라키아와 마케도니아에서 전광석화와도 같은 군사 원정을 수차례 벌여 성공을 거두었다.[33] 부친과 함께 그는 라틴인들로부터 오늘날 그리스 북부에 속하는 주요 지역들을 탈환했다. 심지어 비잔티움의 군대는 콘스탄티노폴리스의 성벽을 포위했고, 도시 탈환이 불가능하다는 사실이 확실해진 뒤에야 라틴인 통치자들과 평화 조약을 맺었다. 부친의 죽음 이후 라스카리스는 발칸 반도에서 중요한 영역을 확보하는 데 공을 세웠고 엘레나와의 혼인을 통해 한때 동맹을 맺었던 불가리아로부터 승리를 거두어 오늘날 마케도니아 공화국에 해당하는 지역의 상당한 영토를 빼앗았다. 라스카리스 시기에 비잔티움 제국의 영토는 동서 양쪽으로 확장되었고, 이는 그의 명실상부한 업적이었다.

1254년에 오랫동안 공동 황제였던 부친이 사망하자 이미 군사와 내치에 모두 숙달한 라스카리스에게 권력이 순조롭게 이양되었다. 부친과 함께 제국을 확장하고 내실을 다지기 위해 노력했으나 여전히 비잔티움은 분쟁에 시달리고 있었으므로 큰 탈 없이 라스카리스에게 권력이 이양된 것은 다행이었다. 제국을 구하기 위해서는 유능하고 전망이 확고하며 대담한 지도자가 필요했다. 니케아에서 명맥을 이어 나간 비잔티움 제국의 첫 황제로서 라스카리스의 부친이 유능한 지도자였다는 점은 제국에게 다행스러운 일이었고, 라스카리스 왕조의 뒤를 이은 팔레올로고스 왕조의 미하일Michael 황제 역시 불굴의 담력을 지닌 자였다. 그리고 확고한 전망을 제시하는 것은 라스카리스의 몫이었다.

헬라스의 유산

라스카리스의 이상은 비잔티움인의 정체성과 세계관을 바꾸는 데 크게 이바지했다. 다시 말해 그는 자신의 백성들을 로마인에서 그리스인으로 바꾸어 놓았다. 이 시점까지 비잔티움인은 스스로를 〈로마이오이〉, 즉 로마인이라 칭했다. 콘스탄티노폴리스는 로마와 더불어 로마 제국의 수도였고 로마 제국의 몰락 이후에도 로마의 정부 조직과 행정 체계가 그곳에서 계속 이어졌다. 5세기 고트족의 정복과 함께 수 세기에 걸쳐 상당한 문화적 변화를 겪은 이탈리아와 로마는 결코 그곳에 필적할 수 없었다. 더욱 중요하게도 476년에 오도아케르Odoacer가 서로마의 마지막 황제를 폐위하고 스스로 〈서로마의 황제〉가 아닌 〈이탈리아의 왕〉을 칭했을 때 그는 서로마 황제의 제례복을 콘스탄티노폴리스로 보냈다.[34] 그렇기에 비잔티움인이 생각하기에 진정한 로마의 생존자는 오로지 자신들뿐이었고 서쪽 사람들은 스스로 로마인이라 칭할 자격이 없었다. 그들은 중세 라틴어가 아닌 비잔티움의 그리스어야말로 진정한 로마인의 언어이고 파편화된 이탈리아와 중유럽에 비하자면 전통적인 문화와 관습을 보존하고 있는 비잔티움의 궁정이 훨씬 더 로마답다고 생각했다. 그런 까닭에 비잔티움인은 자신들을 〈헬레노이〉, 즉 그리스인이 아닌 〈로마이오이〉라고 칭했다.

많은 비잔티움은 〈헬레네스〉라는 낱말이 토속 신앙과의 연관성을 암시하는 경멸적인 어조를 품고 있기에 문제가 있다고 생각했다. 그들의 관점에서 정교회는 오늘날 서양의 논자들이 지칭하는 것과 달리 〈그리스〉 정교회가 아니었다. 그들은 자신들의 교회를 보편적 위치에 두면서 고대 그리스 토속 신앙의 오점으로부터 자유로워지고자 했다. 어떤 비잔티움인 저술가들은 〈헬레네스〉라는 낱말을 특정 민족이 아니라 아랍인이나 페르시아인, 중국인 등 모든 비기독교인을 가리키는 데 사용했다.[35] 기독교가 생활에 깊이 뿌리 내린 사회에서 토속 신앙과의 연관성은 피해야 할 오점이었다. 라스카리스 이전까지 비잔티움의 문헌에서 〈헬레네스〉는 대체로 과거 역사 속의 그리스인과 관련된 의미에서 사용되었을 뿐 현재의 비잔티움 사람을 지칭하는 표현으로는 거의 사용되지 않았다. 비록 학자들이 고대 그리스 문헌을 탐독하고 연구하고 있었지만 그것은 주류에 들지 못했고, 그리스다움에 대한 자각이 비잔티움의 민족 또는 국가 정체성의 토대가 되지도 못했다.

라스카리스는 이를 바꾸는 데 중요한 역할을 했다. 라스카리스는 〈로마이오이〉라는 낡은 정체성이 더는 유효하지 않다는 점을 깨닫고 있었다. 그는 비잔티움 밖에서 태어난 비잔티움인이었고 테베레강 가의 〈옛〉 로마든, 보스포루스 해협의 〈새로운〉 로마(콘스탄티노폴리스)든 자신이 통치해야 할 지역이라고 생각하지 않았다. 그는 니케아를 둘러싼 완만하고 비옥한 구릉지를 돌아보면서 콘스탄티노폴리스를 기준으로 한 〈로마인다움Romanitas〉 말고, 무엇을 제국의 이념적 구심으로 삼을지 고민했을 것이다. 이러한 변화(현 상황)는 어떤 특별한 의미를 가지는가? 이런 의문 속에서 새로운 국민 정체성을 주조하기 위해 라스카리스는 유년기에 자신을 괴롭혔던 교사들에게서 배운 고대 그리스 문화라는 유산에 눈을 돌렸다.[36]

그의 저술에서 그 유산은 분명하게 드러난다. 그는 플라톤과 아리스토텔레스를 두루 언급했고, 밀레투스의 탈레스Thales와 에페수스의 헤라클레이토스Heracleitos와 같은 고대 철학자, 수학에서는 피타고라스와 유클리드, 지리학에서는 프톨레마이오스Ptolemaeos, 의학에서는 갈레노스 등을 인용했다. 그러나 라스카리스가 가장 깊은 인상을 받은 것은 시인 호메로스였던 것 같다. 그는 자신의 서간에서 호메로스를 몇 차례 언급했고,[37] 호메로스 서사시의 핵심적인 어구를 연상케 하는 복잡한 문장을 짓곤 했다. 외교관이자 연대기 작가인 게오르기오스 아크로폴리테스Georgios Acropolites에게 보내는 글에서 라스카리스는 『일리아스』 제1권에서 아가멤논Agamemnon이 크리세이스Chryseis와 교환하기 위해 보내 온 선물을 거부하는 유명한 장면에 장문의 주해를 달았다. 라스카리스는 이 행동이 결국 전염병을 불러와 그의 백성들을 괴롭혔다며 아가멤논이 그 제안을 받아들였어야 했다고 덧붙였다.[38] 심지어 아내 엘레나가 죽은 이후 라스카리스는 『일리아스』에 대해 몽상하는 데서 위안을 얻었던 것 같다. 아크로폴리테스에게 보낸 다른 글에서 라스카리스는 명소 트로이를 방문할 계획을 세우면서 자신이 얼마나 들떴는지 설명했고 그 여행을 통해 잠시나마 슬픔에서 벗어나기를 바란다고 적었다.[39]

물론 그가 처음으로 호메로스에 빠져든 비잔티움의 통치자는 아니었다. 제3장에서 보았듯 비잔티움의 황녀 안나 콤니니는 라스카리스가 펜을 잡기 한 세기도 전에 호메로스의 양식에 따라 서사시를 지었다. 그러나 라스카리스는 그리스주의를 정치화한 최초의 비잔티움 황제였다. 라스카리스에게 그리스주의는 문법학자들의 지적인 유희에 그치지 않고 더 폭넓게 이용될 수 있었다. 이는 그의 모든 신민에게 적용될 민족과 국가를 규정하는 토대였다. 예를 들어 1255년 자신의 친구인 게오르기오스 무잘론Georgios Muzalon에게 보낸 편지에서 라스카리스는 발칸 반도에서의 원정 동안 자신의 〈헬레네스 군대〉가 〈헬레네스의 용맹〉을 떨쳤다며 자랑스레 적었다.[40] 라스카리스는 무잘론에게 보낸 다른 편지에서 자신이 축출된 셀주크의 술탄 이즈 앗 딘을 비호하면서 얻은 위치를 설명했다. 그는 자신의 모든 신민, 즉 〈헬렌족〉 전체가 이 외교적 승리에 기뻐했다고 자화자찬했다.[41] 라스카리스에게 자신의 제국에서 살아가는 사람들은 여전히 로마인이었으나[42] 또한 그리스인이기도 했으니 이러한 인식은 아마도 그가 처음이었을 것이다.[43]

라스카리스는 자신의 신민을 그리스인으로 묘사하면서 자신의 나라를 〈헬라스〉, 즉 그리스로 칭했다.[44] 그러나 라스카리스에게 헬라스는 우리가 생각하는 지금의 그리스가 아니었다. 오늘날 우리는 그리스가 유럽의 일부이고 고대 그리스 세계가 서양 문명의 족보에 속한다고 생각한다. 그러나 라스카리스가 생각하기에 헬라스는 유럽이 아닌 아시아에 위치했다. 외교관 안드로니코스Andronikos에게 보낸 편지에서 라스카리스는 〈그대는 언제 유럽에서 헬라스로 올 것인가? 그대는 언제 트라키아를 지나 헬레스폰투스를 건너 아시아 내부를 둘러볼 텐가?〉라고 물었다.[45] 주교 포카스Phokas에게 보낸 서간에서는 〈유럽을 출발해 헬레네스의 나라(헬레니콘Hellenikon)로〉 돌아오는 사르디스 주교에 대해 논의했다.[46]

지리적인 측면에서 그리스다움에 대한 라스카리스의 생각은 더욱 복잡하다. 당대의 정치적 실상을 고려하자면 헬레네스의 나라는 소아시아에 위치했으나 라스카리스는 철학적 논변을 동원하여 한때 고대 그리스의 문화와 사람들이 존재했던 모든 땅으로 헬라스의 개념적 범위를 확장했다. 특히 라스카리스의 역작이자 이념적으로 주목할 만한 작품인 『라틴인을 향한 두 번째 연설 Second Oration against the Latins』에서 헬라스는 에게해뿐만 아니라 시칠리아, 아드리아해, 페르시아만, 흑해 일대를 아우르고 있다.[47] 거기서 라스카리스는 그리스가 어느 대륙에도 속하지 않는다는 아리스토텔레스의 주장(제1장)을 따랐으나 더 나아가 그리스가 세계의 중심이라고 생각했다. 현존하는 그 『연설』의 사본에 신중히 그려진 도식을 보면 그런 시각이 강하게 드러난다. 〈오이쿠메네 Oikoumene〉, 즉 사람들이 살아가는 세계는 사등분된 원으로 표현된다. 원의 중앙에는 헬라스가 있고 북서쪽 끝에 브리타니아, 북동쪽 끝에 인도, 남서쪽 끝에 스페인, 남동쪽 끝에 이집트가 있는데, 헬라스는 이 네 지점과 등거리에 위치한다. 라스카리스는 이러한 지리적 중심성을 통해 헬라스에서 태어나는 사람들이 가장 건강하고 활달하다고 주장했다. 〈오직 헬레네스의 땅이 중앙의 기후 지대에 있고 바다로부터 잘 혼합된 좋은 공기를 갖고 있다. 우리 신체의 활력은 대체로 이로부터 비롯된다.〉[48]

라스카리스에 따르면 헬레네스는 동서남북 어디에도 치우치지 않고 세계의 중심에 놓인 덕분에 혜택을 누렸다. 이러한 관점에서 라스카리스는 그리스인이 표준적인 대륙 분류에서 벗어난 존재라는 아리스토텔레스의 생각을 따랐다. 그러나 모든 점을 고려할 때 나는 라스카리스가 그리스주의를 서양과 결부하기를 꺼렸으리라 생각한다. 어쨌든 서쪽에서 온, 라틴어를 사용하면서 로마 가톨릭 세계의 깃발 아래 모인 정복자들은 여전히 콘스탄티노폴리스를 차지하고 있었다. 비잔티움 제국에게 이 서양인들은 서아시아의 셀주크인이나 중앙아시아의 몽골인보다도 더욱 가증스러운 원수였다. 1204년의 참사 이전 수십 년 동안 비잔티움의 저술가와 위정자들은 화합과 통교의 정신을 간직하면서 라틴인을 〈로마이오이〉라 칭했고 자신들이 이 유럽의 이웃들과 어느 정도 문화적 유산을 공유하고 있다고 인식했다. 그러나 제4차 십자군 전쟁 이후로 이러한 선의는 사라져 버렸고 서방인은 경멸의 의미가 담긴 〈라티노이Latinoi〉(라틴인) 또는 〈이탈리오이Italioi〉(이탈리아인)로 불리게 되었다.[49]

라스카리스는 〈라티노이〉 또는 〈이탈리오이〉는 헬레네스의 문화유산을 참칭할 수 없다고 역설했다. 이 점은 『라틴인을 향한 두 번째 연설』에서 특히 강하게 드러난다. 1256년 가을에 쓰인 이 연설문은 테살로니키에서 비잔티움 총대주교와 로마에서 온 교황 사절단 사이에 있었던 일련의 논쟁 중에 전달되었다. 거기서 라스카리스는 자신의 청중에게 라틴인 적들에 대해 어떤 타협이나 동료 의식도 느끼지 말 것을 경고하면서 헬레네스의 유산을 자랑스러워하라고 격려했다. 그는 호메로스의 시에서 피타고라스의 수학에 이르기까지 고대 그리스에서 내려온 문화적 위업을 길게 나열하면서, 이 같은 지적, 문화적 유산을 라틴인이 감히 자기네 것이라고 주장할 자격이 없다고 강력하게 주장했다.

부디, 학교로 서둘러 돌아가서 옛적부터 이 중간 기후 지대에서 살아왔던 헬레네스에게 속한 철학을 공부하시오. 그리고 우리에게 속한 학자들과 그들의 학문 또한 실로 우리의 것임을 배우시오. 그들이 숨 쉬었던 공기를 지금 우리도 마시고 있으니 우리가 헬레네스의 말을 하고 그들의 핏줄을 물려받았음을 또한 배우시오.[50]

라스카리스에 따르면 헬레네스는 이 세계에서 철학과 지리뿐만 아니라 천문, 산술, 음악, 자연과학, 의학, 신학, 정치학, 수사학 등을 발전시켜 왔다.[51] 이 모든 지적, 문화적 성취는 헬레네스의 정체성을 지닌 비잔티움인이 계승했으며 서쪽의 라틴인과 공유할 수 없다고 했다.

『라틴인을 향한 두 번째 연설』이 놀라운 정치적 수사를 동원한 작품인 까닭은 비단 그 언어에 담긴 힘이나 그 주장이 지닌 급진성 때문만은 아니다. 이는 서양 문명에 관한 기존의 역사에 정면으로 도전한다는 점에서 오늘날의 독자도 주목할 만하다. 거기서 우리는 고대 그리스의 문화유산이 유럽보다는 아나톨리아에 속했고, 따라서 중유럽과 서유럽의 야만적인 라틴인이 헬레네스의 문화적 계승을 주장할 수 없다는 말을 듣게 되는 것이다.

―――

우리는 십자군을 동양과 서양, 아시아와 유럽, 이슬람 세계와 기독교 세계가 맞선 문명의 충돌로 생각한다. 분명 중세에 이러한 수사가 자주 통용되었고, 이슬람 혐오를 담은 문헌이 유럽 전역에 나돌았으며, 선전물에서 무슬림을 사악한 불신자로 묘사하는 현상이 급증했다. 그러나 이는 전체 그림의 일부일 뿐이다.[52] 중세 십자군은 다양한 구성원으로 이루어져 여러 전선에서 싸웠으며 때로는 비잔티움을 공격한 제4차 십자군과 같이 기독교도들끼리 서로 맞서기도 했다. 중세 기독교 세계가 단일했다는 생각은 서양이라는 관념의 출현과 결부되곤 하지만 이는 과장된 환상에 불과할 뿐 사실과 거리가 멀다.

상이한 기독교 집단 사이의 균열은 라스카리스의 시대에 특히 자명했고, 비잔티움인의 정교회와 라틴인의 가톨릭교회 사이의 적대감은 중세의 지정학적 지형을 빚어냈다. 당대의 다른 비잔티움인과 마찬가지로 라스카리스가 보기에 그리스인과 라틴인의 문화 전통을 한데 묶어 서양 문명이라 일컫는 발상은 우스꽝스러울 뿐만 아니라 심지어 불쾌하게 여겨질 수 있었다. 비잔티움인에게 헬레네스의 세계란 라틴 유럽인이 속한 세계와는 근본적으로 다르고 태생적으로 우월했다. 반대로 중유럽과 서유럽의 라틴인은 고대 그리스의 문화적 계보와 무관한 자들로 오히려 그들의 선조는 고대 그리스의 적이자 경쟁자였다. 제4장에서 보았듯 그들은 그리스보다는 로마 계승 의식에 관심을 가졌고, 로마와 트로이를 거쳐 고대 서아시아에서 자신들의 기원을 찾았던 것이다.

라스카리스는 1258년에 46세의 나이로 사망했다. 그를 죽음에 이르게 한 질환이 무엇인지는 지금까지도 학계에서 논쟁거리이다.[53] 라스카리스의 적지 않은 노력 덕분에 비잔티움 제국은 콘스탄티노폴리스 상실의 참사 이후 다시 회복하기 시작했고 점진적으로 힘을 키우면서 라틴 유럽의 서양인에 대한 증오심을 키워 나갔다. 제4장에서 본 것과 같이 적대감은 피차일반이었다. 그러나 상황은 곧 바뀌게 될 터였다. 라스카리스가 『라틴인을 향한 두 번째 연설』을 쓴 지 고작 한 세기 뒤에 페트라르카Petrarca라고 하는 한 젊은 이탈리아 시인은 신나게 고대인을 탐구했다. 리에주에서 키케로Cicero의 연설문이 담긴 서책을 재발견한 것은 그의 큰 성취였다. 그 덕분에 수 세대에 걸쳐 전 세계의 학생들이 키케로의 글을 읽느라 머리를 싸매야 했지만 말이다. 그러나 페트라르카의 관심은 당시 서유럽과 중유럽에서 일반적으로 학습되었던 로마인 저자들에 머무르지 않고 고대 그리스에까지 이르렀다. 비록 그는 고대 그리스어를 읽을 줄 몰랐으나 1360년에 그리스어로 된 호메로스의 작품들을 담은 서책을 고향 피렌체로 들여왔고, 칼라브리아의 학자 레온티우스 필라투스Leontius Pilatus에게 호메로스의 시를 라틴어로 번역하도록 의뢰했다.[54] 라스카리스가 이 라틴인들이 헬레네스의 문화를 전유하는 모습을 보았다면 격노했을 것이다. 그러나 그는 이 문화의 역류 앞에서 무력했으리라. 페트라르카와 그의 동시대인이 르네상스의 빗장을 풀어 열어 젖혔기 때문이다.

제6장
고대를 재상상하다: 툴리아 다라고나

서쪽으로 갈지니
그러면 그대는 그대의 선조를 찾아내게 되리라.
— 툴리아 다라고나(1560)[1]

툴리아 다라고나Tullia D'Aragona는 다방면에서 〈르네상스 맨〉이었다. 다라고나는 박학다식한 사람이자 잘 알려진 시인이었으며, 자신의 화려한 살롱에 당대의 선구적인 지성인들을 끌어들인 뛰어난 철학자였다. 16세기 중반에 그 이름은 피렌체, 베네치아, 로마의 궁정에까지 알려졌고, 현인과 학자뿐만 아니라 공작과 외교관들과도 어울렸다. 하지만 당연하게도 다라고나는 르네상스 맨이 될 수는 없었는데, 그는 남성man이 아닌 여성woman이었기 때문이다.

오늘날 다라고나에 대한 정보를 찾아본다면 엇갈리는 관점으로 인해 혼란스러울지도 모른다. 나는 연구 과정에서 고급 매춘부courtesan로서의 삶에 대한 외설적인 이야깃거리, 다라고나의 서정적인 연애시에 대한 진지한 분석, 여성주의적 입장에서 다라고나의 철학에 대한 자세한 평가 등을 접했다. 그중 어떤 것을 읽든 그것들은 그 여성과 르네상스 이탈리아 세계에 대해 많은 것을 이야기해 주겠지만 다라고나 자신이 지은 시 역시 서양 문명이라는 거대 서사의 탄생에 대해 시사하는 바가 있다. 어떻게 고대 그리스와 로마라는 두 세계가 짜깁기되어 우리가 이른바

〈고대 그리스-로마〉라고 부르는 어색한(어색한 데다 앞의 세 장의 주인공들에게는 불쾌하게 받아들여졌을) 혼종이 되었는지 알고 싶다면, 혹은 만일 우리가 르네상스의 사상가들이 어떻게 그 복합체(이미 앞에서 보았듯이 사실은 단일하지도, 고정되지도 않은 어떤 계보)를 쌓아 올리는 작업에 착수했는지 탐구하고자 한다면, 쉽게 말해 서양 문명이라는 서사가 최초로 출현한 흔적을 발견하길 바란다면, 다라고나의 비범한 작품들이야말로 훌륭한 출발이 될 것이다.

탄생? 혹은 재탄생?

우리는 〈르네상스〉라는 말을 14세기부터 16세기까지 이탈리아에서 시작되어 유럽 전체로 확산된 예술, 문학, 과학에서 일어난 비범한 개화기를 가리키는 데 사용한다.[2] 이 개화에는 두 가지 필수적인 요소가 있다. 첫째는 인본주의이다. 이는 철학적인 견지에서 인간의 이성과 주체성을 고취하는 한편, 지적인 견지에서는 인간의 감정적 경험과 문화적 표현을 높이 평가하여 그동안 실용 지식으로서 중시되었던 법률, 문법, 수사 등의 학문과 동등한 가치를 매기는 경향을 뜻한다. 둘째, 국제적인 문화 창작 전반에서 고대 그리스와 로마를 주의 깊게 회고하여 의식적으로 고대를 모방하려는 사고방식의 출현이었다. 특히 그 모방이 〈르네상스〉라는 용어의 토대를 형성했고 그 점이 이 책의 주제와 깊이 연결되어 있다.

물론 당시 모든 사람이 스스로 〈르네상스〉 시대를 살아가고 있다고 생각하지는 않았다. 일단 그 낱말부터 지나치게 거창하다. 근본적으로 그 낱말은 이전 시대의 발상과 전통이라는, 과거의 문화적 유산이 르네상스기인 지금에 이르러 〈재탄생〉했다는 생각을 전제로 한다. 이 용어가 지닌 문제 중 하나는 새로운 사상의 탄생을 뒷전에 두고 옛 사상의 재발견을 전면에 내세운다는 것인데, 이는 르네상스기가 참신함, 급진주의, 혁신이 아닌 순환과 보수주의의 시기였음을 시사한다. 14세기부터 16세기까지의 유럽 사회가 단지 고대에서 영감을 받거나 그 전통을 접한 것이 아니라 고대와 문화적 연속성을 지녔기에 고대와 근본적인 〈동질성〉을 지녔다는 것이 여기서 암시하고자 하는 바이다. 오늘날 우리 역시 서양 문명에 대해 그렇게 생각한다. 이 문화적 복합체가 〈최초로〉 탄생한 기원이 고전기 고대라고 한다면 중세 암흑기라는 휴식기를 거쳐 르네상스기에 재활성 혹은 〈재탄생〉이라는 마땅한 상태로 귀결되었다고 할 수 있다.

하지만 이러한 생각은 타당하지 않다. 제1장과 제2장에서 그리스와 로마가 우리와는 다른 세계관을 지녔고, 양쪽 어디든 시원적인 서양으로 삼기엔 충분치 않다는 것을 보았다. 제3장, 제4장, 제5장에서 우리는 고대 그리스와 로마의 문화적 유산이 결코 중세에 잠든 상태가 아니었음을 보았다. 이슬람 세계와 비잔티움은 서로 다른 방식으로 그것을 포용했던 한편, 중유럽과 서유럽은 그리스와 로마가 아닌 트로이와 로마에 대한 계승 의식을 주장하고 있었다. 이 장에서 우리는 16세기의 사람들이 고대 그리스-로마 세계가 그들의 시대에 재탄생했다고 인식하지는 않았음을 보게 될 것이다. 오히려 그들은 능동적으로 자신들과 고대인과의 관계에 대해 논의하고 있었다. 발다사레 카스틸

리오네Baldassare Castiglione의 명저인 『궁정론Il Cortegiano』에서부터 툴리아 다라고나의 저서에 이르기까지 16세기의 문인들은 다양한 방식으로 고대와 현재의 연관성을 상상했다.³

역사에서의 시대 구분과 명명법은 소급되어 다뤄지는 경향이 있다. 르네상스 역시 예외는 아니다. 〈르네상스Renaissance〉라는 용어는 19세기 중반 스위스의 역사학자 야코프 부르크하르트Jacob Burckhardt가 『이탈리아 르네상스의 문화Die Kultur der Renaissance in Italien』(1860)라는 책을 출간하면서 널리 퍼지게 되었다. 이 책에서 부르크하르트는 예술, 문학, 음악, 예법, 도덕성, 정치, 종교 등 문화 전반에 걸쳐 르네상스의 시대정신을 찾아볼 수 있다고 주장했다. 르네상스라는 문화적 혁명은 인간의 지위에 대한 심리적이고 사회적인 광범위한 혁명을 나타냈다. 그가 주장하는 바에 따르면 〈르네상스라는 시대를 두드러지게 하는 새로운 기념비적 정신〉은 개인주의의 발달, 정교하면서 비인격적인 국가 통치 구조의 등장, 과학적 탐구심의 자극 등으로 특징 지을 수 있다. 그렇기에 르네상스는 중세 암흑기의 심성을 걷어 내고 미신과 종교의 족쇄를 부수어 근대 세계를 향한 문을 열어젖힌 셈이었다. 그는 책의 마지막 장에서 당당히 〈이탈리아 르네상스는 근대의 선도자로 불러 마땅하다〉라고 단언하면서 르네상스가 중세에서 근대로 전환하는 데 이바지했다는 결론을 내렸다.⁴ 부르크하르트에게 르네상스가 근대의 탄생기로 자리 매김했다면 고대 그리스-로마 세계와의 만남은 그 탄생을 도운 산파라고 할 수 있다. 그와 별개로 부르크하르트는 그 전환기의 몇몇 요소들이 고대의 영향 없이 이루어졌고 〈재탄생〉이라는 발상은 〈그 전체 시기를 요약하기 위해 일방적으로 선택한 이름〉이라는 점을 인정했다.[5] 그러나 그는 고전기 세계로부터의 영향과 영감이 매우 중요했다는 주장을 견지했다. 〈중세의 환상적인 속박에서 풀려나게 된 문화는 당장 아무 도움도 없이 세계의 육신과 정신 양쪽을 이해하는 길을 찾을 도리가 없었다. 어떤 정신적 관심사든 풍부한 앎과 진리를 제공할 길잡이가 필요했고, 고대 문명에서 바로 그것을 찾을 수 있었다. 이 문명의 형태와 본질 모두가 경외심을 갖고 받아들여졌다. 이는 곧 그 시대 문화의 주요한 일부가 되었다.〉[6]

그러나 중요한 점은 이탈리아의 르네상스가 외부의 영향을 받아 탄생한 것이라기보다는 〈동질적인 사람들이 만들어 낸 문명이 오랜 시간을 넘어 결합한 것〉으로 여겨졌다는 데 있었다. 이는 과거에 이미 존재했던 것을 다시 일깨워 낸 것일 뿐 이질적인 새로운 무언가를 포섭한 것이 아니고 옛 문화 형태의 부활이었다.

비록 부르크하르트가 〈르네상스〉라는 말을 대중화하는 데 기여하긴 했으나 그 말을 발명한 사람은 아니었다. 부르크하르트의 저술이 출간되기 몇 년 전에 프랑스의 역사학자 쥘 미슐레Jules Michelet가 그 말을 프랑스어로 처음 사용했으며, 이탈리아어로는 그보다 훨씬 더 오래 전부터 사용되어 왔다. 이르면 1550년, 르네상스의 전성기에 이탈리아의 미술가이자 학자인 조르조 바사리Giorgio Vasari가 자신의 유명한 평전인 『미술가 열전 Le Vite de più eccellenti pittori, scultori, ed architettori』에서 수 세기의 〈중간기 media aetas〉를 거친 끝에 미술이 〈그 재탄생으로의 진전progresso della sua rinascita〉을 겪고 있다고 언급한 것이다. 그러나 바사리가 언급한 리나시타rinascita는 우리(혹은 부르크하르트)가 이야기하는 역사적 시대 구분으로서의 르네상스기는 아니었다. 그것은 문화의 쇠퇴와 부흥이 주기적으로 반복된다는 더 오래되고 보편적인 생각을 드러낸 것일 뿐 선형적인 역사의 진보를 뜻하지는 않았다.[7] 하나의(심지어는 복수의) 문예 부흥을 이야기하는 것과 역사적 시대 구분으로서 르네상스를 이야기하는 것은 다르다.* 바사리, 다라고나, 그리고 그들의 동시대인은 자신들이 전자의 의미에서 르네상스를 살아간다고 인식했을 뿐 후자의 의미에서 자신들의 시대를 특별히 여기지는 않았다.

　다라고나와 그 동시대인은 자신들이 〈예전부터〉 고대사에서 영감을 받아 왔다는 점을 잘 인지하고 있었다. 이 책(제3장)에서 이미 보았듯 그리스적 요소, 그리고 무엇보다도 로마의 문화 전통이 중세 동안 중유럽과 서유럽에서 계승되었고 지성과 정치에서 정통성과 추진력의 원천이 되었다. 신성 로마 제국의 설립만큼 이를 자명하게 드러낸 사건은 없었으니, 그들은 고대 로마의 문화적 상징을 이념적으로나 예술적으로나 유용하게 끌어다 썼다.[8] 그러나 우리가 르네상스라고 부르는 그 시기 동안 고대사를 의도적으로 돌이켜 보는 관행은 양적으로나 질적으로나 변화를 겪게 되었다. 건축 분야에서는 안드레아 팔라디오 Andrea Palladio가 로마 여행에서 영감을 받아 대칭성과 비트루비우

---

* 〈복수〉의 주기적 현상으로서 르네상스의 예시로는 카롤루스 대제의 후원하에 이루어진 9세기의 문헌 수집 및 집필 활동(카롤링거 르네상스), 12세기 그리스 철학 문헌의 도입으로 촉발된 서유럽의 지적 성장(12세기 르네상스) 등을 들 수 있다.

스적인 수학적 비례를 기초로 건물을 설계하기 시작했는데, 이는 종래의 고도로 장식된 고딕 양식과는 대조되는 것이었다. 미술 분야에서는 미켈란젤로가 인체 묘사에 참고하기 위해 로마 조소에 담긴 사실주의를 연구해 다비드의 팽팽한 근육에서부터 피에타의 화려한 옷 주름에 이르기까지 두루 적용했다. 문학에서는 단테Dante Alighieri의 『신곡Divina Commedia』이 베르길리우스, 스타티우스Statius, 루카누스Lucanus, 오비디우스Ovidius 등 네 명의 라틴어 시인들의 양식을 밀접하게 차용했고, 작중에서도 주인공과 이 시인과의 만남을 길게 서술했다.[9] 14~16세기 동안 이전의 그 어느 시기보다도 깊고 가까운 고대와의 만남이 이루어졌음을 확인할 수 있다.

이 시기 고대사와의 만남은 양적인 증가에 국한되지 않았다. 고대사에 대한 가치 평가가 달라지면서 질적인 변화가 나타났다. 이 시기에 이탈리아의 문화는 족보상으로는 고대 서아시아의 트로이와 성서의 세계를 따르고 있었으나, 본보기로 삼은 것은 고대 로마였다. 이 시점까지 고대 그리스 세계는 비잔티움 제국의 통치하에 있었고 정교회 전례를 따르는 동부와 남동부 유럽인의 문화적 선조로 여겨졌기에 근본적으로 〈타자〉였다(제4장과 제5장). 라틴 교회가 지배하고 신성 로마 제국이 장악하고 있던 중유럽과 서유럽에서 고대 그리스는 문화적 계승 의식의 대상으로 여겨지지 않았다. 그러나 15세기 이탈리아에서 이러한 관행과의 급진적인 결별이 이루어져 고대사를 재구축하고 로마를 서아시아가 아닌 그리스와 결합된 것으로 여기는 경향이 나타났다. 고전기 고대의 토대가 되는, 단일한 개체로서 그리스-로마 세계라는 개념은 이때 비로소 탄생했다. 그러나 결코 재탄생은 아니었다.

르네상스기 그리스 애호주의의 출현은 점진적이었다. 우리가 (제5장의 마지막에서) 이미 소개했던 학자이자 시인인 페트라르카는 호메로스 시집을 이탈리아로 최초로 들여왔고, 1360년에 이 책의 라틴어 번역을 주선했다. 그러나 그리스 취향은 페트라르카만의 전유물이 아니었다. 14세기 중반 페트라르카는 친분이 있던 산문 작가인 보카치오Boccaccio와 더불어 고대 그리스에 대한 관심을 발전시켜 나간 이탈리아 지성인 가운데 한 사람이었다.[10] 15세기 중반 이탈리아의 엘리트 식자층 사이에서는 고대 그리스 세계에 대한 관심과 지식이 일반적으로 통용되기에 이르렀다. 이는 곧 코시모 데 메디치Cosimo de' Medici가 피렌체에 신플라톤 학당을 설립하는 것으로 이어졌다. 신플라톤 학당은 유럽 전역의 학자와 예술가를 불러들였고, 기독교 세계에서 그리스 철학과 고대 문헌에 대한 연구를 하는 중요한 기관으로 자리 잡았다.[11]

페트라르카, 보카치오, 코시모 데 메디치 등의 인물들은 모두 이탈리아에서 고대 그리스 문화에 대한 관심을 새로이 환기하는 데 중요한 역할을 담당했으나 몇 가지 중대한 사건이 그 과정에 힘을 실어 주게 되었다. 그리스 교회와 라틴 교회 사이의 긴장이 완화되면서 1437년부터 1439년까지 페라라와 피렌체에서 동서 대분열의 상처를 회복하기 위한 공의회가 열렸다. 양측은 평화로이 대표단을 교환했으며 콥트 교회와 에티오피아 교회도 대표를 파견했다.[12] 비록 공의회에서 어떤 합의를 이뤄

내지는 못했으나 논의가 이루어졌다는 사실만으로도 수 세기의 충돌 끝에 찾아온 큰 진전이었다. 1453년 오스만 제국이 콘스탄티노폴리스를 함락시킴으로써 비잔티움 제국이 멸망하고 신성 로마 제국과의 경쟁이 종식되면서 종교에서와 마찬가지로 정치에서도 긴장 완화가 이루어졌다.[13] 그러자 중유럽과 서유럽에서 고대 그리스를 적들의 선조로 폄훼할 이유가 사라졌고, 이는 비테르보의 고프레도(제4장)나 테오도로스 라스카리스(제5장)가 살았던 시대와 다른 점이었다. 마지막으로 1492년에 그라나다 토후국의 정복으로 최후의 알안달루스 국가가 몰락하고 이베리아 반도에서 무슬림 통치가 종식된 사건을 들 수 있다.[14] 라틴 교회는 이제 스페인에서 슬로바키아, 스웨덴에서 시칠리아까지 유럽 전역을 호령하게 되었다. 비록 이 지배 구도는 (제7장에서 다루게 될 것처럼) 곧 바뀌게 되지만 초기 르네상스기 동안 흔들리지 않는 자신감을 안겨 주었다.

정치적 사건은 언제나 문화적 부산물을 만들어 내기 마련이다. 콘스탄티노폴리스가 오스만 제국의 수중에 떨어지자 비잔티움의 수많은 학자가 고대 그리스 문학과 철학에 대한 지식을 지닌 채 서쪽으로 달아났다. 그중 많은 사람이 이탈리아의 유력한 도시국가에 정착하여 부유한 후견인을 찾았다. 그 가운데 요안니스 아르기로풀로스Ioannis Argyropoulos라는 열정적인 인문학자가 있었다. 그는 피렌체에 정착했으며, (사료에 따르면) 수박을 과식한 탓에 죽었다고 전해진다. 그는 신플라톤 학당에서 다년간 강의를 했으며, 그가 가르친 제자 중에는 젊은 로렌초 데 메디치Lorenzo de' Medici와 전도유망한 예술가인 레오나르도 다빈치Leonardo da Vinci도 있었다.[15] 알안달루스의 몰락과 함께 그라나다 도서관에 있던 고대 그리스 문헌들과 수 세기 동안 그 문헌들을 토대로 발전한 귀중한 아랍어 학술서들이 기독교 스페인의 수중에 들어왔다. 그라나다가 함락될 당시 알람브라 궁전에 있던 나스르 왕조 술탄의 도서관은 25만 권 이상의 책을 소장하고 있었다고 전해진다. 과거에는 그 가운데 다수가 소실되었다고 여겨졌으니 16세기 초 시스네로스Cisneros 추기경이 그 지역의 사람들에게 기독교 개종을 추진하면서 의도적으로 분서 행위를 조장했다는 것이다. 그러나 최근 들어 스페인, 바티칸, 모로코 등지에서 그 왕립 도서관에서 나온 수서본들이 발견되면서 그라나다의 이슬람 도서관에 소장되었던 귀중한 학술 연구서들이 완전히 소실되지는 않았다는 사실이 밝혀졌다.[16]

고대 그리스어에 대한 지식과 고대 그리스 문헌에 대한 관심이 수 세기 동안 비잔티움과 이슬람 세계의 학자들에 의해 보존되다가 중유럽과 서유럽으로 퍼져 나간 것은 우연한 사건이 아니었다. 이제 원본 자료를 더 쉽게 접할 수 있다는 점도 한몫했으나 비잔티움 제국이 정적으로서 버티고 있는 동안 그리스 문화에 부여되었던 유해성이 벗겨져 나갔다는 점도 한몫했다. 그리스주의가 발톱을 잃고 유순해지자 그것은 매력적인 문화 전유의 대상으로 여겨졌다. 이제 고대 그리스 세계는 중유럽과 서유럽의 역사 인식의 범위 안에 들어오면서 고대 로마, 트로이, 성서의 세계와 나란히 문화적 선조의 역할을 맡게 되었다. 그리스와 로마를 쌍둥이처럼 대하는 근대의 인식이 너무나 만연해서 그 둘이 자연스레 연결되지 않았던 시대가 있었다는 사실을 상상하기 어렵다. 그러나 그 인식은 르네상스기에 만들어졌고 나뉘어 있던 둘은 그제야 단일한 〈그리스-로마〉라는 과거로 기워진 것이다.

그러나 그리스-로마라는 결합된 역사는 아직 다른 고대 문명을 제치고 〈고전〉으로서의 지위를 얻지 못했고 중유럽과 서유럽이 이 합체된 유산의 유일하고 배타적인 계승자로 여겨지지도 않았다. 서양 문명이라는 거대 서사는 아직 등장하지 않았다. 그 등장은 우리가 제9장에서 보게 될 나중의 일이었다. 그러나 16세기 르네상스의 전성기에 그 모든 조각이 제자리를 잡아가기 시작했다. 기독교 세계는 점차 통합되어 갔다. 중유럽과 서유럽이 정치와 문화에서 일관된 주목을 받는 영역이 되었다. 고대사에 대한 지향은 그리스와 로마 모두를 아우르게 되었다. 그러나 이 모든 점에도 불구하고 르네상스의 사상가들은 그리스와 로마에 그치지 않고 에트루리아, 이집트, 메소포타미아 문명 등 더 폭넓은 세계에서 영감을 끌어왔다. 서양이라는 관념에 수반되는 문화적 배타주의는 아직 자리를 잡지 않았다. 우리는 툴리아 다라고나의 작품에서 이를 분명히 볼 수 있다. 그 여성은 탁월한 학자이자 문필가이자 역사에 해박한 인물이고, 무엇보다도 고대 그리스와 로마를 중심으로 삼으면서도 다른 문화권 역시 함께 다루었다는 점에서 그 시대를 특징적으로 드러내는 인물이다.

〈슬기롭고 순결한 영혼〉

역사 속 많은 여성의 사례와 마찬가지로 툴리아 다라고나[17]의 삶에 대해 알려진 이야기는 대부분 정식 기록이나 본인의 증언이 아니라 동시대 남성들의 낭만화되고 이상화된 기록에서 나온 것이다.[18] 궁정인이자 시인이며 라틴어를 대신하기 위해 이탈리아어를 보급하는 데 앞장섰던 지롤라모 무치오Girolamo Muzio는 다라고나의 가장 큰 지지자이기도 했다. 그는 다라고나를 기리기 위해 「티레니아Tirrhenia」라는 전원시를 지었는데, 그 제목은 로마 북쪽에 위치한 옛 지역에서 가져온 것이었다.[19] 이 시에서 다라고나의 생애에 대해 우리가 알고 있는 사실을 보충할 만한 몇 가지 단서를 찾을 수 있다.

다라고나는 1501년에서 1504년 사이에 로마에서 태어났다. 어머니인 줄리아 펜달리아Giulia Pendalglia는 이탈리아 북부의 페라라에서 태어났다. 로마의 고급 매춘부였던 그녀는 시에나의 귀족 아프리카노 오를란디니Africano Orlandini와 결혼하여 정착했다.[20] 그 행복한 결합이 있었을 때 줄리아에게는 이미 툴리아라는 딸 하나가 있었다. 툴리아는 생부에게서 다라고나라는 성을 받았지만 그녀가 다라고나를 아버지로 여겼는지는 확실하지 않다. 무치오의 「티레니아」에서는 툴리아의 아버지가 추기경이었음을 암시하고 오늘날의 연구자들은 나폴리 국왕의 사생아 손자이자 추기경인 루이지 다라고나Luigi D'Aragona가 그 장본인일 것이라고 추측한다. 그러나 후대 문서 기록에서는 추기경 루이지의 하급 수행원이었던 코스탄초 팔미에리 다라고나Costanzo Palmieri D'Aragona가 툴리아의 생부로 나온다. 툴리아의 진짜 아버지가 누구였는지에 대해서는 학자들 사이에서 의견이 분분하다. 추문을 걱정했던 추기경이 하인더러 자기 딸의 아버지 행세를 하라고 시켰던 것일까? 아니면 추기경과 툴리아의 연관성은 뜬소문에 지나지 않았던 것일까? 진실은 모를 일이다. 다만 우리가 아는 사실은 다라고나가 로마와 시에나를 오가면서 어린 시절을 보내다가 10대 중반에 그 영원의 도시 로마로 돌아왔다는 것이다. 성년이 된 다라고나는 이탈리아 북부의 여러 도시를 전전했으나 언제나 로마로 돌아왔고 그곳을 자신의 집으로 생각하는 것 같았다. 다라고나는 빠르게 상류층 사회에 합류했다. 프랑스인 음악가 필리프 베르들로Philippe Verdelot는 1523년에서 1524년 사이에 자신을 방문한 다라고나의 아름다움을 찬미하는 두 편의 마드리갈*을 작곡했다. 그와 비슷한 시기에 다라고나는 유명한 피렌체인 귀족이자 은행가인 필리포 스트로치Filippo Strozzi와 이후 10년 이상 지속되는 친분을 맺었다.[21]

    이 시기에 다라고나는 로마, 베네치아, 피렌체, 페라라 등지를 오갔고 스트로치와 같은 여러 귀족 및 문화계 인사들과 어울렸던 것으로 언급된다. 그때가 고급 매춘부의 삶에서는 전성기였는데 10대 후반에서 20대 초반의 나이에 다라고나는 미색과 지성을 갖춘 여성으로 빠르게 명성을 얻었다. 어느 궁정의 호사가는 다라고나가 〈매우 정중하고 진중하며 예리한 데다 훌륭하고 고상한 몸가짐을 타고났〉으며 음악적 재능이 있고 교육을 잘 받았다고 호의적으로 평가했다. 다라고나는 〈마치 모든 걸 알고 있는 것처럼 당신이 청하는 어떤 주제든 이야기할 수 있고〉, 〈그녀의 집은 언제나 명인으로 가득하며〉, 〈대화를 나눌 때면 비범함을 보였다〉.[22] 다른 이들 역시 다라고나가 페트라르카와 보카

---

* 16세기 이탈리아에서 등장한 성악 양식으로 주로 통속적인 주제를 다루었다.

치오, 몇 편의 라틴어 시를 즉석에서 인용하는 것에 깊은 인상을 받았다.[23] 그러나 이런 찬사의 말이 호화스러운 생활상을 그려 내고 있다고 하더라도 우리는 다라고나가 근본적으로 성 노동자였고 많은 위험과 사회적 낙인이 뒤따랐음을 잊지 말아야 한다. 지식인으로서의 페르소나는 자신의 〈상품 가치〉를 높이는 작업의 일환일 수 있었다. 실제로 1535년에 출간된 악명 높은 『베네치아 매춘부 가격표 Pricelist of the Whores of Venice』를 보면 다라고나의 시와 문화적 성취가 성적 매력의 일부로 간주되었음을 알 수 있다.

> 신사 여러분, 이제 툴리아 다라고나에 대해 말하자면
> 그 창자는 손바닥 절반만 하여
> 오줌을 눌 때는 헬리콘산의 샘이 씻겨 준다오.
> 그녀가 요구하길 고리[항문]로 받아내려면 10스쿠도는 가지겠다 한다오.
> 음문으로 받으려면 5스쿠도를 받을 것이니
> 이것이 창관의 가장 위대한 매춘부에게 당신이 지불해야 할 몫이오.[24]

배뇨 행위와 항문 성교에 대한 상스러운 언급과 함께 우리는 다라고나가 뮤즈 여신들이 기거한다고 전해지는 〈헬리콘산의 샘〉으로 내부를 씻는다는 표현을 확인할 수 있다. 교육받은 자의 우아한 오라aura는 다라고나가 〈창관의 가장 위대한 매춘부〉로 여겨지는 데 기여했을 것이다.

성 노동자가 직면할 수 있는 직업병 중 하나는 임신이었다. 다라고나는 1535년 그 가격표가 나왔을 무렵 딸을 낳았으나 그 딸 페넬로페Penelope가 과연 다라고나의 딸인지 아니면 여동생인지는 확실하지 않다.[25] 어쨌든 페넬로페가 태어나고 몇 달이 안 되어 다라고나는 로마로 돌아왔고, 이 시기에 그녀의 인생은 큰 변화를 겪는다. 20대의 다라고나는 재치 있고 유식한 고급 매춘부였다. 이제 30대에 접어든 다라고나는 문필가이자 시인이자 학자이면서 이따금 계약 연애를 부업으로 삼는 사람이 되었다. 다라고나가 쓴 대부분의 시가 이 시기에 지어진 것으로 소네트, 대화문, 서사시『일 메스키노*Il Meschino*』등 다양한 형식을 아우르고 있었다.

다라고나의 작품은 대부분 비공식적으로 유통되었고 인생의 후반부가 되도록 출간되지 않았다. 그러나 이 사실이 다라고나가 이탈리아의 문인 집단에서 명성을 얻는 데는 전혀 방해가 되지 않았다. 파도바 출신의 명망 높은 인문주의자이자 극작가인 스페로네 스페로니Sperone Speroni는 1542년『사랑의 대화*Dialogo d'amore*』를 쓰면서 다라고나를 등장인물로 집어넣었다. 만토바의 유명 시인 에르콜레 벤티볼리오Ercole Bentivoglio는 다라고나의 시 짓는 솜씨와〈유식한 언사〉를 칭송하는 시를 썼다. 다라고나는 급진적 신학자인 베르나르디노 오키노Bernardino Ochino와 논쟁을 벌이면서 자유 의지의 본질을 고찰하는 내용의 심오한 소네트를 지어 그에게 보내기도 했다. 또한 이 시기에 다라고나는 지롤라모 무치오를 처음 만났는데 인생의 초창기에 스트로치가 그러했듯 그의 지원과 영향력은 다라고나의 경력이 다음 단계로

제6장 고대를 재상상하다: 툴리아 다라고나

진전되는 데 매우 중요한 역할을 했다.

1544년에 마흔 살 정도가 된 다라고나는 실베스트로 귀차르디Silvestro Guicciardi라는 이름 말고는 알려진 바가 없는 남자와 결혼했다. 하지만 결혼 생활이 직업적인 면에서든 지적인 면에서든 다라고나의 활동에는 거의 지장을 주지 않았던 것 같다. 로마에 등록된 성 노동자들은 연중 수입의 10퍼센트를 산타 마리아 다리를 수리하는 데 기부해야 했는데, 다라고나는 결혼하고 5년 뒤에 작성된 로마 성 노동자 명단에 등록되어 있었다(흥미롭게도 거처 수준으로 미루어 볼 때 40대 중반의 나이에도 불구하고 다라고나는 로마에서 11퍼센트 상위에 들어가는 성 노동자였다).[26] 지적인 면에서도 다라고나는 꾸준히 작품을 내놓고 있었다.

다라고나는 1547년에 자신이 쓴 책 『무한한 사랑에 관한 대화Dialogue on the Infinity of Love』가 출간되는 것을 지켜보았고, 그 책은 인기를 끌어 1552년에 제2판의 제작을 보증받게 되었다. 다라고나가 그동안 쓴 시를 묶은 『툴리아 다라고나 부인 시집 Rime della Signora Tullia D'Aragona』 역시 1547년에 출간되었다. 이 시집에는 상당수의 단편 소네트 외에도 벗과 지인들에게 보낸 시들과 그 답장으로 받은 시들이 수록되었다. 그 시집에 언급되는 교신자 및 헌정자들의 명단은 당대 이탈리아 문인 사회의 인명사전과도 같았다. 로마의 귀족 티베리오 나리Tiberio Nari(『시집』 제27편), 시인이자 추기경인 피에트로 벰보Pietro Bembo(『시집』 제15편), 스페인의 외교관인 톨레도의 돈 루이지Don Luigi(『시집』 제13편)와 톨레도의 돈 페드로Don Pedro(『시집』 제14편), 코시모 데 메디치의 어머니로 경외를 받는 마리아 살비아티Maria Salviati(『시집』제12편) 등등. 그러나 그 책 자체는 피렌체의 공작부인이자 코시모 데 메디치의 아내였던 엘레오노라Eleonora에게 헌정되었다.

다라고나는 결혼을 통해 몇 가지 득을 보았다. 우선 매춘부를 다른 여성들과 구분하기 위해 의복에 표식을 달도록 한 시에나의 법령에서 면제되었다. 다라고나가 스베르니아sbernia라고 불리는 사치스러운 망토를 걸친 죄목으로 고발당했을 때 재판관은 다라고나가 법적으로 결혼한 여성이므로 자신이 원하는 옷을 입을 권리가 있음을 마지못해 인정했다. 그로부터 2년 뒤에 다라고나는 피렌체에서 그와 비슷한 법령을 위배한 혐의로 고발당했는데 피렌체의 모든 성 노동자는 다른 〈정직한〉 여성과 구분되도록 노란색 베일이나 손수건을 착용해야 했다. 그러나 당시 다라고나는 피렌체에서 가장 강력한 가문이었던 메디치가의 도움 덕분에 굳이 결혼한 신분임을 들먹일 필요조차 없었다. 코시모 공작이 내린 특별 칙령에서 다라고나는 〈시와 철학에 대한 보기 드문 지식〉을 가진 덕분에 〈의복, 복식, 행동에 대한 모든 규제에서 면제되는 특별하고 새로운 특권〉을 얻었다.[27]

1556년 다라고나는 50대 초반의 나이에 로마에서 사망했다. 그녀는 벗과 지인들, 고아와 회개한 매춘부들에게 소소한 유증을 남겼다(이는 법률에 따른 것으로 다라고나는 이를 유언장에 무미건조하게 언급했다). 다라고나의 재산 목록 가운데 이탈리아어와 라틴어로 된 소규모의 장서를 눈여겨볼 만한데 이는 어린 아들인 첼리오Celio에게 남겨졌다. 첼리오가 언제 태어났는지, 아버지가 누구인지는 알려지지 않았다. 알려진 바에 따르면 다라고나는 추기경 알비세 코르나로Alvise Cornaro의 하인이자 그의 전속 정육업자였던 피에트로 치오카Pietro Chiocca에게 첼리오를 맡겼다.[28]

플라톤과 노닐고 아리스토텔레스와 논쟁하다

다라고나의 출간된 저서들은 고대사에 대한 르네상스기의 새로운 시각을 완벽히 드러낸다. 어떤 주장이든 라틴어가 사용되는 고대 로마 세계를 배경으로 삼으면 그럴싸하게 보였다. 다라고나는 코시모 데 메디치에게 찬사를 보내기 위해 그를 신화 속 로마의 왕인 누마 폼필리우스Numa Pompilius에 빗대었다(『시집』제4편). 운명의 양면성을 강조하고자 할 때는 로마의 문간의 신 야누스를 언급했다(『무한한 사랑에 관한 대화』). 무치오가 다라고나를 기리기 위해 기나긴 전원시「티레니아」를 집필할 때 그는 베르길리우스의 목가적인 전원시 양식을 참고했다.

그러나 다라고나가 고대 로마를 작품의 배경으로 삼았을지라도 고대 그리스 역시 줄거리에 한몫을 할 수 있었다. 『무한한 사랑에 관한 대화』는 사랑의 본성에 대한 철학적 논쟁을 극 형식으로 전개하고 있을 뿐만 아니라 플라톤 철학과 아리스토텔레스 철학 사이의 경합 역시 다루었다. 플라톤이 자신의 저술에서 소크라테스의 이미지를 굳히는 데 활용한, 대화를 통해 상대를 깨우치게 하는 방식은 사랑을 논하는 당대의 문학에서 이따금 유행했다. 다라고나는 이러한 유행에 편승하면서도 자신만의 고유한 요소를 드러냈다. 다라고나는『무한한 사랑의 대화』

에서 고대 세계의 저작과 함께 마르실리오 피치노Marsilio Ficino, 레온 아브라바넬Leone Abravanel,[29] 스페로네 스페로니 같은 동시대인의 작품도 인용했다. 우리가 앞서 보았듯 그보다 5년 전에 스페로니는 비록 다라고나 자신이 훗날 스스로를 묘사한 것과는 전혀 다른 성격의 인물로 그려 내긴 했으나 자신의 『사랑의 대화 *Dialogo d'more*』에 다라고나를 등장시킨 적이 있었다.[30]

『무한한 사랑에 관한 대화』는 피렌체에 있는 다라고나의 거처를 배경으로 가상의 저녁 모임을 상정했는데, 거기서 다라고나의 손님들은 사랑의 본성에 관한 수준 높은 철학적 대화를 나눈다. 다라고나는 작품의 중심인물로 토론을 주관하고 청중을 일깨워 주는 역할을 맡는다. 진지한 문인으로 변모하는 공화주의적인 사상가 베네데토 바르키Benedetto Varchi가 다라고나의 주요한 대화 상대이지만 이따금 라탄치오 베누치Lattanzio Benucci 박사와 다른 이름 모를 신사들이 끼어들기도 한다. 대화가 진행되면서 바르키는 명사로서 〈사랑〉과 동사로서 〈사랑함〉 사이의 중요한 차이나 형상과 질료의 관계와 같은 아리스토텔레스의 이론을 제시한다. 그러나 다라고나는 바르키가 피력한 아리스토텔레스의 이론 가운데서도 여성이 선천적으로 열등하다는 생각에 특히 관심을 보였다. 피렌체 학당에서 바르키는 유명한 강의를 한 적이 있었는데, 아리스토텔레스의 권위를 내세워 출산에서 여성의 역할은 수동적이고 지적 능력에서도 여성은 남성보다 열등하다고 주장했다. 『무한한 사랑에 관한 대화』에서 다라고나는 여성이 열등하다는 아리스토텔레스의 생각에 도전하여 여성과 남성이 지성과 성에 있어 동등하다고 주장했고 작

품의 주요 인물로 등장한 자기 자신의 언행을 통해 예시를 제시한다.[31]

진정한 사랑은 오직 남성 사이에서만 가능하다는 플라톤의 사랑 이론에 대해서도 다라고나는 반론을 제기했다. 다라고나는 바르키에게 왜 여성의 사랑은 더 말초적이고 육체적인 형태와 결부되는지 묻는다. 둘 다 남성 동성애에 대한 반감을 드러냈지만 바르키는 플라톤과 소크라테스가 청년들에게 느꼈던 사랑이 고귀하고 〈순수한〉 것이었다고 주장했다(바르키는 젊은 소년들과 너무 어울려 다닌다는 이유로 비난을 받은 바 있었다). 그러나 다라고나는 플라톤적 사랑의 지적인 본성에 대해 그것이 육체적 형식에 구애받지 않는 순수한 미덕의 결실이라면 왜 여성은 거기에서 배제되어야 하느냐고 물었다. 이 대화는 사랑이란 시간이 지남에 따라 천박하고 육체적인 사랑에서 순수하고 정신적인 사랑으로 바뀔 수 있고, 또한 사람마다 사랑이 다양할 수 있다는 데 서로 동의하면서 끝을 맺는다.[32]

다라고나의 『무한한 사랑에 관한 대화』는 고대 그리스의 문헌을 진중하게 끌어오면서 플라톤의 형식과 장르에 아리스토텔레스의 수사법을 곁들였다. 그러나 결론을 맺는 방식에서 다라고나는 플라톤과 아리스토텔레스 그 어느 쪽도 따르지 않았다. 다라고나는 양측의 사랑 이론을 모두 거부하고 개인의 경험과 일차적인 지식으로부터 발전시킨 자신의 이론을 내놓았다. 다라고나에게 그리스적 취향은 양식상의 바탕과 철학적 토대를 제공할 뿐 해답을 제시하는 것은 아니었다.

다라고나의 문화적 시각은 고대 그리스-로마를 다루는 것을 넘어 그 테두리 바깥으로 확장되었다. 이는 그녀의 사후인 1560년에 출간된 마지막 작품에서 자명하게 드러난다. 『일 메스키노』, 즉 〈불쌍한 자〉는 37개의 칸토로 정리된 2만 8천 행 이상의 서사시이다(비교를 위해 제시하자면 『일리아스』는 1만 6천 행을 약간 밑돈다).[33] 이 서사시는 14세기에 안드레아 다 바르베리노Andrea da Barberino가 지은 산문 로망스를 저본으로 삼고 있는데 당대에 인기를 끌어 스페인에서 카스티야어로 번역될 정도였다.[34] 다라고나는 이 이야기를 서사시로 개작하여 자신의 중요하고 창조적인 위업으로 남겼다.

이 신나는 이야기의 분위기를 이해하는 것은 어렵지 않다. 다라고나는 바르베리노의 이야기 가운데서 카롤루스 대제를 섬기는 어느 기사의 자제인 궤리노Guerrino의 이야기를 끌어왔다. 그는 갓난아기 때 해적에게 납치되어 〈메스키노〉라는 이름을 지닌 노예가 된다.[35] 콘스탄티노폴리스에 팔려 간 궤리노는 비잔티움 황제의 하인이 된다. 그는 황제의 눈 밖에 난 딸을 짝사랑하게 되고 〈투르키Turchi〉(튀르키예인)를 상대로 영웅적인 위업을 달성한다. 그러나 콘스탄티노폴리스에서 영광과 성공(그리고 황녀의 사랑)을 목전에 둔 그는 비잔티움에서 누릴 수 있는 세속적 쾌락을 거부하고 고향을 찾아 떠날 수 있게 해달라고 청한다. 여기서부터 작품은 그가 알려진 세계의 방방곡곡을 돌아다니면서 활극(지하의 연옥에서 그 여정을 마치는)의 성격을 띠는데 환상 속의 짐승과 신화적 인물이 잔뜩 등장하는 이 이야기는 모두가 안도할 만한 해피엔딩으로 마무리된다. 그러나 자신의 태생을 찾아 떠나는 궤리노의 여정은 문화적 선조를 확정하는 과정에서 르네상스기에 폭넓게 퍼져 있었던 관심에 대한 은 유로도 읽을 수 있다.

궤리노는 타타르인의 땅(중앙아시아)을 향해 동쪽으로 여행하여 그곳의 거인 및 괴물들과 싸운다. 그런 다음 아르메니아로 항해하여 반역한 왕에게서 승리를 거둔다. 다음으로 그는 메디아로 떠나 그곳의 젊은 처녀 여왕을 공격으로부터 구해 내고는 여왕의 청혼을 정중히 거절한다. 다시 여행길에 나선 그는 페르시아의 솔타라는 곳에서 음탕한 왕을 만나는데 자신의 딸이 아닌 자신과 결혼하라는 요청을 거부해 감옥에 갇힌다. 그 후 어찌저찌해서 인도에 도착한 궤리노는 해와 달의 나무에 있는 아폴론의 신탁에 조언을 구하고 그제야 그의 진짜 이름이 밝혀진다. 그리고 서쪽으로 가서 진정한 선조를 찾으라는 신탁을 받는다(이 장의 도입부에 인용한 바로 그 부분이다). 아랍으로 향하는 배에 올라탄 궤리노는 술탄의 환대를 받고 예언자 무함마드의 무덤을 방문한 뒤 페르세폴리스의 왕녀인 안티니스카Antinisca와 사랑에 빠지게 되며 그녀를 왕좌에 올리기 위한 일련의 영웅적인 전쟁을 치른다. 하지만 열렬한 사랑조차 자신의 뿌리를 찾으려는 그의 여정을 가로막지 못한다. 그는 아시아를 떠나 아프리카로 향한다.

아프리카에서 궤리노는 거인과 용들을 물리치고 에티오피아의 사제왕 요한John을 만난다. 그는 부유하고 세련된 이상적인 기독교 국가를 통치하고 있었는데, 궤리노는 그를 위한 대전사가 되어 싸움에 나선다.[36] 그는 계속해서 이집트로 여행하는데 이번에는 술탄의 장군이 되어 아랍인과 싸운다. 그는 소년 시절 자신과 함께 콘스탄티노폴리스에서 노예로 팔렸던 동료와 재회하고, 이를 계기로 다시 여정에 나선다. 리비아를 횡단하여 서쪽으로 가면서 거인들과 맞서 싸우고, 그곳의 왕과 친구가 되어 그를 개종시키며, 공주의 유혹을 뿌리친다(공주는 자신의 형제를 죽인 뒤 궤리노에게 왕이 될 것을 제안한다. 하지만 그가 거절하자 공주는 스스로 목숨을 끊는 비극적인 결말을 맞는다).

지칠 대로 지친 궤리노는 시칠리아와 이탈리아로 항해하여 저승의 예언자인 시빌라Sibylla를 찾아간다. 시빌라는 궤리노에게 1년 동안 자신의 옆에 머무를 것을 요구했고 이후 그를 유혹함으로써 그의 결단력을 시험했다. 마침내 자유의 몸이 된 궤리노는 로마로 갔고, 교황은 그에게 두 이교도 신탁에 조언을 구한 죄에 대한 보속으로 아일랜드에 있는 성 패트릭의 우물을 통해 연옥으로 내려가라고 명령했다. 그는 프랑스와 스페인 북부를 거쳐 산티아고 데 콤포스텔라로 가는 순례 길에서 마주친 도적 떼와 역병을 일소하고 잉글랜드와 아일랜드로 향하는 배에 오른다. 우물로의 진입은 단테의 지옥과 연옥의 광경을 연상하게 하는데, 거기서 그는 친부모를 보게 된다. 비로소 궤리노는 자신의 진짜 정체를 알게 되고 여행담은 할리우드적인 결말을 맺는다. 즉 궤리노는 옥고를 치르고 있던 부모를 구해 내고 지중해 북부에서 튀르키예인을 상대로 성공적인 원정을 마치며 페르시아에 있던 진정한 연인 안티니스카와 결혼한다. 그들은 페르시아인을 기독교도로 개종시키고 행복하게 오래오래 산다.

『일 메스키노』는 르네상스 이탈리아 서사시의 관습을 따른다. 그 장르의 다른 작품들이 그렇듯이 서사시의 고전적인 영웅주의는 중세 무훈시의 기사도적 낭만과 결합한다. 그 장르에서와 마찬가지로 이 작품은 압운한 8행시로써 하나의 연을 이루는 〈오타바 리마ottava rima〉의 형식으로 조반니 보카치오가 14세기 초반에 『필로스트라토Filostrato』(훗날 초서Geoffrey Chaucer가 『트로일러스와 크리세이드Troilus and Cressida』를 짓는 데 영감을 받은 작품)에서 사용한 바 있으며, 16세기의 시인들도 자주 애용하여 루도비코 아리오스토Ludovico Ariosto가 자신의 기사도적 환상 문학인 『광란의 오를란도Orlando Furioso』에 이용하기도 했다(이 작품의 주인공 오를란도는 20세기 초 버지니아 울프Virginia Woolf의 근대 소설에서 성별이 바뀌어 활용되었다).[37]

그 장르의 다른 작품들이 그렇듯 『일 메스키노』는 고대 그리스와 로마의 서사시에서 자유로이 모티프를 가져왔다. 베르길리우스의 『아이네이스』에서처럼 다라고나의 주인공 역시 지하 세계로 여정을 떠난다. 『오디세이아Odysseia』의 키르케와 마찬가지로 『일 메스키노』의 시빌라는 무시무시한 마녀이면서 성적 매력을 갖추고 있다. 키클롭스와 싸우고 연꽃 먹는 자들의 땅에서 탈출하는 오디세우스처럼 다라고나의 주인공 역시 멀리 떨어진 세상의 끝(아일랜드에서 인도까지)에 다다르는 여정에서 그리핀, 유니콘, 엄니가 달리고 목이 긴 괴물인 켄토포쿠스centopochus와 맞붙는다.[38] 분명 다라고나는 『일 메스키노』의 저본에 없는 내용을 그리스-로마 문헌을 참고해 삽입한 것 같다. 카토Cato와 오비디우스가 언급되고 티투스Titus 황제의 예루살렘 포위가 나오며 아폴론과 뮤즈 여신의 일원인 에우테르페와 클

레이오 등을 비롯한 다양한 신화적 인물이 등장하기 때문이다.[39]

그러나 그리스-로마 세계를 문화적 수도로 삼고 시빌라의 영역을 이탈리아에 두면서도 『일 메스키노』는 그리스-로마의 유산이 유럽의 전유물이라고 가정하지 않았다. 아폴론의 신탁이 내려진 성소는 인도에 위치했고 메카의 주민들은 예언자 무함마드와 더불어 아폴론을 숭배하는 것으로 묘사된다. 마찬가지로 기독교 역시 유럽인만의 것이 아니었다. 궤리노는 아시아를 여행하면서 꾸준히 기독교인을 만나고 사제왕 요한이 다스리는 에티오피아에는 모범적인 기독교 왕국이 자리 잡고 있었다. 끝내 기독교로 개종하지 않은 사람도 많았지만 토속 신앙을 믿는 아시아와 아프리카의 주민 가운데서도 이상적이고 덕성을 갖춘 인물들이 존재했으니 궤리노가 아시아에서 만난 약혼녀인 안티니스카, 아프리카인 친구 아르틸라포Artilafo가 그랬다. 그 점에서 다라고나는 문명화된 유럽 기독교 세계와, 아시아와 아프리카 등 이교도들의 야만적인 세계로 양분하는 세계관을 보여주지 않았다.

그렇다고 다라고나가 세 대륙 간에 차이를 두지 않았다는 말은 아니다. 그녀는 아시아를 특히 더 부정적으로 묘사했다. 한 대목에서 궤리노는 〈너는 거대한 인도와 함께 아시아를 둘러보았으니, 지구를 한 바퀴 도는 가운데 이곳보다 더 나쁜 땅은 없다는 것을 알 테지. 그렇지 않다고 생각한다면 아주 단단히 틀린 것이야〉라는 말을 듣는다(『일 메스키노』16:84).[40] 반대로 유럽과 아프리카는 조금 더 나은 평가를 받았다. 〈유럽과 아프리카는 많은 사람이 살아가고 있고 너의 옳고 그른 행동이 너를 돕거나 해칠 수 있는 곳이니 네가 어떻게 처신하는지에 달려 있다〉(『일 메스키노』 16:86). 궤리노는 아시아와 아프리카에서 모두 괴물과 인간을 상대했지만 유럽에서도 도적과 맞서고 사악한 시빌라의 초자연적인 힘과 맞닥뜨리며 적과 싸웠다. 다라고나는 예컨대 인도에서 후추를 기르는 법(『일 메스키노』 11:25~26), 에티오피아에서 코끼리를 길들이는 법(『일 메스키노』 18:54~59) 등 아시아와 아프리카의 이국적인 사람과 장소를 소개한다(다라고나는 궤리노 이야기의 저본이 되는 판본에서 많은 것을 가져왔다). 이는 헤로도토스의 설명을 연상하게 한다. 마찬가지로 유럽에서도 성직자가 아내를 거느리는 아일랜드(『일 메스키노』 27:49)의 기이한 풍습을 소개하고, 〈경작되지 않은 교외와 찔러 대는 가시덩굴, 절벽으로 둘러싸인 괴이한 미궁〉(『일 메스키노』 24:51) 같은 이탈리아 남부의 황량한 야생을 언급한다.[41]

그와 동시에 다라고나는 아시아인과 아프리카인의 차이에 관심을 보이면서 인종화된 설명을 자신의 서사에 활용한다. 예컨대 아시아에서 페르시아 솔타의 여인들은 〈검은 것만 뺀다면 아름답다nere, ma del resto belle〉(『일 메스키노』 10:15)라고 했다. 인도 근처 소토라의 남자들은 〈건장하고 빛깔은 어두우며 평균적으로 키가 작다uomini forti, e sono bruni, E meno di grandezza che communi〉(『일 메스키노』 10:81). 한편 아프리카에서 사제왕 요한의 신민인 에티오피아인은 〈붉은 눈에 검은 피부와 매우 흰 이를 지녔다han occhi rossi, La pelle han nera, e bianchissimo 《I dente》〉(『일 메스키노』 18:53). 반대로 친숙한 외모를 갖춘 유럽인에게는 인종화된 묘사가 등장하지 않는다. 스페인 사람들은 아메리카로, 포르투갈 사람들은 아프리카와 인도로 떠나면서 유럽인의 탐험과 팽창이 가속화되던 시기에 이는 전혀 이상하지 않은 이야기였다(유럽 제국주의를 다룬 제9장에서 이를 논의할 것이다). 물론 이 장의 도입부에 소개한 인용문이 암시하듯 궤리노가 서쪽 끝에 가서야 자신의 진짜 뿌리를 찾아낼 수 있었다는 점은 매우 중요할지도 모른다. 그러나 다라고나가 인간을 분류한 주된 기준은 인종도 지리도 아닌 종교였다.

궤리노가 여러 대륙에서 만난 가장 까다로운 적은 무슬림이었다. 아시아에서는 페르시아인, 아프리카에서는 아랍인, 유럽에서는 튀르키예인 등이 그들이었다. 몇몇 대목에서 궤리노는 이슬람에 대한 경멸을 드러낸다. 그는 무함마드의 사제들보다 차라리 당나귀의 울음소리가 더 감미로울 것이라고 말하고(『일 메스키노』 13:53), 그가 어리석다고 여기는 관습을 조롱한다(『일 메스키노』 13:70).[42] 다라고나의 이슬람 혐오는 당대인들 역시 공유하고 있었다. 15세기와 16세기에 유럽인 문필가들 사이에서 이슬람 혐오적인 수사는 급증했고, 그들은 십자군을 다룬 시를 통해 이를 표현하곤 했다. 사실 이는 지중해와 남동 유럽에서 성장하는 오스만 제국에 대한 두려움이 빚어낸 것이었다.

십자군이라는 이념, 이슬람의 본성, 오스만의 팽창이라는 문제 등은 르네상스 인문주의자들의 중요한 주제였으므로 그들은 이러한 질문을 논의하는 글을 쓰는 데 전념했다.[43] 그 대부분의 저술은 판에 박히고 억측이 심하며 이슬람을 폄훼하는 시선을 담고 있었는데, 그들은 자신이 속한 유럽과 기독교 문명의 대립항에 이슬람을 놓았다. 마테오 마리아 보이아르도Matteo Maria Boiardo의 인기 있는 서사시 『사랑에 빠진 오를란도Orlando Innamorato』(『일 메스키노』보다 반세기 전인 1495년에 출간되었다)에서 그러한 편견이 어떤 역할을 했는지 볼 수 있는데, 그 주인공은 침공해 오는 사라센 전사들의 무리를 제압한다. 토르카토 타소Torquato Tasso의 『해방된 예루살렘Gerusalemme liberata』(『일 메스키노』로부터 고작 20년이 지난 뒤인 1581년에 출간되었다)에서는 기독교 군대의 위업을 기술한다. 여성 문인 마르게리타 사로치Margherita Sarrocchi가 쓴 서사시 『스칸데르베이데Scanderbeide』(『일 메스키노』로부터 거의 반세기가 지난 1606년에 출간되었다)는 오스만에 맞섰던 알바니아 군벌의 승리를 기리고 있다.*

그러나 문화적인 대립을 묘사한 모든 작품에서 이슬람이 적으로 등장한 것은 아니다. 이탈리아의 또 다른 여성 문인인 루크레치아 마리넬라Lucrezia Marinella의 서사시 『엔리코Enrico』, 혹은 『정복된 비잔티움Byzantium Conquered』이라 불리는 작품은 르네상스 문학에서 인기 있는 주제인 십자군을 다루었다. 그러나 마리넬라는 십자군을 기독교와 이슬람, 유럽과 아시아, 서양과 동양 사이의 문명의 충돌로 다루지 않았다. 대신 마리넬라는 제4차 십자군과 라틴인의 비잔티움 정복을 다루었고, 아시아의 적을

---

* 1443년부터 1468년까지 알바니아는 명장 기에르기 카스트리오티Gjergj Kastrioti의 활약 덕분에 오스만으로부터 독립을 쟁취할 수 있었다. 오스만인은 카스트리오티를 이스칸데르(알렉산드로스)에 필적할 만한 장수라는 의미의 〈스칸데르 베이〉라는 별명으로 불렀다.

오스만인이 아닌 그리스인으로 설정했다.[44]

르네상스에 이슬람 혐오가 존재했다는 사실이 서양 문명이라는 거대 서사의 초기 형태를 필연적인 것으로 만드는 것은 아니다. 고대 그리스-로마 세계를 유럽의 문화적 선조로 여기는 시각이 분명 우세했으나 다라고나의 『일 메스키노』에서와 같이 유럽이 꼭 그리스-로마 유산의 유일한 계승자로 조명될 필요는 없었다. 또한 그리스-로마가 꼭 유럽 문화의 원천이어야 한다는 법도 없었다. 미술 평론가로서 〈리나시타〉(이 장의 앞부분에서 다루었다)라는 용어를 최초로 사용한 조르조 바사리는 당대 예술의 기원이 되는 전통의 계보를 그리스와 로마뿐만 아니라 고대 메소포타미아와 이집트에서도 폭넓게 끌어왔고, 에티오피아인과 에트루리아인의 예술적 재능에도 찬사를 보냈다.[45]

서양 문명이라는 거대 서사는 르네상스를 서양사의 중요한 전환점으로 삼는다. 이 서사는 서양의 독창적이고 예외적인 문화적 뿌리가 고대 그리스와 로마에 있으며, 수 세기 동안 잊히고 무시되었다가 마침내 그 시대에 이르러 재발견되었음을 강조한다. 이 서사는 이 부활의 시기가 계몽, 근대성, 세계 지배로 향하는 서양의 필연적인 경로로 돌아오는 과정이었다고 주장한다. 이 거대 서사가 완전히 틀린 것은 아니다.

확실히 르네상스는 중요한 전환점이긴 했다. 고대 그리스에 대한 새로운 관심이 중유럽과 서유럽에서 대두되었고 기존의 관행에 급진적인 변화가 일어나면서 그들은 열광적인 태도로 고대 그리스를 문화적 선조들의 만신전에 모셨다. 고대는 완전히 재상상되어 새로운 그리스-로마라는 문화적 혼합물이 탄생했다. 15세기의 페트라르카부터 16세기의 다라고나에 이르기까지 그리스와 로마라는 두 세계를 하나의 개념적 대상으로 뒤섞는 과정이 수 세대에 걸쳐 일어났고, 그 혼합물은 지금까지도 우리와 함께하고 있다.

그러나 나는 그 거대 서사의 주장과 달리 서양이 오직 그리스-로마라는 문화적 혼합물만 기원으로 삼은 것도 아니고, 유럽만이 그리스-로마 세계의 배타적인 계승자도 아니라는 점을 이전 장에서 잘 드러냈으리라 생각한다. 많은 르네상스 문인들이 이를 인식하고 있었다. 예컨대 바사리는 우리가 일반적으로 생각하는 것보다 더 폭넓고 다양한 고대를 상상했고, 다라고나는 아시아에서도 그리스-로마의 유산이 계승되고 있음을 당연시했다. 게다가 이 문인들은 오랫동안 잠들어 있던 그리스-로마의 전통을 단순히 깨운 것이 아니라 그 거대 서사에서 말하는 것보다 더 창조적이고 혁신적인 방식으로 그것을 다루었다. 그리스-로마 세계에서 그들이 중요한 영감을 얻었다고 하더라도 다른 곳 역시 영감의 원천이 될 수 있었고 그 결과 문학, 철학, 예술에서 단지 지나간 옛것을 복제하는 것이 아니라 새로운 전통을 개발해 낼 수 있었다.

또한 서양 문명이라는 거대 서사는 르네상스의 지적 개화가 필연적으로 미래의 서양 패권을 이끌었다는 잘못된 가정을 내놓는다. 이미 15세기와 16세기에 이 패권의 씨앗이 뿌려졌다고 하더라도 (다른 씨앗이 아닌) 그 씨앗이 싹터 자라난 것은 결코 필연이 아니었다. 툴리아 다라고나가 16세기 초중반에 집필 활동을 할 때 역사의 형성은 여전히 불명확했고 서양 문명이라는 거대 서사는 막

출현했을지언정 확고히 뿌리내리지 못했다. 그러나 이 상황은 한 세대가 채 지나기도 전에 바뀌게 될 것이다. 우리는 다음 주인공의 생애에서 그 이야기를 할 것이다.

제7장
미답의 길:
사피예 술탄

술탄 무라트 폐하 (……) 제국의 만인지상이자
일곱 풍토를 다스리는 칸이며 (……) 로마 땅의 황제이신 분.
— 사피예 술탄 (1591)[1]

웅성거림과 나지막한 탄식이 방 안에 울려 퍼졌다. 런던에서 이스탄불로 향하는 기나긴 항해로 선물은 완전히 망가져 있었다. 금속제 파이프는 휘어졌고 섬세하게 세공된 목판은 조각나 있었으며 부품을 결합했을 아교는 완전히 녹아 버리고 말았다. 궁신들은 머나먼 섬나라에서 온 잉글랜드인이 내놓은 최신식 선물이 고작 이 정도인 것에 놀라며 수군거렸다. 이 잡동사니는 본래 시계 장치가 부착된 오르간으로 밸브가 느리게 풀리면서 자동적으로 시간을 알리고 음악을 연주하게 되어 있었다.[2] 잉글랜드인 사절은 이 기발하고 세련된 선물을 보면 오스만의 술탄 메흐메트 3세Mehmet III가 틀림없이 깊은 인상을 받을 것이라고 생각했으나, 그 자리에 있는 것은 망가진 오르간이었다. 다행히 다른 선물도 준비되어 있었다. 황금으로 덧칠하고 보석으로 장식한 의전용 마차가 궁정의 안뜰에 세워져 있었다. 그 값어치만 해도 당시 숙련 노동자의 4년치 수입에 상당하는 600잉글랜드 파운드에 달했다. 오르간과 달리 마차는 긴 여정에도 무사했고 궁궐의 뜰에서 그 목적을 다할 준비가 되어 있었다. 그러나 이 물건은 메흐메트가 아니라 그 모후인 불굴의 사피예Safiye 술탄을 위한 선물이었다.

　1599년 잉글랜드인이 보낸 그 선물이 이스탄불에 도착했을 때 사피예는 권력의 정점에 있었다. 술탄의 모후, 즉〈발리데 술탄valide sultan〉이라는 지위는 오스만의 궁정에서 상당한 무게감을 지녔다. 그러나 사피예는 그 지위에 공식적으로 주어진 것 이상의 영향력을 휘두르고 있었다. 20대의 메흐메트는 어머니에게 세세한 정무를 맡겼고 옥좌 뒤에서 그를 지도하는 사피예의 권력은 공공연히 알려져 있었다. 사피예는 그 지위를 익숙하게 받아들였다. 또한 사피예는 메흐메트의 아버지인 술탄 무라트 3세Murat III의〈하세키 술탄haseki sultan〉(정비)으로서도 영향력을 지니고 있었는데, 무라트는 사피예를 내치뿐만 아니라 대외 정책에서도 훌륭한 조언자로 여겼다. 잉글랜드 사절단이 황금 마차와 시계 장치 오르간을 이스탄불에 선물할 당시 사피예는 이미 거의 20년 동안 오스만 통치와 외교의 핵심을 차지하고 있었다.

　선물을 지참한 잉글랜드 외교관들은 그처럼 걸출한 여인을 받드는 일에 익숙했다. 거의 40년 동안 잉글랜드를 통치해 온 엘리자베스 1세Elizabeth I를 섬기고 있었던 것이다. 엘리자베스는 지난 5년 동안 사피예와 통교했고, 두 여성은 양국의 무역이 원활히 이루어지기를 바라며 편지와 선물을 교환했다. 그러나 이제 엘리자베스 여왕은 쉬블림 포르트Sublime Porte(오스만 제국 정부의 별칭)에 상호 무역 이상의 관계를 맺고자 했다. 프로테스탄트 국가인 잉글랜드는 무슬림 국가인 오스만과 군사 동맹을 맺어 공동의 적인 가톨릭 국가들에 대항하길 바랐다.

오스만의 궁정에 드나든 유럽인은 잉글랜드인만이 아니었다. 16세기 후반에는 네덜란드인, 프랑스인, 베네치아인, 제노바인 등이 쉬블림 포르트와 밀접한 관계를 맺고자 했다. 시계 장치 오르간이나 번쩍이는 마차와 같은 사치스러운 선물을 가져온 것은 이와 같은 경쟁적인 외교 환경에서 잉글랜드의 이익을 추구하기 위한 목적이었다. 잉글랜드 사절단은 사피예가 마차를 보고 어떻게 반응하는지 조심스럽게 지켜보았다. 사피예의 의견에 그들의 임무의 성패가 달려 있었다.

그 잉글랜드인들에게는 다행스럽게도 사피예는 그 마차에 정말 매료된 것 같았다. 몇 주가 채 안 되어 그 모자는 마차에 몸을 싣고 이스탄불 곳곳을 누비곤 했다. 더욱 다행스러운 점은 사절단을 따라온 랭커스터 출신의 장인인 토머스 댈럼Thomas Dallam이 시계 장치 오르간을 수리한 덕분에 마침내 오르간이 궁에서 음악을 연주할 수 있게 된 것이다(토머스는 오스만 궁정에서 큰 총애를 받았다. 그가 여행 중 쓴 일기는 오늘날에도 주목할 만한 읽을거리로 남았으며, 잉글랜드로 돌아간 이후에도 그는 케임브리지 킹스 칼리지를 비롯해 많은 곳에서 오르간을 제작했다).³

당시에는 누구도 알아차리지 못했겠지만 1599년 오르간과 마차 선물은 영국과 오스만의 관계가 최고조에 달했음을 드러내는 사건이었다. 당시 무슬림과 기독교인 사이의 화합은 프로테스탄트와 가톨릭 사이의 협력만큼이나 이루어지기 어려운 일로 여겨졌으나 종교로 인한 정치적 차이가 교파의 차이보다 더 크다는 법은 없었다. 서양이라는 이념이 부상하고 있던 지난 수 세대의 르네상스기(제6장) 동안 마주하고 있던 지리적, 문화적 환경은 극적으로 달라져 있었다. 이 시기의 지리적, 문화적 환경은 오히려 13세기(제5장)와 더 비슷했는데 라스카리스가 살았던 그 시기에 그리스 교회와 라틴 교회 사이의 문화적 거리감은 그리스인이 인접한 셀주크인에게 느꼈던 거리감보다 더 컸다. 만약 잉글랜드의 바람대로 군사 동맹이 성사되었다면 세계사가 어떻게 흘러갔을지 우리는 추측만 할 수 있을 따름이다. 중유럽의 가톨릭 세력은 북쪽의 프로테스탄트 세력과 남쪽의 무슬림 세력 사이에서 집게발에 잡힌 형국이 되었을 것이다. 그것이 어떤 영향을 미쳤을지 우리는 상상하기조차 힘들지만 유럽과 전 세계의 정치사뿐만 아니라 문화와 사회에도 변화를 일으켰을 것이다. 르네상스기(제6장)에 서양 문명이라는 거대 서사의 개념적 초석이 마련되었음에도 불구하고 그토록 다르게 흘러간 세계에서 그 서사는 전혀 다른 모습을 취했을 것이기에 실로 오늘날과 같은 모습으로 전개될 수도 없었을 것이다.

교황파보다 나은 튀르키예인

사피예가 눈길을 북쪽과 서쪽으로 돌렸다면 기독교 세계에서 벌어지는 크나큰 내홍을 보았을 것이다. 그리스 교회와 라틴 교회 사이의 오래된 분열은 페라라-피렌체 공의회에서 부분적으로 봉합되었으나(제6장) 새로운 균열이 이미 모습을 드러내고 있었다. 독일의 성직자 마르틴 루터Martin Luther가 1517년 비텐베르크 성당 문에 95개조 반박문을 붙였을 때 그는 유럽 전역을 참화에 휩쓸리게 할 종교 분쟁의 불씨를 일으켰다. 한 세대 뒤에 오늘날 우리가 종교 개혁이라 부르는 운동이 루터교, 칼뱅교, 재세례파, 츠빙글리파 등 새로운 기독교 분파들의 출현으로 귀결되었다.[4] 그러나 16세기 초는 프로테스탄트 탄생의 시기인 동시에 가톨릭의 재탄생의 시기이기도 했으니 가톨릭은 프로테스탄트 이단에 대항하기 위해 활기를 되찾고 새로운 정체성을 확립하고 있었다.[5]

툴리아 다라고나가 죽은 지 몇 년이 지나고 사피예 술탄이 태어난 1560년에 전선은 이미 그어져 있었다. 전반적으로 프로테스탄트 국가들은 북유럽을 중심으로 포진해 있었다. 그보다 2년 전에 잉글랜드의 왕이 된 엘리자베스 1세가 잉글랜드 국교회의 수장이었다. 발트해는 프로이센, 작센, 덴마크, 스웨덴 등 루터교 국가들이 에워싸고 있었다. 스코틀랜드와 네덜란드에는 칼뱅주의를 신봉하는 더욱 강고한 프로테스탄트 전선이 들어섰다. 반면 남유럽과 중유럽은 가톨릭 국가들이 지배하고 있었다. 이탈리아의 여러 공국 및 프랑스와 더불어 합스부르크 왕조가 다스리고 있던 스페인과 오스트리아의 영역이 이에 해당했다.

그 후 수십 년 동안 종교적 긴장이 고조되었다. 종교 전쟁이 기승을 부린 프랑스에서는 가톨릭과 프로테스탄트 위그노교도 사이에 피비린내 나는 내전이 벌어져 수백만 명이 죽거나 집을 잃었다. 저지대 국가*에서는 오라녀의 빌럼Willem van Oranje이 합스부르크 왕조 스페인에 맞선 반란을 지휘하면서 프로테스탄트를 신봉하는 네덜란드의 상당 부분이 정치와 종교의 자유를 얻어 냈다. 한편 가톨릭 진영에 대한 무자비한 탄압이 이루어진 영국에

* 라인강과 뫼즈강, 스헬더강의 하류에 형성된 삼각주 지역을 가리키는 명칭. 오늘날의 베네룩스 삼국이 저지대 국가에 해당한다.

서는 스코틀랜드 여왕이자 가톨릭교도였던 메리 1세Mary I가 왕조에 도전했고 스페인의 침공 위협 역시 여전했다. 교황령 역시 가차 없이 손을 써 1570년에는 잉글랜드의 엘리자베스 1세를 파문한 데 이어 1589년에는 프랑스의 앙리 4세Henri IV까지 파문했다. 전자의 경우 거의 타격을 주지 못했던 반면, 후자는 확실히 효과를 보았다. 앙리는 프로테스탄트로 길러졌음에도 불구하고 가톨릭으로 개종했으며 〈파리는 미사를 올릴 만한 가치가 있다〉는 명언을 남겼다.[6]

16세기 중반 가톨릭과 프로테스탄트 양 진영이 흘린 피를 감안하면 일부 프로테스탄트가 가톨릭과 화해하느니 무슬림과 동맹을 맺는 편이 더 낫다고 생각한 것도 놀랄 일은 아니었다. 1569년에 오라녀의 빌럼은 이스탄불에 네덜란드 봉기를 지원해 줄 것을 요청하는 편지를 보냈고 오스만 제국으로부터 군사 원조를 약속하는 답신을 받았다.[7] 봉기가 진행되는 도중에 네덜란드 혁명군의 선박들은 〈튀르키예인의〉 색상인 초승달이 그려진 붉은색의 삼각기로 치장했고 〈교황파보다 튀르키예인이 낫다Liever Turks dan Paaps〉라는 표어가 유행했다.[8] 심지어 네덜란드 독립 이후에는 그 표어가 새겨진 은제 초승달 모양의 메달을 만들어 봉기의 주역들에게 하사했다.[9] 네덜란드 민족주의자들은 가톨릭과 우호 관계를 맺는 것보다는 무슬림 국가인 오스만과 동맹하는 편이 더 낫다고 생각했던 것이다.

심지어 어떤 기독교도들은 무슬림의 신앙이 자신들의 종교와 그렇게 다르지 않다고 생각했던 것 같다. 어쨌든 무슬림은 같은 신을 섬기고 예수를 예언자로 여기며 많은 종교적 원칙을 공유하고 있었다. 다양한 모습의 기독교가 존재하는 세계에서 무엇이 단일한 기독교적 신앙을 구성하는지에 대한 공감대를 찾아보기는 힘들었고 종교 간의, 그리고 종교 내부에서의 차이는 주관적일 수 있었다. 어떤 가톨릭 논객은 프로테스탄트나 이슬람이나 비슷한 본성을 지닌 이단에 불과하다고 생각했는데, 특히 칼뱅주의를 이슬람에 자주 빗대었다.[10] 어떤 프로테스탄트는 반대로 이슬람을 프로테스탄트주의의 일종으로 규정할 수 있다는 점에 위안을 얻는 듯했다. 이 장의 뒷부분에서 다루게 될 것처럼 이슬람 세계의 통치자들과 외교 관계를 맺길 바랐던 잉글랜드의 프로테스탄트들이 특히 이 발상을 선호했다. 예컨대 1577년 교역 관계를 수립하기 위해 모로코를 방문했던 잉글랜드의 한 관료는 모로코의 국왕 압드 알말리크Abd al-Malik가 〈훌륭한 종교를 지닌 진지한 프로테스탄트〉였다고 주장하면서 그가 가톨릭교도를 매우 〈싫어한다〉고 보고했다.[11]

    그렇다고 해서 유럽의 모든 프로테스탄트가 오스만과 동맹을 맺고 싶어 한 것은 아니었다. 16세기 무슬림에 대한 인종주의와 외국인 혐오는 잘 기록되어 있고 소책자, 극본, 정치적 수사를 보면 당대에 오스만인에 대한 부정적인 이미지가 많았음을 알 수 있다. 1528년부터 1530년까지 루터는 오스만이 방황하는 기독교도를 벌하기 위해 하느님이 보낸 재앙이라고 썼고, 술탄을 〈악마의 하수인〉으로 묘사했다.[12] 그로부터 10년이 지난 1542년에 잉글랜드의 성직자이자 프로테스탄트 개혁가인 토머스 비컨Thomas Becon은 술탄을 〈그리스도 종교의 치명적인 적, 기독교 신앙의 파괴자, 훌륭한 질서를 어그러뜨리는 자〉로 묘사했다.[13] 신성 동맹의 가톨릭 군대가 1571년 레판토 해전에서 오스만 해군을 격파했을 때 프로테스탄트 신앙을 믿는 잉글랜드는 전역에서 교회 종을 울려 이를 축하했다.[14] 무슬림에 대한 적대감은 일반적이었고, 특히 16세기에는 오스만에 대한 적대감이 유럽 전역에 널리 퍼져 있었다. 그러나 이 적대감은 이야기의 일부에 지나지 않는다. 유럽의 기독교인과 그들의 이웃인 오스만의 관계는 복잡하고 변덕스러웠으며, 단순히 〈문명의 충돌〉이라 부르기에는 너무나 복잡했다.[15]

한편 오스만의 관점에서는 기독교인들의 태도가 어떻든 그것을 새삼스럽게 받아들일 구석은 없었다.[16] 아무튼 오스만 제국의 인구 가운데 상당수가 오늘날 우리가 그리스 정교회나 러시아 정교회로 인식하는 교단에 소속되어 있었고 오스만의 법률에서는 기독교도와 유대인 모두를 〈딤미dhimmi〉, 즉 피보호민으로 규정하고 있었다.[17] 오스만인은 베네치아와 거의 100년이 넘도록 무역 협정을 지속해 왔다. 제노바인과의 상업 업무 역시 그만큼이나 오래된 것이었다.[18] 프랑스와는 16세기 초에 군사 동맹을 맺어 1530년대와 1540년대 사이에 지중해에서 몇 차례 공동 해상 작전을 펼치기도 했다.[19] 오스만인은 자신들의 이익에 부합한다면 유럽의 기독교 국가와 협력할 준비가 되어 있었다.

오스만은 두 경쟁자인 동쪽의 사파비 왕조 페르시아와 서쪽의 합스부르크 왕조 오스트리아 중 어느 한쪽이라도 약화하는 데 관심을 두고 있었다. 이 책에서 우리의 관심을 끄는 것은 합스부르크에 대한 대책이다.[20] 합스부르크 왕조는 거의 300년 이상 유럽 대륙을 지배하고 있었다. 스페인을 근거지로 삼은 분가는 오늘날 벨기에와 네덜란드, 이탈리아의 일부를 아우르는 지역을 지배했고 아메리카로 영역을 확장했다. 다른 분가는 오스트리아와 헝가리에 집중했으나 신성 로마 제국의 통치자로서 중유럽을 폭넓게 통제하고 있었다(그 이전의 역사에 대해서는 제4장을 보라).[21]

오스만인에게 오스트리아의 합스부르크 가문은 특히 말썽의 근원이었다.[22] 실질적인 측면에서 그들은 제국의 북서쪽과 국경을 맞대고 있었고 내륙으로 팽창하려는 시도를 가로막았다. 1528년과 1683년에 오스트리아의 수도 빈을 함락하기 위한 포위전이 모두 실패한 것은 합스부르크가 얼마나 만만찮은 상대인지를 보여 주었다. 16세기에도 오스만 제국은 합스부르크의 동맹국과 충돌했다. 1565년의 몰타 농성전[23]과 1571년의 레판토 해전에서 오스만은 모두 패전하여 지중해에서 오스만의 해상 팽창은 저지되었다.

합스부르크는 이념적인 측면에서도 화를 돋우는 상대였다. 그들은 자신들이 진정한 세계 제국이자 교황이 인정한 로마 제국의 정당한 후계자라고 주장했다. 쉬블림 포르트에게 이는 큰 모욕이었다. 오스만 역시 그들이 유일하게 적법한 제국으로서 세계를 지배하고 온 세상으로 뻗어 나갈 권리가 있다고 주장했다.[24] 게다가 그들 역시 로마의 계승자를 자처했으니 1453년 〈새로운 로마〉인 콘스탄티노폴리스를 정복함으로써 일차적으로 그 계승권을 얻어 냈고 이 장의 뒷부분에서 다룰 것처럼 족보상으로나 문화적으로나 로마를 계승했다는 서사를 통해서도 그 권리를 주장했다. 영토뿐만 아니라 역사적 정통성을 차지하기 위해 경쟁하는 오스만과 합스부르크는 결코 양립할 수 없는 적수였다.

16세기의 마지막 4분기에 오스만의 술탄 무라트 3세는 열광적으로 유럽의 프로테스탄트를 지원하기 시작했다. 그 행동의 동기에는 신학적 문제보다 지정학적 문제가 있었을 것이라고 상상해 볼 수 있다. 합스부르크 가문은 헌신적인 가톨릭교도이자 신성 로마 제국의 지도자로서 교황의 수위권을 수호하겠다고 맹세했다. 그런데 스페인 합스부르크 가문이 적개심에 찬 프로테스탄트 주민들로 가득한 네덜란드를 지배하고 있었고 스페인의 펠리페 2세Felipe II가 몇 년 동안 잉글랜드의 여왕 메리 1세와 결혼한 상태였다는 것은 문제를 복잡하게 만들었다. 무라트가 보기에 유럽 전역을 휩쓴 종교 갈등은 합스부르크에 타격을 줄 위력적인 동맹을 결성할 좋은 기회였다. 놀랄 것도 없이 무라트의 치세(1574~1595) 동안 엘리자베스 1세가 다스리는 잉글랜드와의 관계는 최고조에 달했다.

그러나 쉬블림 포르트의 문을 두드리는 유럽인은 잉글랜드인만이 아니었다. (비록 앞서 보았듯 간단히 개종을 택했음에도) 프로테스탄트라는 이유로 가톨릭의 반대에 부딪혀 국가를 통치하는 데 어려움을 겪고 있던 프랑스의 앙리 4세 역시 1594년 무라트에게 접근했다. 그리고 무라트가 봉기가 절정에 이르렀던 네덜란드의 루터교도에게 오라녀의 빌럼을 원조하겠다는 편지를 보낸 사실이 잘 알려져 있다. 이 편지에서 무라트는 공통된 종교적 표현을 능숙하게 구사하면서 무슬림과 프로테스탄트의 공통점을 강조하고 공동의 적인 가톨릭과의 차이를 부각했다. 그는 〈그들이 아버지(즉 교황)라 부르는 신앙심 없는 자〉와 달리 무슬림과 프로테스탄트는 〈우상, 초상화, 타종 행위를 교회에서 일소했다〉고 주장했다. 무라트에 따르면 교황은 〈자신의 손으로 만든 우상과 그림을 숭배함으로써 신의 유일성에 대한 믿음을 의심케 했다〉.25 16세기의 프로테스탄트가 〈교황파보다 튀르키예인이 낫다〉고 생각했다면 술탄으로서는 그들을 마다할 이유가 없었다.

　무라트는 이 주목할 만한 편지를 썼던 해인 1574년에 권좌에 올랐다. 그러나 그 편지는 유럽의 북쪽 끝자락에 위치한 프로테스탄트와 반가톨릭 동맹을 맺겠다는 그의 사적인 야망에서 나온 독단적인 결정이 아니었다. 이러한 결정에는 그가 사랑하는 배우자이자 신뢰할 만한 조언자인 사피예 술탄이 영향을 미쳤다.

하세키에서 발리데로

사피예는 본명이 아니다. 그 본명은 역사에 기록되지 않았고 〈사피예〉(튀르키예어로 〈순수〉를 뜻한다)라는 이름은 그녀가 열세 살에 하사받은 것이었다. 사피예라는 새로운 이름과 함께 이전 삶의 흔적은 거의 지워지고 말았다. 베네치아 사절들이 이스탄불의 궁정에서 떠돌던 소문을 기록한 보고서에 따르면 사피예는 알바니아의 두카진 산맥 고지대의 어느 작은 마을에서 태어났다고 한다.26 사피예가 어떻게 노예가 되었고 하렘에 처음 입궁했을 때 어떻게 보냈는지에 대해서는 알려진 바가 거의 없다. 그러나 내로라하는 미인들로 가득한 궁정에서 눈에 띄는 존재가 되려면 빼어난 외모와 날카로운 지성을 겸비해야 했을 것임은 분명하다. 그리고 그 덕분에 1563년 젊은 황태자인 무라트에게 간택되었을 것이다. 무명의 소녀는 이제 사피예라는 이름으로 알려졌고, 고작 11년이라는 짧은 기간에 노예 소녀에서 황후의 지위에 올랐다.

두 사람이 처음 만났을 때 사피예는 열세 살이었고 무라트는 열여섯 살이었다. 두 사람은 금세 사랑에 빠졌다. 그들의 관계는 성적인 부분만이 아니라 정서적, 지적으로도 친밀했다. 사피예는 육체적인 매력과 더불어 인격적인 면모에서도 중요한 역할을 했다. 사피예를 만난 사람들은 그녀가 매우 아름다울 뿐만 아니라 침착함, 슬기로움, 굉장한 인내심을 갖추었다고 기록했다.[27] 사피예에게 푹 빠진 무라트는 관례를 깨뜨리고 다른 후궁을 들이지 않은 채 거의 20년 동안 일부일처를 엄격히 유지했다. 만난 지 3년도 안 되어 젊은 커플은 아들을 낳았으니, 그가 바로 훗날 잉글랜드 사절단에게 시계 장치 오르간을 선물로 받게 될 메흐메트 3세였다. 부부는 네 명의 아이를 더 낳았으나 사피예에게는 불행히도 모두 딸이었다. 그러나 다른 아들이 없었기에 계승권이 한 명의 남자아이에게 집중되면서 그 부부의 지위 역시 확고히 자리 잡았다. 사피예는 이제 술탄의 최고 배우자인 하세키 술탄의 지위에 어울리는 새 궁궐로 거처를 옮겼다. 하세키로서 사피예는 크나큰 권력과 영향력과 황실 내 중심적 위치를 기대할 만도 했다. 그러나 사피예에게는 불행히도 이미 그 자리를 차지한 인물이 따로 있었다. 무라트의 어머니이자 경외의 대상인 누르바누Nurbanu는 지난 10년 동안 하렘을 통제하면서 무라트가 권좌로 오르는 데 상당히 관여하고 있었다.28 사피예가 술탄의 배우자인 하세키 술탄이었다면, 누르바누는 술탄의 모후인 발리데 술탄이었으므로 사피예는 시어머니에게 오스만 제국 최고의 여성이라는 지위를 내어줄 수밖에 없었다.

무라트는 사피예를 사랑하는 만큼 어머니에게도 효심이 깊은 아들이었기에 제위 초창기에는 누르바누에게 상당히 의존했다. 노련한 정치가였던 누르바누는 아들에게 국정 운영을 조언하는 공적인 역할을 맡았다. 무라트는 어머니의 도움을 기꺼이 받아들였고 누르바누가 국제 외교, 황실 사유지 관리, 각 속주의 현안 해결 등에 관여하던 시기의 기록이 지금까지 남아 있다.29 누르바누가 정치 무대에서 주도적인 역할을 맡고 있는 동안 사피예는 신중하게 처신했다. 느리지만 확고하게 수도에 자신만의 정보망을 구축했고 주요 관료들 가운데서 공동의 이익을 추구할 후견인이나 지지자를 포섭했다. 그중에는 같은 알바니아 출신의 재상인 코카 시난 파샤Koca Sinan Pasha가 있었다. 한쪽은 왕의 어머니이고, 다른 한쪽은 왕의 배우자로서 야망 있는 두 여인이 점점 더 대립하는 것은 필연적인 결과였다. 무라트가 즉위한 지 5년차에 접어들자 궁정은 누르바누 파벌과 사피예 파벌로 나뉘었다. 무라트는 어머니와 사실상의 정실부인(사피예가 무라트와 정식으로 혼인했는지는 확실하지 않다) 사이에서 오도 가도 못하는 처지가 되었다. 이 상황은 극적인 단판 승부로 인해 결말을 맺는다.30

하렘 정치의 위험한 게임에서 누르바누는 비장의 카드

를 가지고 있었다. 누르바누는 무라트가 한 명의 아내만 둔 것에 딴죽을 걸었고 후궁을 들일 것을 계속해서 종용했다. 무라트가 30대가 되어 원숙해지자 성적인 활동은 주요 관심사에서 멀어졌다. 누르바누는 후계 구도에 대해 공공연히 우려를 표하면서 황태자 메흐메트 외에 다른 아들이 없다는 사실을 걱정했다. 더욱 심각하게도 젊은 메흐메트가 생식 능력을 입증하지 못했기에 황실이 지속될지 확신할 수 없는 상황이었다. 누르바누는 무라트에게 아들을 더 많이 낳아서 후사에 문제가 없도록 하라고 권했다. 1583년, 즉위한 지 9년째이자 사피예와 함께 산지 20년이 되던 해에 무라트는 마침내 어머니의 요구를 받아들였다.

그 뒤 일어난 일들은 사람들의 입방아에 올랐다.[31] 한 오스만 역사서에 따르면 무라트는 수많은 미녀를 앞에 두고도 영문 모를 불능 상태에 있었다고 한다. 사피예가 무라트의 총애를 잃게 될까 봐 그에게 성 불능의 저주를 내렸다고 말하는 사람들도 있었다. 어떤 이들은 한술 더 떠서 그 이야기에 살을 보태 체르케스 출신의 두 뛰어난 후궁이 음악과 춤으로 술탄에게 걸린 주문을 깨뜨렸다고 했다. 어떤 사람들은 이 모든 이야기가 단지 누르바누가 사피예에게서 무라트를 빼앗기 위해 퍼뜨린 소문일 뿐이라고 일축했다. 확실한 점은 1583년 하반기에 사피예는 궁궐에서 쫓겨났고 시종들은 무엇이든 실토하도록 고문당했으며 사피예의 정보원들은 추방되었다는 것이다. 한편 무라트는 성 불능에서 완전히 회복하여 후궁들과의 사이에서 47명 이상의 자식을 낳았다. 누르바누는 잠자리 상대들이 줄지어 무라트의 처소로 향하는 모습을 지켜보며 자신이 아들에게 비할 데 없는 영향력을 행사하는 잠깐의 승리를 만끽했다.

그러나 성생활이 부부 관계의 전부일 수는 없고, 영리한 사피예는 그 사실을 잘 알았다. 비록 누르바누에게 뼈아픈 패배를 당했고 무라트의 왕성해진 색욕이 초래한 수많은 질투 어린 송곳니에 물어뜯겼으나 사피예는 새로운 전략을 준비했다. 사피예는 최고의 재색을 겸비한 노예 여성 중에서 무라트의 관심을 끌 만한 이들을 선발했다. 자신을 어린 시절 이스탄불로 데려왔던 오스만 제국의 노예 시장이 이제는 같은 방식으로 사피예에게 가장 매력적인 소녀들을 제공했고, 그들을 술탄에게 주선함으로써 사피예는 시어머니를 능가하게 되었다.

무라트는 크게 기뻐했다. 1583년 늦가을에 사피예는 신궁궐로 복귀했고 고문을 받았던 하인들은 풀려났으며 정보원들의 추방은 철회되었다. 그와 비슷한 시기에 누르바누는 원인 모를 병에 걸렸고, 그해가 끝날 무렵 죽음을 맞이했다.[32] 이 일련의 엄청난 사건들은 사피예의 인생과 제국 양쪽에서 분수령이 되었다. 사피예는 마침내 승리를 거머쥐었다. 이제 사피예는 술탄의 잠자리 상대 역할에서 벗어나 술탄의 조언자이자 가장 친밀한 동료가 되었다. 그리고 오스만 제국에 새로운 외교의 시대가 열렸다.

후대의 사료에서는 이따금 사피예와 누르바누를 혼동하는 경우가 있는데, 그럴 만한 이유가 있다. 두 여성 모두 하렘의 노예에서 술탄의 배우자가 됨으로써 권력을 얻었으며 처음에는 남편, 나중에는 아들을 통해 상당한 영향력을 행사했기 때문이다. 그러나 제국의 국제 관계를 결정하는 데 두 여성이 추구한 정책은 서로 달랐다. 누르바누는 노예가 되기 전에 베네치아의 귀족 가문 태생이었기에 베네치아에 호의적이었다.[33] 베네치아 상인들은 누르바누의 영향력 아래서 유리한 조건으로 거래했고, 베네치아 사절들은 오스만과의 관계를 돈독히 하려 애쓰는 프랑스인과 잉글랜드인 들이 분통을 터뜨릴 만큼 좋은 대우를 받았다.[34] 프랑스-오스만 동맹에 대한 이전의 기억이나 프랑스의 왕비인 카트린 드메디시스Catherine de Médicis가 누르바누와 사적으로 교환한 서간조차도 오스만의 호의가 프랑스에 더욱 쏠리도록 만들 수는 없었다.

반대로 사피예는 개방적인 대외 정책을 장려했다. 이 시기에 오스만이 더 많은 유럽 국가와 외교 활동을 벌인 데는 사피예의 영향이 없지 않았다. 사피예는 특히 엘리자베스 1세가 다스리는 잉글랜드에 호의를 보였다. 그 덕분에 잉글랜드인은 수년간 쉬블림 포르트와 긴밀히 접촉하며 분투한 끝에 마침내 1583년 이스탄불에 대사관을 설치할 수 있었다.[35] 1586년 잉글랜드 대사관은 오스만 제국이 합스부르크 왕조 스페인과 상호 불가침 조약을 맺는 것을 방해하기 위해 제국의 궁궐과 하렘 양쪽에 성공적인 로비 활동을 펼쳤다. 만약 조약이 성사된다면 스페인의 해군이 자유로이 잉글랜드를 공격할 수 있었기 때문이다.[36]

무라트가 1595년 평화로이 숨을 거두자 사피예는 순조롭게 자신의 아들 메흐메트를 권좌에 앉혔다. 말년에 왕성한 성욕을 되찾은 덕에 무라트는 메흐메트에게 열아홉 명의 남동생을 남겨 주었고, 그 모두가 제위를 뒤흔들 수 있는 잠재적인 위협이었다(승계가 남계를 통해 이루어졌기 때문에 수많은 여동생은 당장의 위협이 되지 않았다). 그러나 남자 형제들은 메흐메트의 승계에 위협이 되지 않았는데, 그들에게 딱히 형제애가 있었다거나 황실의 화합을 우선시해서가 아니었다. 사피예가 문제를 미연에 방지하고자 열아홉 명의 남동생을 모두 처형하도록 손을 썼기 때문이었다.[37]

메흐메트가 술탄이 되자 사피예는 막강한 권력을 손에 넣었다. 발리데 술탄으로서 사피예는 순탄하고 확실하게 국가를 이끌어 나갔다. 엘리자베스가 다스리는 잉글랜드와의 우호 관계 역시 증진되었고, 특히 두 명의 잉글랜드 사절이 사피예의 호의를 샀다. 한 명은 열정적이고 카리스마를 갖춘 에드워드 바턴 Edward Barton으로 1590년대 초부터 쉬블림 포르트에 파견된 공식 대사였고, 다른 한 명은 잘생긴 젊은이인 폴 핀더 Paul Pindar로 1599년 사피예에게 황금 마차를 전달한 사람이었다.[38] 그러나 사피예와 가장 오랫동안 친분을 유지한 잉글랜드인은 여왕 엘리자베스 1세였고, 그들은 수년에 걸쳐 서신을 교환하며 그 놀라운 관계를 이어 나갔다.

마르스와도 같은 주권자

사피예와 엘리자베스가 정확히 얼마나 많은 서신을 주고받았는지는 알 수 없다. 다만 최소한 세 통의 편지가 현존하고 있는데 모두 사피예가 잉글랜드로 보낸 것이다.[39] 편지에 사용된 언어를 통해 드러나는 성 역할은 흥미롭다. 사피예는 여성적인 표현을 사용해 조심스럽게 엘리자베스가 여성의 미덕을 갖추었다고 칭찬하는데, 엘리자베스는 〈기독교도 여성들의 버팀목〉이자 〈마리아의 길을 따르는 관을 쓴 귀부인〉이었다. 심지어 엘리자베스의 통치에 대해서도 여성성을 부여했으니 엘리자베스가 〈영광과 권력이라는 치맛자락〉을 끌고 다닌다고 한껏 띄워 주었다.⁴⁰ 황금 마차를 받은 뒤 답례로 보낸 편지에서 사피예는 엘리자베스에게 값진 선물에 대한 감사를 표하고 자신이 답례로 보낼 선물을 나열했다. 로브, 허리띠, 장식용 옷소매, 황금 자수가 놓인 두 장의 손수건, 세 장의 수건, 루비와 진주가 박힌 관 하나 등등. 대부분이 여성적인 면모를 의식한 선물이라고 할 수 있다.⁴¹ 사피예가 엘리자베스와의 관계를 구축하면서 이처럼 자각적인 성 역할을 이용한 것은 당대의 사회적 규범과 기대의 산물이기도 했다. 그러나 그 행동에는 다른 무언가 역시 존재했다.

　　두 고귀한 여성 사이에 오간 공식 편지는 그들의 상호 교류의 일부분에 지나지 않는다. 그들은 심부름꾼을 통해서도 의사소통을 했다. 이스탄불에 주재하던 잉글랜드 대사와 사절이 이 역할을 수행하기도 했지만 사피예의 신임을 얻은 여성이자 스페인 출신의 유대인 에스페란사 말키Esperanza Malchi를 통해서도 메시지를 전달했다.⁴² 말키는 자신의 여주인이 격식을 갖추어 보내는 서신을 보충하기 위해 엘리자베스에게 편지를 쓰기도 했다. 그 편지 중 하나는 두 사람 사이의 더욱 개인적이고 사적인 교류를 보여 주는 참고 자료이다. 말키는 〈전하께서 여성이 시기에 제가 불안 없이 여쭙는 바이니 전하의 왕국에 세안에 적합한 온갖 희귀한 증류수와 손에 바를 향유가 나고 있음을 아실

것입니다〉[43]라고 썼다. 그녀는 이 물품들이 〈숙녀를 위한 품목〉이므로 대사관이나 메흐메트의 궁정이 아닌 자신을 통해 사피예에게 보내도록 조언했다. 그들은 스스로 여성임을 뚜렷이 자각하고 있었기에 남성들이 지배하고 있던 종래의 연락 창구를 신중히 우회한 것이다.

그 관계에 담긴 친밀함과 복잡 미묘함은 얼핏 보기엔 감동적일지 모른다. 우리는 두 중년의 여성이 지역, 신앙, 언어의 장벽을 넘어 교감하는 광경을 보고 있다고 생각할 것이다. 그러나 그 메시지는 약간의 우스꽝스러움도 담고 있다. 엘리자베스 1세가 펜팔 친구를 위해 미용 크림을 구해다 주는 모습을 상상할 수 있겠는가? 핵심은 화장품 자체가 아니라 물건의 전달 방식인데 그 행위는 사적이고 은밀하게, 공식적인 외교 창구를 우회하여 여성들의 손으로 남몰래 이루어졌음을 알 수 있다. 〈숙녀를 위한 품목〉과 함께 메시지와 정보도 감시망을 피해 교환될 수 있었다. 두 여성이 이런 식으로 어떤 정보를 나누었을지, 무엇을 계획했을지는 상상에 맡길 뿐이다. 현존하는 사료들이 영국-오스만 외교에서 사피예가 중요한 역할을 담당했음을 입증하고 있지만, 그조차도 기록되지 못한 더 거대한 이야기의 일부일 뿐이다.

이 거대한 이야기에는 프로테스탄트와 무슬림이 문화적, 혈통적으로 연결되어 있으며, 둘 다 중유럽의 가톨릭 세계와 근본적으로 분리되는 입장에 있었다는 문명사적 단서가 포함되어 있다. 우리가 이미 살펴보았듯 16세기 중반에 일부 프로테스탄트는 〈교황파보다 튀르키예인이 낫다〉라는 생각을 공공연히 드러냈다. 마찬가지로 신앙에서도 이슬람과 프로테스탄트 사이의 거리가 가톨릭과의 거리에 비해 더 가깝다고 주장하게끔 둘 사이의 공통점을 끄집어내기도 했다. 그러나 이 시기 유럽 전역에 퍼진 역사적 계승 의식에 대해 우리는 아직 살펴보지 못했으니, 그것을 끌어내는 것이 바로 사피예 술탄의 역할이다.

 만일 아시아가 서양의 영원하고 필연적인 대적자인 동양의 일부이자 그 대표라면, 오스만인은 자신들을 그러한 아시아인이라고 여기지 않았다. 도리어 그들은 보편적인 세계 제국의 머리로서 세 대륙에 걸쳐 무수한 족속, 언어, 종교를 포용하고 있다고 여겼다. 그들은 아시아인인 만큼 유럽인이기도 했으니 수도부터가 두 대륙에 양발을 걸친 모양새였다. 술레이만Süleyman 대제는 바로 이 점을 짚어 자신의 직함에 〈두 대륙의 술탄〉이라는 칭호를 추가했다.[44] 오스만인은 그들이 영광스러운 아바스 왕조 칼리파국과 중세 이슬람 세계(제3장)뿐만 아니라 장엄한 비잔티움 제국과 그리스-로마 세계(제5장)의 유산 역시 계승했음을 의식하고 있었다.[45] 1538년 술레이만 대제는 세계에서 자신의 지위를 다음과 같이 밝혔다. 〈짐은 신의 종복이요 세계의 술탄이다. 신의 은총으로써, 짐은 무함마드 공동체의 수장이로다. 신의 권능과 무함마드의 기적이 나와 함께하노라. 나는 술레이만이니 메카와 메디나에서 나의 이름으로 쿠트바*가 행해지노라. 바그다드에서 나는 샤이고 비잔티움의 땅에서는 카이사르이며 이집트에서는 술탄이니. 유럽, 마그레브, 인도의 바다에 함대를 파견하는 자로다.〉[46]

 * Kutbah. 이슬람교에서 금요일 대예배에서 행하는 설교.

술레이만은 술탄이자 카이사르였고 정복을 통해 한때 비잔티움 제국이 차지한 모든 영토의 승계권을 가지고 있었다. 그러나 정복자의 권리를 행사하는 것은 오스만인이 로마의 유산을 주장하기 위한 유일한 방식이 아니었다. 중세부터 추적할 수 있는 오랜 전통에 따르면 고대 로마인은 중앙아시아와 서아시아에 위치한 〈투르키〉(튀르키예인)와 족보상으로 연결되어 있었다. 두 집단 모두 약탈당하는 트로이에서 도망쳐 나온 난민의 후예라는 것이었다.

중세의 보학에서 유럽의 다양한 종족이 트로이 난민과 연관되었음을 제4장에서 다룬 바 있다. 그러나 이러한 보학이 유럽을 넘어 서아시아 및 중앙아시아의 종족들, 특히 〈투르키〉에게 적용되었다는 사실은 미처 다루지 못한 부분이다. 7세기의 수도사 프레데가르Fredegar의 연대기에 따르면 투르키는 트로이의 영웅이자 프랑크인의 선조이기도 한 프랑키오의 후손이었다.[47] 중세의 연대기들은 계속해서 이 이야기를 되풀이했기에 700년이 흐르고 1453년 오스만 제국이 콘스탄티노폴리스를 함락시킬 때까지 그 주장은 지속될 수 있었다. 어떤 논평가들에게 콘스탄티노폴리스의 함락은 이슬람과 기독교 사이의 근본적인 차이를 확인하는 두려운 사건이었다. 제6장에서 보았던 것처럼 이탈리아의 르네상스 서사시 작가들의 경우 이는 분명했다. 그러나 반비잔티움 성향을 가진 이들에게는 역사의 응보에 불과했다.

라틴인이 제4차 십자군 전쟁 도중 콘스탄티노폴리스를 약탈한 사건을 정당화하기 위해 신화 속 트로이 선조를 들먹였듯

(제5장) 15세기에 튀르키예인은 동일한 방식으로 트로이 선조를 이용했다. 프랑크인, 노르만인, 독일인, 브리튼인 등과 마찬가지로 오스만인 역시 트로이 영웅들의 후손이라 할 수 있었다. 그렇기에 비잔티움의 그리스인에 대한 오스만의 승리는 트로이의 선조들이 겪었던 실향에 대한 정당한 보복이었다. 한 프랑스 법학자는 콘스탄티노폴리스의 정복자 메흐메트 2세Mehmet II를 두고 〈헥토르의 죽음을 되갚기 위해 무장한 전우들과 함께 마르스가 공략했던 그 성벽을 돌파해 낸 위대한 트로이의 복수자〉라고 칭했다.[48] 한 이탈리아 시인은 비잔티움인이 겪은 재난을 두고 〈만일 그대들이 프리기아인(고대 그리스와 로마 문헌에서 트로이인을 일컫는 이칭)을 살육하는 압제를 저지르지 않았다면〉 이러한 일을 당하지 않았을 것이라고 썼다.[49] 오스만의 정복 이후에 그들을 섬긴 (그리고 나중에 그의 고향인 임브로스섬의 통치자로 임명된) 어느 비잔티움 학자에 따르면 오스만의 술탄 메흐메트 2세는 옛 트로이가 있던 장소를 방문하여 〈신께서 내게 예비하셨으니 오랜 세월이 지난 끝에 이 도시와 그 주민들을 위해 복수할 권리를 주셨다〉라고 주장했다.[50] 그로부터 한 세기 뒤에 사피예 술탄은 어느 한 대상을 염두에 두면서 이 수사를 자신만의 외교적 목적을 위해 되살렸다.

16세기 후반이 되자 중유럽에서 트로이 기원설은 슬그머니 자취를 감추게 되었다. 중세에 널리 퍼졌던 그 유명한 이야기(제4장을 보라)는 이제 빛바래고 말았다. 우리가 르네상스라 부르는 지난 두 세기 동안 고대 세계에 대한 새로운 사고방식이 등장했다.[51] 사람들은 고대 그리스와 고대 로마가 근본적으로 연결되었다고 여기게 되었고 고대 그리스-로마 세계를 특별히 취급하면서 나머지 세계와 거리를 두었다(제6장을 보라). 그러나 이러한 발상이 확산되고 있었다고 해서 서유럽과 중유럽에서 상상된 족보의 중심이 트로이에서 그리스로 곧장 옮겨 갔다는 뜻은 아니다. 비록 서양 문명이라는 서사가 완전히 성숙한 모습으로 나타나지는 않았지만 16세기에 고대 트로이의 영광이 중세만큼 찬란하게 빛나지 않았을 뿐이고 귀족들의 족보가 트로이에서 시작된다는 생각 역시 조용히 사라져 간 것이다.

그러나 유럽 대륙과는 자주 다른 길을 걷곤 했던 영국은 여전히 트로이 기원 신화에 심취해 있었다.[52] 특히 튜더 왕조는 그 신화를 열렬히 활용했다. 에드먼드 스펜서Edmund Spenser는 긴 찬양시에서 〈고귀한 브리타니아인은 트로이의 용사들에게서 나왔으니 옛 트로이의 식어 버린 잿더미로 트로이노반트*를 건설하였노라〉(스펜서,「요정 여왕The Faerie Queene」 3:9 38연)라고 썼다. 튜더 왕조는 특히 트로이의 왕자 파리스Paris의 후예라고 이야기되었다. 스펜서는 파리스의 입을 빌려 다음과 같이 여왕에게 찬사를 보냈다.〈그에게서부터 나의 혈통이 비롯되었으니 10년 동안의 트로이 포위가 있기 전 그가 이다산의 양치기였고, 아름다운 오이노네Oenone가 그 사랑스러운 젊은이를 얻으면서 그리되었노라〉(「요정 여왕」 3:9 36연). 시각 예술에서는 엘리자베스가 트로이의 파리스 대신 세 여신 중 가장 아름다운 자를 가

---

* Troynovant(um). 런던시의 별칭 가운데 하나. 본디 고대 브리타니아의 종족인 트리노반테스trinovantes 부족에게서 유래한 명칭이나 중세 이래 트로이 기원설과 연관되면서 〈새로운 트로이〉라는 의미로 알려지게 되었다.

려내는 모습으로 그려졌는데, 신화에서는 파리스가 아프로디테를 선택하여 트로이 전쟁을 일으켰지만 엘리자베스는 세 여신을 모두 능가하기 때문에 분쟁을 일으키지 않는다.53

그러나 엘리자베스의 치세 후기에 그 이야기는 궁정의 공식 선전 이상으로 유행했다. 셰익스피어의 「트로일러스와 크리세이드」(1601), 크리스토퍼 말로Christopher Marlowe의 「카르타고의 여왕 디도Dido, Queen of Carthage」(1594) 등 트로이를 소재로 한 연극이 등장했다. 조지 필George Peele의 「트로이 이야기The Tale of Troy」(1589)에서 엘리자베스 시기 (직)후 토머스 헤이우드Thomas Haywood의 「브리타니아의 트로이Troia Britannica」(1609)에 이르기까지 트로이에서 영감을 받은 시가 창작되었다. 『일리아스』의 최초 영어 번역 역시 이 시기에 이루어졌는데, 조지 채프먼George Chapman이 1598년에 첫 부분을 출간했다.54 심지어 법률가도 이 흐름에 편승하여 저명한 법학자인 에드워드 코크Edward Coke(더 많은 이야기는 제8장을 보라)는 영국 보통법의 기원을 옛 트로이에서 찾았다.55 잉글랜드인은 중세의 연대기를 참조해 자신들의 기원이 트로이인이라 생각했고, 이 기원은 오스만인 역시 공유하고 있었다.

사피예는 굴러 들어온 기회를 놓칠 사람이 아니었다. 오스만인과 잉글랜드인의 조상이 같다는 생각은 먹음직스러운 과실과도 같았다. 1591년 사피예는 엘리자베스에게 보내는 첫 번째 편지에서 그녀의 반응을 은근슬쩍 떠보는 투로 오스만인이 로마의 적법한 계승자임을 내비쳤다. 신의 이름을 부르며 시작하는 그 편지에서 사피예는 자신을 현 술탄의 배우자이자 황태자의 친모라고 소개하면서 술탄을〈술탄 무라트 폐하, 신께서 그분의 행운과 위엄을 무궁케 하시길, 그분은 여러 땅의 군주, 제국의 만인지상, 일곱 풍토를 다스리는 칸이며 이 상서로운 시절에 세상의 사방 끝까지 다스리는 복을 누리시는 군주이자 로마 땅의 황제입니다〉라고 일컬었다.56

이 소개문 다음에는 격식을 차린 미사여구로 가득한 인사말이 이어진다. 거기서 사피예는〈자애가 담긴 인사가 장미로 가득한 정원은 아니더라도 꽃잎 한 장만큼은, 진심 어린 언사가 정원의 나이팅게일이 부르는 노래 전체는 아니더라도 한 소절이나마 전해지길〉바란다고 썼다.57 뒤이어 무라트와 합석한 자리에서 엘리자베스의 대사를 접견한 이야기를 전하면서 무라트가〈이슬람의 파디샤이자 마르스와도 같은 주권자에 걸맞았다〉라고 설명했다. 사피예는 자신이 엘리자베스를 지지하고 있으며 술탄과 함께 엘리자베스의 대의를 위해 싸우겠다고 안심시키면서 마지막으로 술탄이〈행운의 결합을 타고난 군주이자 알렉산드로스의 자리에 위치한 주권자〉라고 했다.58 사피예는 새로운 편지와 함께 신중하게 새로운 외교 관계를 개척해 나갔다. 그리스어 및 라틴어 문헌에서 따온 인용구가 일반적으로 편지에 사용되었고 종교와 젠더가 언어 표현에 녹아들었다. 다른 무엇보다 술탄은 로마 땅의 황제이고 알렉산드로스 대왕의 후계자이며 로마의 군신 마르스에 비견할 만한 존재였다. 여기서 그 선조에 대해 명시하고 있지는 않지만 오스만인이 문화적으로나 정치적으로 그리스-로마 세계의 유산을 계승했음을 암시하고 있다. 이제 엘리자베스의 반응이 어떨지 궁금해할 차례이다.

사피예의 기다림은 그리 오래가지 않았다. 그 후 몇 년 동안 두 여성은 수많은 편지와 선물을 교환했다. 1599년 잉글랜드 사절단이 술탄에게는 자동 시계 장치 오르간을, 사피예에게는 보석으로 장식된 마차를 선물하면서 그 관계는 절정에 이르렀다. 그러나 엘리자베스 역시 사피예 못지않게 교묘한 외교적 상징을 활용하는 데 능숙했다. 1599년 잉글랜드의 화려한 선물을 이스탄불로 실어 날랐던 선박의 이름은 그들이 공통된 과거를 지녔다는 생각에 엘리자베스 역시 동의했음을 암시한다. 트로이의 왕세자이자 가장 위대한 전사이며 『일리아스』의 진정한 주인공, 바로 헥토르가 그 이름이었다.

―

헥토르호와 그 안에 담긴 다층적인 메시지가 성공적으로 전달된 이후 영국과 오스만의 관계는 급격히 멀어졌다. 그 후 4년 동안 사피예의 아들 메흐메트와 잉글랜드의 엘리자베스 여왕이 사망하면서 그 자리를 대신한 새로운 통치자들은 국제 정치와 문화적 지향에 대해 새로운 급진적인 생각을 품고 있었다.

　잉글랜드의 제임스 1세James I(스코틀랜드의 제임스 6세이기도 했다)의 경우를 말하자면 그 새로운 지향이란 서방 식민지 경영을 위해 동방에서 등을 돌리고 가톨릭 국가인 스페인과 화해하는 것이었다. 1607년 아메리카 버지니아에서 최초의 잉글랜드 영구 정착지인 제임스타운이 건립된 것은 정치적 의도뿐만 아니라 이념적인 의도 역시 깃든 사건이었다. 스튜어트 왕조에게 연합 왕국의 새로운 미래는 동쪽이 아닌 서쪽에 있었다. 한편 유럽의 반대편에서 아흐메드 1세Ahmed I는 제임스의 거울 쌍과도 같은 외교 정책을 취하고 있었다. 종교적으로 보수주의자였던 아흐메드는 유럽과의 무역 및 외교를 신중하게 유지하고 있었으나 자신의 할머니가 구축한 서양 동맹과의 외교 관계를 멀리하기 시작했다. 그와 그의 아들인 술탄 무라트 4세는 서쪽이 아닌 동쪽으로 눈을 돌려 사파비 왕조 페르시아와의 관계에 집중했다.

17세기가 경과하면서 한때 프로테스탄트와 무슬림을 맺어 준 정치적 위기와 경제적 이해관계는 퇴색하기 시작했다. 아마 필연적인 결과이겠지만 공통된 과거를 가지고 동일한 문명을 계승했다는 의식도 점점 희미해졌다. 오스만의 술탄과 잉글랜드의 여왕이 공유했던 단일한 족보는 사라졌다. 보편적인 고대사라는 서사 역시 사라졌다. 이제 그 자리를 대체하는 세계관은 중세에 존재하긴 했으나 지배적이지는 않다가(제4장과 제5장) 르네상스기에 떠오르기 시작했다(제6장). 그 세계관에서는 유럽과 기독교 세계를 하나의 개념적 단일체로 간주하고 아시아, 이슬람, 그밖의 세계와 대립하는 것으로 본다. 그 세계관은 오늘날에도 유효한데, 바로 문명의 충돌이라 일컬어지는 것이다.

16세기 합스부르크의 이념과 선전은 스스럼없이 이러한 세계관을 수용했고, 오스만과의 격렬한 정치적 경쟁 구도가 이를 상당 부분 부추겼다.[59] 합스부르크는 유럽인과 기독교도를 규합해 이슬람 세계에 맞선 단일 전선을 구축하는 데 관심을 가졌으며, 이렇게 되면 다양한 프로테스탄트 집단이 가톨릭 합스부르크 지도력 아래 들어올 것이라고 생각했다. 16세기의 마지막 10년 동안 유럽의 양쪽 끝자락에 위치한 엘리자베스와 사피예가 선물과 편지를 주고받으며 영국-오스만 관계가 정점에 다다르는 동안 합스부르크의 공보관들은 자신들의 노력을 세상에 선보일 준비를 끝마쳤다. 특히 합스부르크의 지원을 받은 신성 동맹이 1571년 오스만 해군과 맞붙은 레판토 해전은 근본적으로 다른 두 문명, 유럽과 아시아, 기독교 세계와 이교도 사이의 영웅적인 투쟁으로 묘사되었다.[60]

합스부르크는 레판토에서 얻어 낼 수 있는 정치적 이익을 마지막 한 방울까지 짜냈다. 유럽 전역에 편지와 선언문이 퍼져 신성 동맹의 승리는 신의 도움이 있었다는 징표였다고 주장했다. 조르조 바사리(제6장 참조)는 교황 비오 5세Pius V를 위해 바티칸에 레판토 해전을 묘사한 세 점의 프레스코화를 그렸다. 합스부르크 왕가 출신의 스페인 국왕 펠리페 2세는 자신이 총애하는 화가인 티치아노Tiziano에게 그 사건을 기념하는 그림을 주문했다. 루카 캄비아소Luca Cambiaso의 밑그림을 토대로 그 전투를 묘사한 일련의 대규모 회화와 태피스트리가 만들어져 마드리드, 제노바, 런던의 궁전과 집을 장식했다.

16세기의 마지막 10년 동안 레판토에서 거둔 승리를 저마다 소리 높여 자랑한 이들 가운데서도 학자이자 시인이었던 후안 라티노Juan Latino는 「아우스트리아드Austriad」라는 서사시를 지어 돈 후안 아우스트리아Don Juan de Austria의 행적을 칭송했는데, 그는 신성 동맹 함대를 지휘한 합스부르크가의 장군이었다. 라티노의 서사시는 인종적인 선입견과 차별을 피하면서 기독교도와 무슬림을 구분하는 수사를 사용했다는 점에서 주목할 만하다. 라티노 자신은 흑인으로서 스페인의 바에나에서 서아프리카 노예 출신의 부모에게서 태어났으며 세사의 공작인 돈 곤살로 페르난데스 데 코르도바Don Gonzalo

Fernández de Córdoba의 시중을 들면서 어린 시절을 보냈다. 젊은 나이에 자유의 몸이 된 라티노는 학문의 길을 추구하여 마침내 그라나다 대성당의 라틴어 문법 교수로 임명되었다. 라티노의 시는 고전을 모델로 삼아 세련되게 이용했고 합스부르크의 기독교 군대와 오스만의 군대를 은유를 통해 대비시켰다. 그 대비의 주안점은 인종이 아닌 종교였다. 라티노는 신앙을 받아들임에 있어 개인의 선택과 개심의 중요성을 강조했고 기독교도로 태어나지는 않았으나 세례를 통해 가톨릭교도가 된 자신의 경험을 시에 녹여 냈다.[61] 라티노에게는 당시 밀려오던 인종주의적 사고와 그에 기반을 둔 유럽에서의 차별의 물결(이 시기에는 또한 대서양 노예무역이 본격화되고 있었다. 이에 대해서는 제9장을 보라)에 반대한다는 분명하고 온전한 동기가 있었다. 그러나 그가 이슬람 혐오와 동서 문명의 충돌이라는 수사를 문학적 무기로 이용했다는 점에서 시대정신의 변화를 읽어 낼 수도 있을 것이다.

레판토 해전의 진실을 짚어 보자면 그 싸움은 세 대륙을 아우르는 다민족적이며 다종교적인 제국(오스만)이 스페인의 국왕 펠리페 2세의 지원을 받는 가톨릭 국가들의 동맹과 맞붙은 사건이었다. 신성 동맹이 오스만 군대를 대규모로 도륙하면서 크게 승리했으나 오스만인에게 그 싸움은 상당한 대가를 치른 짜증스러운 사건이었을지언정 사소한 차질에 불과했다. 그로부터 2년 뒤에 오스만 제국은 베네치아로부터 키프로스를 빼앗았고 다시 1년 뒤에는 튀니지를 정복한 것이다.[62] 그러나 좋은 이야기를 만드는 데 진실이란 거의 필요하지 않은 법이다. 특히 그 이야기가 어떤 정치적 목적을 지니고 있을 때는 더욱 그러했다.

사피예 술탄과 엘리자베스 1세 사이의 서신 교환은 비록 실현되지는 않았을지라도 세계사가 우리가 모르는 어떤 길로 나아갔을 수 있었음을 증거한다. 이렇게 질문해 보자. 만일 그들의 동맹이 성사되었다면? 만일 유럽의 심장부에 위치한 가톨릭 합스부르크 가문이 프로테스탄트와 무슬림의 협동에 의해 포위되었다면? 오늘날 세계의 모습을 규정하는 데 큰 지분을 갖는 지리적 블록으로서 서양이라는 근대적 관념이 완전히 성장할 수 있었을까? 애초에 서양 문명이라는 거대 서사가 전개될 수나 있었을까?

우리는 역사에서 만약이라는 가정을 끝없이 제기할 수 있듯이, 이 질문에 대해 한번 답하자면 나는 사피예 술탄이 권력을 잡았을 때, 이미 상황은 암울했으리라 추측한다. 사피예와 엘리자베스가 주고받은 서신은 밀려드는 물결에 저항하기 위한 최후의 물길 파기이자 이미 한 세기도 더 전에 등장해 육박해 오는 세태에서 달아나고자 고개를 돌려 쏜 최후의 화살과도 같았다. 그리고 머지않아 합스부르크의 반오스만 선전이 부추긴 문명의 충돌이라는 서사는 한때 영국-오스만 동맹을 추진하는 데 기여했던 공통 조상의 신화를 가려 버리고 말았다. 다른 서사가 우세하도록 대세가 바뀌어 버린 것이다.

그리하여 하나의 새로운 서사가 지배적인 위치를 차지하게 되었다. 기독교 세계라는 개념을 구심점으로 삼은 〈우리〉는 이전 세기에 있었던 프로테스탄트와 가톨릭 사이의 유혈적인 종파 분쟁을 얄팍하게 가리고 그보다도 더 오래 전에 있었던 라틴 교회와 그리스 교회의 분열을 편리하게 잊도록 만들었다. 이 상상된 기독교 세계는 점차 유럽의 정체성이 되었고 중동, 아시아, 아프리카 등지에 자리 잡았던 오랜 교회들의 존재를 무시하기 위한 고의적인 기억상실에 관여했다. 이 상상된 유럽 중심적 기독교 세계는 또한 고대 그리스-로마 세계라는 공통된 기원을 찾게 했고 그 역사적 단일성을 통해 문화와 정치의 공통된 지향점을 추구할 수 있게 도왔다. 하지만 현 세계가 그러하듯 그 과거 역시 근본적으로 대립되고 영원히 갈라설 두 진영으로 나뉘었다. 우리와 그들, 기독교도와 비기독교도, 유럽과 그 외부, 서양과 그 나머지로.

제8장
서양과 지식:
프랜시스 베이컨

배움에 있어 오직 세 주기와 시대가 중요하다고 말할 수 있다.
그 하나는 그리스인들의 시대요, 그다음은 로마인들의 시대이며,
마지막으로는 우리, 즉 서유럽 국가들의 시대이다.
— 프랜시스 베이컨(1620)[1]

다양한 분야에서 두각을 드러냄으로써 역사에 남은 사람은 그리 많지 않다. 어떤 사람들은 레오나르도 다빈치, 고트프리트 라이프니츠Gottfried Leibniz, 프랭크 램지* 등을 떠올릴지 모른다. 다른 이들은 알렉산드르 보로딘Aleksandr Borodin, 헤디 라마Hedy Lamarr, 아널드 슈워제네거Arnold Schwarzenegger를 염두에 둘지 모른다.** 그러나 역사상의 지식인을 호명하자면 우리 중 대부분이 프랜시스 베이컨을 꼽으리라 확신한다. 동명의 20세기 미술가와 혼동해서는 안 될 이 장의 주인공은 과학에서의 선구적인 철학자이자 영향력 있는 법학자였고 16세기 후반부터 17세기 초 사이에 잉글랜드에서 저명한 정치가로 활동했다. 따라서 베이컨의 생애는 엘리자베스와 사피예의 16세기에서 제임스 1세와 아흐메드의 17세기로 넘어가는 전환기에 걸쳐 있었다. 그는 살아가는 동안 지정학적 국제 정세의 지각변동과, 세계와 그 역사

* Frank P. Ramsey(1903~1930). 불과 20대의 나이에 철학, 수학, 경제학의 세 분야에 걸쳐 주요한 저작들을 남겼다.

** 보로딘은 본업인 화학 교수로서든 부업인 작곡가로서든 명성을 누렸다. 영화배우 라마는 말년에 발명가로서의 행적이 재조명되면서 대중의 관심을 다시 받았으며 슈워제네거 역시 보디빌더, 영화배우, 정치인으로서 활약했다.

가 상상되는 방식의 변화를 목도했다. 그는 또한 서양의 발명을 목격했다. 그리고 그 과정에서 적지 않은 역할을 담당했다.

프랜시스 베이컨은 서양이라는 개념이 완전히 구체화되어 유럽인의 역사에 대한 생각에서 서양 문명이라는 거대 서사가 지배적인 모델로 자리매김한 시기를 살아갔다. 그의 저술을 보면 한 인간의 생애 동안 일어난 변화의 크기를 짐작할 수 있다. 그는 서양이라는 개념이 여전히 배아 단계에 있던 엘리자베스 1세 시기에 경력을 시작했다. 그때만 해도 유럽의 변두리에 있던 프로테스탄트가 무슬림과 연합해 유럽의 한 축을 이룸으로써 중심부에 있는 가톨릭 진영을 상대하는 구도를 상상하는 일이 가능했다. 그러나 그의 경력이 끝나 가던 제임스 1세 시기에 정치는 변화하여 (비록 오스만과 다른 유럽 강국 사이에는 무역 및 외교가 지속되고 있었으나) 그러한 동맹은 이제 가능하다고 여겨지지 않았다. 서양이라는 개념은 막 등장을 알렸고, 내부에서 계속되는 종교적 갈등과 정치적 분쟁에도 불구하고 그 추세를 되돌릴 수는 없었다.

그 시기에 역사를 빚어내는 생각 역시 굳어지고 있었다. 유럽과 아시아가 공통의 문화적 조상을 지닌다는 생각은 사피예 술탄의 시대만 해도 유효했으나 이제는 아니었다. 대신 서로 구분되는 문화적 족보와 역사적 계보를 지닌 동양과 서양이라는 역사만을 상상할 수 있게 되었다. 서양에서 이 계보는 고대 그리스-로마에서 시작되었고 전적으로 유럽사에 속한 것으로 경계 지어지며 그 문화적 유산 역시 유럽인의 것이었다. 이처럼 세계와 그 역사에 대해 근본적으로 재상상할 수 있었던 것은 이 시기에 폭넓고 급격한 변화가 일어났기 때문이다.

탐험과 계몽

프랜시스 베이컨은 지식의 토대 자체가 급진적으로 재고되던 세계를 살아갔다. 먼저 사람들이 〈무엇〉을 생각하는지에 대한 변화가 있었다. 르네상스 인본주의는 신학, 철학, 자연과학 등에서 새로운 발전을 자극했고 이는 신앙 및 종교에 관한 새로운 발상을 장려한 프로테스탄트의 발흥과 함께했다. 그러나 또한 사람들이 〈어떻게〉 생각하느냐에 대한 변화 역시 존재했다. 특히 베이컨은 우리가 무엇을 알 수 있고 어떻게 알 수 있는지 등을 다루는 인식론에 관련된 개념을 바꾸는 데 크게 기여했다. 어쩌면 베이컨은 〈과학적 방법론〉으로 알려진 분야를 개척하는 데 다른 누구보다 중요한 인물일 것이다.

볼테르, 루소Jean Jacques Rousseau, 칸트Immanuel Kant 등 17세기 후반에서 18세기의 사상가들을 계몽주의와 더욱 결부하는 편이긴 하지만 베이컨은 앞서 언급한 이유로 계몽주의의 시초로 간주된다. 베이컨은 실험과 관찰을 통해 사실을 객관적으로 검증할 수 있다고 믿는, 과학적 방법론의 발전을 이끌었다. 이 생각은 갈릴레오Galileo Galilei의 천문학적 발견에서부터 칸트의 급진적 인식론과 뉴턴의 물리학 법칙과 데카르트René Descartes의 지리적 수학에 이르기까지 계몽주의에서 과학 기술 발달의 토대가 되었다. 과학과 이성을 중시하는 계몽주의는 르네상스 인본주의를 토대로 삼았고 종교에 대한 크나큰 의문을 품으면서 세속주의와 정교 분리의 개념으로 발전해 나갔다.[2] 종교를 명분으로 피비린내 나는 싸움을 벌인 30년 전쟁을 종결한 1648년 베스트팔렌 조약에 이 생각이 잘 드러나 있다(비록 이 조약의 비준이 기독교도 사이의 폭력과 유럽에서의 종교 박해를 종식하진 못했지만 말이다).

계몽주의를 떠받치는 두 번째 기둥은 정치철학이었다. 이 학문은 인간의 본성과 인간 사회의 역동성을 탐구했다. 대표적으로 〈사회 계약론〉을 주장한 루소, 국가 탄생 이전의 인간이 〈추잡하고 짐승 같으며 단명하는〉 삶을 살았다고 생각한 토머스 홉스Thomas Hobbes, 자연법 개념을 탐구한 존 로크John Locke, 정치적 낙관주의를 지녔던 라이프니츠, 초기 인권 개념의 발로에서 평등을 부르짖은 토머스 페인Thomas Paine, 인간의 권리를 여성에게로 확장해야 한다고 주장한 급진적 여성주의자 메리 울스턴크래프트Mary Wollstonecraft 등이 있다.[3]

계몽주의 사상은 과학 및 기술 분야와 철학 및 정치 분야의 두 갈래로 나뉘었으나 이전의 르네상스 인본주의자들이 그러했듯 양쪽 모두 고대 그리스-로마에서 영감을 얻고자 했다. 예를 들어 갈릴레오와 데카르트는 피타고라스의 정리를 통해 수학적 사고를 전개했다. 그러나 고대 그리스-로마는 정치철학자를 더욱 강렬히 끌어당겼다. 홉스는 자신의 정치적 현실주의에 대한 생각을 다듬기 위해 투키디데스를 끌어왔고, 로크의 인간론과 재산권 이론에는 스토아주의의 잔향이 남아 있다.[4] 루소는 그가 어린 시절부터 품어 온 정치사상의 많은 부분을 로마 공화정의 역사라는 토대 위에 세웠으며, 〈내 마음속은 온통 아테네와 로마뿐이니 (……) 나는 내가 그리스인이나 로마인이라고 생각했

다〉라고 술회했다.[5]

한 세기 전의 르네상스 인문주의자들이 그러했듯이 계몽주의 사상가들도 고대 그리스-로마라는 발상을 내재적인 문화유산이라 여기며 수동적으로 받아들이는 데 그치지 않았다. 대신 그들은 고대 문헌을 통해 그리스와 로마를 능동적으로 결합하여 영감을 얻을 모델로 삼았고 유용해 보이는 것을 수집했다. 요컨대 무턱대고 받아들인 것이 아니라 취사선택했다. 토머스 홉스를 예로 들자면 그는 투키디데스를 인용했으나 또한 아리스토텔레스와 같은 다른 그리스-로마 사상가들의 비평을 가져왔고 고대의 공화주의적 자유 모델과 강하게 대비되는 자신만의 정치 이론을 전개했다.[6] 게다가 홉스는 동시대인에게 그리스-로마 문헌을 탐독하는 행위가 부정적인 영향을 미칠 것이라고 강변했다. 〈이 그리스어와 라틴어 문헌의 저자들을 탐독하는 사람들은 어린 시절에 자유, 잡생각, 음탕함을 즐기는 그릇된 시각이 몸에 배어 주권자의 행위에 딴죽을 거는 버릇을 갖게 된다. 그리고 이 반대자들을 다시 저지하느라 많은 피를 흘리게 된다. 진심으로 말하건대 이 서양에서 그리스어와 라틴어의 학습만큼 막대한 비용을 초래하게 만든 것은 없었다.〉[7] 고대 그리스-로마에 대한 복잡다단한 수용, 전유, 토착화 과정을 거치면서 유럽의 계몽주의 사상가들은 이를 자신들의 것이라고 주장할 수 있게 되었고 그것을 당대의 문화와 일치시킬 수 있었다. 이 과정을 통해 그들은 서양 문명이라는 거대 서사를 확립하기 시작했다.

영어에서 〈계몽Enlightenment〉이라는 낱말은 독일어의 〈밝힘 Aufklärung〉과 상응하는 것으로 〈빛의 시대siècle des Lumières〉라는 프랑스어 낱말에 담긴 낭만의 일면을 가져온 것이었다. 오늘날 우리가 계몽주의를 생각하는 방식에는 이 낭만적인 감각이 어려 있다. 우리는 이 계몽주의 시기가 경이와 이성의 시대로서 미신의 그림자를 몰아내기 위해 합리의 빛을 내뿜은 지성계의 거성들이 등장한 중요한 시기라고 배웠다. 윌리엄 맥닐William McNeill의 베스트셀러인『서양의 발흥The Rise of the West』(1963)에 따르면 〈우리와 20세기의 모든 것은 근세 유럽의 한 줌 천재들의 피조물이자 그들을 계승한 결과이다〉.[8] 이 천재들(혹은 그렇게 이야기되는 이들)로부터 우리는 과학적 방법론뿐만 아니라 합리주의와 종교적 회의주의, 개인주의와 인본주의를 물려받았다는 것이다. 그들이야말로 근대 세계의 개념적 토대를 다졌다고 우리는 이야기한다. 계몽주의 시기의 가장 위대한 사상가 중 한 명인 이마누엘 칸트의 말을 빌리자면 〈계몽〉이란 인류가 스스로 자초한 무지로부터 해방되는 것을 뜻한다.[9]

칸트가 시사하듯 계몽주의 시기는 실로 중요한 과학적 발전기였고 이 발전은 세속적 인본주의와 급진적 철학의 부상을 동반했다. 활판 인쇄기라는 혁신적인 기술이 발명되어 누구나 쉽게 책을 구할 수 있게 되면서 지식은 빠르게 퍼져 나갔다. 돌아다니는 소책자들과 격식을 갖춘 서신의 교환을 통해 지성의 진보에 초점을 맞춘 생각들이 논의되면서 (아마도 오늘날의 과학 공동체와 유사할 개념인) 국제적인 〈편지 공화국〉*이 만들어졌

---

* republic of letters. 편지 공화국은 서신을 통한 지식인들의 지적 관계망을 하나의 국가에 비유한 표현으로 1417년에 처음 등장했다. 특히 계몽주의 시대에 들어 우편제도가 정비되면서 지식인들의 교류는 더욱 활발하게 전개되었다.

다. 흥미롭게도 이 공동체의 공통어는 라틴어였으며, 이 언어는 유럽과 아메리카 엘리트층의 교육에 여전히 사용되고 있었다.

그러나 계몽주의는 단일하거나 통합된 운동이 아니었다. 셀 수 없이 많은 조류가 그 광대한 흐름에 역류했고 서로 경쟁하는 지적 경향과 사상적 학파가 가지를 뻗어 나갔다.[10] 일례로 어떤 계몽주의 사상가들은 종교에 대한 공격적인 회의주의를 수용한 반면, 다른 이들은 기독교 신앙과 과학적 원리 사이의 화해를 모색했다.[11] 또한 계몽주의는 스코틀랜드와 스위스, 보헤미아와 베를린 등 지역에 따라 다양한 모습으로 나타났다. 러시아에서 계몽주의란 표트르Pyotr 대제에 의한 중앙 집권적 전제정의 모습으로 나타났던 반면, 북아메리카와 중앙아메리카에서는 (이후의 장들에서 보게 될 것처럼) 명백히 혁명적이었다.[12] 마찬가지로 서양사의 표준적인 설명과는 달리 계몽주의는 유럽과 북아메리카에 국한되지 않았다. 계몽주의는 진정 세계적인 현상이었다. 계몽주의 활동이 유럽을 중심으로 이루어졌다는 것은 명백한 사실이지만 카이로, 콜카타, 상하이, 도쿄 등 세계 각지의 도시에서도 계몽주의적 사고를 찾아볼 수 있었다.[13]

심지어 유럽의 중심지에서 전개된 과학적이고 철학적인 진보조차 외부에서 들어온 새로운 발상에 의해 자극된 결과일 수 있었다. 예를 들어 중국의 정부와 행정 체제에 대한 지식은 유럽인이 자신들의 국가 형태를 재평가하는 데 영감을 주었다. 중국의 사례는 특히 프랑스의 계몽주의 사상가들에게 영향을 주었다. 유명한 중국 애호가였던 볼테르는 중국의 정부 체제를 〈인간의 정신이 상상할 수 있는 최고의 정부〉라고 주장했다.[14] 특히 유교는 정치철학에 영감을 주었는데, 독일의 정치학자이자 외교관인 고트프리트 라이프니츠는 유교를 열렬히 옹호한 인물이었다.[15] 아메리카 원주민과의 크고 작은 접촉 및 교류는 유럽의 전통을 급진적으로 재고하게 했다. 예를 들어 루소의 『인간 불평등 기원론Discours sur l'origine et les fondements de l'inegalite parmi les hommes』이 당시 유럽의 살롱에 퍼져 있던 한 유명한 글에서 비롯되었다는 주장이 있다. 그 글은 와이언도트족*의 정치가인 칸디아론크 Kandiaronk의 철학적 성찰을 다룬 것으로 알려져 있다.[16] 유감스럽게도 아메리카 원주민, 아프리카와 중동의 과학자와 철학자들이 이룬 업적과 그들이 유럽 계몽주의 사상에 이바지한 바는 잘 알려져 있지 않다(이 장의 주인공인 프랜시스 베이컨의 경우도 그렇다).[17]

계몽주의는 유럽인의 탐험을 통해 더 넓은 세계를 접함에 따라(제9장에서 보게 될 것처럼 이 과정은 결코 평화롭지 않았다) 일어난 것으로 이 범세계적인 자극에 상당 부분 빚진 바 있다. 계몽주의와 탐험은 서로를 촉발하는 되먹임의 고리를 이루었다. 유럽의 계몽주의 사상의 상당수는 더 넓은 세계와의 접촉을 통해 등장했다. 이 책의 주제와 관련해 짚어 볼 점은 바로 이 시기에 유럽의 발전이 넓은 세계와의 조우를 복속으로 바꾸었다는 것이다. 유럽에서의 발전은 계몽주의적 사고의 두 가지 핵심적 갈래, 즉 과학 및 기술과 철학 및 정치로 나타났다.

먼저 과학 기술의 발전은 유럽인에게 군사적 이점으로 돌

---

* Wyandotte Nation. 미국 동북부 일대에 거주했던 북미 원주민의 일파. 현재 오클라호마 보호구역에 약 7천 명이 거주하고 있다.

아왔고 세계의 나머지를 지배할 수 있게끔 실용적인 수단을 제공해 주었다. 그러나 서장에서 말했듯 이 책은 서양의 발흥을 다루지 않는다. 서유럽과 중유럽의 몇몇 국가들이 어떻게 처음에는 군사와 정치로써, 그리고 나중에는 문화와 경제로써 전 세계를 지배하게 되었는지 그 복잡한 실타래를 풀어헤치는 작업은 나보다 더 잘 설명할 수 있는 이들에게 맡길 것이다.[18] 내 관심사는 앞서 이야기한 두 갈래의 모습 중 후자이다. 다시 말해 계몽주의를 통한 철학과 정치 이론의 발전은 유럽인에게 제국을 만드는 데 유용한 실용적, 관념적 도구를 제공했을 뿐만 아니라 유럽 밖의 세계가 근본적으로 다르고 열등하다는 생각의 지적 토대가 되었다는 사실을 다루는 것이다.

그러므로 역사 이론으로서 서양 문명의 기원은 탐험, 계몽, 제국을 연결하는 데 있다. 다른 세계와의 조우와 지적 혁명을 오가는 되먹임의 고리 어딘가에서 서양의 문화적 계보가 발명되었다. 그리고 프랜시스 베이컨은 여기에 이바지한 사람 중 하나였다.

박학다식한 의회 의원

계몽주의 시대가 지성계 거성들의 시기였다면 그 가운데 가장 먼저 등장했으며 가장 반짝였던 인물은 프랜시스 베이컨일 것이다. 그는 〈실용주의의 아버지〉이자 〈과학적 방법론의 아버지〉로 불리는데, 두 호칭 모두 그의 저작이 자연 현상을 관찰하는, 표준화되고 체계적인 접근법을 수립한 데서 비롯되었다.[19] 그는 다음 세기에 과학적 발전의 토대가 된 『신기관*Novum Organum*』이라는 책에서 이른바 베이컨주의 방법론을 제시했다. 거기서 베이컨은 믿음이 아닌 사실에 근거해 세계를 이해해야 한다고 주장했고, 사실을 관찰하고 기록하기 위한 논리 체계를 기술했다 (특히 그는 기독교가 과학의 진보를 가로막았다고 비판했다). 런던 왕립학회가 1660년에 창설되었을 때 베이컨은 이미 죽은 지 30년이 넘었지만 그의 영향력은 여전히 지대했다. 학회는 베이컨을 자신들의 수호 성인인 것처럼 여겼고 영국 과학의 탄생에 그가 기여한 바를 다음과 같은 시로 기렸다.

>베이컨, 그는 모세와 같이 우리를 이끌었으니
> 거친 황야를 지나
>변경에 우뚝 섰다네.
>그 축복받은 약속의 땅에 이르도록
>지고한 지혜의 정상에서
>그가 친히 본 것을 우리에게도 보였다네.[20]

그러나 베이컨은 인생의 후반부에야 과학에 투신했으며, 쉰아홉 살이 되던 해인 1620년에 『신기관』을 출간했다. 그전까지 그는 정계에서 더 많은 노력을 기울였다. 그는 36년 동안 의회에서 일했고 처음에는 잉글랜드, 다음에는 영국 연합 왕국에서 법무장관, 추밀원 고문, 상원 의장 등을 역임했다. 하지만 그의 경력이 시작된 곳은 과학계도, 정계도 아닌 법조계였다.

프랜시스 베이컨은 열다섯 살 소년이던 1576년에 런던의 그레이스 인 법학원Gray's Inn Chambers에 등록했다.[21] 이때 이미 케임브리지에서 3년 동안 수학한 상태였고(우리에겐 너무 이른 나이로 보이겠지만 당시 10대 초반에 대학에 다니는 것은 드문 일이 아니었다) 더 엄격한 법률 교육을 받을 준비가 되어 있었다.[22]

베이컨은 프랑스, 이탈리아, 스페인 등지에서 공부를 계속하다가 1579년에 부친이 사망한 뒤에야 런던으로 돌아와 변호사 일을 시작했다. 이때 그의 나이 겨우 열여덟이었다.[23] 한 초상화에서 10대 시절의 베이컨은 어두운 갈색 곱슬머리에 둥근 얼굴형으로 훗날 그의 특징이 될 신중한 회의주의자의 풍모를 이미 드러내고 있었다.[24]

베이컨은 1581년 콘월주 보시니의 의원으로서 정계에 입문했으나 10년 이상 두각을 드러내지 못했다.[25] 이 시기에 그는 생계를 유지하기 위해 변호사 일과 의정 활동을 병행하면서 출세와 승진을 위한 더 나은 길을 끊임없이 모색하고 있었다. 베이컨이 카리스마 있는 에식스Essex 백작을 만났을 때 이 사람이야말로 자신의 길이라고 생각했음이 틀림없다. 에식스 백작은 잘생기고 늠름한 데다 야심만만한 인물이었다. 1587년에 그는 엘리자베스 1세의 환심을 사서 작위와 특권을 얻었다. 그것을 본 프랜시스와 그의 형 앤서니Anthony는 백작의 측근으로 들어가는 편이 좋겠다고 생각했다. 베이컨 형제는 에식스 백작의 정치 전략을 짜는 데 유용성을 보여 주었다. 앤서니는 몸소 유럽을 돌아다니며 힘들여 구축한 첩보망을 통해 좋은 정보를 물어다 주었고, 프랜시스는 법률이나 종교와 관련된 분쟁에서 자문을 제공했다.[26] 그 대가로 형제는 백작의 궁정에서 확고한 입지를 구축했고 궁정 밖에서도 그를 후견인으로 둘 수 있었다. 그러나 에식스 백작이 온갖 노력을 기울였음에도 베이컨은 기대했던 높은 관직을 얻지 못했다.

헥토르호가 엘리자베스의 시계 장치 오르간과 황금 마차를 이스탄불에 선물하고(제7장을 보라) 돌아온 1601년까지 베이컨은 성공을 누리지 못했다. 그러나 그해 그는 국선 검사로 임명되어 당대의 가장 떠들썩하고 추잡한 재판을 맡게 되었는데, 유력가들의 저택에서부터 항간의 술집에 이르기까지 모든 곳에서 단골 주제가 된 반역 사건이었다. 문제는 딱 하나였다. 피고석에 선 남자는 다름 아닌 그의 옛 친구이자 후견인이었던 에식스 백작이었다. 아일랜드 봉기를 진압하는 원정이 참담한 결과를 거두자 에식스 백작은 여왕의 총애를 잃었고, 그는 이 사태를 돌파하기 위해 실패로 돌아간 짧은 반란에 가담했던 것이다(그가 이 반란이 엘리자베스 여왕의 마음을 돌려놓을 것이라고 정말 믿었는지는 아무도 모를 일이다).

한때 에식스 백작과 긴밀한 관계였던 베이컨이 백작을 기소하는 데 어떤 역할을 맡았는지는 여전히 논쟁거리이다.[27] 어쩌면 그는 백작과 거리를 둠으로써 왕에 대한 충성심을 증명할 필요가 있었을 것이다. 어쨌든 그는 재판에 열정적으로 참여해 백작의 혐의를 입증하는 데 가장 강력한 논지 몇 가지를 제공했다. 그는 썩 훌륭하게 일을 처리해 에식스 백작은 유죄 판결을 받고 2월 25일에 런던탑에서 참수되었다. 베이컨은 반란 사건과 재판에 관련된 공식 기록을 작성하는 임무를 맡아 침착한 어조로 이를 완수했다. 덕분에 당시 사람들은 베이컨을 냉정하고 침착한 사람으로 여겼다. 하지만 베이컨 자신은 상당한 양심의 가책을 느꼈던 것 같다. 나중에 그는 자신이 백작의 식솔과 수행원을 구명하기 위해 최선을 다했다고 주장했는데, 그들 중에는 그의 형도 들어 있었을 것이다.[28]

그러나 이때부터 베이컨의 운세는 트여 뜨는 별이 되었다. 엘리자베스의 죽음과 함께 즉위한 새 국왕 제임스 1세(스코틀랜드 국왕으로서는 제임스 6세)로부터 1603년에 기사 작위를 받았고, 이듬해에는 왕의 자문관으로 임명되었다. 그 이후 20년 동안 베이컨은 인생에서 최고의 시기를 맞았고, 영국 정계의 핵심 인물이 되었다. 그는 1607년에는 법무 차관을, 1608년에는 성실청* 서기를, 1613년에는 법무 장관을, 1616년에는 추밀원 고문을, 1617년에는 왕실 인장관을, 1618년에는 상원 의장을 역임했다. 이 시기에 제임스 왕은 그의 노고를 인정하여 베룰럼 남작의 작위를 수여했고, 1621년에는 명예 작위인 세인트올번스 부백에 임명했다.

하지만 승승장구하는 사람에게는 적이 있게 마련이다. 베이컨의 가장 막강한 경쟁자는 에드워드 코크(우리는 제7장에서 그가 잉글랜드 법률이 트로이에서 기원했다고 주장했음을 보았다)였다. 그는 에식스 백작에 대한 재판에서 베이컨의 선배 검사로서 참여했다. 법조계의 두 신사는 경력의 상당 부분을 서로 힘겨루기를 하는 데 보냈다.[29] 코크는 1594년에 베이컨보다 앞

---

* Star Chamber. 웨스트민스터 왕궁에 설치되었던 특별 재판소로 그 이름은 법정의 천장에 그려진 별들에서 유래했다. 일반 법정에서 해결하지 못한 사건 및 사회 특권층이 관여된 사건 등을 다루었다. 찰스 1세의 통치 기간에 성실청은 폭정의 도구로 전락했고 결국 1641년에 폐지되었다.

서 법무 장관을 맡았는데, 베이컨은 코크를 어전 재판소*로 이직시킨 1613년에야 마침내 그 자리를 차지할 수 있었다. 베이컨과 코크는 1614년 국왕에 대한 중상모략 혐의로 기소된 성직자 에드먼드 피첨Edmund Peacham의 재판과 같은 몇몇 유명한 재판에 함께 참여했고 때로는 논란이 분분한 사건에 휘말리기도 했으니 서머싯 백작의 재판이 그러했다. 그는 왕의 총신이었으나 1616년에 살인죄로 기소되었다.[30] 두 사람은 업무 외의 영역에서도 경쟁 관계였다. 1598년 11월 코크와 해튼Hatton 부인의 결혼 소문으로 런던이 떠들썩했는데, 그 부유한 과부는 베이컨이 몇 달째 구애하던 여성이었다.[31] 비록 베이컨은 마흔다섯의 나이에 시 의원의 딸인 열세 살의 앨리스 바넘Alice Barnham과 결혼하는 데 성공하지만(법적으로는 열두 살부터 결혼을 할 수 있지만 신부가 되기엔 어린 나이로 여겨졌다) 이 사건은 그에게 매우 쓰라린 패배였을 것이다.[32]

베이컨과의 경쟁에서 코크가 거둔 최종적인 승리 역시 사적인 부분에서였다. 그 유명한 공직 부패 조사를 진두지휘한 코크가 베이컨을 뇌물수수 혐의로 고발했을 때 그는 완강히 혐의를 부인했다.[33] 하지만 혐의가 인정되면서 베이컨은 몇 주도 채 버티지 못하고 상원의회에서 탄핵되었고 상당한 수준의 벌금형 및 런던탑 구금을 선고받았다. 추락과 함께 다른 추문이 고개를

---

* King's Bench(또는 Queen's Bench). 영국의 사법 기관으로 고등법원에 속한다. 중세기에 국왕이 나라를 순방할 때 간이 법정을 열어 현지의 청원과 송사를 직접 해결하는 전통에서 유래했다. 중세 말을 거치며 상설 재판소로 변모했고 왕이 재판을 직접 주관하지도 않았으나 그 이름은 계속 유지되었다.

들었다. 술자리에서 사람들은 베이컨을 〈소년 성애자paiderastos〉
이자 〈남색가sodomite〉라고 놀려대는 노래를 불렀다.[34] 하인과 조
수가 베이컨의 동성애 성향을 증언했다. 베이컨의 성적 지향은
알 수 없으나 적들에게 무기를 쥐어 준 셈이었고 간신히 유지되
던 그의 대중적 이미지는 완전히 추락했다. 그는 구금된 지 겨우
나흘 만에 풀려났고 벌금형도 철회되었지만 정치적 경력은 끝
났다. 그의 평판은 바닥에 떨어졌다. 그는 자신이 성장기를 보냈
으며 그토록 사랑했던 법정과 의회에서의 분주한 삶에서 벗어
나 한적한 시골에 은둔하도록 내몰렸다.

그러나 베이컨의 이야기는 거기서 끝나지 않았다. 인생의
막바지 단계에 접어든 베이컨은 왕과 국가로부터 부여받았던
쉴 새 없는 업무에서 벗어나 저술 활동에 전념했다. 그는 평소
에도 항상 수필과 논고를 써오긴 했으나 훗날 자신에게 명성을
안겨다 줄 장편의 저작들을 쓰기 시작했다. 그의 저작들은 자연
사(『자연과 실험의 역사Natural and Experimental History』, 『바람의 역사
History of the Winds』, 『유황, 수은, 소금의 역사History of Sulphur, Mercury and
Salt』, 『자연사Abcedarium Naturae』 등), 물리학(『경중의 역사History of
Weight and Lightness』, 『자력에 대한 탐구Enquiries into Magnetism』, 『밝음과
광명에 대한 주제별 탐구Topical Inquiries into Light and Luminosity』 등), 역
사(『헨리 7세의 치세Historie of the Raigne of King Henry the Seventh』) 등 다
방면에 걸쳐 있었다. 이 시기에 그는 또한 초고 상태였던 원고들
을 완성했는데 『학문의 진보Advancement of Learning』와 도덕 및 윤리
에 대한 『수필집Essays』이 이에 해당했다.

1621년 권력에서 축출된 이후 1625년에 죽을 때까지 베

이컨의 저술 활동은 실로 엄청났다.35 옥스퍼드 대학 출판부에서 그의 저작들을 정리한 표준 전집만 해도 열다섯 권에 이르며 그중 일곱 권(거의 절반이다!)은 마지막 다섯 해 동안 저술된 것이다. 이 시기가 아니었다면 베이컨주의 방법론은 완성되지 못했을 것이며 우리는 법률, 사회, 정치에 대해 베이컨이 정립한 이론을 볼 수 없었을 것이다. 베이컨의 갑작스러운 은퇴가 아니었다면 빛을 보지 못했을 작품이 바로 『새로운 아틀란티스 New Atlantis』이다. 베이컨은 태평양 한가운데 떠 있는 수수께끼의 섬인 새로운 아틀란티스, 또는 벤살렘 Bensalem이라 불리는 가상의 공간에 자신의 이상적인 사회를 건설했다.36 그리고 우리는 이 환상적인 철학 소설에서 서양 문명이라는 거대 서사가 마침내 제 모습을 갖춘 채 탄생하는 순간을 엿보게 된다. 바로 고대 그리스에서 유럽 문화가 비롯되었을지언정 그 문화의 정점이 도달한 지역은 대서양 연안이라는 것이다.

아는 것이 힘이다

『새로운 아틀란티스』는 태평양에서 길을 잃은 유럽의 뱃사람들이 지도에 없는 수수께끼의 섬에 도착하면서 시작된다. 이 섬에서 그들은 여태껏 세상과 단절되어 있던 미지의 기독교 국가를 만난다. 그곳은 평화롭고 조화로운 유토피아이며, 모든 일이 순조롭다. 사람들은 자신의 운명에 순응하며 살아간다. 친절과 환대를 받은 뱃사람들은 벤살렘을 〈행복하고 거룩한 땅〉으로 생각하고, 심지어는 〈천국에서 구원받은 삶을 그려 낸 모습〉이라 여긴다. 뱃사람들은 벤살렘의 다양한 대표자들과 만나 대화를 나눈다. 첫 대화 상대는 그들이 머무는 이방인 숙소의 관리자였다.

뱃사람들이 이 머나먼 섬에 어떻게 기독교가 전파되었는지를 묻자 그들은 신성한 빛의 기둥이 벤살렘 사람들에게 나타나 성서와 성 바르톨로메오의 서신을 보여 주었다고 말한다. 다음으로 그들은 이 절해고도에서 벤살렘의 사람들이 어떻게 외부의 지식을 전달받는지 물어본다. 관리자는 고대부터 벤살렘의 상인들은 온 세계를 돌아다녔고 페르시아, 메소포타미아, 아랍, 그밖에 〈힘과 명성을 지닌 모든 나라가〉 이 섬을 찾았다고 대답한다. 그러나 이는 그들의 성공에 자극받은 아메리카의 흉포한 이웃들이 벤살렘을 정복하기 위한 원정대를 보내는 결과로 돌아왔다.

관리자의 주장에 따르면 그들의 오만한 행위를 벌하고자 신은 큰비를 내려 아메리카를 쓸어 버렸고 그곳에 있던 위대한 고대 문명은 흔적조차 없이 사라졌다. 벤살렘의 주민들은 아메리카 대륙을 〈대(大) 아틀란티스〉라고 불렀고 유럽의 역사에도 그 사건에 대한 단편적인 기억이 남아 있다고 이야기했다(이와 함께 플라톤의 저술을 언급한다). 그리고 이 폭우가 지나간 뒤 벤살렘의 현왕 살로몬Salomon은 쇄국 정책을 선포했는데, 이는 그 섬이 자급자족이 가능하기 때문이기도 하지만 다른 한편으로는 〈미심쩍은 신문물과 뒤섞이는 관습〉을 막기 위해서였다. 그러나 두 가지 경우는 예외였으니 이 이야기의 뱃사람들과 같이 해안에 떠밀려 온 이방인을 인도주의적으로 구호하는 경우가 그중 하나였다. 그리고 그들은 12년에 한 번씩 학술 탐사대를 보내 벤살렘의 존재를 비밀로 한 채 바깥의 정보를 수집한다고 했다.

제2막에서 뱃사람들은 서른 명 이상의 직계 자손을 거느린 남성을 축하하는 가족 축제에 초대받았다(여성은 유리창 너머로만 축제를 구경할 수 있었다). 이 자리에서 그들은 조아빈Joabin이라 불리는 두 번째 대화 상대를 만나는데, 화자는 그를 〈할례 받은 유대인〉으로 설명한다. 조아빈이 벤살렘에서는 미혼자의 정절과 기혼자의 다산을 중요시한다고 설명하자 이들의 대화는 이상적인 성 윤리에 대한 이론으로 이어진다.[37] 이 대목은 벤살렘인의 사회를 이루는 중심 원칙이 가부장제, 계보, 선조에 대한 공경으로 구성된 가족임을 보여 준다.

이야기의 제3막이자 마지막 부분에서 화자는 동료들에게 지목되어 벤살렘에 법을 세운 옛 왕의 이름을 딴 학술 기구인 살로몬의 집의 수장과 만날 기회를 얻는다. 살로몬의 집은 단순한 배움터가 아니었으니 학술 탐험을 통해 얻은 지식을 보존하고 연구하는 곳이었다. 그곳은 또한 정부 소재지이기도 해서 그곳의 신사 학자들은 국가라는 배를 운항하기 위해 과학적 원칙에 의거했다. 순수 과학을 바탕으로 정책을 결정하는 살로몬의 집은 〈지식은 힘Knowledge is power〉이라는 이상이 구현된 장소로서 베이컨은 여러 저작에서 그런 이상을 펼쳐 보인 바 있다. 비록 그 유명한 영어 경구를 직접 말하진 않았지만 그는 라틴어로 〈지식은 그 자체로 힘이다ipsa scientia potestas est〉라고 썼다.[38]

베이컨의 독자들은 이 대목에서 지리학, 생물학, 약학, 광학, 수학, 공학 실험, 그외 잡다한 분야의 강습과 이론 수립 등 다양한 분야의 학술 활동이 이곳에서 묘사되는 모습을 확인하게 된다. 마지막 부분에서는 살로몬의 집의 긴 회랑을 묘사하는데,

학자들은 다음과 같이 그곳에 자신들이 지적 선조로 기리는 인물들의 상을 세웠다.

> 서인도의 발견자인 당신들의 콜럼버스. 선박의 창안자. 대포와 화약을 창안한 당신들의 수도사. 음악의 창안자. 문자의 창안자. 인쇄술의 창안자. 천문 관측의 창안자. 야금술의 창안자. 유리의 창안자. 양잠의 창안자. 포도주의 창안자. 곡물과 빵의 창안자. 설탕의 창안자. (……) 그 모든 항목의 창안자를 기려 그들의 상을 세웠고 그들에게 자유롭고도 명예로운 보답을 주었소. 이 상들 가운데 어떤 것은 동으로, 어떤 것은 대리석과 시금석으로, 어떤 것은 삼나무나 다른 귀한 나무에 금을 입혀 꾸몄고, 어떤 것은 철로, 어떤 것은 은으로, 어떤 것은 금으로 만들었다오.[39]

상상된 과거의 위인들을 재현한 상이 늘어선 회랑은 지금 이 장면이 처음은 아닐 것이다. 나는 서장에서 이와 비슷한 회랑을 묘사한 바 있고 그 조각상들을 바라보면서 품었던 의문이 결국 이 책을 쓰게 했다. 오늘날 세계 곳곳의 대학 도서관과 의회 의전실도 이와 같은 입상들의 회랑으로 꾸며져 있다. 그러나 그 모든 회랑의 기능은 한결같다. 과거를 한 가지 판본의 역사로 축소하여 퍼뜨림으로써 그 판본을 불가침의 정전으로 포장하는 것이다. 이 회랑들은 역사적 정통성을 만들어 내는 강력한 수단이다. 그러나 마찬가지로 이 모든 회랑은 동일한 결함을 지니고 있다. 상상된 족보에서 비롯된 회랑들은 서로의 지적 토양을 살찌운 실제 역사 속 교차의 사례들을 지나치게 단순화한다. 그 회랑에 누구를 〈포함하고〉 누구를 〈배제할지〉를 결정하는 것은 사실뿐만 아니라 이념이다(물론 내가 이 책에서 보여 주는 역사 인물들의 〈회랑〉역시 마찬가지일 수 있지만 두 가지 중요한 차이점이 있다. 첫 번째로 대부분의 거대 서사는 이 사실을 감추려 하지만, 나는 감추기보다는 밝히고 있다. 두 번째로 이 책의 〈회랑〉은 역사 속의 〈가장 위대한〉 인물이나 가장 중요한 인물이 아닌 한 시대를 대표하는 이야기를 들려주는 개인들을 전시하기 위함이다).

이것이 살로몬의 집의 회랑에 놓인 입상들이 중요한 까닭이다. 그 입상들은 이 섬을 다스리는 자애로운 과학 통치의 사령실이 자리 잡은, 벤살렘의 맥박이 뛰는 중심지에 놓여 있었다. 그 회랑은 벤살렘의 역사뿐만 아니라 그 정체성을 대표한다. 핏줄과 생물학적 족보가 벤살렘 전체 주민들에게 가장 중요한 의미를 지니듯(그 책의 제2막에 해당하는 가족 축제의 묘사에서 읽어 낸 바와 같이) 그들의 지도자들에게는 이 지식의 계보가 중요했다. 정말 지식이 힘이라면 이 회랑은 벤살렘의 가장 위대한 지성들을 전시한 데 그치지 않고 그들의 권력의 토대를 과시하는 것이기도 했다.

그런 점에서 베이컨이 이 회랑에 모셔진 위대한 사상가들에게 거의 이름을 붙이지 않았다는 것은 흥미롭다. 오직 두 명의 신원만을 알 수 있는데 크리스토퍼 콜럼버스는 이름이 명시되고 로저 베이컨의 이름은 나오지 않으나 〈대포와 화약을 발명한 당신들의 수도사〉라는 설명에서 정체를 알 수 있다(프랜시스 베이컨은 자신과 성이 같은 이 옛 사상가의 이름을 고의적으로 밝히지 않음으로써 자신의 명성을 이용한 유희를 즐긴다). 이 두 인물이 대서양 유럽에서 기려지고 있으며 이 섬을 방문한 뱃사람들의 세계에 속한 자들로서 〈당신들의〉 사람으로 언급되고 있다는 점은 우연의 일치가 아니다. 다른 모든 입상은 유럽인이 아닌 것으로 암시되며 따라서 뱃사람들이 알아볼 수 있는 친숙한 인물이 아니었다. 화자는 〈그들은 우리가 아는 뛰어난 업적을 남긴 그 창안자들과 다르며, 당신은 그들을 본 적이 없기 때문에 그들에 대해 설명하려면 시간이 너무 오래 걸릴 것〉이라고 이야기했다. 이 대목은 벤살렘 사람들이 주장하는 문화적 족보에서 몇 가지 중요한 점을 이야기해 주는데, 그 지적 계보에 있는 대부분의 인물은 유럽인 뱃사람들(혹은 베이컨의 유럽인 독자들)이 모르는 사람들인 데다 그 안에서 유럽인은 매우 희소하다는 사실이 그러하다.

살로몬의 집을 나선 뒤에도 베이컨은 벤살렘이 유럽에 속하지 않았다는 점을 묘사하고 있다. 지리적으로 그곳은 대륙 바깥에 존재하며 유럽뿐만 아니라 아시아, 아프리카, 아메리카와도 떨어져 있다. 그러나 벤살렘이 현실의 어느 대륙과 가까울지 굳이 고르자면 단연 아시아일 것이다. 이 섬은 〈원주민〉들에 의해 구성된 것으로 이야기되지만 우리는 이 섬에 〈히브리인, 페르시아인, 인도인〉의 이주민 공동체가 오랫동안 존속했고 〈페르시아인, 칼데아인, 아랍인〉이 고대에 이 섬을 방문했다는 이야기를 들을 수 있다. 베이컨은 그 주민들의 인종을 언급하기보다는 의상에 대한 묘사를 통해 아시아적 특성을 암시하면서 그들의 문화적 타자성을 시각화한다. 뱃사람들이 만난 벤살렘 주민들은 〈소매가 넓은 가운〉, 〈속옷〉 한 벌, 〈섬세하게 만들어졌으나 튀르키예인의 것만큼 크지는 않은 터번 모양의 모자〉를 착용하고 있었고 지위와 신분에 따라 그 복식의 색은 다양했다. 베이컨과 그의 독자들에게 벤살렘 문명은 그 역사 형성에 있어서나 문화적 족보에 있어서나 〈타자〉였고 그들과는 다른 혈통에 속해 있었다.

뱃사람들, 더 나아가 베이컨과 그의 독자들이 주장하는 문명의 족보는 무엇인가? 살로몬의 집에 늘어선 입상들 사이에 놓인 두 명의 유럽인은 대서양에 접한 유럽의 서쪽, 즉 브리튼 제도와 이베리아 반도 출신이다. 벤살렘의 통치자는 고대에 벤살렘과 유럽 사이에 있었던 교류의 역사를 이야기하면서 벤살렘인들이 탄 배가 〈지중해로 향하기 위해 대서양을 지날 때〉 불운한 여정을 겪었다고 말하는데, 그는 그 배가 아마도 고대 아테네 해군을 만나 패배했으리라고 추측했다. 그의 주장에 따르면 이 원정은 (그가 〈위대한 자〉로 두 번이나 일컬은) 플라톤이 쓴 아틀란티스 이야기의 원천이 되었다. 뱃사람들의 문화적 계통은 분명해 보인다. 그들은 유럽인으로 가깝게는 대서양 연안의 서유럽에 속하지만 멀게는 지중해의 고대 그리스인에게까지 소급될 수 있었다. 그것이 우리가 알고 있는 서양사의 궤적이고 서양 문명이라는 거대 서사이다.

『새로운 아틀란티스』는 서양 문명이라는 거대 서사가 어떻게 등장했는지를 한 폭의 그림처럼 보여 주면서 베이컨의 세계관과 문화적 가정을 알려 준다. 그러나 다른 글에서 베이컨은 자신의 문화적 유산이라 간주하는 것을 더 명확하게 보여 준다. 한 가지 좋은 예시는 이 장 서두의 인용구이다. 〈배움에 있어 오직 세 주기와 시대가 중요하다고 말할 수 있다. 그 하나는 그리스인들의 시대요, 그다음은 로마인들의 시대이며, 마지막으로는 우리, 즉 서유럽 국가들의 시대이다.〉 베이컨이 생각하기에 이전 세기에 서유럽과 중유럽에서 매우 중요했던 게르만 또는 켈트 문화의 계승(제4장을 보라)은 이미 흐려져 가고 있었다.

앞서 제시한 인용구는 『신기관』[40]에서 가져온 것으로 베이컨의 과학적 걸작인 『위대한 복원 Great Instauration』의 총 6부 중 제2부에 해당한다. 거기서 베이컨은 그가 〈우리의 것〉이라 부르는 역사의 시기 또는 주기를 언급하는데, 〈우리〉란 명백히 〈서유럽의 국가들〉을 가리킨다(동시에 그는 중세 이슬람 세계 등 다른 곳에서 이루어진 과학적 진보에 대한 무지를 드러낸다). 같은 책의 다른 곳에서 베이컨은 〈우리 서유럽인〉에 대해 기술한다.[41] 두 문장 모두 〈우리〉 시대와 비교할 만한 두 역사적 시대를 언급하는데 고대 그리스와 로마 시대이다. 베이컨은 두 고대 문화에 상당히 의존했고 자신도 이를 알고 있었다. 어쨌든 그는 자신의 과학 문헌을 중세 이래 유럽 학계의 공용어였던 라틴어로 저술했고 〈오늘날 우리가 알고 있는 과학은 대부분 그리스인에게서 시작되었다〉는 점을 인정했다.[42] 그의 저작들은 직접적으로든 간접적으로든 고대 문헌의 향취가 느껴졌고 고대 그리스 철학자들의 담화, 분석, 반증으로 가득했다.[43] 심지어 그는 『고대인의 지혜 The Wisdom of the Ancients』라는 글에서 그리스와 로마의 신화는 다양한 철학 및 과학의 진리에 대한 은유라고 재해석했다.

그러나 비록 그는 고대 그리스-로마 세계가 문명의 선조이고 그들에게 많은 문화적 부채를 지고 있음을 인정하면서도 고대인의 가르침을 무비판적으로 수용하는 것을 경계했다. 과학 지식은 실험과 관찰을 통해 습득해야만 한다는 것이다. 그는 현재 과학은 고대 과학을 능가하며 〈고대 암흑기의 잔재를 긁어모으기보다는 자연의 빛에서 새로운 발견을 추구해야 한다〉라고 주장했다.44 이 점에서 베이컨은 홉스와 비견된다. 이 초기 계몽주의 사상가들에게 그리스-로마 세계는 문화적 선조일지 모르나 현재를 위한 모범도, 미래를 위한 이상도 될 수 없었다. 그러나 다음 장에서 볼 수 있듯 18세기 중반에 고대 그리스-로마 세계는 유럽과 북아메리카의 수많은 사상가와 철학자에 의해 바로 그 역할을 수행하게 되었다.

———

그리스-로마 세계를 문화적 선조로 여겼던 17세기에서 그것이 세계에 하나의 이상으로 제시되었던 18세기로의 전환은 순조롭게 이루어졌다. 그것은 적당한 시기에 시작되었고 상이한 지역에서 상이한 속도로 이루어졌다.

한편 영국에서 베이컨의 몇몇 동시대인은 고대 그리스-로마 세계를 권위와 정통성의 원천으로 활용하는 데 매우 열성적이었다. 아룬델의 제14대 백작인 토머스 하워드Thomas Howard는 1614년에 이탈리아를 여행하는 동안 엄청난 양의 그리스-로마 조각상을 수집하여 특별히 기획한 정원에서 전시했다. 〈정원 전시관〉을 만드는 유행은 17세기에 빠르게 퍼져 나가 1651년 런던을 찾은 한 방문객은 템스강을 따라 늘어선 정원들을 둘러본 뒤 그곳이 마치 〈영국 안에서 그리스와 이탈리아를 한눈에 보여주는 것 같았다)라고 적었다.[45] 영국의 시골에는 르네상스 건축가 안드레아 팔라디오(그에 대해서는 제6장을 보라)의 양식을 본뜬 신고전주의 양식의 우아한 주택들이 지어졌다. 스튜어트 왕조의 제임스 1세는 이 새로운 양식에 푹 빠져서 1619년에는 화이트홀 궁전에 사치스러운 새 연회관을 짓도록 명했다. 그 작업을 맡은 사람은 몇 년 전 아룬델 백작을 위해 비슷한 일을 했던 건축가 이니고 존스Inigo Jones였다. 새로운 왕실 연회관은 웨스트민스터의 화이트홀에 있는 경사진 작은 지붕을 인 건물들과 확연히 구분되었는데 런던에 지어진 최초의 대규모 신고전주의 건축물이었다. 달라진 런던의 스카이라인은 제임스 치세에서의 새로운 친유럽주의 정신의 구현으로 영국이 유럽 대륙과 발을 맞춰 고대 그리스-로마 세계를 문화적 선조로 받아들였음을 드러내는 문화적 상징이었다.

그러나 새로운 그리스-로마 유행에 의구심을 가진 영국인들이 있었다. 어떤 이들에게 이탈리아풍으로 지어진 제임스의 연회관은 유럽 가톨릭 문화의 퇴폐성을 나타냈다. 가톨릭 유럽 국가들과 친밀한 관계를 맺었던 찰스 1세Charles I가 등극하면서 이 공포는 비등점에 다다라 왕당파와 의회파의 내전으로 이어졌으며 찰스 1세가 반역자로서 재판정에 세워져 처형당하는 결말에 이르렀다. 그가 처형된 가설대가 지어진 곳이 바로 그 연회관이었다. 찰스는 거대한 홀을 지나 2층의 창문 하나를 떼어 내어 만든 통로를 통해 처형대에 오른 뒤 도마 위에 목을 뉘었다. 이 극적인 정치적 행사는 틀림없이 충격적인 볼거리였을 것이다. 이는 찰스의 통치 방식과 그의 왕권신수 철학, 그리고 가톨릭 및 유럽 대륙과의 결탁에 대한 거부이자 교황파와의 연관성을 드러내는 그의 그리스-로마 취향에 대한 반감의 표시였다.

　베이컨을 비롯해 초기 계몽주의 사상가들은 지리적 공동체로서의 유럽과 기독교 정체성을 바탕으로 그리스-로마 문화를 공동의 기원으로 삼는, 서양이라는 개념이 등장하기 시작한 세계를 살아갔다.[46] 실로 17세기 초는 우리가 서양을 유의미한 실체로서 언급할 수 있는 최초의 시기다. 베이컨과 그 동시대인들의 일관된 서술 속에서 우리는 그 문화적 블록의 등장을 알아볼 수 있을 것이다. 그러나 17세기 초에 서양이라는 발상은 여전히 흐릿했고 그 용어도 아직 널리 사용되지 않았다(그렇게 되기까지는 제10장의 시기까지 기다려야만 한다). 서양의 문화적 뿌리가 고대 그리스-로마라는 인식이 확실히 정착한 뒤에도 중유럽의 구심점이었던 가톨릭 합스부르크 가문과의 연관성 때문에 프로테스탄트 국가들에서는 한동안 의심의 눈길을 거두지 않았다.

　유럽의 팽창주의가 힘을 얻어 제국주의 시대의 여명이 밝아오는 다음 세기가 되어서야 상황은 바뀌었다. 비유럽 〈타자〉와의 조우와 그들을 예속시키는 데 필요한 정당성의 대두는 서양사의 경계를 공고히 하고 개념으로서의 서양을 구체화하는 결과로 이어졌다. 바로 그 시기에 서유럽과 북유럽의 수많은 사람이 고대 그리스-로마에 열광했고, 더 많은 귀족이 지중해를 향한 〈그랜드 투어〉에 나섰으며, 신고전주의 건축물이 북유럽 도시들의 경관을 지배하고 마침내 그리스 애호적인 계몽주의 철학이 공적 담론의 주류가 된 것은 우연의 일치가 아니었다.

제9장
서양과 제국주의:
앙골라의 은징가

자유롭게 태어난 자는 자신의 자유를 지켜야지
다른 사람에게 굴종해서는 안 된다.
— 앙골라의 은징가(1622)[1]

코헤이아 드 소자Correia de Souza 총독은 불안에 몸을 배배 꼬았고 사치스럽게 수놓은 우단 의복 아래로는 진땀이 흘러내렸다. 그는 대사가 당도하여 평화 협상을 시작하기를 기다리고 있었다. 그의 의복, 보석이 박힌 의자, 방의 전반적인 꾸밈새는 모두 포르투갈의 힘을 과시하여 서아프리카 왕국의 반란자들에게 자신들의 우위를 드러내기 위한 장치였다. 그러나 마침내 대사가 도착했을 때 코헤이아 드 소자는 힘의 균형추가 상대편으로 기우는 것을 느꼈다. 목격자의 기록에 따르면 값진 옷을 입은 수행원들이 방에 들어섰을 때 앙골라의 은징가Njinga는 화사한 무늬를 수놓은 옷감으로 몸을 감싸고 번쩍이는 보석 장신구를 팔에 끼었으며 아름답게 물들인 깃털로 머리쓰개를 장식했다. 은징가는 자신더러 앉으라고 준비된, 우단이 깔린 마룻바닥을 경멸에 찬 눈으로 바라보고는 여성 수행원에게 신호를 보냈다. 그러자 수행원은 주저 없이 바닥에 무릎을 꿇고 엎드렸다. 마룻바닥에 앉아 의자에 앉은 포르투갈 대표를 굴욕적으로 올려다보는 대신 은징가는 그렇게 인간 의자에 앉아 그와 대등한 눈높이에서 협상을 시작했다.

이와 같은 만남은 오늘날 우리가 이해하는 서양이 만들어지는 과정에서 일어난 사건 가운데 하나였다. 유럽의 영국, 네덜란드, 프랑스, 포르투갈, 스페인은 서로 처절하게 싸우면서 무기와 이념적 도구를 끊임없이 개량했을지 모른다. 그러나 더 넓은 세계를 쉽게 접할 수 있게 된 그들은 먼 곳으로 모험을 떠날수록 자신들이 가까운 이웃과 더 많은 공통점을 갖고 있음을 깨달았다. 코헤이아 드 소자가 은징가를 처음 접견했을 때 그는 자신이 서아프리카에서 이방인이라는 점을 뼈저리게 자각했을 것이다. 그는 자신이 협상 상대인 아프리카인보다는 유럽인과 닮은 점이 더 많다는 사실을 인지하면서 스스로 유럽인임을 새삼 느꼈을 것이다.

집단 정체성이라는 감각은 눈에 띄는 차이를 가진 사람들과 마주했을 때 생겨나곤 한다. 맨체스터 유나이티드 응원단은 평소에는 일체감을 그다지 느끼지 못할지도 모른다. 그러나 같은 유니폼을 입고 한자리에 모였을 때 다른 팀의 응원단이 들어온다면 그 일체감을 선명히 느낄 것이다. 학교에서 티격태격하는 어린이들도 다른 학교의 어린이들과 시합을 할 때는 하나의 집단으로서 결속한다. 종족이나 인종의 범주는 동질적인 집단의 내부에서는 규정하기조차 어렵지만 그 경계에서는 매우 강력한 의미를 지닌다.[2]

그러나 코헤이아 드 소자와 은징가의 만남은 가치 중립적인 자기 인식에 그치지 않았다. 그 만남은 식민주의적 폭력이라는 배경 때문에 위태로운 힘겨루기이기도 했다. 계몽주의 시대에 들어 과학 기술과 더불어 정치와 관념의 발전을 통해 이러한 권력의 비대칭적 관계가 만들어졌다(이에 대해서는 제8장을 보라). 해상 운송, 무기, 군사 기술 등의 발달은 정복과 그 뒤에 이어지는 제국주의적 지배를 더욱 쉽게 만들었다. 경제 체제 및 경제 구조의 혁신은 그 지배를 더욱 매력적인 것으로 만들었다. 여기에 더 필요한 것은 서양 제국주의를 윤리적, 사회적으로 정당화해 줄 새로운 이념이었으니, 그것이 바로 서양 문명이라는 거대 서사였다.

제국의 도구들

서양의 16세기가 유럽에서 계몽주의의 초석을 놓기 위해 새로운 발상의 전개를 촉진한 탐험의 시기였다면, 17세기는 이 팽창이 서양 제국주의로 전환한 시기였다.

물론 17세기 유럽의 제국은 무에서 출현하지 않았다. 이르게는 튜더 왕조의 헨리 8세가 1533년에 〈잉글랜드의 강역은 제국이로다〉라고 선언했다. 이후 엘리자베스 통치기에는 잉글랜드의 대외 활동에서 더욱 극적인 팽창이 두드러져 명백히 제국주의적 성격을 드러냈는데, 1570년대 아일랜드 병합이 그 사례였다. 그보다 더 식민주의적 성격을 지닌 활동으로는 1584년 아메리카의 식민화를 위해 발행된 헌장이 있다. 그리고 이는 〈깃발을 꽂기 전에 무역을 한다〉*는 특징으로 요약될 수 있는데 1600년대 동인도회사의 설립이 그 사례이다.[3] 그러나 제임스 통치하의 17세기는 영국 제국주의가 진정으로 속력을 내기 시

* 이 구절은 〈무역은 깃발을 따라간다Trade follow the flag〉라는 19세기 대영제국의 경구를 비튼 것이다.

작한 때였다. 아메리카 버지니아에 최초의 영국 소유의 영구 정착지인 제임스타운이 건설되었다. 이때 정착민이 겪었던 고충은 더 넓은 제국을 건설하는 계획을 실현하는 과정에서 생기는 사소한 방해물에 지나지 않았다. 카리브해, 버지니아, 뉴잉글랜드에 퍼져 나간 식민지는 이후 북아메리카 동해안 일대로 확대되었다. 그와 동시에 영국의 프로테스탄트들은 아일랜드 북부에 대규모 정착지를 세우고 얼스터에서 플랜테이션을 경영했으며, 동인도회사는 아프리카 및 아시아의 주요 항만과 〈작업장〉에 대한 지배력을 확립하고 있었다.[4]

그러나 영국이 유일한 신흥 제국은 아니었다.[5] 스페인은 이미 남북아메리카 양쪽에서 광대한 영역을 차지하고 있었고, 포르투갈은 오랫동안 남아메리카 일부와 아프리카의 몇몇 지역을 지배하면서 인도, 동남아시아, 중국, 일본의 항구들을 잇는 연결망을 차지했다. 17세기에는 프랑스가 북아메리카로 진출했고, 네덜란드 역시 특히 동남아시아에서 괄목할 만한 제국주의적 활동을 벌였다. 그러나 유럽 제국주의에 관한 이 간략한 서술조차 정치적, 경제적 확장에 대한 중립적인 설명이 될 수는 없다. 고통받는 인간에 대해 이야기할 필요가 있기 때문이다. 17세기 유럽 제국주의의 예속민은 로마, 비잔티움, 아랍, 신성 로마 제국, 오스만 등 이 책에서 다루는 다른 제국의 예속민과 마찬가지로 자신들의 운명에 대한 선택권이 거의 없었다. 집단으로서 그들은 재산 침탈, 강제 이주, 학살로 고통을 받았다. 개인으로서 그들은 살인, 절도, 강간의 희생자가 되었고 또는 다양한 형태로 노예가 되었다. 게다가 우리는 제국에 대한 경험과 제국에 대응하는 방식이 다양했다는 점을 인식해야 한다. 그럼에도 근대 유럽 제국들은 한 가지 공통점을 갖고 있었는데, 바로 제국주의와 인종 사이에 연관성을 부여하기 시작했다는 것이다.

인종 만들기의 과정은 한 집단이 다른 집단을 일정 범주의 인구 집단으로 규정함으로써 이루어진다. 이 인구 집단은 선천적이고 태생적인 것으로 여겨지는 특징에 의해 규정된다고 상상된다. 그리고 그 특징이 그 인구 집단에 부여된 사회적 지위를 정당화한다고 생각한다.[6] 이 과정은 근대 서양의 전유물은 아니었다. 동서고금을 통틀어 여러 사회에서 저마다의 방식으로 인간을 그 차이점에 따라 분류했고 권력 위계를 만드는 데 그 차이를 이용했다. 어떤 인종 체계는 유전(핏줄과 자손)을 중시했다. 다른 체계는 표현형(관찰 가능한 신체적 특징)을 중시했다. 또 다른 체계에서는 종교나 환경을 중시했다. 따라서 인종의 범주는 저절로 나뉘는 것도, 선천적인 것도 아니다.[7]

예를 들어 피부색은 근대적 인종 분류에서 중요한 요소이지만, 심지어 오늘날의 세계화된 세상에서도 피부색에 대한 인지는 지역에 따라 매우 다를 수 있다. 유럽에서 〈백인〉으로 분류되는 사람이 북아메리카에서는 〈갈색인〉으로 분류될 수 있다. 혹은 (나 자신이 이따금 경험하듯) 북아메리카에서는 〈황인〉으로 분류되는 사람이 아시아에서는 〈백인〉으로 분류될 수 있다. 역사상의 모든 사회가 피부색을 인종 분류의 기준으로 삼지는 않았다는 점을 우리는 제1장의 고전기 그리스에서 보았다. 17세기 은징가가 살았던 세계에서 피부색에 대한 인종화된 인지는 변화를 겪고 있었다. 예를 들어 1585년 일본의 사절단이 로마 교황청에 당도했을 때 유럽인의 기록에서 그들의 피부색은 매우 다양하게 인지되었다. 혹자는 올리브색 피부라고 서술했고 어떤 이는 갈색이라 서술했다. 어떤 이들은 일본인의 얼굴이 죽은 사람처럼 창백하다고 주장했고 다른 이들은 〈아프리카인의 색깔〉이라 주장했으며 또 다른 이들은 그들의 피부색이 〈납빛과 같다〉고 기록했다.[8] 이처럼 같은 사람을 보고도 그들의 피부색은 다양하게 인지되었다. 인종의 범주는 사회적 구성물이기 때문에 지리적 공간과 역사적 시간에 따라 바뀔 수 있음을 보여 주는 사례이다. 학구적이면서 문학적 재능이 있는 연구자인 노에미 은디아예Noémie Ndiaye가 말했듯 〈15세기의 인종과 21세기의 인종은 같지 않고 스페인에서의 인종과 인도에서의 인종 역시 같지 **않지만** 한 가지 점에서는 같다고 할 수 있다. 인종은 차이를 권력에 복무하도록 위계화한다는 것이다〉.[9]

인종이 모든 사회에서 〈똑같은 것〉이 아니라는 사실이야말로 인종이 모든 사회에서 〈똑같은 일〉을 해내도록 만든다. 연구자이자 철학자인 팔구니 세스Falguni Sheth의 말을 빌리자면 인종은 〈특정한 사회적 목표를 달성하기 위해 인구 집단을 구성하고 관리하는〉 기술이다.[10] 서양의 탐험이 팽창으로, 팽창주의가 제국주의로 변모하던 시기에 이 기술은 매우 중요해졌다. 서양이 국제적 열강으로 대두하던 16세기와 17세기에 처음 등장하여 형태를 갖추기 시작한 인종적 구분과 위계에 대한 발상이 더욱 체계화되어 〈과학적〉이라는 표지를 달게 된 것은 18세기에 들어서였다. 우리는 이 체계화가 어떻게 이루어졌는지를 제11장에서 살펴볼 것이다. 그러나 이 장에서 우리는 아직 서양의 인종 분류 틀이 우리가 오늘날 인지하는 것과 같은 형태를 취하지 않았던 17세기에 머무를 것이다. 은징가의 삶은 인종화된 사고가 형성되고 재형성되면서 아프리카에서의 서양 제국주의에 어떤 영향을 미쳤는지를 보여 준다.

식민 시대 이전의 아프리카는 서양인에게 역사 없는 땅으로 여겨지곤 한다. 그러나 최근 수십 년 동안 서양의 역사학자와 고고학자 들은 유구하고 풍부하며 복잡한 아프리카의 역사를 이해하기 위한 발걸음을 막 내디뎠고 아프리카인 동료들로부터 이에 대해 배워 나가는 과정에 있다.[11] 중세와 근세의 서아프리카 역사는 특히 말리 제국과 그 제국의 부유한 통치자로서 14세기 초 메카로 성지 순례를 떠나 유명해진 만사 무사를 통해 잘 알려져 있다. 2015년 『타임 Time』의 추정에 따르면 그의 부와 구매력을 당시 세계의 다른 지도자들 및 저명인사들과 비교했을 때 그는 역사상 가장 부유한 사람이었다.[12] 말리가 부를 축적한 비결은 바로 서아프리카에 매장된 황금과 그 황금을 수출하기 위해 이슬람 세계 및 지중해 세계로 이어진 교역로에 있었다.

서아프리카의 왕국들은 수 세기 동안 무역과 외교를 통해 유럽 대륙 및 이슬람 세계와 연결되어 있었다. 이에 비해 유럽은 15세기에 들어서야 항해 기술의 발달에 힘입어 그곳과 직접적으로 연결되었다. 네덜란드인 탐험가들이, 그리고 카리스마를 지닌 왕자 엔히크Henrique의 격려와 후원에 힘입은 포르투갈인 탐험가들이 15세기 전반부 동안 아프리카 해안과 대서양 남부의 제도를 항해했다.[13] 그들은 금을 찾아 서아프리카로 향했으나 시간이 지나면서 노예무역에 집중하게 되었다(흥미롭게도 같은 시기에 아프리카의 동부 해안에서는 비록 내부의 정치적 사정으로 인해 곧 중단했으나 중국의 정화 함대가 아프리카와 아시아를 잇는 새로운 교역로와 소통 망을 수립하고 있었다[14]. 사하라 사막을 통과하는 옛 육상 교역로를 대체한 대서양 해상 무역이 활발해지면서 교역망에 역학적 변화가 일어났고, 서아프리카의 정치 및 경제에서 일련의 전환이 생기면서 그곳의 사람들은 유럽의 침략, 토지 점유, 식민화에 더욱 취약해졌다.

포르투갈은 곧 강력한 콩고 왕국과 겨뤄야만 했는데, 그 나라는 오늘날의 콩고 공화국, 콩고 민주공화국, 앙골라의 영토에 걸쳐 있었다.[15] 포르투갈인에게는 다행스럽게도 콩고 왕국은 그들을 환영했고, 국왕 아폰수Afonso의 치세(1509~1543) 동안 콩고 왕국은 급격한 변화를 겪게 되었다. 아폰수는 포르투갈식 이름을 받아들였고 다른 콩고인 귀족에게도 이를 따르게 했으며 귀족의 자제를 가톨릭 학교에 보내 유럽의 언어를 배우고 가톨릭으로 개종하도록 장려했다. 또한 아폰수는 왕국의 수도인 음반자 콩고를 유럽식으로 사치스럽게 재건축했고 포르투갈뿐만 아니라 스페인, 네덜란드, 브라질, 바티칸 등과도 외교 관계를 맺었다. 콩고는 네덜란드와 포르투갈이 서로 견제하도록 만들어 국제 정치의 게임에 참여하게 되었고 서아프리카와 남아메리카 양쪽에서 그 두 국가 사이의 힘의 균형에 개입했다. 그러나 그 모든 일에는 대가가 따랐다. 급격한 서구화의 대가로 아폰수는 더 많은 영토와 교역권을 포르투갈인에게 넘겨주어야 했고 신민들을 노예로 잃게 되었다. 시간이 지나면서 콩고 왕국을 떠받치고 있던 인구와 경제가 심각하게 쇠퇴하면서 국왕의 힘 역시 쇠약해졌다.

    이 시기 노예화의 규모와 비율은 치명적일 정도였다. 서아프리카에서 노예제는 새삼스러운 일이 아니었고 유럽, 북아프리카, 서아시아에서도 이는 마찬가지였다. 서아프리카에서는 수 세대 동안 농노들이 토지에 묶여 있었고, 범죄를 저지른 사람은 노예가 되었는데 그 기한은 일시적일 수도 있었고 종신 노예가 될 수도 있었다. 그러나 포르투갈이 엄청난 수의 노예를 요구하면서 노예를 통해 상당한 경제적 이득을 취하게 되자 납치, 약탈, 정복을 통한 노예화가 만연했다.[16] 시간이 지나면서 노예가 되는 사람이 너무 많아지면서 서아프리카의 지역 경제는 노동력의 감소와 인구 구성비의 왜곡으로 인해 타격을 입었다. 공동체의 사회적 안정성과 정부에 대한 신뢰 역시 떨어졌다. 대서양 노예무역은 아메리카로 운송되는 사람들에게 가해진 끔찍한 수준의 비인간화와 잔혹함을 보여 주었을 뿐만 아니라 서아프리카에 남겨진 사람들에게도 참혹한 영향을 끼쳤다.

    1621년 은징가가 코헤이아 드 소자와 협상했던 당시 포르투갈과 서아프리카 왕국들 사이의 경제적 불균형은 심각한 정치적 불균형으로 귀결되었다. 콩고 왕국과 그 남쪽에 위치한 더 작은 나라인 은동고 왕국을 포함한 대서양 연안의 방대한 토지가 포르투갈인에게 넘어갔고, 두 왕국의 통치자는 유럽인들로부터 땅을 되찾기 위해 투쟁하고 있었다. 콩고와 은동고에 사는 사람들은 그 지역과 그곳에 사는 자신들을 음분두Mbundu라 불렀던 반면, 포르투갈인은 그들이 장악한 지역을 〈앙골라〉라고 불렀다. 이는 은동고의 통치자를 일컫는 명칭인 〈은골라ngloa〉에서 온 것이었다.

　은동고와 포르투갈 사이의 외교 관계를 수립한 최초의 은골라는 킬루안제 키아 삼바Kiluanje kia Samba였다. 그는 1518년과 1520년에 포르투갈에 사절단을 보내 교역 및 문화 교류를 요청했는데, 이는 북쪽의 강대한 이웃인 콩고와의 경쟁을 위해서였다.[17] 그러나 그 관계는 고작 5년에 그쳤고, 이후 은골라는 문을 닫아걸고 포르투갈인을 추방하기로 결정했다. 포르투갈인이 은동고에서 상업과 선교 활동을 재개한 것은 그로부터 40년이 지나서였다.[18]

　1575년에 다시 돌아온 포르투갈인은 지난번의 실패한 선교를 곱씹으며 그릇되고도 독선적인 분노를 간직하고 있었던 데다 북쪽의 콩고에서 거둔 성공으로 한껏 고무된 상태였다. 그들을 이끈 자는 파울루 디아스 드 노바이스Paulo Dias de Novais라는 사람이었다. 그는 먼젓번에 추방된 자들의 일원이었으나 이제는 앙골라 왕국 정벌대의 대장이자 장군Capitão-Mor da Conquista do Reino de Angola이라는 직위를 가지고 리스본을 출발했다. 그 직함에서 드러나듯 그는 크나큰 기대를 받고 있었고 그런 자신감이 합당했음이 드러나기까지는 그리 오래 걸리지 않았다.

　포르투갈인은 성공적으로 은동고를 약탈하여 대규모의 토지를 차지했고 많은 사람을 죽이거나 노예로 삼았다. 그곳에서 그들은 잔인한 관습을 개발했는데, 바로 전사자의 코를 베어내 수도 루안다로 그 끔찍한 전리품을 보낸 것이다. 어느 유혈 낭자한 전투에서는 베어낸 코를 실어 나르는 데만 스무 대의 수레가 필요했다고 한다.[19]

어떤 은동고인은 이기는 편에 가담하기 위해 포르투갈인과 동맹을 맺었다. 은골라의 사위도 그중 한 명이었다. 그는 가톨릭으로 개종하면서 자신의 이름을 동 파울루dom Paulo라고 바꾸었다.[20] 몇몇 사람들은 이 전략으로 지위를 보전했을지 몰라도 더 많은 사람은 포르투갈 정복자에게 땅을 빼앗겨 식민지 점령자에게 그 소유권을 넘겨주어야 했다. 일례로 1581년에 디아스 드 노바이스는 자신에게 복속된 여덟 명의 현지 영주들의 토지를 발타사르 바헤이라Baltasar Barreira라는 예수회 사제에게 몰아주었다.[21] 이 정복과 저항의 격동 속에서 이 장의 주인공인 앙골라의 은징가가 태어났다.

통치자로서 태어나다

은징가의 초기 생애에 대해 알려진 바는 거의 없지만 1582년 은동고에서 음반데 아 은골라Mbande a Ngola의 딸로 태어났다는 사실은 알고 있다. 음반데는 은동고의 통치자로서 25년에 달하는 치세 동안 포르투갈과의 싸움을 이어 나갔고 늘어나는 노예무역을 억누르고자 부질없는 저항을 시도하고 있었다.[22] 은징가의 어머니는 왕족이었고, 모계를 따르는 음분두의 전통에 따라 은징가는 아버지의 다른 자식들과 구분되는 지위를 갖게 되었다. 은징가의 전기 작가이자 카푸친회 수도사였던 조반니 안토니오 카바치Giovanni Antonio Cavazzi와 안토니오 다 가에타Antonio da Gaeta(둘 다 몇 년 동안 은징가의 궁정에 머물렀다)는 은징가가 역아 분만으로 태어났기 때문에 그 출생이 기적과도 같았다고 전한다. 음분두의 전통에 따르면 이는 은징가의 삶이 그 시작부터 위대했음을 뜻하는 징표였다.

　은징가는 어릴 적부터 지성에서나 군사 훈련에서나 탁월함을 보여 형제들을 제치고 아버지의 사랑을 독차지했다. 특히 은징가는 왕족을 상징하는 무기인 도끼를 능숙히 다루었고 이후의 삶에서 그 솜씨를 유용하게 사용한다. 무엇보다 은징가는 자신의 형제이자 아버지의 이름을 물려받은 음반데를 확연히 능가했다.[23] 그 결과 은징가는 아버지의 의회에 참석할 수 있었고 그곳에서 궁중 예절과 올바른 의례뿐만 아니라 통치술까지 익힐 수 있었다. 그곳에서 은징가는 포르투갈과의 전쟁에 대해 많은 이야기를 들었을 것이고, 포르투갈인에 의한 살상, 폭력, 불안정을 직접 목도했을 것이다. 은징가가 갓난아기일 적에 포르투갈인들이 은동고의 수도인 카바사로 진격해 오면서 궁정 전체가 피난길에 올라야 했다. 은골라와 그의 가족은 카바사로 돌아왔으나 그 사건은 왕족의 어린아이조차도 전쟁의 공포를 겪어야 했음을 잘 보여 준다.

　수많은 충돌 속에서도 은징가는 자신만만하고 강인한 여성으로 성장했다. 그녀는 소규모의 수행원 외에도 약간의 남자인 첩*을 거느렸는데, 왕족 남성이 첩을 거느리는 관습은 일반적이었으나 왕족 여성의 경우는 드문 일이었다. 어느 궁신은 은징가의 이러한 행실을 공공연히 비판했다가 그 대가를 톡톡히 치러

＊ 은동고에는 치바도스chibados라 불리는 제3의 성별이 존재했다. 이들은 신체적으로는 남성이나 여성의 영혼을 가졌다고 간주되어 여성의 성 역할을 수행했다. 일설에 따르면 은징가는 국왕이 된 이후 자신을 남성으로 지칭하며 다수의 치바도스를 첩으로 삼았다고 한다.

야 했다. 은징가는 그가 보는 앞에서 그의 아들을 죽인 뒤에 그 역시 죽여 버린 것이다.[24] 궁정 안에서나 밖에서나 폭력은 은징가의 삶에서 다반사였다.

1617년 은징가의 부친은 전장에서 목숨을 잃었다.[25] 아들 음반데는 의회를 소집해 선거를 진행하는 정식 절차를 치르지 않은 채 지체 없이 은골라의 지위에 올랐다. 음반데는 자신의 지위를 공고히 하기 위해 모든 잠재적 경쟁자를 무자비하게 제거했다. 이복형과 그 모친, 외삼촌들을 포함한 약간의 혈족을 살해했고 일부 의회 의원과 관료들을 그 일가와 함께 몰살했다. 태어난 지 얼마 안 된 은징가의 아들(아버지가 누구인지 알려지지 않았으나 은징가의 남자 첩 가운데 한 명이었을 것이다)까지 죽였다. 그리고 미래의 화근을 없애기 위해 세 여자 형제의 생식 능력 또한 제거했다. 기록에 따르면 약초를 우린 기름을 〈끓는 채로 자매들의 배에 부었다. 그 충격과 공포와 고통으로 인해 영원히 출산할 수 없게 했다〉. 이 기록은 모두 은징가를 지지하는 진영에서 나온 것이라 곧이곧대로 믿긴 힘들지만 은징가와 다른 자매들이 이후 출산을 하지 못했던 것은 사실이다. 그때 은징가의 나이는 서른다섯 살이었다.

그러나 은골라 음반데는 포르투갈인과의 전쟁에서는 무자비함을 그다지 발휘하지 못했다. 그의 재위기에 포르투갈인은 은동고의 서쪽 절반을 차지했고 해안에 정착민들을 이주시켰으며 내륙에 힘을 행사할 강력한 요새를 건설하여 수천에 달하는 사람들을 납치해 노예로 삼았다. 그들은 임방갈라Imbangala라고 불리는 피에 굶주린 전사 무리의 도움을 받았다. 그들은 반유목

생활을 하는 폭력적인 용병이자 도적 집단으로서 약탈과 노예 무역으로 무시무시한 악명을 떨치고 있었다. 수도 카바사를 점령하기 위한 싸움은 진퇴를 거듭했다. 1619년에 포르투갈인이 그 도시를 점령했으나 1621년에 전열을 정비한 음반데가 다시 탈환했다. 이 성공은 일시적이었다. 포르투갈인은 결국 카바사를 정복했고 이번에는 왕족을 붙잡아 가두었다. 은골라 음반데는 굴복하고 말았다. 그는 평화 협상을 위한 사절을 보냈다.

이 사절단의 성공 여부는 매우 중요했다. 포르투갈이 해안에 건립한 새 식민지들을 곁에 둔 채 은동고는 독립 왕국으로 존속해야만 했다. 이 사절단을 이끄는 사람에게 왕국의 운명이 달려 있었다. 음반데는 이 임무를 은징가에게 맡겼다.[26]

형제가 권력을 얻은 뒤로 은징가는 왕국 동부로 물러나 포르투갈인으로부터 영토를 지키기 위해 따로 군대를 이끌고 전쟁을 계속해 나가고 있었다. 이 시기에 은징가는 전략 전술에 대한 귀중한 경험을 습득하고 자신의 권리를 주장하기에 합당한 무시무시한 전사로서 명성을 쌓아 나갔다. 은골라 음반데는 권력을 잡는 과정에서 은징가를 불임으로 만들고 그녀의 아들을 죽이기까지 했으므로 그녀의 충성심을 믿을 수 없었을 것이다. 그래서 은징가를 다시 부르는 것은 주저되는 일이었음에도 그녀에게 희망을 걸었다는 사실은 그의 입지에 대해 많은 것을 이야기해 준다. 은징가는 은동고 왕국의 사정을 훤히 꿰고 있었고 음반데가 꺾어야 할 다수의 귀족이 여전히 은징가를 지지하며 따르고 있었다. 음반데는 은징가에게 전령을 보내 자신을 돕고 섬길 것인지 물어보았다. 그리고 많은 사람의 예상을 깨고 은징가는 이를 받아들였다.

그리하여 이 장의 첫 부분에서 본 그 장면이 펼쳐지게 되었다. 1621년 10월 포르투갈 식민령의 수도인 루안다에 은징가가 도착한 사건은 대단한 화제를 불러일으켰다. 포르투갈 측의 기록은 유럽인의 우월성을 과시했을 것이라는 우리의 선입견과 달리〈앙골라의 귀부인〉에 대한 경외심을 드러냈다. 그들은 수행원의 놀라운 규모, 은징가의 값비싼 의복(은징가는 유럽식 의복을 거부하고 왕족의 지위에 어울리는 음분두의 전통 복식을 입었다), 사치스러운 선물들을 이야기했다.[27] 또한 은징가가 우아한 행동거지와 군주다운 태도를 지녔고, 협상이 시작되자 날카로운 법률적 사고와 논변 능력을 드러냈다고 기록했다.

포르투갈의 요구 사항 중 한 가지는 큰 난제였다. 노예를 공물로 바치라는 요구였다. 은징가는 완강하게 거부하면서 은골라 음반데가 정식으로 정복되지 않았다는 점을 상기시켰다. 그는 정복당한 패자가 아니라 주권을 지닌 왕으로서 공식 협상을 하기 위해 은징가를 파견한 것이었다. 기록에 따르면 은징가는〈자유롭게 태어난 자는 자신의 자유를 지켜야지 다른 사람에게 굴종해서는 안 된다〉라고 말했다고 한다.[28] 비록 은징가는 한 나라의 왕이 다른 왕에게 공물을 바침으로써 자유가 훼손되는 문제를 이야기했으나 대서양 노예무역이라는 더 큰 맥락에서 보면 은징가의 말은 더 넓고 날카로운 울림을 주었다. 양측은 완고하게 자신의 주장을 고수하며 조금도 물러나지 않았다. 협상은 파국으로 끝날 것만 같았다. 협상이 교착 상태에 이르자 은징가는 비장의 한 수를 꺼냈으니, 가톨릭으로 개종하겠다는 제안이었다. 은징가의 제안은 받아들여졌고, 은동고는 포르투갈에 노예를 바치지 않기로 협정을 맺었다.

세례를 받는 것은 사소한 문제에 불과했다. 은징가는 입교 절차를 위해 루안다에 몇 달 동안 체류하면서 열정적으로 교리를 공부하고 신앙에 관한 토론에 참여했다. 마흔의 나이에 은징가는 〈귀족과 민중〉에 둘러싸인 채 루안다의 예수회 교회에서 치러지는 장엄한 공개 의례에 참석했다.[29] 주앙 코헤이아 드 소자João Correia de Souza는 통치자로서 직접 자신의 이름을 은징가에게 하사했고 은징가는 안나 드 소자라는 세례명을 갖게 되었다. 은징가가 어떤 마음으로 개종에 임했는지는 알 수 없다. 이 행사에 대한 현존하는 유일한 기록은 나중에 은징가의 전기를 쓴 포르투갈인에게서 나온 것이기 때문이다. 흥미로운 점은 루안다에 머무는 동안 은징가는 여전히 음분두인의 의식용 팔찌와 다른 성물들을 착용했고 그들의 전통 의식에 계속 참여했다는 것이다. 이는 은징가가 정치적 목적으로 세례를 받았다는 점을 명백히 드러낸다. 그러나 말년의 은징가는 기독교 신앙에서 큰 위안을 얻었고 자신의 왕국에 교회의 가르침을 전파하는 데 진심으로 헌신했던 것 같다.

은징가는 의기양양하게 형제의 궁정으로 돌아왔다. 이후 음반데는 은징가에게 점점 의존했고, 중병으로 쓰러진 1624년에는 은징가가 사실상 은동고의 지배자로 행세했다.[30] 어떤 치료에도 병세가 호전되지 않자 은골라 음반데는 결국 독을 마시고 죽었다. 스스로 음독을 한 것인지 은징가의 강요였는지는 확실하지 않다. 어쨌든 포르투갈인 전기 작가는 은징가가 〈그가 독을 마시고 죽는 것을 옆에서 도왔다〉라고 적었다. 은징가는 주저 없이 비어 있는 은골라의 자리에 올라 마흔두 살에 최초의 여성 〈은골라〉가 되었다.

음반데가 한때 그러했듯 은징가는 즉시 경쟁자를 제거하는 일에 착수했다. 첫 희생자는 조카였다. 그는 아버지인 음반데에 의해 임방갈라인의 대장인 임방갈라 카사Imbangala Kasa에게 맡겨져 보호받고 있었다. 은징가는 카사를 유혹하여 결혼을 약속함으로써 조카를 넘겨받았고 그는 결혼식에서 살해당했다.[31] 또한 은징가는 몇몇 삼촌을 포함한 친척과 자신에게 대립하는 당파의 수장들도 죽였다. 이런 행동은 끔찍하게 보이지만 은징가에게는 잠재적인 경쟁자를 제거해야 할 나름의 이유가 있었다. 포르투갈 사람들은 여성의 즉위를 반대하면서 권좌에 올릴 만한 다른 후보를 찾았고 은징가와 맺었던 협정이 그 형제인 왕의 죽음과 함께 효력을 다했다고 주장하면서 협정을 준수하기를 거부했다. 그들은 마침내 은징가의 이복형제인 하리Hari를 꼭두각시 은골라로 삼았다.[32] 그러나 은골라 하리는 은동고에서 민심을 얻지 못했는데 부분적으로는 그가 포르투갈인과 밀접히 연루되었기 때문이고, 다른 한편으로는 그의 어머니가 노예였으므로 은징가와 같은 왕족의 지위를 지니지 못했다고 여겼기 때문이다.[33] 몇 년 동안 포르투갈인들은 은골라 하리를 대립왕으로 내세우면서 은징가를 왕으로 인정하지 않았다.

1631년을 기점으로 은징가는 자신의 통치 방식을 완전히 바꾸었다. 임방갈라인은 오랫동안 은동고 사회와 법률에서 벗어난 무법자였고 은동고 사회의 불안정을 야기하는 세력이었으며 때로는 포르투갈인의 동맹이기도 했다. 그들에게 시달리던 음분두 정주민에게 임방갈라인은 공포의 대상이었다. 임방갈라인은 전쟁에서의 잔혹함과 더불어 식인과 인신 공양 풍습으로 악명을 떨쳤고 왕국 전역에서 그들을 끔찍한 존재로 묘사하는 이야기가 나돌았다. 한 이야기에 따르면 많은 규칙과 관습을 정해 임방갈라인의 삶의 방식을 정립한 대모인 템보 아 은둠보 Tembo a Ndumbo는 자신이 낳은 사내아이를 죽여 절구에 갈아 만든 〈마지 아 삼바maji a samba〉(성유)를 출정하는 전사들에게 발라 주었다고 한다.[34]

포르투갈 사람들이 자신을 무력화하기 위해 행동을 취하는 상황에서 은징가는 통치력을 확고히 하기 위해 돌파구가 필요했고, 기회가 왔다. 앞서 이야기한 대로 1625년에 은징가는 임방갈라인의 이름 높은 대장인 임방갈라 카사와 정략결혼을 했다. 부부생활을 하지는 않았으나 그 결혼을 통해 은징가는 임방갈라의 문화와 사회에 접근할 수 있었다. 기독교로 개종한 뒤에도 은징가는 음분두의 전통 의식을 완전히 버리지 않았고, 이제는 임방갈라의 의식(소문에 따르면 은징가는 아이를 갖지 못했기 때문에 자신이 거느린 여인들이 낳은 아이를 죽여 마지 아 삼바를 만들었다고 한다)을 배우며 그들의 생활 방식을 익혔고 은골라로서의 역할에 더해 임방갈라인의 전쟁 지도자로서의 역할까지 수행했다. 임방갈라인들이 합류하면서 그들을 용맹하고 무시무시한 전사로 만들어 준 전투 기술이 은징가의 군대에 보급되었고 다른 임방갈라인들도 은징가를 따르게 되었다. 이렇게 새로운 전력을 바탕으로 은징가는 동부 은동고에서 통치력을 공고히 다졌고 은골라 하리의 권력을 빼앗았다. 심지어 이웃 나라인 마탐바를 정복해 그곳의 여왕인 무옹고Muongo를 끌어내렸다.

그 후 10년 동안 포르투갈인들은 은징가의 평화 협상과 동맹 제의를 거절했다. 그들의 편지와 문서에서 은징가는 두려움과 경멸이 뒤섞인 시선으로 묘사되었다. 포르투갈인에게 은징가가 받아들인 임방갈라인의 관습과 의식은 저주받을 행동이었고, 은징가는 〈가장 잔인한 관습을 따르며 소년의 심장과 소녀의 가슴살을 별미로 즐기는 여왕〉이었다.[35] 심지어 〈은징가는 모든 부류의 반역자들과 연루되어 그 모든 행위가 지옥에 가기에 합당한 여인〉이라는 최악의 비난이 더해졌다.[36] 이 같은 악명은 포르투갈인의 인종주의적 편견에 의해 빚어졌으나, 한 가지는 옳았다. 바로 은징가가 대의를 위해서라면 끔찍한 폭력도 가차 없이 사용하는 무자비한 지도자였다는 사실이다. 아무튼 포르투갈인들은 어떻게 생각하든 분하게도 은징가를 무시할 수 없다는 사실을 깨달았다.

은징가는 포르투갈인에 대한 군사 원정을 진행하는 한편 외교를 통해 해결책을 찾고자 했다. 은징가는 콩고 왕국, 네덜란드, 바티칸과 접촉하여 자신이 정당한 통치자임을 알렸고 포르투갈인과 맞서는 데 지지를 얻어내고자 했다. 은징가는 자신은 세례를 받은 기독교 군주이므로 포르투갈인의 침략은 부당하다는 것을 강조했다. 은징가는 수년 동안 음분두와 임방갈라의 의식에 관여해 왔으나 이 외교전을 위해 다시 기독교도가 되었고 카푸친회 선교사들에게 자신의 왕국을 개방했다. 은징가의 재

개종이 정치적 의도였는지, 아니면 신앙심의 발로였는지는 확실하지 않다. 어쨌든 그 행동은 정치적 결실을 거두었다. 곧 교황 알렉산데르 7세Alexander VII가 〈그리스도의 사랑을 받는 딸 안나 은징가 여왕〉을 지지하는 편지를 보내 온 것이다.37 은동고와 마탐바의 기독교화는 갈 길이 멀었고 은징가 이후로도 오랫동안 많은 사람은 음분두의 종교적 관습을 계속 유지했다. 그러나 임방갈라의 일부 피비린내 나는 의식은 금지되었고 은징가의 궁신 중 많은 수가 기독교로 개종했다. 이 작업은 두 명의 카푸친회 수도사인 안토니오 다 가에타 신부와 조반니 안토니오 카바치 신부의 도움으로 진행되었으며, 이들이 나중에 유럽인 독자들을 위해 은징가의 전기를 저술했다.

동부 은동고와 마탐바에 대한 확고한 통치력, 음분두인의 민심, 다른 유럽인에 의해 인정받은 기독교 군주로서의 권리를 확인한 포르투갈인들은 결국 은징가에게 고개를 숙여야 했다. 1656년 그들은 은징가를 왕으로 인정했고 앙골라 식민령과 은징가의 왕국 사이의 국경을 확정하는 평화 조약을 체결했다. 이로써 포르투갈과 은징가의 전쟁은 마침내 끝났다. 이 싸움에 은징가는 30년을 바쳤고 말 못할 압박과 불안에 시달렸으며 음분두 선조들과 임방갈라 동지들의 관습과 신앙을 저버린 데다 가까운 이들이 목숨을 잃는 것을 지켜봐야만 했다. 그러나 은징가는 끝까지 체면을 잃지 않았다. 수십 년 전에 코헤이아 드 소자와 협상했을 때와 마찬가지로 은징가는 포르투갈인과 대등한 위치에서 평화 협상에 임했다. 어떤 상황에서도 은징가는 포르투갈 왕에게 공물을 보내려 하지 않았다. 기록에 따르면 은징가는 이렇게 말했다고 한다. 〈그대들이 내게 요구한 공물을 보내야 할 까닭은 없다. 나는 내 왕국을 다스릴 운명을 갖고 태어났기에 다른 어떤 주권자를 인정하거나 그에게 복종하지 않을 것이다. (……) 만일 포르투갈인들이 해마다 나의 선물을 바란다면 그들도 내게 동등한 선물을 보내야 할 것이다. 그리하면 우리 모두 서로에게 정중함을 보일 수 있으리라.〉[38]

은징가는 1663년 12월 17일 여든한 살의 나이에 침상에서 평화로이 눈을 감았다.[39] 은징가 자매들의 후손이 왕국을 이어받아 통치했고 19세기 중반까지 200년 이상 포르투갈인의 야욕으로부터 나라를 지켜 냈다. 1909년이 되어서야 막다른 궁지에 몰린 은징가의 왕국은 포르투갈에 의해 정복되었고 앙골라 식민령에 흡수되었다.

아테네로 통하는 앙골라

오늘날 영화, 만화, 시 등에서 은징가는 다양한 모습으로 묘사된다. 은징가는 아프리카 역사 속의 중요한 여성 중 한 명으로 언급되고 브라질, 카리브 제도, 미국 등지의 아프리카계 주민들 사이에서 널리 알려져 있다. 은징가는 또한 근대 앙골라의 국모로 추앙되는데 앙골라 내전이 종식된 지 1년이 지난 2002년에 수도에 은징가의 거대한 기념상이 세워졌다.[40]

은징가는 식민주의에 대한 저항과 민족적 투쟁의 아이콘이기도 하다. 1960년대 앙골라의 독립운동에서 은징가는 상징적 인물이었고, 그 이전부터 오랫동안 앙골라의 역사와 구전을 통해 포르투갈에 항거한 자랑스러운 통치자이자 국가의 영웅으로 기억되었다. 그러나 이와 반대로 서양에서 은징가는 수 세기 동안 문란한 성생활, 식인, 잔혹함 등과 결부된 채 반복적으로 폄훼되었다. 18세기의 유럽 계몽주의 사상가에게 은징가는 전형적인 〈타자〉였다. 독일의 철학자 헤겔Friedrich Hegel에게 은징가가 다스리는 〈역사에서 벗어난 여성 국가〉는 음란한 여성이 남성에게 무차별적인 폭력을 저지르는 곳이었다. 동시대의 프랑스인 사드Sade 후작에게 은징가는 〈가장 잔혹한 여성〉으로 여러 명의 정부를 살해하고 자신보다 어린 임산부를 죽이는 사람이었다. 이처럼 서양 백인 남성 저자에게 은징가는 야만적이고 원시적인 아프리카인 〈타자〉의 이미지를 대표하는 인물이었다. 특히 18세기 후반에 은징가는 서양의 식민화를 정당화하기 위해 과학적 인종주의라는 개념을 지지하는 사례로 이용되었다(우리는 제11장에서 그 개념의 등장을 논의할 것이다).

　이러한 이미지는 모두 가에타와 카바치가 쓴 은징가의 전기에서 기인했다. 가에타 신부가 쓴 글에서 은징가와 그녀의 왕국은 대체로 긍정적으로 평가되었고, 1669년에 그의 글은 『중앙아프리카 마탐바 왕국과 그 여왕 은징가의 성스러운 신앙으로의 놀라운 개종 The Marvellous Conversion to the Holy Faith of Queen Njinga and of Her Kingdom of Matamba in Central Africa』이라는 제목으로 출판되었다. 카바치의 태도는 좀 더 애매하고 복잡하다. 그는 더 나중인 1687년에 『콩고, 마탐바, 앙골라의 세 왕국에 대한 역사 서설 Historical Description of Three Kingdoms of Kongo, Matamba, and Angola』을 출판했다. 흥미롭게도 서아프리카와 그 주민들에 대한 카바치의 태도는 책장을 넘길수록 점차 바뀌어 간다.

그는 처음에는 그들을 부정적으로 묘사했다. 그의 주장에 따르면 그 땅은 사람이 거의 살 수 없는 곳인데 끔찍한 열기와 강에 사는 무시무시한 동물들 때문이 아니었다. 그곳에 사람이 살 수 없는 이유는 〈기아가Giaga(임방갈라인을 뜻한다)라 불리는 끔찍하고 괴물 같고 비인간적인 종족 때문이다. 이들은 숲의 야수와 독사보다도 더 잔인하다〉.[41] 그가 말하길 그들은 자연의 섭리에 어긋나고 비인간적인 법에 따라 살아간다. 카바치는 고대사 속 여러 종족과 비교하면서 그들을 부정적으로 묘사한다. 그의 주장에 따르면 고대의 모든 종족은 야만족조차도 신성한 기원을 지닌 법률을 갖고 있는데, 카르타고인, 페르시아인, 박트리아인이 그들이다. 따라서 아프리카의 야만적인 거주민들은 고대사 속 야만인들보다도 더 악한 자들이다. 〈이 비인간적이고 잔혹하고 신을 모르는 에티오피아인들(사하라 이남의 아프리카인을 예스럽게 부르는 낱말)은 신앙 없이 사탄의 법인 〈퀵실라스quixillas〉(성스러운 의식을 뜻하는 임방갈라 낱말)에 의거한다. 그 족속은 신이 아닌 비인간적이고 잔혹한 남자와 야만적이고 비인간적인 여자(템보 아 은둠보)를 따랐으니 어떤 신에게 의지하지 않고 그 여자를 입법자로 의지했기 때문이다〉.[42] 카바치는 다시금 고대의 야만인들에 빗대면서 은징가를 특히 부정적으로 묘사했다. 〈징가 여왕은 헤롯 대왕보다도 더욱 어린이들에게 야만적이고 잔혹하게 굴었다〉라고 주장하면서, 은징가가 〈항상 파라오에 버금가는 야만성과 잔혹함을 보였다〉라고 말했다.[43]

카바치는 고대 문헌을 폭넓게 인용했다. 그는 아리스토텔레스와 세네카Seneca의 권위에 호소했고 칼리굴라와 키케로의 일화를 끌어왔다. 그 자체는 놀랄 일은 아니었다. 그러한 수사법은 근세 문헌에서 일반적이었고 심지어 응당 그래야 하는 표준이었다. 저자들은 독자에게 잘 알려진 원전과의 비교를 통해 자신의 서사를 확고히 하게끔 고대인의 탁월한 지식을 빌려왔다. 새롭고 신기하고 이국적인 것을 독자에게 소개해야 하는 여행기가 특히 그러했다. 외부의 것을 친숙하게 받아들이게끔 고대의 문헌을 활용한 것이다. 예를 들어, 포르투갈인과 이탈리아인은 아프리카와 아시아의 낯선 관습을 설명하기 위해 헤로도토스의 민족지를 인용했다.[44] 비슷하게 스페인에 복속된 아메리카 원주민들과의 관계를 바로잡기 위해 페르난데스 데 오비에도 Fernandez de Oviedo와 바르톨로메 데 라스카사스 Bartolome de las Casas가 벌인 논쟁에서는 각자 자신의 주장을 뒷받침하기 위해 로마인의 사례를 이용했다.[45]

    카바치는 독자들이 고대 그리스 및 로마와 비교함으로써 동시대 아프리카에 대해 더 잘 알 수 있으리라 생각했을 것이다. 그래서 콩고는 고대 카르타고와 비교되었고 앙골라는 고대 아테네와 대적하게 되었다. 17세기 후반에 고대의 전거에 호소하는 관습은 유럽 여행기와 초기 식민 문학에서 확고히 자리 잡고 있었다.

    그런데 서양 문명이라는 서사를 살펴보고자 할 때 카바치의 글에서 나타나는 한 가지 구체적인 경향이 매우 중요하다. 그 경향이란 바로 고대 세계의 구성원 각각에게 차등적인 가치를 부여한다는 것이다. 카바치는 아프리카인을 부정적으로 묘사하기 위해 고대 세계와 빗댔는데 특히 이집트, 페르시아, 카르타고, 박트리아 등 비그리스-로마 세계를 이용했다. 반대로 그들의 긍정적인 면모를 조명할 때는 그리스나 로마와 비교했다.

카바치의 전기 제1권은 앙골라와 그곳 주민들, 그리고 그 여왕을 비난하는 어투로 묘사한다. 이는 은징가를 야만인에서 인정받을 만한 기독교도 여왕으로 탈바꿈시킨 기적적인 개종을 다루는 제2권에까지 이어진다. 은징가의 악행이 부각될수록 그 구원 역시 부각되었다. 은징가의 과거 행위를 더 악마적으로 묘사해야 그녀를 올바른 길로 인도하는 개종이 더욱 경이롭게 다가오기 마련이었다. 이 시점에서 카바치는 은징가를 다른 고대인과 연관 짓는 대신 고대 그리스-로마의 현모양처와 비교하기 시작한다. 그의 주장에 따르면 그 목적은 이러했다.

> 나는 그리스 여인들의 현명함과 로마 여인들의 정절을 기록하여 세계에 그들의 미덕을 알리고 남성적인 용기가 여성의 가슴속에도 깃들 수 있음을 알리고자 한 위대한 플루타르코스를 따르고자 한다. 그러므로 나는 그대들에게 여기 동방의, 즉 달의 에티오피아에서 그 선조들로부터 이어지는 징가 여왕의 혈통과 그 생애와 그 행실과 그녀가 이전에 저질렀던 야만 행위와 잔혹함을 간략히 서술하고자 한다. 과거의 악행을 기록함으로써 오늘날 그녀가 보이는 미덕을 더욱 드러내기 위함이다. 나는 그녀가 마치 그리스 여인처럼 현명했고 신에게 개심한 로마인처럼 정절을 지켰다고 말하노라.[46]

카바치의 비교 대상은 악의 없이 선정된 것처럼 보이지만, 바로 그 점 때문에 중요하다. 베이컨(제8장)이 살았던 17세기 초에 고대 그리스-로마는 유럽인의 문화적 선조로 자리매김했다. 17세기 말에 살았던 카바치에게 그 세계는 이상화되기 시작했다. 그리스-로마 세계는 동시대의 모든 사람을 측정하고 특히 식민화된 사회에 대해서는 그들의 결점을 찾아낼 수 있게 해주는 잣대였다. 카바치가 보기에 식민화된 종족에게도 훌륭하고 문명화되었으며 서양적이라고 할 만한 무언가가 존재한다면 고대 그리스-로마와 비견될 수 있었다. 반대로 악하고 야만적이며 〈타자적인〉 것은 그리스-로마 세계에 속하지 않은 과거와 결부되어 상상될 수 있었다. 그는 세계를 둘로 인지했으니 식민자와 피식민자, 서양과 그 나머지, 그리스-로마 세계를 뿌리로 둔 자와 그렇지 않은 자였다. 그러나 이후의 저자들과 달리 카바치에게 개인, 심지어 국가조차 얼마든지 그 구분을 넘어 한쪽에서 다른 쪽으로 전환될 수 있었다.

―

고대 그리스-로마에서 기원하여 고유의 역사를 지닌 일관된 문화적, 정치적 블록인 서양이라는 개념은 툴리아 다라고나의 시대에 막 싹을 틔웠고 사피예 술탄의 시대에는 간단하게 무시할 수 있을 만큼 취약했다. 그러나 프랜시스 베이컨과 앙골라의 은징가가 살았던 시기에 그것은 현실이 되었다. 계몽주의 시기 유럽에서 베이컨과 그 동시대인이 서양이라는 개념의 토대를 다졌다면 그 개념적 구조는 유럽인이 지배하게 된 유럽 바깥의 더 넓은 세계에서부터 쌓아 올려졌다. 서양과 그 나머지 사이의 구분은 그곳에서 더욱 선명한 의미를 가졌고, 비서양 세계를 인식 가능한 것으로 만들고 그곳의 거주민을 길들일 수 있는 존재로 만들기 위해 그들을 서양인에게 친숙한 고대사 속 존재들로 은유했다.

그러나 이때까지만 해도 서양 지배의 토대가 되는 것이 인종, 지리적 요인, 종교 중 무엇인지는 논쟁의 대상이었다. 서양과 그 나머지를 구분하는 역사적 경계가 17세기 중반에 그어졌다는 점은 분명하지만 사람들이 그중 어느 쪽에 속하는지에 대한 기준은 확정되지 않은 채였다. 17세기의 카바치에게 개종은 은징가가 그 문명의 경계선을 넘었음을 뜻했다. 그는 개종 이전의 은징가를 야만인, 비도덕적인 이교도, 과거의 비서양에 가까운 존재로 묘사했다. 개종 이후의 은징가는 반대로 문명화되고 도덕적이며 서양의 그리스-로마 유산과 가까운 존재로 묘사되었다. 카바치와 그 독자들에게 은징가는 훌륭한 서양인이 된 사람이었다. 아프리카라는 지리적 위치와 인종적 차이가 그 전환을 가로막지는 못했다. 은징가 자신에게 그 개념적 전환은 정치적 이익을 가져다주었다. 은징가는 기독교로 개종함으로써 포르투갈인의 점령이 부당하다는 것을 주장할 수 있었고 (이론상으로) 유럽의 기독교도 군주들과 동등한 권리를 얻었다. 개종은 은징가가 교황으로부터 지지를 얻어 낼 수 있는 토대가 되었고, 이제 포르투갈인 제국주의자들은 은징가를 상대할 때 말을 아껴야만 했다.

카바치가 그러했듯 17세기 후반에는 여전히 아프리카인 여왕이 그리스인처럼 현명하고 로마인처럼 정숙하다고 말할 수 있었다. 이 시점에서 아프리카인이라는 점이 은징가가 서양인으로서의 특권에서 배제되도록 가로막지는 못했다. 그러나 상황은 이미 바뀌는 중이었다. 은징가가 죽은 지 20년 후이자 카바치의 전기가 출간되기 2년 전인 1685년에 프랑스의 여행가 프랑수아 베르니에François Bernier는 「지구의 새로운 구분Nouvelle Division de la Terre」이라는 글에서 인간을 서로 다른 〈인종〉으로 구분하는 방식을 채택했다.[47] 같은 해 프랑스와 그 식민지에 적용되는 새 법률이 통과되어 피부색이 어두운 사람은 노예든 자유인이든 순전히 피부색 때문에 활동에 제약을 받게 되었다. 이는 〈흑색법Code Noir〉으로 알려지게 되었다. 한 세대 뒤인 1735년에 칼 린네Carl von Linné는 『자연의 체계Systema naturae』 초판에서 인간은 더 넓은 자연의 일부로서 〈백색 유럽인Europaeus albus〉, 〈적색 아메리카인Americanus rubescens〉, 〈암갈색 아시아인Asiasticus fuscus〉, 〈흑색 아프리카인Africanus niger〉이라는 네 가지 기본적인 범주로 구분된다고 말했다. 그는 이 범주를 다른 기질과 행동을 그 분류에 포함시킨 제10판(1758)까지 계속 사용했다.[48] 이처럼 17세기에서 18세기로 넘어가면서 서양의 정체성과 서양 문명은 점차 인종화되고 있었다.

제10장
서양과 정치:
조지프 워런

천국은 흡족하게 물결 위에서 춤추는
그 복된 방주를 지켜보았고, 선택받은 가족이 서쪽 지역에
안전하게 도착할 때까지 지켜 주었다.
— 조지프 워런(1775)[1]

회관은 사람들로 가득 찼다. 사방에서 연단을 에워싼 군인들은 연사에게 압박을 가했다. 문간에서 아우성치는 군중은 분노와 원한으로 들끓고 있었다. 팽팽한 긴장감이 그들 사이를 갈랐다. 연사 본인은 커져 가는 위협 따윈 안중에도 없이 연설에만 열중하고 있었다. 조지프 워런Joseph Warren의 말에는 열정과 권위가 담겨 있었다. 지난 10년 동안 그는 미국 독립운동을 주도하는 인물이었고 지난 여섯 달 동안 분리주의자들이 새로 수립한 지역 정부의 보스턴 대표로 선출되어 활동했다. 이 연설이 있은 지 한 달 뒤에 그는 매사추세츠주 의회의 의장으로 선출되었다. 그러나 두 달 뒤에 그는 벙커힐 전투에서 영국군에게 살해당하면서 새로운 미합중국의 순교자가 되었다.

조지프 워런은 미국 건국의 아버지들의 명단에 들어가지 않는다.[2] 존 행콕John Hancock, 폴 리비어Paul Revere, 존 애덤스John Adams와 새뮤얼 애덤스Samuel Adams 등 그의 친구와 동료들에 비하자면 수 세기 동안 그를 언급하는 목소리는 비교적 작았다. 그는 공보관이자 전략가이며 다재다능한 대중 선동가로서 독립운동 초기에 중요한 역할을 했다. 렉싱턴과 콩코드에서 미국 독립 전쟁 최초의 교전이 일어났을 때 혁명군을 제시간에 영국군과 맞서도록 이끌어 유혈 낭자한 패주를 떠들썩한 승리로 바꾸어 놓은 사람이 바로 워런이었다. 혁명에 호의적인 대중을 끌어 모으고 성공적으로 지지 세력을 구축한 사람도 워런이었다. 한 영국 장교는 그를 〈아메리카 전역에서 가장 위대한 선동가로 명성이 자자한 워런 박사〉라고 칭했다.[3]

1775년 3월 6일 보스턴 학살 5주년 때 보스턴의 올드사우스 회관에서 그가 한 연설은 그의 열정적인 정치술의 완벽한 예시였다. 워런의 행위는 도시에 작은 불꽃을 일으켰고 며칠 만에 그 불꽃은 들불처럼 타오르는 무장 봉기로 번져 나갔다.

워런은 어떻게 그렇게 할 수 있었을까? 불만을 품은 군중을 혁명에 동참하도록 이끈 비결은 무엇이었을까? 워런의 연설은 파토스의 능숙한 활용, 어조와 음보의 완벽한 조작, 생생한 카리스마의 본보기였다. 그러나 그가 청중의 상상을 사로잡은 것은 이런 기교 때문만이 아니었다. 워런은 그들에게 한 가지 발상을 전파했다. 북아메리카가 거대하고 화려한 유럽의 식민 전초기지가 아니라 유럽을 능가하는 계승자라고 말한 것이다(워런은 중앙아메리카와 남아메리카를 염두에 두지 않았는데, 이에 대해서는 뒤에서 다룰 것이다). 워런에 따르면 북아메리카는 퇴폐한 구세계에서 벗어나 무결한 채 남을 수 있었고 그리하여 천 년에 달하는 유럽 문화의 정당한 계승자가 되었다. 새로이 독립한 미합중국은 서양 문명의 최종적이고 완전한 정점이었다.

물론 미국이 서양 문명의 계승자라는 생각을 한 사람이 조지프 워런이 처음은 아니었다. 이전 장에서 보았듯 그는 고대 그리스-로마를 일관된 개체로 여긴 최초의 인물도 아니었고, 그곳을 지식과 문화의 원천으로 활용한 최초의 인물도 아니었다. 이미 두 세기 전 르네상스기(제6장)에 이 경향이 나타나기 시작했다. 툴리아 다라고나에서 조지프 워런에 이르는 동안 다른 방식으로 구성된 세계사를 여전히 상상할 수 있었으나(제7장) 서양이라는 발상의 등장과 함께 단일한 그리스-로마 세계에 대한 배타적인 소유권의 주장이 대세가 되어 가고 있었다(제8장). 이 상상된 계보는 서양과 그 나머지 세계 사이의 거리를 벌리는 개념적 도구로 사용되었다(제9장). 그러나 워런이 서양 문명이라는 서사의 틀을 처음으로 짠 인물은 아닐지라도 그와 동시대인은 그 틀을 교육받은 엘리트 계층을 넘어 대중에게 알리는 데 기여했으며 그 과정에서 그 틀을 중요한 정치적 원동력으로 만들어 냈다. 워런을 통해 서양이라는 발상은 식자들의 논고와 담화에 국한되지 않고 새로운 생명을 얻었다. 그리고 그것이 대중에게 받아들여지면서 급변하는 정치 운동과 결합하여 혁명이 일어났다. 그와 동시에 서양 문명의 문화적 족보는 더욱 주목을 받으면서 거리와 연단에서 시의성을 갖고 불려 나오게 되었다. 서양 문명은 지적 담론의 영역을 벗어나 현실 세계로 들어서게 된 것이다.

제국과 자유

워런이 살았던 18세기 중반의 북아메리카 영국 식민지 13개 주는 대영제국의 다른 곳과 비교해 보아도 이상한 곳이었다. 가장 큰 차이는 인구 구성이었다. 아시아, 아프리카, 중앙아메리카의 영국령 대부분은 다수의 피지배민을 소수의 영국인 군인과 관료가 다스렸고, 제국 정치뿐만 아니라 인종적으로도 뚜렷이 구분되었다.

아일랜드의 상황은 달랐다. 150년 이상 계속된 이주와〈플랜테이션〉으로 18세기 중반 아일랜드에는 상당한 규모의 영국계 프로테스탄트가 거주했고, 대부분 비옥한 북부에 모여 살았다. 오늘날에는 아일랜드인이 백인으로서 영국인과 같은 광의의 인종적 범주에 들어간다고 여겨진다. 하지만 식민지 아일랜드의 역사에서 원주민에 대한 대우는 거의 인종주의적인 양상을 띠었다.4 18세기 중반에 이러한 양상은 바뀌기 시작했고 새로운 인종의 구분이 등장했다.

반대로 아메리카 식민지 13개 주에서 정착민은 스스로 영국인 개척자의 후손이라 주장했다. 피식민자가 아닌 식민자의 자녀로서 그들은 제국의 체제 내에서 여느 영국령 식민지의 주민들과는 확연히 다른 지위를 갖고 있었다. 대영제국의 다른 식민지에서 피지배민과 제국 엘리트를 구분하기 위해 사용된 인종 개념은 북아메리카 식민지의 주민들과 그들을 다스리는 영국인 관료들 사이의 관계에 적용되지 않았다. 물론 북아메리카 식민지의 모든 주민이 그렇진 않았기에 영국계 식민 지배층과 다른 유럽 국가 출신의 주민을 아프리카계 노예 및 아메리카 원주민과 구분하는 데는 인종화된 구분이 잘 작동했다. 인구의 상당수가 영국계 식민지인이라는 사실은 이 식민지를 통치하는 데 큰 장애물이었다. 18세기 중반 영국과 아메리카 13개 주 사이에는 긴장이 고조되고 있었다. 특히 영국은 더 큰 규모의 통제를 모색하면서 무역을 규제하고 주요 상품에 세금을 부과했다. 1765년의 설탕법, 1765년의 인지세법, 1767년의 타운센드법, 1773년의 홍차법 등은 미국 식민지에서 분노와 폭동을 불렀고 결국 혁명을 야기했다.

그러나 혁명파는 이념적인 난제에 부딪혔다. 그들은 자신들의 행동이 제국주의에 맞선 해방이라 주장하고자 했다. 그러면서도 혁명파 대다수는 **모든** 제국주의에 맞서는 **보편적** 해방을 주장하길 바라지 않았다. 즉 영국계 백인 식민지인은 침해할 수 없는 자유와 자기 결정권을 확보하고자 했으나 그 권리의 범위가 아프리카계 노예들에게 적용되는 것에 대해서는 거의 지지를 보내지 않았다. 비슷하게도 혁명 운동가 가운데 많은 사람이 제국주의가 자신들에게 행사되는 것을 용납하지 않았으나 다른 이들, 특히 백인 식민지인이 원주민에게 행사하는 제국주의나 아메리카, 아프리카, 아시아에서 유럽인이 행사하는 제국주의에 대해서는 대체로 침묵했다. 다른 인종의 자유를 지지할 필요 없이 그들의 자유를 주장하고, 제국 그 자체를 부정하지 않으면서 자신들은 제국에 복속되기를 거부하는 상충하는 이념적 요구가 빚어내는 긴장이 관념상의 문제를 만들어 냈던 것이다.

영국인을 제국의 침략자로 규정하고 영국에 의한 식민지인의 노예화를 자주 언급하는 혁명파의 연설, 편지, 저서에서 이 문제는 명백히 드러난다. 독립 전쟁 기간에 혁명군의 장군이자 미국의 초대 대통령이 된(그리고 수많은 아프리카인을 노예로 소유했던 부유한 노예 주인) 조지 워싱턴George Washington은 〈노예로 굴종하기엔 우리 안에 깃든 자유의 정신이 너무나 드높기에〉

영국으로부터 독립해야 한다고 주장했다.[5] 비슷하게도 1774년 워싱턴을 비롯해 혁명파의 다른 지도자들이 비준한 페어팩스 결의안에서는 영국 의회가 미국 식민지에 행사하는 권력이 〈우리를 자유와 행복에서 예속과 비참함으로 전락시키기를 꾀한다〉라고 주장했다.[6] 이 백인 혁명파 지도자들은 은유적일지언정 영국으로의 예속이라는 사고를 혐오했다.

영국 제국주의에 대한 어조 역시 비슷했다. 혁명파의 지도자이자 미국의 제3대 대통령이 되는 토머스 제퍼슨은 1777년 버지니아의 지역 정치가로부터 한 통의 편지를 받았다. 그 정치가는 〈우리가 훌륭한 정규군을 가질 수만 있다면 곧 이 대륙에서 망할 침략자들을 쓸어버릴 수 있을 것〉이라고 불평했다.[7] 같은 해 워싱턴은 존 행콕에게 보낸 편지에서 〈영국 왕실은 나라 안팎에서 우리에게 견딜 수 없는 멍에를 씌우고자 안간힘을 쓰고 있는 것이 분명하다〉라며 분노를 터뜨렸다.[8] 미국 혁명파는 독립 운동을 영국이 북아메리카 백인에게 부과한 노예제와 제국주의에 맞선 투쟁으로 규정했다.

그러나 바로 그 혁명파는 영국이나 다른 유럽 국가 출신이 아닌 식민지인에게 행사되는 노예화와 제국주의에 대해서는 엇갈리는 태도를 보였다. 워싱턴은 페어팩스 결의안에 서명하면서 공식적으로 노예제를 비난했고,[9] 1776년 7월 대륙 회의에서 승인된 독립 선언문의 작성자로 가장 잘 알려진 제퍼슨도 마찬가지였다. 그 선언에서 〈모든 인간은 평등하게 창조되었으며 신으로부터 양도할 수 없는 권리를 부여받았다〉라는 제퍼슨의 유명한 문장은 로크의 정치 이론과 같은 계몽주의적 사고에 기반

한 것이었다. 그러나 워싱턴이든 제퍼슨이든 그들은 추상적인 개념으로서의 노예제에 반대했을지 몰라도 대통령 재임 시절에 노예제의 관습을 금지하지 않았고 평생 수백 명에 달하는 노예를 소유했다. 18세기 중반의 북아메리카 혁명파에게 노예가 되는 것은 참을 수 없는 일이었지만 남들이 노예가 되는 것은 용납할 수 있는 일이었다.

제국과 식민주의에 대한 수사에서도 비슷한 불일치를 볼 수 있다.[10] 영국 제국주의의 잔학함을 강력하게 반대했던 워싱턴은 거리낌 없이 새로이 독립한 미국을 〈부상하는 제국〉으로 칭했다.[11] 영국이 미국의 독립을 알아차리기 전날 밤, 워싱턴은 병사들에게 〈이 영광스러운 혁명에 위험과 수고를 무릅쓰고 압제의 손아귀에서 수백만을 구해 내고 위대한 제국의 토대를 놓고자 함께한〉 것에 감사를 보냈다.[12]

그런 점에서 북아메리카 혁명은 노예제를 용납하고 때로는 거기에 연루된 사람들이 노예제에 반대해 벌인 투쟁이었다.[13] 또한 이는 제국주의를 인정하고 때로는 더 나아가 제국을 적극적으로 바란 사람들이 벌인 반제국주의 전쟁이기도 했다.[14] 이 역설을 당대인들도 놓치지 않았다. 1775년 영국의 학자 새뮤얼 존슨Samuel Johnson은 〈어떻게 흑인을 부리는 자들이 우리에게 해방을 소리 높여 외친단 말인가〉라며 불만을 토로했다.[15] 같은 해 영국의 정치 이론가인 토머스 페인에게 전달된 저자 미상의 소책자에서는 북아메리카 문제에 대해 〈자신들을 노예로 만들려 한다며 시끄럽게 불평하는 자들이 정작 수십만 명의 노예를 소유한 모습에서 일관성이나 체면을 찾아볼 수 있는지〉 물었다.[16]

이것이 혁명 운동의 핵심에 놓인 이념적 문제였다. 서양과 서양 문명이라는 쌍둥이는 그에 대한 답의 일부였다.

의사이자 혁명가

농부 집안에서 태어난 4세대 미국인인 조지프 워런은 유복하진 않았지만 모자람 없는 어린 시절을 보냈다. 열 살에 록스버리 라틴 스쿨에 등록했고, 열네 살에 하버드 대학에 들어갔다(우리에겐 너무 어린 나이로 보이겠지만 당시에는 이상한 일이 아니었다. 프랜시스 베이컨 역시 비슷한 나이에 케임브리지에 등록했다. 제8장을 보라). 이 시기에 젊은 워런은 계급 체계의 벽에 부딪혔다. 그는 유능한 학생이었으나(그의 정치적 반대파도 훗날 그를 두고 〈탁월함이 기대되는 천재성을 지니고 있다〉라고 묘사했다[17]) 대학은 학업 성적이 아니라 부모의 부와 사회적 지위에 따라 학생의 등급을 나누었다. 그 결과 워런은 동급생 45명 가운데 31등에 머물렀고 하버드에서 받을 수 있는 많은 특권에서 배제되었다.[18] 이 경험은 중요한 계기가 되었을 것이다. 처음에는 의사로, 나중에는 정치 선동가로 살아가는 동안 워런은 계급적 관행에 민감하게 대응하게 된다.

    1765년에 그려진 초상화에서 그는 부드러운 인상에 우울한 눈을 가진 창백한 청년의 모습이다. 당대의 기록에 따르면 〈부인들은 단언컨대 그가 잘생겼다〉고 말했고,[19] 혁명파의 지도자이자 훗날 제2대 미국 대통령이 되는 존 애덤스는 1764년 워런과 처음 만난 뒤 그를 〈아름답고 키가 크며 상냥하고, 동안의 젊은 신사〉라고 기록했다.[20] 그때 워런의 나이는 고작 스물세 살로 2년째 의사로 일하고 있었다. 이 직업이 그에게 처음으로 명망을 얻게 해주었다.

1763년부터 그 이듬해의 겨울 동안 보스턴에서는 치명적인 천연두가 유행하고 있었다. 가장 부유한 보스턴 시민들이 피난을 떠난 동안 워런과 그의 동료들은 도시 남쪽의 곶에 세워진 요새인 캐슬 윌리엄에 임시 야외 병원을 만들었다. 병자와 죽어가는 사람을 무료로 돌보는 가운데 당시만 해도 논쟁거리였던 예방접종 캠페인을 벌여 수백 명의 목숨을 구했다. 유행병이 종식되면서 시 의회는 〈이 고난과 위기의 시절에 수많은 가난한 사람을 천연두로부터 구하고자 무상으로 예방접종을 실시하고 돌본 신사 의사들에게 도시와 그 인근 지역이 보내는 감사〉를 전했다.[21] 캐슬 윌리엄의 의사들은 하룻밤 사이에 유명 인사가 되었다.

워런은 대중적 인기를 기꺼이 받아들였다. 1764년 여름, 유명 인사가 된 지 몇 달 뒤에는 부유한 상속녀인 엘리자베스 후턴Elizabeth Hooton과 결혼함으로써 사교계에 진출했으며, 혁명을 퍼뜨리는 데 자신의 명성을 적재적소에 이용했다.[22] 같은 해 가을 새로이 부과된 설탕세에 반대하는 대중 시위가 보스턴에서 발발하자 워런은 정치 투쟁에 뛰어들었다. 그는 폭동을 주동한 혐의로 고발된 사람을 공개적으로 옹호했고, 그의 신경과민을 이유로 법적 절차를 중단하라는 의학 소견서를 제출했으며, 영국 수입품에 대한 보이콧 캠페인에 동참했다.[23]

이듬해 봄에 그는 정치 활동에 뛰어들어 인지세법을 겨냥해 처음으로 공개적인 정치 저술을 발표했다. 1764년에 통과된 이 법은 신문과 대학 학위 논문, 놀이용 카드에서 법률 문서에 이르기까지 종이로 된 모든 품목의 가격을 올렸다. 이는 필연적으로 학술 및 문화 분야에 매기는 세금과 같았다. 시위와 폭동이 일어나는 가운데 워런은 신문 『보스턴 가제트 Boston Gazette』에 식민지인의 주장을 담은 기고문을 발표했다. 북아메리카인은 〈영국인의 후손으로 광명의 땅에서 태어나 자유의 품에서 자라난〉 이들이므로 영국 의회에 그들의 대표를 세우지 않는 한 과세를 인정할 수 없다는 내용이었다. 그는 격정적인 어조로 다음과 같이 글을 맺었다. 〈깨어나라, 깨어나라, 우리 국민이여. 우리와 우리 후손을 노예로 삼으려는 사람들의 계획을 좌절시키기 위해 정기적으로 그리고 법적으로 맞서자.〉[24] 워런이 말한 노예화의 용례는 다른 건국의 아버지들의 용례와 같았고, 그들과 마찬가지로 워런 또한 노예를 소유하는 동시에 자신의 자유가 제한될 수 있다는 생각에 반기를 든 사람이었다.[25]

인지세법이 철회된 뒤에도 워런은 계속해서 혁명 활동에 열을 올렸다. 그는 매사추세츠의 영국 총독을 격렬히 비난했으며,[26] 혁명가 가사를 새로 짓기도 했다.[27] 그의 주변에는 친척지간이었던 존 애덤스와 새뮤얼 애덤스, 존 행콕 등 급진주의자가 가득했다. 그의 동지들이 처음부터 워런의 방대한 작업의 가치를 이해하고 있었던 것은 아니다. 존 애덤스는 워런의 글을 읽고 〈단락, 항목, 사건 등을 흥미롭게 활용해 작문한 그 글은 정치적 활력을 불어넣는 기계와도 같다!〉라고 기록했다.[28]

워런과 같은 문필가들의 활약으로 보스턴에서 영국에 대한 반감이 고조되었고, 보스턴은 미국 혁명의 사령실이 되었다.

매일같이 일어나는 시위, 폭동, 영국군과의 싸움은 1770년 3월 5일의 악명 높은 보스턴 학살로 절정에 달했다. 이 비극적인 사건에서 영국 군인은 분노한 군중에게 위협을 느껴 총을 발사했고, 다섯 명의 사망자와 다수의 부상자가 발생했다. 워런은 새뮤얼 펨버턴Samuel Pemberton과 함께 이 사건에 관한 공식 기록을 작성했고, 이를 통해 대중의 분노를 이끌어 내고자 했다. 그리고 「1770년 3월 5일 저녁 제14연대와 함께 보스턴에 주둔하고 있던 제29연대의 병사들이 저지른 끔찍한 보스턴 학살에 대한 짧은 보고. 그 참사에 앞선 상황에 대한 몇몇 진술을 포함」이라는 제목의 소책자가 발간되었다.[29] 이 소책자와 함께 배포된 폴 리비어의 판화는 오늘날까지도 보스턴 학살을 다룬 가장 유명한 그림으로 남아 있다. 또한 워런은 해마다 그 사건을 기념하는 대중 연설을 기획했고 리비어의 집 창문에 학살을 소재로 한 그림을 전시하는 행사를 추진하기도 했다. 1771년 그의 연설과 전시회는 수천 명의 청중을 불러 모았다.[30]

  1773년 동인도회사의 악화된 재정을 회복시키고자 영국 의회에서 통과된 홍차법은 또 다른 발화점이 되었다(고문과 착취를 동원했음에도 동인도회사는 벵골에서 발생한 가뭄으로 인해 재정적 손실을 만회할 수 없었다). 홍차에 매기는 세금을 없앰으로써 동인도회사는 밀수업자보다 더 저렴하게 홍차를 팔 수 있었다. 북아메리카 식민지에서 밀수업자(그들 중 다수가 버젓한 사업가였는데, 존 행콕도 그중 한 사람이었다)에 대한 위협은 또 다른 제국주의적 강압으로 여겨졌다.[31] 12월 16일 보스턴의 올드사우스 회관에서 공개 회의가 열렸다. 그 자리에서 구체적으로 어떤 이야기가 오갔는지는 알려지지 않았으나 분노한 군중은 항구로 몰려가서 최근 동인도회사의 홍차를 싣고 도착한 세 척의 배에 올라탔다. 그러고는 오늘날의 가치로 200만 달러에 상당하는 340상자 분량의 홍차를 바닷물에 던져 버렸다. 이른바 보스턴 차 사건이다.[32] 혁명파는 자신들의 정부를 꾸림으로써 피할 수 없는 영국의 탄압에 맞섰다. 대륙 의회와 매사추세츠주 의회(이곳에서 워런은 보스턴시 대표로 선발되었다)는 영국의 제국주의적 정부에 공개적으로 대항하기 시작했다.[33]

1775년 3월 6일, 이 장의 첫 부분에서 보았듯이 보스턴 학살 5주기 추모 연설을 위해 조지프 워런이 올드사우스 회관의 연단에 올랐을 때 그를 둘러싸고 있던 환경은 화약고와도 같았다. 그날 그의 연설을 지켜본 영국 군인들은 필연적으로 일어날 무력 충돌에 대비하고 있었다. 몇 주 동안 영국군은 주요 지점으로 이동하고 보급품을 비축했다. 그러나 워런이 몰래 심어 둔 첩자들이 그 모습을 지켜보았고, 혁명파 역시 행동에 나설 태세가 되어 있었다. 4월 초에 영국군은 진군을 결정했다. 그들의 공격 목표는 매사추세츠에 있는 콩코드라는 작은 마을이었는데, 그곳이 혁명파 민병대의 기지로 사용되고 있었기 때문이다. 4월 18일에 워런은 영국군이 동이 트는 대로 출발할 계획이라는 정보를 입수했다. 그날 밤 그가 사전에 약속된 신호를 보내자 혁명군에게 보내는 경고의 메시지가 뉴잉글랜드를 가로질렀다.

워런의 전령이었던 두 사람에게는 특별히 주목할 만한 점이 있다.[34] 윌리엄 도스William Dawes는 보스턴에서 남쪽으로 말을 달려 록스버리와 케임브리지의 지역 민병대에게 경고를 전한 뒤 내륙으로 향했다. 폴 리비어는 찰스타운을 가로질러 북쪽으로 말을 몰아 콩코드로 향했다. 그의 심야의 질주는 헨리 워즈워스 롱펠로의 시 「폴 리비어의 질주Paul Revere's Ride」를 통해 한 세기 가까이 불후의 명성을 얻었다. 도스와 워런은 점점 잊혔지만 리비어는 오래 기억되었다. 하지만 두 전령의 노력이 없었다면, 그리고 무엇보다도 워런의 뛰어난 첩보망이 없었다면 영국군의 승리로 끝났을 것이고 혁명파는 큰 난관에 부딪혔을 것이다.

다음 날 아침 영국군 병사들이 콩코드에 도착했을 때 그들을 기다리고 있는 것은 식민지인의 전투 부대였다. 콩코드로 향하는 길목에 있던 작은 정착지인 렉싱턴에서 짤막한 전초전이 벌어졌고, 이어 콩코드에서 교전이 일어났다.[35] 영국군은 목적을 이루지 못한 채 보스턴으로 후퇴하기 시작했다. 그러나 그들의 퇴로는 위험천만했다. 도중에 영국군은 매사추세츠의 시골에서 쏟아져 나오는 민병대에게 공격당했다. 워런은 직접 중대 하나를 이끌고 메노토미(지금의 알링턴) 마을을 지나는 영국군을 공격했다. 마침내 보스턴에 도착한 영국군은 도시의 성벽 뒤로 후퇴했으나 식민지군의 공격을 받았다. 이후 1년 가까이 지속된 공성전은 식민지인의 승리로 끝났다. 미국 독립 전쟁의 시작이었다.

근대성의 표본 만들기

워런은 이론가나 학자가 아니었다. 그는 말의 힘을 아는 활동가였다. 혁명가로서 그는 극적인 수사적 효과를 지닌 낱말을 사용했다. 그러나 그런 그도 한 인간으로서 유창한 말솜씨를 내려놓은 순간이 있었다. 1773년 4월에 아내인 엘리자베스가 갑작스럽게 찾아온 병으로 숨을 거둔 것이다. 서른한 살의 나이에 워런은 네 명의 어린아이를 둔 홀아비가 되었다. 크나큰 슬픔 속에서 그는 학생 시절에 배웠던 두 정신적 지주에서 위안을 얻었다. 바로 교회와 고대 그리스-로마 역사였다. 1773년 5월 17일, 『보스턴 가제트』에는 어떤 설명도 저자의 이름도 없는 한 편의 시가 실렸다. 라틴어로 쓴 그 시는 간단하다.

Epitaphium Dominae Elisae War○○○

Omnes, flete, dolete, cari virtutis amici:
Heu! Nostras terras Dulcis Elisa fugit.
Quisnam novit eam gemitus que negare profundos
Posset? Permagni est criminis ille reus.[36]

이 시의 저자는 조지프 워런이 거의 확실하다. 우리라면 배우자의 상실을 라틴어 시로 표현하지 않겠지만 18세기의 신사들은 우리와 다른 교육을 받았다는 점을 생각해야 한다. 감정 표현이 확실한 워런에게 그의 가장 큰 승리는 정치적 명분에 봉사하기 위한 유창한 언어 구사 능력에 달려 있었기에 영어에 능숙한 것으로는 충분하지 않았다. 이 울적한 시기에 그는 라틴어 서사시에 몰두했다. 우리는 18세기 신사들의 교육 과정을 밟아 보지 않았고 이러한 서사시 역시 낯선 것이기에 다음과 같이 번역문을 제시하겠다.

엘리제 워○을 위한 묘비명

모두 애통히 울자, 나의 진정 아끼는 벗들이여!
아아! 사랑스러운 엘리제가 이 땅을 떠났으니.
이를 알면서도 탄식하지 않은 자 누구인가?
그들 그리하여 심대한 죄악을 저질렀으니.

이 시는 워런이 고대사에 심취했음을 알려 주는 유일한 증거가 아니다. 공적으로나 사적으로나 그의 글에는 그리스와 로마의 풍미가 가미되었다. 초기 작품에서 실명을 썼던 것과 달리 이 시기에 그는 파스칼로스Paskalos(모든 훌륭한 것들)라는 그리스어 필명을 사용했고, 다른 수필에서는 필로 피직Philo Physic(자연 애호가), 그라프 이아트루스Graph Iatroos(글 쓰는 의사) 등의 필명을 사용했으며, 때로는 로마의 전설적인 귀족인 무키우스 스카이볼라Mucius Scaevola의 이름을 쓰기도 했다.[37] 고전학에 대한 워런의 소양은 이미 하버드 재학 시절에 연마된 것으로 당시 그는 로마의 원로원 의원 카토를 소재로 한 동명의 희곡을 썼는데, 카토는 엄격함으로 유명했으며 〈로마의 아버지〉로 불렸다.[38]

건국의 아버지들 중에 그리스-로마에서 명분을 찾은 사람은 워런만이 아니었다. 당시 엘리트층의 교육 과정에는 그리스어와 라틴어가 자연스럽게 포함되었고, 건국의 아버지들은 자신의 저술에 그리스와 로마의 문헌을 사용할 때 어린 시절의 기억을 떠올리면서 즉흥적으로 집어넣지 않았다. 고전학은 독립운동의 모든 공정(工程)에서 의도적으로 결부되어 있었다.[39] 전쟁에서 승리한 뒤 헌법 제정을 두고 연방주의자와 반연방주의자 사이에 벌어진 논쟁에서는 그리스와 로마의 연설가들이 사용한 고도의 수사법이 동원되었다.⁴⁰ 몇 년 뒤, 새로운 미국 헌법의 많은 요소가 그리스와 로마를 표본으로 삼고 있었는데, 이는 신고전주의 양식으로 지어진 의회 의사당에서 로마 원로원의 직책명을 따르는 상원 의원Senate들에 의해 제정된 것이었다. 많은 분야에서 그렇듯 여기서도 건국의 아버지들은 로크, 홉스, 루소 등 광범위한 계몽주의자들의 정치철학을 토대로 삼았다. 무에서 새로운 정치 체제를 만드는 과제에 직면한 건국의 아버지들은 그것이 어떤 새롭고 급진적인 체제가 아니라 고대의 선조들이 이미 사용했던 정치 구조를 다듬은 것일 뿐이라고 생각했다.

고대 그리스-로마는 근거와 이상을 공유할 수 있게 해주는 공통의 언어를 제공했다. 우리는 기독교가 바로 그 역할을 수행할 수 있었으리라 생각할 수도 있겠지만 아메리카 식민지에서 여러 기독교 집단들이 보여 준 분파주의가 이를 가로막고 있었다. 혁명 운동 내부에서도 가톨릭과 영국 성공회는 퀘이커교, 감리교, 루터교, 메노파, 장로교, 기타 분파와 알력 다툼을 하고 있었다. 그들에게 이런 신앙의 차이는 심각하고 중대하게 느껴질 수밖에 없었는데, 이들부터가 종교의 자유를 찾아 유럽을 떠나 북아메리카로 이주한 사람들이기 때문이었다. 북부 청교도 자영농의 기독교는 남부 농장주들의 기독교와 근본적으로 달랐고, 이들의 기독교는 또한 대도시에서 찾아볼 수 있는 세계 시민주의적 인본주의와도 달랐다. 종교가 그들을 갈라놓고 있는 상황에서 그리스-로마라는 공통된 과거를 지니고 있다는 생각은 건국의 아버지들을 하나로 묶는 데 접착제가 될 수 있었다.

혁명 운동 기간에 고대 그리스나 로마를 다룬 글과 그림이 정교하게 활용되었다. 유럽 대륙의 많은 사람이 그리스 애호주의에 휩쓸렸던 것과 달리 북아메리카 혁명파는 로마 공화정의 방식을 따른다고 자처했다.[41] 금욕적이면서 귀족적이고, 도덕적 엄격함을 지키지만 개인의 해방을 열렬히 옹호하는 로마 공화정은 독립운동을 전개하는 데 완벽한 이념적 모델이 되었다(당시 라틴아메리카에서 고대 로마는 다른 함의를 지니고 있었는데, 이에 대해서는 나중에 다룰 것이다). 혁명파는 고대 로마를 그리스보다 더 나은 표본으로 삼았다. 왜냐하면 그들은 기원전 5세기 아테네의 급진적 민주정이 위험할 정도로 개방적이고 포용적이다 보니 선동과 중우정치에 취약하다고 생각했기 때문이다.[42] 오늘날 서양 이념과 정치적 수사에서 자유 민주주의가 강조되고 있음을 고려하면(제13장과 제14장에서 논의할 것이다) 이러한 생각은 우리의 직관에 반하는 것으로 여겨진다. 마찬가지로 기원전 5세기 후반에 헤로도토스가 경험한 아테네 민주정이 얼마나 배타적이었는지를 고려하면(예를 들어 여성과 노예, 〈순혈〉 아테네 선조를 두었음을 입증하지 못하는 거주민은 배제되었다. 제1장을 보라) 이는 사실에 반하는 것이었다. 그러나 미국 건국의 아버지들에게 로마의 상상된 선조가 그리스의 선조보다 더 호소력이 강했다는 사실은 중요했다.[43]

로마에 대한 이념적 관심은 혁명파가 필명을 선택하는 데서 명백히 드러난다. 보스턴의 불안이 정점에 다다랐던 1770년에서 1775년 사이 『보스턴 가제트』는 고전풍의 필명을 가진 혁명파의 기고문이 120편 이상 실렸는데, 그 대부분은 로마 공화정 시기에 빗댄 것이었다.⁴⁴ 〈우티카의 카토Cato of Utica〉, 〈브루투스Brutus〉, 〈키위스Civis〉 등의 이름이 그 사례이다. 어떤 이름은 글의 저자가 새뮤얼 애덤스임을 추적할 수 있는데, 그의 필명은 〈클레리쿠스 아메리카누스Clericus Americanus〉, 〈신케루스Sincerus〉, 〈칸디두스Candidus〉 등이었다. 영국군이 보스턴에서 농성전에 돌입하자 애덤스는 〈케단트 아르마 토가에Cedant Arma Togae〉(〈토가 입은 자들에게 무기를 양도하라〉는 뜻으로 폭력보다 공론이 우위에 있다는 키케로의 문구)라는 필명으로 수필을 발표했다. 혁명파는 다시 태어난 로마인이자 카토와 키케로의 계승자라는 지위를 스스로에게 부여한 것이다.⁴⁵

건국의 아버지들이 채택한 고전주의는 의도적이고 의식적이었으며, 결코 순진무구한 발상이 아니었다. 이는 단순히 그들이 받았던 교육을 별생각 없이 반영한 것이 아니라 이념적 위치와 정치적 입장을 명백히 드러낸 것이다. 그들은 서양이라는 문화적 족보를 전유했다. 이 책에서 우리는 제위의 이전(제4장)이라는 개념을 접한 바 있고, 북아메리카 혁명파는 이 발상을 취해 제위가 대서양을 건너 이곳으로 옮겨 왔다는 결론을 내렸다. 베이컨과 그 계승자들이 서양 문명의 계보가 고대 그리스-로마 세계에서 그들이 속한 계몽주의 시기 서유럽으로 이어졌다고 주장했듯, 미국 혁명파는 서양 문명의 횃불이 이제 북아메리카로 넘겨졌다고 주장했다.

그러나 아메리카에서 이러한 생각을 최초로 고안한 사람

들은 혁명파가 아니었다. 1713년에 벤저민 프랭클린Benjamin Franklin은 일찍이 사람들에게 〈그대 젊은이들이 타고난 서양의 기상을 여기 우리에게 보일지니/ 우리가 지금껏 이룩해 온 것들을 능가하리라〉고 촉구했다.46 1725년에는 성직자 조지 버클리 George Berkeley가 미국인이 우월하다는 생각을 더욱 분명히 드러내면서 〈또 다른 황금기가 노래될 것이니/ 제국과 예술의 부상이라/ (……) 쇠락에서 자라나는 유럽과 같지 않으리/ (……) 제국은 서쪽을 향해 자신의 길을 가노라〉고 썼다. 나중에 시의 마지막 행에서 영감을 받은 에마누엘 로이체Emanuel Leutze는 그와 같은 제목의 명화를 그렸고 그 그림은 현재 미국 의회 의사당 건물에 걸려 있다. 너새니얼 에임스Nathaniel Ames는 매년 발행되는 『연감Almanack』(1758)에서 〈호기심이 많은 사람이라면 인류 문학의 진보가 (태양과 같이) 동에서 서로 이동하는 것을 관찰할 것이다. 그렇기에 그것은 아시아와 유럽을 거쳐 이제 아메리카의 동부 해안에 당도하게 되었다〉라고 첨언했다.47

이러한 수많은 증거에도 불구하고 18세기 초중반에 제위의 이전이 북아메리카에 당도했다는 발상은 소수의 사람이나 이해하는 은유이자 시적이고 학술적인 추상적 개념에 지나지 않았다. 18세기의 3분기를 살아갔던 혁명파 세대는 이를 더 구체적인 정치 이념으로 바꾸어 놓았다. 그리고 이 이념을 바탕으로 국가를 세웠다.

그 첫걸음은 〈서양〉으로서의 북아메리카라는 생각을 포용하는 것이었다. 젊은 시절의 벤저민 프랭클린은 1768년에 쓴 『펜실베이니아 크로니클Pennsylvania Chronicle』에서 〈서양에 속한 우리를〉 부당히 대우하는 영국인에 대한 격노와 비난이 담긴 편지를 실었다. 이듬해 그는 영국인이 자유를 짓밟고 있고 만일 그들이 탄압을 멈춘다면 〈서양 세계에서 처음으로 자유가 찾아올 것이다〉라고 주장했다.[48] 몇 년 뒤인 1773년에 그는 〈우리 서양 사람은 동쪽의 영국의 지배에 완전히 길들여졌다〉라며 우려를 표했다.[49] 이 즈음에 조지 워싱턴 역시 〈서양 세계에서의 문제〉에 대한 걱정이 담긴 글을 썼고,[50] 필라델피아에서는 존 행콕이 〈서양 세계에서〉 해방이 찾아올 때를 고대했다고 자랑스럽게 연설하고 있었다.[51] 이 수사는 금세 퍼져 나갔다. 1775년 가을에 보스턴의 시인이자 혁명가인 머시 오티스 워런Mercy Otis Warren(조지프 워런과는 무관하다)은 존 애덤스에게 보내는 글에서 그와 같은 사람들의 노력이 없었다면 자유는 〈오랫동안 서반구에서 사라졌을 것〉이라고 썼다.[52] 그리고 1776년, 필립 스카일러Philip Schuyler 장군은 워싱턴에게 보내는 편지에서 〈서양 세계에 자유를 보장하려는〉 그의 노고에 신의 은총이 깃들기를 바란다고 적었다.[53]

그다음 행보는 북아메리카 서양의 족보를 새로 쓰는 일이었다. 그들은 유럽에서부터 내려온 오랜 혈통이 그곳에서 전성기에 이르렀다는 이야기를 제시해야만 했다. 그들에게 제위의 이전이란 그 새로운 합중국이 고전 시대, 특히 로마의 최종적인 계승자가 되었음을 뜻했다.[54] 이 발상은 훗날 19세기 서부로의 팽창을 뒷받침한 〈명백한 운명Manifest Destiny〉이라는 개념의 배경이 되었고, 지난 수십 년 동안 수많은 서적, 정기 간행물, 신문 논평에서 미합중국을 〈새로운 로마〉로 부를 수 있을지에 대한 논쟁을 촉발했다.[55] 우리는 워런에게서 이미 이 개념을 찾아볼 수 있었는데 그것은 학술 서적도, 지식을 뽐내는 연대기도 아닌 뻔뻔한 포퓰리스트의 어조를 띠고 있었다.

  1770년에 워런이 작사한 노래 「신 매사추세츠 해방가The New Massachusetts Liberty Song」는 이 새로운 서양관을 그들만의 독특한 계승 의식과 함께 드러내고 있다. 서양의 역사를 읊어 나가는 이 노래의 제1연은 〈과학이 자리 잡은 아테네와 세상에서 가장 위대한 여주인인 로마〉에서부터 시작한다. 서양 문명의 문화적 족보를 따라 제2연은 영국으로 넘어와서 고대 그리스-로마 세계의 귀중한 유산이 로마 제국주의의 멍에를 받아들임으로써 그곳에 수용되었다고 노래한다(〈긍지 높은 알비온*이 카이사르에게 절하였노라〉). 그리고 그 노래는 픽트족, 데인족, 노르만족 등 이후 수 세기 동안 브리타니아를 정복한 다른 종족을 상기하는데, 그들은 그 땅을 권력이 최종적으로 머물 만한 가치를 지니지 못하는 곳으로 만들었다. 그렇기에 이 노래의 핵심인 제4연에서 서양 문명의 정점은 〈이 서쪽 하늘 아래〉로 자리를 옮겼고 그곳은 〈우리가 만든 새로운 자치령, 해방의 땅〉이었다. 정치적 의도로 가득한 이 소절은 노래 전체를 관통하고 있다. 지금까지 서양 문명의 족보는 이를 위한 역사의 전주곡일 뿐이었다. 그 소절 이후에 노래는 서양 문명의 종착지가 될 북아메리카를 위해 영광스러운 독립을 추구할 것을 권한다.

  1775년, 이 장의 시작을 장식한 워런의 추도사는 그의 관점을 더욱 분명히 드러낸다. 그는 「해방가」와 마찬가지로 북아

---

* Albion. 브리튼섬을 예스럽게 일컫는 표현으로 주로 문학에서 사용된다.

메리카의 식민화 이전의 역사에서부터 시작한다. 그는 〈우리의 아버지들〉이 어떻게 유럽을 떠나기로 결정하면서 〈전제주의의 멍에를 벗어 던지기로〉 결의했는지 설명했다. 그리고 대양 항해를 무릅쓴 그들의 용기를 칭찬하면서 이렇게 주장했다. 〈천국은 흡족하게 물결 위에서 춤추는 그 복된 방주를 지켜보았고, 선택받은 가족이 서쪽 지역으로 안전하게 도착할 때까지 지켜 주었다.〉 이제 워런은 본론으로 들어가 서양의 영광스러운 역사를 열정적으로 언급하면서 청중에게 혁명에 동참할 것을 독려했다. 대영제국은 〈로마의 영광〉에 비견될 만한 위업을 이루었고 카이사르와 마케도니아의 알렉산드로스조차 몰랐던 세계를 정복했음에도 폭정과 탐욕으로 인해 〈로마의 영광〉과 비교되고 고전기 유산을 계승할 자격이 없었다. 그 유산은 미국인에게로 떨어져 그들이 고대를 모방하도록 했다. 워런은 청중에게 희망을 잃지 말라고 격려하면서 〈이는 공화국을 결코 절망에 빠뜨리지 않고 국가의 위대함을 탁월하게 이끈 로마인의 격언이었다〉라고 역설했다.

그러나 1775년 워런은 그 연설 내용만큼이나 옷차림으로도 청중에게 충격을 주었던 것 같다. 그는 지위에 어울리는 신사의 옷차림이 아닌 로마인의 토가를 두르고 나왔다.[56] 로마의 세계에서 토가는 남성 시민의 전유물로 성년이 되면 갖춰 입어야 할 격식 있는 복식이었다. 그들은 토가를 입음으로써 더 넓은 범위의 제국의 엘리트가 되어 정치 공동체에 입문했다.[57] 그가 연설을 할 때 토가를 입은 것은 계산된 행위였다. 이미 언급한 바와 같이 존 애덤스는 〈케단트 아르마 토가에〉(토가 입은 자들에게 무기를 양도하라)라는 표어를 영국군이 점령한 보스턴에 배포했던 소책자에 사용했다. 영국군에게 둘러싸인 채 얇은 토가를 입은 워런이 보스턴 학살을 규탄하면서 키케로의 말을 인용했을 때 그 효과는 상당했을 것이다.

호소력 있는 언어와 극적인 옷차림에 힘입어 워런은 북아메리카가 그리스-로마로 거슬러 올라가는 유구장대한 서양 문명의 최종적인 계승자라는 생각을 대중에게 심어 주었다. 가장 자극적이고 충격적인 표현을 빌리자면 그는 북아메리카를 퇴락한 그들의 선조들로부터 분리하여 더욱 우월하고 완전히 새로운 혈통에 속하게 만들었다. 오직 북아메리카만이 구세계의 악덕과 타락에서 벗어나 서양 문명의 가능성을 실현할 수 있었다. 오직 북아메리카만이 온전한 문화적 전통을 계승하여 서양 문명의 정점에 도달할 수 있었다. 오직 북아메리카만이 가장 완벽하고 최종적인 형태의 서양이 될 수 있었다.

우리가 이미 언급한 바와 같이 북아메리카 혁명 운동은 강력한 이념적 모순에 시달렸다. 혁명파는 어떻게 노예를 부리면서 노예제 반대를 주장하고, 제국주의자로 남으면서 반제국주의를 주장할 수 있었는가? 이는 그 운동의 비판자들이 재빨리 포착한 이념적 결함이었고(이 장의 첫 부분을 보라) 그 운동의 잠재적인 지지자들을 소외시켰다(제11장을 보라). 서양 문명이라는 거대 서사는 이 이념적 문제에서 벗어나는 편리한 방식이었다. 워런과 다른 사람들이 퍼뜨린 발상 덕에 혁명파는 타인에게로 자유의 범위를 확장할 필요 없이 그들이 서양 문명의 계승자이기에 자유를 획득할 자격이 있다고 주장했고, 서양인으로서 제국주의라는 원리를 반대하지 않고도 제국주의적 억압에 반대해 자신들에 대한 종속 시도를 규탄할 수 있었다. 서양 문명이라는 서사는 미국인에게 새로운 정치적 독립의 시대로 나아갈 수 있게끔 강력한 동기뿐만 아니라 이를 위한 변명거리 역시 제공했다.

워런과 같은 사람들의 노력에 힘입어 북아메리카 영어권이 서양 문명의 정점이라는 생각이 18세기 후반에 널리 퍼졌다. 그러나 아메리카 대륙 내에서조차 그런 생각이 어디서나 통용되는 것은 아니었다. 그 수사에서 밀려난 채 남은 새로운 미합중국의 주민들은 이러한 생각에 문제가 있다고 여겼는데, 이에 대해서는 다음 장에서 살펴볼 것이다. 여전히 영국에 속했던, 훗날 캐나다가 될 북아메리카의 광범위한 땅에서 그 이념은 그다지 우세하지 않았다. 그리고 1763년 파리 조약 이후로 아메리카 본토에서 프랑스 식민 정부가 철수했으나(카리브해에서는 프랑스의 통치가 얼마간 계속되었다) 여전히 프랑스어 사용자들이 인구의 상당수를 차지하는 지역에서도 이는 마찬가지였다. 그리고 누에바에스파냐(오늘날 중앙아메리카와 북아메리카의 남쪽 일부분을 차지하고 있었다), 카리브해, 남아메리카의 사람들 역시 그 관점을 공유하지 않았다.

대부분의 라틴아메리카 사람들에게 고대 로마는 식민주의와 밀접히 결부되었다. 특히 스페인 사람들은 자신들의 제국주의적 팽창을 고대 로마의 언어를 빌려 표현했고 로마 제국주의를 근거로 아메리카 정복을 정당화했다.[58] 그렇기에 스페인 통치하의 아메리카에서 고대는 대체로 그리스보다는 로마를 뜻했고, 라틴어는 가톨릭교회나 스페인 통치자들과 관련되어 있었으며, 고대사에 대한 지식은 식민 통치 체제 내에서 그 사회의 핵심층과 결부되었다.[59] 따라서 누에바에스파냐의 지식인은 18세기 북아메리카의 영어권의 지식인이 그러했듯 과거 로마와 깊이 연관되어 있었으나(심지어 이 시기는 누에바에스파냐의 라틴어 문학의 〈황금기〉로 불렸다)[60] 그 정치적 의미는 매우 달랐다. 워런, 워싱턴, 제퍼슨과 같은 사람들은 미래 독립 공화국의 틀을 로마에서 찾았다. 그와 달리 과테말라의 예수회 시인인 라파엘 란디바르Rafael Landivar는 유럽인 독자들에게 자신의 고국을 알리는 데 라틴어 문학 전통을 이용했다.[61] 파라과이로 간 예수회 선교사인 호세 마누엘 페라마스Jose Manuel Peramas는 로마의 영웅주의적 서사시를 스페인 정복의 여파를 진정시키고 자신의 선교 사업을 돕는 수단으로 삼았다.[62] 그리고 페루의 작곡가인 토마스 데 토레혼 이 벨라스코Tomas de Torrejon y Velasco는 로마 신화를 스페인 군주정을 극구 칭송하기 위한 오페라의 배경으로 활용했다.[63]

그러나 18세기에서 19세기로의 전환기에 상황이 바뀌기 시작했다. 고대 그리스-로마에 대한 생각이 중남미의 독립운동에서도 복잡한 역할을 맡게 된 것이다.[64] 아이티의 노예 출신으로 1796년에 프랑스 식민 통치에 맞섰던 카리스마 있는 지도자 투생 루베르튀르Toussaint Louverture는 〈검은 스파르타쿠스〉로 칭송받았는데 그 이름은 기원전 1세기 이탈리아에서 노예 봉기를 주동한 유명한 검투사에게서 따온 것이었다.[65] 라틴아메리카 문인들의 작품에서는 그들이 고대 그리스 세계에 더욱 의식적으로 빠져들었던 모습을 찾아볼 수 있는데, 그것은 특히 독립운동과 그 이후 탈식민 국가 정체성을 주조하는 데 이용되었다. 여기서 그리스주의는 고대 지중해 세계의 영광을 추구하고 스페인 식민 통치의 잔재에서 벗어난 서양 문명의 표본을 제공했으며 〈새로운 로마〉를 운운하는 미국의 거슬리는 수사와 대척점에 있었다.[66]

서양 문명이라는 거대 서사가 18세기의 마지막 수십 년을 보내며 주류로 자리 잡는 동안 그 서사가 아메리카 대륙 전역에서 받아들여지는 일은 없었다. 그것은 새로운 미합중국을 위한 정치적 수사로 자리 잡았고 혁명파가 한편으로는 해방과 제국주의의 종식을 주장하면서도 동시에 내부의 구조적 억압과 식민주의를 유지할 수 있게 하는 이념적 토대를 제공했다. 다음으로 살펴볼 인물에게서 우리는 이러한 이념적 긴장이 개인의 삶에 어떤 영향을 주었는지 알 수 있을 것이다. 우리는 신생국 미국의 심장에 깃든 그 개념적 병폐를 인정하는 동시에 미국이 (비록 불완전하지만) 여러 주와 정부 사이에 힘의 균형을 맞추기 위한 새로운 체계를 만들고 (언제나 실천되지는 않았더라도) 정치적 평등의 원칙을 간직했다는 점 역시 인정해야 할 것이다. 비슷하게 우리는 북아메리카 혁명파가 자신들이 직면한 정치적 필요에 의해 어떤 이념적인 역사 서사를 창조해냈다는 점을 인정하는 동시에, 그렇게 했다는 이유로 그들이 어떤 음모나 속임수를 의도한 것은 아니라는 점을 인정해야 한다. 이 책을 통틀어 우리는 사람들이 어떻게 당대의 정치적 요구에 따라 역사 기록을 재상상했고, 어떻게 상이한 판본의 역사들이 탄생하여 그중 더 넓은 맥락에 의해 승인된 유일한 판본이 지배하게 되었는지(혹은 그렇지 않은 경우도 있겠지만) 살펴보았다. 특히 우리는 서양 문명이라는 서사가 점진적으로 등장하여 16세기부터 18세기 사이에 안착하는 과정을 지켜보았다. 그리고 우리는 이 장에서 그 서사가 어떻게 18세기 미국 혁명가들의 구체적인 이념적 요구에 발맞춰 (영어 문화권에서) 주류로 자리 잡았는지를 보았다.

    이제 우리는 워런이 얻게 될 영광과 참극을 목전에 두고 있다. 유능한 달변가이자 첩보관으로서 워런은 사상과 정보의 취급을 통해 역사의 경로를 바꾸어 놓았다. 그는 미국 독립 전쟁을 혁명파에 유리하게 이끄는 데 기여한 중요한 인물이었고, 대의를 위해 목숨을 바쳤다. 전쟁의 첫 한 해 동안 일어난 수많은 전초전과 전투 가운데 가장 치열했던 1775년 6월의 벙커힐 전투에서 조지프 워런은 전사했다.

    그는 살아서나 죽어서나 혁명의 든든한 지지자였다. 그가 보여 준 영웅적 행동에 대한 기록은 친지와 가족들에게 경의를 담은 편지를 통해 전달되었으나 영국 군인들이 워런의 시신에 야만적인 잔혹 행위를 가했다는 소문이 걷잡을 수 없이 퍼졌다. 이 이야기는 식민지 전역에 퍼지면서 점차 원한에 찬 어조를 지니게 되었고 독립을 위한 강력한 심적 동력을 마련했다. 1783년 독립 전쟁이 미국의 승리로 끝난 뒤에도 워런의 최후에 대한 이야기는 여전히 힘을 지니고 있었다. 1786년 존 트럼불John Trumbull이 그린 「벙커힐 전투에서 워런 장군의 죽음」은 그 순국의 순간을 극적으로 묘사했다. 이 작품으로 트럼불은 상당한 명성을 얻었다. 그는 복사본을 몇 점 더 그렸고 그 그림을 판화로 제작할 권리를 상당히 비싼 가격에 팔았다. 이는 그 그림이 판화로 대량 생산되어 널리 유통될 것임을 의미했다. 독립을 위한 죽음에 값이 매겨지고 비싼 금액에 팔렸다는 이야기가 제3자의 입장에서 봤을 때 그렇게 긍정적으로 다가오진 않지만 워런도 그랬을까? 만일 자신의 죽음이 그가 그토록 사랑했던 대의를 알리는 데 이용되었다는 사실을 알았다면 그는 분명 기꺼워했을 것이다.

제11장
서양과 인종:
필리스 휘틀리

뮤즈여! 도움을 주소서. 그러지 않으면 저를
헛고생시킨 죄를 물어 당신을 고소하겠습니다.
— 필리스 휘틀리(1773)[1]

재판관들이 차례로 법정에 들어왔다. 모두 열여덟 명으로 매사추세츠 최고의 유력자들 가운데서 선발된 사람들이었다. 식민지의 총독인 토머스 허친슨Thomas Hutchinson 각하, 부총독인 명예로운 자 앤드루 올리버Andrew Oliver, 일곱 명 이상의 저명한 성직자를 포함해 거상이자 혁명파의 지도자인 존 행콕(제10장에서 등장했다)과 같은 보스턴의 명사들도 참여했다. 이들이 모인 이유는 범죄나 법률 위반을 따지기 위해서가 아니었다. 이 재판은 일견 터무니없어 보이는 주장의 진위를 가려내기 위한 것이었다. 열여덟 살의 아프리카인 노예 여성인 필리스 휘틀리Phillis Wheatley가 자신이 시집을 썼다고 주장하고 있었기 때문이다.

    그 노예 주인 존 휘틀리John Wheatley에게서 필리스가 시를 썼다는 말을 들었을 때 사람들은 믿지 않았다. 그 시 가운데 일부가 나돌았을 때 음률과 음보를 섬세히 다루는 솜씨, 성서 및 고전 문학을 활용하는 유식함으로 인해 의혹은 더욱 커졌다. 백인 식민지인 가운데 다수는 10대 흑인 소녀가 이처럼 수준 높은 글을 쓸 수 있다고는 전혀 생각하지 않았다. 그래서 존 휘틀리가 이 시집을 내기 위해 출판업자를 찾았을 때 그 진위 여부를 밝히라는 대중의 요구가 거세졌다. 〈보스턴 최고의 유지들〉이 법정에 모인 가운데[2] 필리스 휘틀리는 자신이 『종교적이고 도덕적인 다양한 주제에 관한 시집 Poems on Various Subjects Religious and Moral』의 저자임을 증명하도록 소환되었다.

    재판정에서 무슨 일이 있었는지 우리는 상상만 할 수 있을 따름이다.[3] 재판관은 라틴어 문법과 구약 문헌에 대한 지식을 시험해 보았을 것이다. 휘틀리가 어떤 교육을 어떻게 받았고 시의 소재를 선택하는 데 어디에서 영감을 받았는지도 조사했을 것이다. 심지어 그들은 휘틀리에게 문학적 수수께끼를 제시했을지도 모르는데 그중 하나가 휘틀리가 쓴 시집의 말미에서 답과 함께 (물론 운문으로) 제시되어 있다.[4] 인종, 나이, 성별 탓에 대중의 여론은 불리했지만 결국 휘틀리는 승소했다. 휘틀리는 어떤 질문에도 조리 있게 대답했음이 틀림없다. 그리고 1년 뒤에 마침내 그녀의 시집이 출판되었을 때 그 서문에는 당시 재판관들의 서명이 첨부된 보증서가 실렸다.

> 여기 서명한 일동은 이 책에 실린 시들이(우리가 믿는 바와 같이) 젊은 흑인 소녀 필리스가 쓴 것임을 세상에 보증한다. 그녀는 몇 년 전에 아프리카에서 온 미개한 야만인이었고 그 이후 지금까지 이 도시의 한 가정에서 노예로 일하는 열악한 환경에 있었다. 그녀는 최고의 재판관들에게 검증받았고 이 시를 쓸 능력이 있음을 인정받았다.[5]

휘틀리의 성취는 명백히 놀라웠다. 법률로 노예제를 보장하고 인종주의를 그 구조의 핵심적인 신념으로 삼는 식민지 사회에서 흑인 노예이자 젊은 여성이 서양의 고급문화를 안다는 것은 누구도 생각할 수 없는 일이었다. 휘틀리의 생애와 저작은 앞선 장에서 조지프 워런과 그의 혁명과 동료들이 선전한, 인종에 뿌리를 두고 생물학적 혈통으로서 틀을 갖추었던 서양 문명이라는 발상에 담긴 문제를 압축적으로 보여 주고 있다. 상상된 서양의 족보에 속할 수 없는 휘틀리와 같은 사람들이 그 문화적이고 지적인 유산에 그토록 숙달할 수 있다는 사실은 놀라울 수밖에 없었다. 휘틀리는 자신의 존재 자체로써 생물학적 서양이라는 이념에 도전한 셈이었다.

인종적 위계

제9장에서 우리는 인종의 정의와 그것이 인구 집단의 위계를 구성하는 기제로 활용된 방식을 살펴보았다. 또한 우리는 17세기 말 서양에서의 인종관이 이미 발달해 나가면서 당대 서양의 제국주의에 명백히 드러나고 있었으나 완전히 구체화되지는 않았음을 보았다. 필리스 휘틀리가 살았던 18세기 중반까지 서양에서 더 체계적이고 〈과학적인〉 형태의 인종 개념은 아직 정립되지 않았다. 당시 인종 개념의 핵심은 계몽주의 사상과 정치적 유용성의 결합이었다.

계몽주의 사상의 한 가지 중요한 조류는 인간이 신에 의해 자연과 분리된 존재가 아니라 자연의 일부라고 보는 관점이다. 이는 동물의 종과 가축의 품종을 구분하는 것과 유사한 방식으로 인간을 분류할 수 있다는 생각을 낳았다.[6] 자연사에 뿌리를 둔 이 〈과학적〉 접근법은 열띤 논쟁을 촉발했으나 결국 엄격한 인종적 위계를 뒷받침하는 데 이용되었다. 스코틀랜드의 철학자 데이비드 흄David Hume은 이를 가장 악명 높게 표현한 사람일 것이다. 1753년에 그는 〈나는 흑인과 다른 일반적인 모든 (네 다섯 종류의) 인종이 백인보다 본질적으로 열등하다고 생각하는 편이다〉라고 썼다. 비슷하게 독일의 철학자 이마누엘 칸트는 1764년에 〈흑인〉과 〈백인〉의 차이점에 대해 〈그 색깔만큼이나 지적 능력에서도 큰 차이가 있다〉는 견해를 밝혔다.[7] 제9장에서 보았듯 18세기 후반에 헤겔과 사드 후작을 비롯한 유럽 사상가들은 은징가와 같은 역사 인물을 인종화된 방식으로 재상상하면서 그들을 서양 문명과는 완전히 반대되는 〈다른〉 존재로 만들었다.

서양 제국주의라는 맥락에서 인종적 위계의 정치적 유용성은 명백했는데, 그것은 다른 집단을 지배할 명분을 제공했다. 프랑스와 그 식민지에 적용되었던 〈흑색법〉(제9장 참조)은 인종적 위계의 구분선을 공고히 했고, 은징가와 같은 지도자들이 기독교로의 개종이나 그밖에 다른 정치적 수단을 통해 상위 인종의 혜택을 누리지 못하게 만들었다. 그들의 열등함은 이제 선천적이고 자연적이며 영구적인 것으로 여겨졌다. 연구자 시어도어 W. 앨런Theodore W. Allen은 법전을 분석하면서 이 인종 만들기의 과정이 북아메리카 식민지에서도 진행되고 있었음을 밝혔다.[8] 앨런의 주장에 따르면 17세기를 거치는 동안 자유인과 〈얽매인 자들〉 사이의 법적 구분이 더욱 뚜렷해졌고(기간제 계약 노동자와 영구적인 노예 모두 후자의 범주에 들어갔다) 18세기 초에 들어서〈백인〉은 어떤 특권을 지닌 법적 분류가 되었다. 예를 들어 1705년 버지니아 노예법에서는 가장 가난한 백인 계약 노동자조차 어떤〈흑인〉(심지어 자유 신분의〈흑인〉조차)도 누릴 수 없는 권리를 주장할 수 있었는데 무기 소지의 권리, 법원에 청원할 권리, 타인을 고용하거나 직원으로 삼을 권리 등이 이에 해당했다.⁹ 그 결과 계급보다는 인종을 기반으로 한 결속이 권장되는 체제가 형성되었다. 당시 버지니아 총독은 이 법안의 목적이〈자유 흑인이 그들의 자손과 영국인의 후손 사이에 응당 있어야 할 구분을 똑똑히 분별하게 만드는 것〉이라고 설명했다.¹⁰

미국의 건국과 함께 이 관념적인 인종적 위계는 새롭고 중요한 방식으로 정치적 중요성을 얻었다. 제10장에서 보았듯 서양 문명이라는 거대 서사는 혁명파가 식민 통치자들과 동등할 뿐만 아니라 제위의 이전과 서양 문명의 최종적인 계승을 통해 그들보다 더 뛰어나다고 주장할 수 있게 해주었다는 점에서 매우 중요한 이념이었다. 그러나 북아메리카가 서양 문명의 종착지라면 그 주민 가운데 누가 정당한 계승자라고 주장할 수 있었을까? 서양 문명이라는 발상을 인종적 위계와 결합함으로써 그 새로운 공화국은 마침내 그 난제를 해결할 수 있었다. 영국계 식민지인은 그들이 노예제에 빗대었던〈대표 없는 과세〉의 종식을 축하할 수 있었겠으나 아프리카인과 그 후손들은 계속 노예 상태로 남아 있었고 아시아인과 아메리카 원주민 역시 계약직에 묶여 있었다. 또한 영국계 시민은 제국주의에 종속되는 것에 대해 논리적인 반대 의견을 내면서도 원주민, 그리고 중앙아메리카와 아시아에서 제국주의적 지배를 강요하고 확장하는 데 아무런 거리낌이 없었다. 서양 문명이라는 거대 서사가 새로운 미국의 독립을 주장할 명분을 제공했다면, 그 거대 서사와 인종적 위계의 결합은 엄격한 불평등 체제를 유지할 명분을 주었다. 그렇기에 18세기 후반 북아메리카는 서양 문명의 대중화(제10장)뿐만 아니라 그 인종화 역시 보여 주었다.

미국 독립의 설계자 중 한 사람인 토머스 제퍼슨은 독립 선언문을 작성한 지 10년이 조금 안 된 1784년에 한 편의 논고를 발표했다. 거기서 그는 〈아프리카계 미국인은 본래부터 다른 인종이었든 시간과 환경에 의해 다르게 만들어졌든 심신 양면에서 백인보다 열등하다〉라고 주장했다. 논고의 뒷부분에서 그는 아프리카계 미국인에 대해 〈이성적으로 열등하기 때문에 나는 그들 가운데 유클리드의 증명을 따라잡고 이해할 수 있는 이가 거의 없으리라 생각한다. 그들의 상상력 또한 둔탁하고 무미건조하며 비정상적〉이라고 주장했다.[11] 유클리드에 대한 제퍼슨의 언급은 이 고대 그리스 수학자의 가르침이 아프리카계 미국인은 결코 가질 수 없는 서양 문명의 지적 유산 전체를 대표한다는 점에서 그의 의도에 적절하게 사용된 것이었다. 훗날 19세기 초에 사우스캐롤라이나주의 상원 의원이자 부통령인 존 C. 캘훈John C. Calhoun은 이러한 생각을 공유하면서 〈그리스어 구문론을 아는 흑인을 한 명이라도〉 알기 전에는 〈흑인이 인간이고 인간답게 대우받아야 한다는 생각〉을 거부할 것이라고 주장했다.[12] 한술 더 떠서 고전 지식은 인간의 지적 능력(그리고 캘훈에게는 인간성 그 자체)을 측정하는 척도였다. 서양 문명의 상상적 뿌리인 그리스-로마 세계에 대한 지식은 인종에 따라 제한되어야 할 것으로 생각되었다. 서양의 과학적 인종주의 체계가 공고해짐에 따라 그에 대한 도전 역시 점점 더 빈번해졌다. 도전의 상당수는 도덕과 종교를 바탕으로 이루어졌는데, 초기 노예제 폐지론자 중 다수가 이 경우에 속했고[13] 몇몇 저명한 퀘이커교도도 있었다.[14] 그러나 1750년대에 백인이 우월하다는 생각은 흑인과 혼혈 출신의 저명인사들의 문화적 성취에 의해 그 기반부터 흔들리고 있었다. 그중 폴 쿠페Paul Cuffe는 퀘이커교도의 지도자이자 노예제 폐지 운동을 주도한 인물이었는데 그 자신이 아샨티*인 출신의 해방 노예 아버지와 왐파노아그** 원주민 어머니 사이에서 태어난 자유인이었다.[15]

아프리카계 미국인이 라틴어나 그리스어, 혹은 양쪽 모두에서 성취를 이루었을 때는 논쟁의 대상이 되곤 했다. 물론 유럽에서는 오랜 세월 동안 그러한 인물들이 배출되었는데 제7장에서 소개한 16세기 후안 라티노의 서사시가 이에 해당한다. 다른 유럽의 유명 사례로는 안톤 빌헬름 아모Anton Wilhelm Amo가 있는데 그는 철학 교수 자격을 취득하여 예나와 비텐베르크의 대학에서 강의했고 오늘날 가나에 있는 악심에서 숨을 거두었다.[16] 그러나 아메리카 대륙에서 고전학으로 널리 알려진 최초의 인물은 자메이카 출신의 지식인 프랜시스 윌리엄Francis William이

---

* Ashanti. 지금의 서아프리카 가나 일대를 장악했던 제국으로 대서양 삼각무역의 주요 거점 중 한 곳이었다.

** Wampanoag. 미국 북동부 일대에 거주하던 원주민의 일파. 초기 청교도 이주민들의 정착을 도와 추수감사절을 지낼 수 있게 했다고 알려져 있다.

다. 그는 1759년에 그 섬의 통치권을 인수한 조지 홀데인George Haldane에게 보내는 라틴어 시 한 편을 발표하여 데이비드 흄에게 크나큰 놀라움과 원통함을 안겨다 주었다.[17] 그러나 이 장의 주인공인 필리스 휘틀리는 이러한 저자들 가운데 가장 유명하고 가장 널리 칭송받은 인물로서 1773년에 출간한 시집이 세계 문학계에 큰 파장을 일으켰다.[18]

유명 인사가 된 노예

필리스 휘틀리는 본명이 아니다. 그녀가 보스턴에 도착했을 때 (같은 시기에 조지프 워런은 보스턴에서 의사로 바삐 일하고 있었다) 타고 온 배의 이름과 주인의 성을 합친 것이다.[19] 서아프리카에서 태어난 휘틀리는 일고여덟 살 무렵에 노예가 되어 아메리카로 건너왔고, 1761년 보스턴에서 팔렸다. 당시 보스턴은 영국의 13개 식민지 중 하나인 매사추세츠만의 주도였다. 이 식민지 전역에서 아프리카인과 그 후손들에 대한 노예화는 일상적으로 일어났고 뉴잉글랜드만이 노예 인구가 상대적으로 적었다. 버지니아 인구의 40퍼센트 정도가 노예였던 것에 비해 뉴잉글랜드의 노예 비율은 약 10퍼센트 미만이었다. 그러나 어쨌든 뉴잉글랜드 역시 노예를 부리는 사회였고 그곳에서 노예가 된 아프리카인의 수는 18세기 중반까지 상당한 증가세를 보였다.[20] 보스턴에 도착한 지 얼마 되지 않아 휘틀리는 존 휘틀리와 수재나Susanna 휘틀리 부부에게 팔렸다.

수재나는 성년이 된 딸 메리Mary와 함께 필리스에게 광범위한 지식을 가르쳐 주었는데, 이는 흔한 일은 아니었다. 타고난

소질에 더해 이 교육 덕택에 휘틀리는 열두 살에 영어뿐만 아니라 라틴어를 익혔고 얼마 뒤에는 고대 그리스어와 작시법도 배우기 시작했다. 현존하는 휘틀리의 시에 대한 연구들은 휘틀리가 다양한 주제를 다루었음을 알려 준다. 그러나 초기의 휘틀리를 유명하게 만든 작품은 일련의 추도시일 것이다. 처음에는 자신의 주인과 같은 부류의 사람들이 모인 보스턴 문인 사회의 구성원을, 그리고 나중에는 그보다 더 저명한 인물들을 애도하는 추도시를 썼다.

휘틀리의 작품에서 우리는 아기와 어린아이, 사랑하는 남편과 아내, 형제자매와 친구의 죽음을 기리는 애가를 찾아볼 수 있다. 그중 「열두 달짜리 갓난아기 C. E.를 위한 추도시」는 〈그는 공허한 길을 따라 미숙한 비행을 위해 날개를 펼친다／천상의 빛이 미치는 순수한 영역으로〉라는 구절로 시작한다.[21] 그 시는 기독교 신앙에서 위안을 찾으려는 부모의 심정을 표현하면서 결국 천국에서 아이와 다시 만나게 되리라는 점을 상기한다. 이처럼 죽은 자를 기리고 산 자를 위로하는 시는 지역 신문이나 장례식 추도사 낭송, 그밖에 다른 가족 모임에서 공개되었을 것이다. 조지 화이트필드George Whitefield 목사가 1770년 가을에 죽었을 때 휘틀리는 열여섯 혹은 열일곱의 나이에 추도시를 지어 유명해졌다.

화이트필드는 오늘날 〈대각성Great Awakening〉이라 알려진 광범위한 종교 운동의 일환으로서 북아메리카의 영국 식민지 전역을 돌아다니며 추종자와 지지자를 모았던 복음주의 설교가였다.[22] 그는 기성 교단에 반대하는 설교를 펼쳤고, 백인 자유인뿐만 아니라 흑인 노예와 원주민에게도 복음을 전파했다. 보스턴에서 공개 연설을 했을 때 한 번은 사람이 너무 많이 몰린 나머지 회랑이 무너져 다섯 명이 압사 사고로 목숨을 잃는 비극이 벌어졌다.[23] 화이트필드는 정치 논쟁에도 뛰어들었다. 그가 보스턴을 방문하기 불과 몇 달 전에 악명 높은 보스턴 학살이 벌어졌고,[24] 군대가 그 도시를 점거하고 있었는데, 그 모습을 보고 보스턴 시민들이 겪는 괴로움에 공감을 표했다.[25] 그의 때 이른 죽음은 그를 급진주의적인 대중 연설가에 더해 초기 혁명파의 상징으로 만들었다.

화이트필드에 대한 휘틀리의 추도사가 전단지로 공개되자 그 시는 보스턴과 뉴포트를 흔들었다. 그 시는 곧 목판화와 함께 8면 분량의 소책자로 재발간되어 뉴잉글랜드 전역에 팔려 나갔는데 거기에는 이런 선전 문구가 붙어 있었다. 〈먼저 이 시는 위대하고 선량한 사람이었던 화이트필드 씨를 기억하게 해줍니다. 둘째로 이 시가 가진 영예는 어느 아프리카 원주민에 의해 쓰였으나 알렉산더 포프Alexander Pope나 셰익스피어의 작품에 필적합니다.〉[26] 화이트필드는 런던에서도 카리스마 있는 연설로 빈민 노동자에서부터 헌팅던 백작 부인에 이르기까지 폭넓은 지지층을 갖고 있었기에 몇 달 지나지 않아 그 사본은 런던에서도 출판되어 팔려 나갔다. 1년이 채 안 되는 사이에 휘틀리는 대서양을 마주한 양쪽 땅 모두에서 문학적 명성을 얻었다.

이 사건을 계기로 상황은 급변했다. 휘틀리는 더욱 저명한 인물들의 의뢰를 받았고 자신의 시 가운데 책으로 낼 만한 작품을 엄선하기 시작했다. 그러나 휘틀리의 이름이 알려질수록 논란 역시 커졌다. 특히 한낱 10대 아프리카 노예가 이런 문장을 구사할 리가 없다고 생각한 사람들이 의혹을 제기했다. 가장 의문시된 점은 휘틀리가 영어로 된 운문뿐만 아니라 그리스-로마의 문학과 관련된 부분에서도 능숙한 솜씨를 선보였다는 데 있다. 휘틀리의 시는 로마의 시인 베르길리우스와 호라티우스 Quintus Horatius Flaccus의 영향을 받았고 단순히 고전주의적인 소재를 이용하는 데 그치지 않고 고전의 관습적인 형식과 운율을 다룸으로써 라틴어 원문으로 된 로마 시를 심도 있게 이해하고 있음을 입증했다.[27]

평범한 사람들이 보기에도 휘틀리의 운문은 상당히 고전적이었다. 섭리에 대한 기독교적인 의인화는 그리스의 태양신 아폴론의 다른 이름인 〈포에부스〉와 연관 지어 설명되었다.[28] 가족과 사별한 어느 부인을 위로하는 시에서 휘틀리는 그 형제의 영혼이 어떻게 〈올림포스 너머로〉 날아갔을지 상상해 보라고 격려했다.[29] 〈상상력〉을 소재로 한 사색에서 휘틀리는 뮤즈들의 거처인 헬리콘산에 호소했다.[30] 어떤 사람들에게 그리스와 로마 문화에 정통하다는 것은 지위와 명망이 따르리라 기대할 만한 일이었다. 그러나 휘틀리는 사람들의 의심을 샀을 뿐이다.

사람들은 휘틀리의 학식을 의문시했다.[31] 이 장의 첫 부분에서 소개했듯 1772년 보스턴에서 휘틀리의 지식과 문예 능력을 확인하기 위한 재판이 열렸다. 혁명 운동의 지도자 중 한 사람인 존 행콕도 검증에 참가했는데, 그와 대면하면서 휘틀리가 당시 혁명 운동과 보스턴의 정세에 대해 어떤 생각을 가졌을지는 오직 추측에 맡길 뿐이다. 그러나 고통스러운 검증 과정을 통과하고 작문 능력에 대한 모든 의심이 해소되었음에도 불구하고 휘틀리는 책을 내줄 출판사가 없는 현실을 깨달았다. 어떤 사람들은 노골적으로 인종주의적 근거를 들어 출판을 거절했고, 다른 이들은 그 책의 상업적 성공 여부를 우려했다. 그러나 어쨌든 휘틀리의 책이 빛을 보지 못할 것이라는 점은 매한가지였다.

이때 조지 화이트필드를 지지했던 영국 귀족인 헌팅던Huntingdon 백작 부인이 등장했다. 백작 부인은 휘틀리의 후견인이 되어 런던에서 책을 낼 수 있게 주선해 주었다. 휘틀리는 1773년 부푼 희망을 안고 주인의 아들인 너새니얼Nathaniel과 동행하여 런던으로 향했다.[32] 몇 달 동안 휘틀리는 런던의 출판업자 아치볼드 벨Archibald Bell이 자신의 책을 출간하는 작업을 감독했다. 휘틀리는 백작 부인뿐만 아니라 시인이자 정치가인 조지 리틀턴George Lyttelton 남작, 자선사업가인 백만장자 존 손턴John Thornton, 당시 런던에 머물고 있던 미국의 다재다능한 정치인 벤저민 프랭클린 등 런던 문예계의 저명인사들을 만났다. 그러나 수재나 휘틀리 부인이 갑작스럽게 병에 걸리면서 필리스와 너새니얼은 간병을 위해 급히 돌아가야만 했고, 그들의 영국 체류는 그렇게 중단되고 말았다.

그들은 황망히 보스턴으로 돌아왔다. 보스턴에 있었다는 사실만으로 휘틀리는 언제나 미국 혁명의 최전선을 목격할 수 있었다. 제10장에서 보았던 것처럼 1760년대의 보스턴은 분리주의 선동가들의 중심지였고, 1770년대에는 독립 전쟁 최초의 무력 충돌의 배경이었다.[33] 휘틀리가 수재나를 돌보기 위해 귀국한 지 얼마 지나지않은 1773년 겨울에 보스턴 차 사건이 벌어졌다. 휘틀리는 영국의 탄압과 그에 따른 전초전을 몸소 겪었을 것이다. 제재 조치에 의해 보스턴 항은 폐쇄되었고 매사추세츠에 제한적으로 부여되었던 자치권은 박탈당했으며, 시내에서의 회합은 엄격히 규제되어 그 수가 줄어들었다. 그러나 영국의 탄압이 거셀수록 그들에게 대항하고자 하는 미국 혁명파의 결의도 더욱 굳세어졌다. 국제적인 문학계 명사로서 자신의 새로운 지위를 이용해 보려 했던 휘틀리는 그대로 혼돈의 소용돌이 속으로 내던져졌다.

휘틀리의 극진한 간호에도 불구하고 수재나는 1774년 3월에 세상을 떠났다. 휘틀리는 노예 신분에서 벗어나 자유 신분이 되었다. 그녀는 이제 더욱 공개적이고 직접적으로 혁명 운동에 참여했다.

비단 고삐

휘틀리가 비교적 이른 시기부터 정치에 관심을 보였다는 증거가 있다. 1768년에 열네 살 혹은 열다섯 살의 휘틀리는 논란의 소지가 컸던 인지세법을 철회한 영국 국왕 조지 3세George III를 찬양하는 시를 발표했다(그 법은 조지프 워런이 처음으로 격렬한 정치적 폭언을 담아 글을 쓰게 했다. 제10장을 보라). 식민지 10대 노예의 이러한 정치적 행동은 놀라웠다. 그녀가 쓴 시에는 뼈가 있었고, 특히 마지막 두 행은 상당히 의미심장했다.

> 그리고 대륙마다 평등하게 기쁨을 누리는 모습을 볼 수 있기를

한 군주의 미소가 그 신민을 자유롭게 하기를!³⁴

이 시구는 미국 식민지인이 인지세법에서 자유롭기를 바라는 것인가, 아니면 그보다 더 근본적인 자유를 논하는 것인가? 같은 해 워런이 보스턴 시민들에게 영국이 자신들을 〈노예〉로 삼으려 한다고 경고한 신문 기고는(제10장을 보라) 휘틀리에게 매우 공허하게 들렸을 것이다. 1770년에 휘틀리에게 최초로 명성을 안겨 준 조지 화이트필드를 애도하는 시 역시 정치적 함의가 있었다. 화이트필드는 영국에 맞서 미국인의 권리를 지지했을 뿐만 아니라 휘틀리가 언급했듯 〈친애하는 미국인〉과 〈그대 아프리카인〉 모두를 향해 설교했던 인물이다. 당시 런던에서는 두 명의 보스턴 출신 작가의 글이 수록된 팸플릿이 정치적 함의를 갖고 유통되었는데 그중 하나가 휘틀리의 애도 시였고 다른 하나는 보스턴 학살을 다룬 워런의 글이었다.

문학적 명성이 커지면서 휘틀리는 자신감을 갖고 정치 논평에 뛰어들었다. 같은 해 후반기에 휘틀리는 식민지의 주 장관으로 임명된 다트머스Dartmouth 백작을 기리는 시를 지어 달라는 요청을 받았다. 이 시 역시 양면성을 지니고 있었다. 겉으로는 영국 식민 정부를 지지하는 것처럼 보였으나, 혁명파에게 친밀한 수사를 이용했다. 2행, 8행, 21행에서는 〈자유〉를 직접적으로 호명했고, 더 넓게는 의인화된 자유가 〈여신께서 오랫동안 바라 오던〉(11행) 것으로 드러난다. 휘틀리는 이렇게 아메리카에 선언했다.

> 그대 더 이상 쇠사슬을 두려워하지 않으리.
> 무도한 폭정을 행하는 그 무법의 손을
> 그로써 그 땅을 예속시키고자 뜻한 바를.35

이는 혁명파의 대본을 그대로 그려 낸 것 같지만 그 속뜻은 단순히 백인 식민주의자에 대한 영국의 대우를 논하는 것이 아니었다. 시구에 담긴 이중적 의미가 제대로 전달되지 않을 것 같으면 휘틀리는 자신이 당대의 다른 시인들보다도 자유를 각별히 아끼는 이유를 좀 더 직접적으로 상기시켰다.

> 나 어린 시절에 가혹한 운명을 맞았으니
> 아프리카의 멋지고 행복한 처소에서 붙들린 것이다.
> 고통스러운 학대의 발톱은 무엇이었던가.
> 어버이의 가슴에 남은 고통은 무엇이었던가.
> 아버지에게서 사랑하는 아이를 빼앗았으니
> 바로 내가 겪은 일이다. 그러니 나 바라지 않을 수 있겠는가,
> 다른 이들은 결코 그런 폭압을 겪지 않기를.36

휘틀리는 영국 제국주의의 지배를 받는 식민지인과 백인 노예상인에게 사로잡힌 아프리카인을 명시적으로 비교했다. 다트머스 백작에게 보내는 휘틀리의 시는 영국인이 가혹한 멍에를 지우는 대신 〈비단 고삐〉를 매는 방식으로 아메리카를 더욱 얽매면서 통치하는 미래를 내다보았다. 이 시가 혁명파를 위한 선동

이라는 맥락에 있음은 쉽게 읽히지만, 아프리카 노예를 끌어온 의미는 확실하지 않다. 물론 이 시를 쓸 때 휘틀리는 여전히 노예 상태였고, 자신이 살아가는 사회와 주인의 호의에 의존하고 있었다는 점에서 비단 고삐에 매여 있었다. 아직 노예제 폐지를 촉구하는 데 이르지는 못했던 것이다.

자유의 몸이 된 휘틀리는 지체 없이 정치적 입장을 명확히 드러내고 혁명파의 이념적 모순을 공개적으로 비판했다. 1774년 3월, 수재나가 죽은 지 여드레가 지난 뒤 휘틀리는 모헤간 원주민의 일원이자 장로회 목사였던 샘슨 오컴Samson Occom에게 보내는 공개서한을 발표했다. 그가 〈흑인들〉과 그들의 〈자연권〉을 위해 바친 노고에 감사하는 내용이었다. 휘틀리는 흑인의 예속 상태를 구약 속 히브리인이 이집트에서 노예 생활을 했던 것과 동일시했다. 그리고 혁명파에 대해 다음과 같이 비판했다. 〈나는 그들이 상처 입길 바라는 게 아닙니다. 다만 그들의 말과 행동이 전혀 맞지 않는 이 이상하고 부조리한 행실을 그들이 인정하길 바랄 뿐입니다. 해방을 부르짖으면서 다른 이들에게 기꺼이 억압을 행사하는 그 모순된 기질을 알아채는 데 굳이 철학자의 통찰이 필요하지 않다는 것이 제 겸허한 생각입니다.〉[37]

그러나 1년 뒤 혁명 운동이 독립 전쟁으로 번지자 휘틀리는 자신의 표현을 다소 수정했다. 렉싱턴과 콩코드에서 이 전쟁 최초의 전초전이 벌어졌고 양쪽 모두 피를 많이 흘렸다. 1775년에 휘틀리는 애국자들의 군대의 총사령관이었던 조지 워싱턴을 칭송하는 시를 썼다.[38] 몇 달 뒤인 1776년 2월에 워싱턴은 휘틀리를 사령부로 초대해 사담을 나누었다. 정규 교육을 받지 못한 것으로 유명한 그는 한때 노예 여성이었음에도 상당한 수준의 교육을 받은 휘틀리에게 꽤 흥미를 느꼈을 것이다.[39]

그러나 이듬해 휘틀리는 다시금 혁명파의 이중 잣대에 울분을 터뜨렸다. 영국군과의 전투에서 데이비드 우스터David Wooster 장군이 목숨을 잃자 휘틀리는 그의 아내를 위로하기 위해 편지를 보냈다. 거기서 우스터 장군은 〈자유라는 대의의 순교자〉로 불렸고 그의 고귀함, 기독교적 미덕, 〈호전적인 위업〉을 칭송하는 시가 편지에 포함되었다. 그 시에서 휘틀리는 신에게 새로운 국가와 국민을 일으켜 그로써 그들이 〈영원히 덕이 있고 용감하며 자유롭기를〉 청했다. 그런데 갑작스럽게 논조를 바꾸어 이 새로운 국가가 진정 신의 가호를 입기에 합당한지를 물었다.

> 그러나 어찌 우리 주제넘게도
> 전능하신 신의 허락을 구하는가.
> 그들은 부끄럽게도 (옹졸한 일이로다!)
> 아프리카의 무고한 종족을 구속하거늘.[40]

마지막으로 1784년에 휘틀리는 죽음을 고작 한 달 앞두고 새뮤얼 쿠퍼 목사의 죽음을 애도하는 시를 썼다. 그는 보스턴의 목회자로서 존 행콕, 새뮤얼 애덤스와 존 애덤스, 조지프 워런을 비롯해 저명한 혁명파 인사들로부터 추앙을 받았다.[41] 이전의 시가 의도적인 모호함을 담고 있던 것과 달리 이 마지막 시에서 휘틀리는 정치 문제는 제쳐 두고 가슴에서 우러나오는 애도를 담아〈진실된 친구〉를 기렸다.

　유명세를 얻은 이래 휘틀리는 필연적으로 역사의 갈림길에서 미국 혁명을 이끈 백인 엘리트 남성과 마주쳤고 그들과 은유라는 검을 맞대야 했다. 존 행콕은 1772년 휘틀리의 재판을 맡았던 사람 중 한 명이었고, 조지프 워런은 휘틀리와 같은 시기에 저술을 발표했으며, 휘틀리가 다녔던 교회는 다른 많은 혁명파의 지도자들이 다녔던 곳이기도 하다. 어쩌면 휘틀리가 독립운동을 지지하면서도 회의적인 태도를 보였던 것은 필연적이었을 것이다. 그 자신이 결코 어느 한쪽에 속하지 못한 채 모호한 입장을 취했던 것도 충분히 이해할 만하다.

　필리스 휘틀리는 혁명파와 동일한 지적, 문화적 환경의 소산이었다. 그들과 동일한 전통과 문학을 따랐고, 동일한 관용구를 인용했으며, 동일한 수사를 사용한 것은 당연한 일이었다. 그러나 혁명파와 달리 휘틀리의 입지는 취약하고 주변적이었다. 첫 시집을 출판하고 후견인 헌팅던 백작 부인에게 헌정시를 바쳤을 때 휘틀리는 이 사실을 충분히 인지했을 것이다. 그 헌정시는 로마의 황금기였던 아우구스투스 시기에 시인들의 가장 위대한 후견인이었던 사람의 이름을 따「마이케나스에게To Maecenas」라는 제목이 붙었다. 이 시에서 휘틀리는 모델로 삼을 만한 다양한 시적 양식을 검증했다. 위대한 열정과 갈등의 서사시를 보여 준 호메로스를 모델로 삼아야 할까? 아니면 감정 표현의 대가인 오비디우스가 좋을까? 어쩌면 대담하고도 우아한 베르길리우스의 양식을 모델로 삼을 수도 있었다. 마침내 휘틀리는 언어의 명료함으로 이름난 극작가인 테렌티우스Terentius를 자신의 모델로 정했다. 휘틀리는 군중을 휘어잡는 능력을 테렌티우스가 지닌 최고의 장점으로 꼽았으나 그를 선택한 가장 큰 이유는 그가 아프리카 출신이기 때문이었다. 휘틀리는 그리스-로마 문학의 정전에서 아프리카인 시인은 오직 그 한 사람뿐임을 슬프게 고찰하면서 글을 써 내려갔다.

> 그러나 말해 보세요, 뮤즈여. 어찌 이 은총의 일부를
> 아프리카의 흑담비 빛깔의 종족 가운데 한 사람에게만
> 내리셨는지?
> 시대에서 시대로 그의 이름이 전해져 내려와
> 그 명예로운 명단에서 첫 영광을 돌리도록 하셨는지?[42]

서양의 문화유산을 숙달하고 고된 수고와 탁월함을 통해 인종 위계의 이론상 불가능한 성취를 이뤄 냈음에도 불구하고 휘틀리는 여전히 그리스-로마 전통 안에 들기 위해 분투하고 있었다. 성별은 결정적인 요소가 아니었다. 영국인 백인 여성인 헌팅던 백작 부인은 로마의 귀족인 마이케나스의 자리를 차지할 수 있었으나, 휘틀리는 오비디우스나 호메로스와 같은 자리에 놓일 수 없었다. 대신 자신의 인종적 한계에 따라 오직 아프리카인 테렌티우스를 선택할 수 있었을 뿐이다.

「뉴잉글랜드 케임브리지 대학에」 보낸 헌정시에서 그와 비슷한 우울한 고찰을 발견할 수 있다.[43] 휘틀리는 〈나의 고향의 해안, 실수투성이의 땅, *이집트인* 신랑(휘틀리가 이탤릭체로 썼다)〉인 아프리카를 떠난 경험을 썼고 학생들에게 그들이 지닌

시간과 특권을 소중히 여길 것을 당부하면서 *에티오피아인*(휘틀리가 이탤릭체로 썼다)이 여러분께 말하길〉 운명의 변덕을 조심하라고 적었다. 휘틀리는 고전 세계에 기원을 두지 않은 자신이 고전 세계의 언어를 사용한다는 점을 강조했고 지적 고립 상태에 놓여 있다는 감상을 스스로 북돋웠다. 휘틀리는 자신이 서양 문명의 계보에서 영원히 배제되어 있다고 느꼈던 것이다.

휘틀리의 외로운 위치는 쉽게 감지할 수 있었다. 휘틀리가 주요 저작들에서 자신이 살아가는 18세기를 고대 그리스와 로마 세계에 연결한 것은 서양 문명의 상상된 족보의 전형이었다. 그러나 놀라운 지적 성취에도 불구하고 그 신체에 새겨진 인종화된 특성들은 휘틀리에게 서양 문명이라는 거대 서사 안에서 어떤 자리도 허락하지 않았다. 불과 한 세기 전의 인물인 앙골라의 은징가가 고대 그리스인이나 로마인의 재림으로 상상되었던 것(제9장을 보라)과 달리 18세기 후반의 휘틀리는 새로운 서양 문명의 인종관에 의해 그리스-로마 전통을 계승하지 못하고 가로막히고 말았다.

휘틀리의 이야기는 거의 해피엔딩이 될 뻔했다. 1778년 휘틀리는 식료품점을 운영하는 자유인 흑인인 존 피터스John Peters와 결혼하여 세 명의 자식을 낳았다. 그러나 이 시기에 첫 책으로 받은 인세가 바닥나기 시작했고 두 번째 책을 출판하려는 시도는 미국 출판업자들의 저항 또는 무관심에 부딪혔다. 몇 년이 지나자 휘틀리 가족은 가난의 구렁텅이로 떨어졌고 아마도 영양실조와 질병으로 두 아이가

죽고 말았다. 남편 존이 1784년에 빚을 갚지 못해 감옥에 들어가자 휘틀리는 마지막 남은 아이라도 먹여 살리기 위해 보스턴의 어느 하숙집에 가정부로 들어갔다. 그러나 건강이 악화되어 서른한 살의 나이로 죽음을 맞이했고, 어린 아들은 어머니보다 겨우 몇 시간을 더 살았다. 그 비범한 삶은 비참한 결말로 마무리되고 말았다.

필리스 휘틀리가 살았던 시기에 고대 그리스-로마는 이제 막 유럽과 북아메리카에서 〈고전〉이라는 이름표를 붙이려는 참이었다. 〈클래시컬classical〉이라는 (다양한 언어에서 비슷한 발음으로 통용되는) 그 낱말은 엘리트 및 상류층과 결부되곤 한다.[44] 그 연관성은 그리스 애호가 황제인 하드리아누스의 치세였던 2세기의 로마로 거슬러 올라간다. 당대의 연설가이자 미술 애호가였던 아울루스 겔리우스Aulus Gellius는 자신의 지인 중 한 사람을 〈클라시쿠스classicus〉라고 불렀고, 이는 로마의 유산 계급 가운데 으뜸이라는 문자 그대로의 의미가 아니라 〈품격〉이 있다는 비유적인 의미로 사용되었다. 14세기에서 17세기까지 〈고전〉이라는 낱말은 어떤 언어로 쓰였든 고금의 문학 작품 가운데 으뜸을 가리키는 데 사용되었다. 이러한 의미에서 그 낱말은 본보기가 될 가치를 지닌 〈일류〉를 뜻했다. 18세기 중반이 되어서야 독일의 요한 요아힘 빙켈만Johann Joachim Winckelmann과 같은 학자들의 저서에서 그 낱말의 의미가 바뀌기 시작했다.[45]

빙켈만에게 〈고전〉이란 그 가치와 더불어 작성 연대에 의해 결정되는 것이었다. 『고대 미술사Geschichte der Kunst des Alterthums』(1764)에서 그는 연대순으로 미술을 분류하는 새로운 방식을 정립했다. 먼저 발달기인 〈고졸기archaic〉는 미술 기법을 개척하고 정제하는 단계였다. 다음으로는 미술적 성취의 정점을 보여 준 〈고전기classical〉가 있었다. 그리고 마지막으로 퇴보한 〈헬레니즘기hellenistic〉의 미술은 고전기의 완벽한 비례를 우스꽝스러울 정도로 손상시켰다. 비록 빙켈만이 이러한 세 개의 시대 구분을 무에서 창조한 것은 아니었으나[46] 이 공식을 확고히 한 사람이었다. 〈고전기〉 고대 세계의 모습을 떠올려 보라고 하면 여러분은 아마 기원전 5세기의 아테네를 떠올렸을 것이다. 셀레우코스 왕조의 바빌론이나 철기 시대 코린토스는 기원전 5세기의 아테네와 마찬가지로 그리스 세계의 일부였으나 아마 그곳들을 먼저 떠올리지는 않았을 것이다. 이 점에서 여러분은 페리클레스가 아테네를 다스렸던 40여 년이 〈가장 축복받은 시기〉였다는 빙켈만의 도식을 어느 정도 따르는 셈이다.[47] 그러나 빙켈만이 보기에 이 시기에 미술과 문화가 꽃을 피운 것은 우연의 산물이 아니었다. 우월한 문화는 우월한 정치 구조의 산물이었다. 빙켈만은 〈예부터 미술은 자유에서 생명을 얻고 자유를 잃어버린 곳에서는 필연적인 쇠퇴와 몰락을 겪는다〉라고 말했다.[48] 그는 마케도니아의 알렉산드로스의 죽음에 뒤이은 정치적 자유의 쇠락이 문화 창달에 부정적인 영향을 미쳤다고 생각했다.

그리스-로마가 〈고전적〉 고대로 변환되는 과정은 서양 문명이라는 개념과 연관되어 있었다. 그리스와 로마가 일관되고 하나로 결합된, 여타 고대 세계와는 구분되는 단일한 대상이라는 발상은 르네상스기(제6장)에 개발되어 대안적인 역사의 거대 서사를 추진하려는 16세기의 노력(제7장)에도 불구하고 지속되었다. 고대 그리스-로마는 17세기 서양에서 그들의 문화적 선조로 주장되었고 공통의 기원을 통해 서양인 〈자신들〉(제8장)과 비서양인 〈타자들〉

(제9장)을 구분하는 중요한 상징적 지점으로 변모했다. 서양 문명이라는 거대 서사는 이 3세기 동안 점진적이면서도 해체적인 과정을 겪으면서 탄생했다.

그러나 그 거대 서사가 16세기에 잉태되어 17세기에 탄생했다면 그것이 성숙하는 데는 18세기 후반까지 기다려야 했다. 서양 문명이라는 이야기가 대중성을 얻고 새로운 국민 국가의 정치적 수사에서 주류로 들어온 것은 이 무렵의 일이었다. 부분적으로는 그것이 정치적 유용성이 있었기 때문이다. 예컨대 새로운 미합중국은 문명의 이동에 근거해 영국으로부터의 독립을 주장할 수 있었다(제10장). 18세기 후반부는 서양 문명이 인종화된 시기이기도 했다. 비서양인 인구 집단에 대한 억압은 자연적이고 생물학적인 분류에 따른 범주화뿐만 아니라 서양 문명의 문화유산에 온전히 참여할 능력의 부재를 통해 정당화되었다. 지금의 인종 분류는 과거의 문화적 족보의 지도를 따라 이루어진 것이었다.

무엇보다도 18세기 후반은 고대 그리스-로마가 절대적인 지고의 가치, 우월성과 지위 등의 의미를 띠기 시작한 시기이다. 이 새로운 〈고전기〉 고대 세계는 다른 나머지 고대 세계와 구분되는 별도의 세계로 여겨지는 데서 그치지 않았다. 그곳은 지리적이고 인종적으로 배타적인 계통을 따라 이어진 서양의 독특한 유산일 뿐만 아니라 객관적인 질과 중요성을 갖고 있었다. 서양 문명이라는 거대 서사는 서양이 다른 곳보다 그냥 더 낫고 더 중요한 기원을 지닌 곳이라고 주장했다. 서양의 지배는 이것으로 정당화되었다.

제12장
서양과 근대성:
윌리엄 글래드스턴

옛날 서양의 모든 기독교 세계는
공통의 적에게 맞선다는 공감대를 지니고 있었다.
— 윌리엄 글래드스턴(1876)[1]

윌리엄 유어트 글래드스턴William Ewart Gladstone은 분홍색으로 덧칠되었던 세계를 살아가고 있었다. 붉은색(제국의 전통적인 상징 색)보다 더 값싸고 가독성이 좋은 분홍색 잉크가 19세기 지도에서 영국의 지배 영역을 나타내는 데 사용되었다. 전성기의 대영제국은 세계 지표면의 거의 4분의 1을 뒤덮었고 네 대륙에 걸쳐 있었으며, 세계 인구의 거의 4분의 1을 신민으로 거느리고 있었다. 지구상의 모든 시간대에 분홍색 영역이 존재한 덕분에 대영제국은 〈해가 지지 않는 나라〉가 될 수 있었다. 글래드스턴이 세계 지도를 보았을 때 그 지도는 분홍색으로 칠해졌을 뿐만 아니라 새로이 표준으로 자리매김한 메르카토르 도법에 따라 만들어졌는데, 영국은 지도 한가운데에 놓여 있고 나머지 세계가 그 주위를 에워싸고 있었다. 그가 시계를 보았을 때 그 시계는 그리니치 표준시를 따르고 있었고, 그것이 나머지 세계의 모든 시간을 규정했다. 글래드스턴이 1880년 영국의 총리가 되어 다우닝가 10번지에 입주했을 때 그는 자신이 세계의 중심에 있음을 알았고 그 사실에 바로 안도감을 느꼈을 것이다.

물론 영국이 유럽의 유일한 제국주의 국가는 아니었다.

19세기에 합스부르크 왕조 오스트리아와 로마노프 왕조 러시아는 방대한 영토를 거느린 제국이었고, 영국뿐만 아니라 프랑스 역시 공격적으로 해외 식민지를 확장하고 있었다. 여기에 신생 유럽 국가였던 벨기에, 이탈리아, 독일이 합류했다. 이 신흥 강대국들은 스페인, 포르투갈, 네덜란드, 오스만 등 더 오래된 제국에게서 새로운 영토를 얻어 내려 했고, 19세기를 거치며 옛 제국들은 고통스러운 해체와 쇠락을 겪었다. 유럽인만이 제국주의적 야망을 가졌던 것은 아니다. 아시아에서는 일본이 패권을 주장하는 유럽 강대국들에 자극을 받아 그들만의 식민지를 세우려 했다. 미국은 19세기 말에 필리핀과 상당한 크기의 중앙아메리카 영토를 스페인의 통제로부터 빼앗아 왔다. 그러나 서로 경쟁하는 다양한 제국 가운데서 세계 전역을 가장 확고히 장악한 국가는 대영제국이었다.[2]

이 모든 것의 중심에는 〈세계의 공장〉으로서의 영국의 위상이 있었다. 일찍부터 산업화를 이룩한 영국은 19세기 중반에 전 세계 철의 대략 절반, 석탄의 3분의 2, 철강의 4분의 3 이상을 생산했고, 기술과 공학에서 이루어진 일련의 혁신은 영국의 경제 구조 및 사회 조직을 엄청난 수준으로 바꾸어 놓았다.[3] 영국에서 시작된 기술 혁신의 물결이 빠르게 유럽과 아메리카 대륙으로 전파되었고 영국은 그 선두를 차지할 수 있었다. 제국이 소유한 해외의 재산들과 국내의 산업 역량 덕분에 영국은 새로이 연결된 세계 경제의 심장부이자 발전소가 되었다.

또한 영국은 〈서양〉이라 이름 붙여진 지리적, 문화적 블록의 중심지였다. 한쪽에는 서유럽과 중유럽의 국가들이 놓여 있었는데 일찍이 서양과 서양 문명이라는 쌍둥이 개념을 처음으로 등장시킨 초기의 지적 발전이 그곳에서 이루어졌다(제6장과 제8장). 다른 한쪽에는 대서양 세계와 북아메리카가 있었는데, 그곳에서 이 개념들은 마침내 정교하게 다듬어졌다(제10장과 제11장). 그러나 서양은 단순한 지리적 단일체가 아니었다. 서양은 또한 인종적 조건에 의해 정의되었고 새로이 발전한 백인이라는 범주는 서양에 거주하고 있다 해도 백인이 아닌 사람들은 그곳에 속할 수 없도록 표식을 남기는 핵심적인 요소였다(제11장). 또한 서양은 상이한 생활 방식과 근대성이라는 개념에 의해서도 정의될 수 있었는데, 이는 과학적이고 인본주의적인 원칙이 지배하는 사회를 뜻했다. 그러나 인본주의적 원칙을 공언하는 사회에서도 종교는 여전히 중요한 요소였고 그 핵심에는 기독교가 놓여 있었다. 이 모든 것이 서양 문명이라는 공통된 족보를 지닌, 공동의 서양사라는 발상을 통해 서로 연결되어 있었다. 비록 그것이 17세기에 점진적으로 등장해 18세기에야 완전한 형태로 대중화되었으나 19세기는 서양 문명이라는 거대 서사가 최고조에 다다랐던 시기이다.

  서양을 정의하는 또 다른 요소는 힘이었다. 19세기에 서양의 국제적 우위는 넘볼 수 없이 절대적이었다. 서양의 국가들은 세계 경제를 통제했고 서양의 제국들은 다섯 대륙에 걸친 영토를 통치했다. 과학, 윤리, 역사 등의 분야에서도 서양 사상이 세계 각지로 수출되어 현지의 지식 체계를 대체했다. 이 시기 서양의 지배는 광범위하면서도 절대적이었기에 그것이 언제나 존재해 왔던 것은 아니라는 점을 상상하기 어려울 정도이다. 19세기의 현실이 서양에서는 하나의 길(지배)을 보여 주고, 나머지에는 다른 길(종속)을 보여 주었듯 서양 문명에 관한 다른 형태의 역사를 상상하는 것은 점점 더 어려운 일이 되었다.

다른 모든 나머지를 지배하는 서양

18세기에 〈서양〉과 〈서양의〉라는 낱말은 주로 북아메리카와 결부(제10장)되었으나 19세기에 그 용례가 확장되었다. 서양 문명의 관념적 인종화(제11장)는 서양이 이제 유럽의 대부분을 포함하고 제국이 통치하는 영역에서 유럽 출신의 식민지인이 지배적 위치에 있는 인구 구성을 나타내리라 기대할 수 있음을 의미했다. 흥미롭게도 그 용어가 처음 사용된 사례 중 일부는 스스로 서양인이라 정의한 이들에게서 비롯된 것이 아니라 〈서양화〉를 더욱 추구해야 할지 아니면 〈슬라브 애호〉 문화를 지향해야 할지 토론했던 러시아인에게서 비롯된 것이었다.[4] 그 결과 유럽 서양인은 서양이라는 용어를 러시아 및 동유럽과 대비되는 의미로 받아들였다.[5] 이는 중유럽에서 그러했는데, 슬라브 유럽이라는 동양은 대서양 유럽이라는 서양과 대비되었고 양측 모두 독일 중심의 〈미텔오이로파Mitteleuropa〉와는 구분되는 것으로 여겨졌다.[6] 서양이라는 용어는 곧 영국에서도 제국주의적 풍미가 가미되어 받아들여졌다. 1835년에 한 식민지 관료가 인도의 교육 상황에 대한 보고서를 작성하면서 〈서양 문학의 타고난 우월성〉을 강조했고,[7] 카를 마르크스Karl Marx는 1859년 아시아에서의 영국 식민주의를 언급하면서 아시아적 체제를 〈서양 세계〉의 체제와 대비했다.[8]

그렇기에 서양이라는 개념의 등장과 함께 〈나머지〉에 대한 개념 역시 더욱 뚜렷해졌다. 이는 곧 세계의 다른 비서양인이 근본적으로 동일한 성질을 지닌 단일한 관념적 대상으로 여겨질 수 있음을 뜻했다. 이 성질은 필연적으로 서양인의 성질보다 열등한 것이었다. 영국의 변호사이자 경제학자이며 교수였던 나소 윌리엄 시니어Nassau William Senior는 1857년 오스만 제국을 여행하면서 튀르키예인에 대해 〈중국인, 힌두인 그리고 사실상 모든 아시아인과 마찬가지로 이들의 문명 수준은 그다지 높지 않지만 간단히 무시할 수도 없으며 심지어 오래 보존되어 온 것〉이라는 감상을 남겼다.[9] 그의 관점에서 모든 〈아시아인〉은 본질적으로 똑같았고 〈진정한 아시아인의 특성은 지적 불모 상태와 변화에 대처할 능력의 부족으로 (……) 아시아인은 새로운 것을 발명하기보다는 베끼려 든다〉.[10] 모든 비서양인은 서로 차이가 없는 열등한 집단이라는 생각은 영국의 시인 러디어드 키플링Rudyard Kipling이 1899년에 지은 악명 높은 시에 잘 나타나 있다. 키플링은 독자들에게 〈백인의 짐〉을 질 것을 촉구했는데, 이는 식민 통치라는 〈의무〉를 뜻했다. 이 통치는 세계의 나머지 사람들에게로 확장되어야 할 것으로 키플링은 그들을 〈파닥거리고 거친〉 사람들이자 〈반은 악마이고 반은 어린아이인〉 사람으로 묘사했다.[11]

서양과 그 나머지 사이의 대비는 과학적 인종주의의 발달과 함께 더욱 강화되었다.[12] 19세기 초 빈의 의사인 프란츠 요세프 갈Franz Joseph Gall과 요한 가스파르 슈푸르츠하임Johann Gaspar Spurzheim은 골상학이라는 유사과학을 개발하여 인종적 특징을 단정했다. 〈예를 들어 흑인의 이마는 매우 좁고 음악과 수학에 대한 그들의 재능은 일반적으로 매우 제한되어 있다. 채색을 좋아하는 중국인은 눈썹이 매우 둥글게 휘어졌는데 우리는 이것이 색채와 관련된 기관이 크게 발달했다는 징표임을 알 수 있다〉.[13] 스코틀랜드의 민족지학자인 로버트 녹스Robert Knox 역시 해부학적 접근을 채택했는데, 오늘날 그는 갓 죽은 사람의 시신을 사들여 해부한 것으로 유명하다.[14] 1850년에 녹스는 〈인종은 모든 것이니 문학, 과학, 예술, 한마디로 문명이 바로 그것에 의해 좌우된다〉라고 썼다.[15] 몇 년 뒤에 저명한 프랑스의 외교관인 아르튀르 드 고비노Arthur de Gobineau는 형질 인류학과 역사 결정주의를 결합한 방대한 저작을 남겼는데, 이는 다른 인종 사이에서의 출산, 그리고 그가 주장하는 인종의 자연적 위계의 교란에 반대하기 위함이었다.

제11장에서 언급했듯 과학적 인종주의는 인간이 자연 세계의 일부라는 계몽사상의 한 갈래에서 나온 산물이었고 계몽사상은 또한 진화론과 다윈주의를 낳았다. 인간이 공통의 단일한 기원에서 비롯되었는지(단일 발생설) 아니면 복수의 기원이 서로 다른 인간의 〈종〉, 즉 인종의 출현으로 이어졌는지(다원 발생)에 대해 격렬한 논쟁이 벌어졌다. 다원 발생설 진영에서는 미국의 외과의였던 조사이아 노트Josiah Nott와 같은 운동가들이 별개의 기원을 가진 〈민족과 인종〉은 〈저마다의 운명을 지니고 있다. 어떤 이들은 지배하기 위해 태어났고, 다른 이들은 지배당하기 위해 태어났다〉라고 말했다.[16] 『종의 기원On the Origin of Species』이 출판된 1859년에 찰스 다윈Charles Darwin이 자신의 이론

이 인종과 얼마나 연관되어 있는지에 대해 의도적으로 말을 아끼는 동안에는 단일 발생설 진영에서 진화와 자연 선택을 인간 사회에 적용하려는 대담한 시도가 없었다. 정치적 스펙트럼의 한쪽 극단에서는 미국의 목회자이자 반노예제 운동가인 찰스 로링 브레이스Charles Loring Brace가 아프리카 노예를 해방하고 원주민에게도 기회가 주어지기만 한다면 〈문명화〉될 가능성이 있다는 자신의 주장을 뒷받침하기 위해 사회 진화론을 이용했다. 그 반대편 극단에서는 식민 통치를 정당화하고 계급 제도를 확고히 하기 위해 사회 진화론을 이용했다. 예컨대 영국의 은행가이자 언론인인 월터 배젓Walter Bagehot은 대영제국의 피지배민과 노동 계급이 그들의 통치자보다 더 낮은 진화 단계에 머물러 있다고 주장했다.[17]

19세기가 경과하면서 심화되는 불평등과 사회적 위계는 비서양인 〈나머지〉와 서양 내부에서 가난하고 소외된 사람들의 불편한 신분 의식으로 이어졌다. 런던의 유명 주간지인 『새터데이 리뷰Saturday Review』는 1864년 독자들에게 올바른 만물의 질서를 다시금 상기시켰다. 〈영국의 가난한 남성이나 어린이는 언제나 신이 자신에게 주신 상태를 기억해야 한다. 이는 흑인이 신께서 그에게 주신 피부색을 기억해야 하는 것과 같다. 두 예시에서 영원히 우월한 것과 영원히 열등한 것은 주로 종속의 관계를 맺고 있으며 그 어떤 친절이나 선의도 이 관계를 바꿀 수 없다.〉[18]

진정 19세기는 필적할 자 없는 서양인에 의한 세계 지배의 시대였으나 한편으로는 서양 내부에서 사회적 불만이 격화되는 시기이기도 했다. 급격한 산업화가 극적인 사회적 변화를 일으키면서 새로운 도시 빈민층이 형성되었고 그들은 사회적 위계를 뚜렷하게 인지하고 있었다. 1848년은 더 많은 민주적, 경제적 권리를 보장받기 위해 유럽 전역에서 민중 혁명이 일어난 해였다.[19] 프랑스에서는 새로이 혁명이 일어나 군주정을 전복하고 제2공화국을 탄생시켰다. 독일 연방의 각국에서 일어난 3월 혁명은 자유와 민중의 의회 참정권을 요구했다. 오스트리아의 합스부르크 왕조는 일련의 민란과 이웃한 헝가리에서 일어난 것과 같은 분리주의 운동에 시달렸다. 영국에서는 노동자와 상인들의 조합 운동이 점차 힘을 얻고 있었다. 같은 해 2월에 독일의 철학자 카를 마르크스와 프리드리히 엥겔스Friedrich Engels는 런던에서 소책자를 발표했다. 하지만 당시 유럽 전역을 휩쓴 정치적 혼란 속에서 그다지 큰 주목을 받지 못했다. 본래 독일에서 작성되었으나 런던에서 출판된 그 소책자의 제목은 『공산당 선언』이었다. 이 시점은 그 소책자가 다른 유럽 언어로 번역되기 몇 달 전이자 영어 번역본이 등장하기 2년도 더 전이었다.[20] 마르크스와 엥겔스 사상의 등장은 빈곤과 대중적 불만이 쌓이면서 조성된 열성적인 정치 환경을 반영하고 있었다.

이런 맥락에서 서양 대중에게 이념으로서 인종화된 사고의 보급과 심화는 새로운 의미를 지니게 되었다. 서양 세계의 통치 계급은 이를 제국 신민의 복속을 정당화하는 수단으로 사용했고 마찬가지로 내부의 피억압자들을 달래는 수단으로도 사용했다. 한 세기 전의 북아메리카에서도 법률적 범주로서 백인의 탄생을 통해 비슷한 과정이 일어났다. 18세기 초에 영국의 아메리카 식민지에서는 〈백인〉 빈민과 계약 노동자에게 같은 처지의 비백인보다 더 높은 사회적 위계를 부여함으로써 대중적 저항을 미연에 방지했다(제11장). 이제 19세기 중반에 그와 비견될 만한 이념적 전환이 유럽에서 이루어졌는데, 이는 어떤 의도적인 정치 전략이 아닌(입법자들이 〈백인〉 빈민층에 대한 회유를 의식했던 미국과는 달랐다) 폭넓게 상호 연관된 문화적 발전의 산물이었다. 서양과 그 나머지 사이에 그어진 이분법적 경계, 인종주의적 유사과학의 등장, 사회 진화론은 그 과정에서 각자의 역할을 수행했다.

역사 또한 이 과정에서 만들어졌다. 19세기는 〈전통의 발명〉이 두드러진 시대로 민족사와 지역사에 대한 새로운 관심이 고조되었고, 이는 제국 만들기와 반제국주의적 저항 양쪽 모두와 결부되었다.[21] 역사가 그러한 기대에 부응하지 못할 때 그들은 전통을 통해 이를 만회했다. 여기서 전통은 때로는 〈재발견〉되었고 때로는 공공연히 날조되었으며 오늘날의 공동체가 그들 자신의 과거를 인식하는 근본이 되었다. 스코틀랜드에서는 월터 스콧Walter Scott의 하이랜드 타탄 무늬의 발명이, 아일랜드에서는 W. B. 예이츠William Butler Yeats의 아일랜드 신화의 수집이 바로 이를 위한 것이었다. 빅토리아Victoria 여왕이 〈인도 황제〉의 지위를 얻을 때 벌어진 〈전통〉 의전과 의식 역시 비슷한 기능을 했으니 고풍스러운 겉치레로 당대의 현실(영국의 통치)에 존경심을 불어넣은 것이다.[22]

19세기는 과거를 그려 내는 생각과 서사가 뻔뻔스럽게 발명되던 시대였으나 과거에 대한 연구가 과학으로 변모하면서 자신의 자리를 만들어 가던 시기이기도 했다. 19세기의 첫 수십 년 동안 독일의 역사학자 레오폴트 폰 랑케Leopold von Ranke는 역사 탐구를 위한 엄격한 접근 방식을 새로이 개발했고, 이는 신중한 사료 분석과 실증적 연구를 토대로 했다. 비슷한 시기 덴마크의 호고주의자(好古主義者)* 크리스티안 위르겐센 톰센Christian Jürgensen Thomsen은 3시대 구분법(석기 시대, 청동기 시대, 철기 시대)을 개발하여 선사시대 유물을 연대순으로 분류했다. 19세기 후반에 고고학은 고유한 방법론과 기법을 지닌 과학으로 부상했다. 잉글랜드에 거주했던 로마인과 색슨족을 연구한 오거스터스 피트리버스Augustus Pitt-Rivers와 이집트를 연구한 플린더스 페트리Flinders Petrie가 그 선구자였다.[23] 물론 열성적인 호고주의자들은 여전히 덜 과학적인 방식으로 수집품을 모았지만(아테네 파르테논 신전의 대리석을 떼어 간 제7대 엘긴 백작인 토머스 브루스Thomas Bruce나 나폴레옹Napoléon Bonaparte의 이집트 원정을 계기로 늘어난 이집트 마니아의 사례를 떠올릴 수 있다) 19세기 중반에 고고학과 역사학은 진지한 학문으로 떠오르기 시작했다.

이 새로운 역사주의는 서양 문명이라는 거대 서사를 이루는 서양의 역사가 보편적이고도 세계사적인 중요성을 가진다는 생각을 전파함으로써 서양의 초월성을 확립하는 데 기여했다. 서양 사람이 다른 지역의 사람들보다 더 낫고 더 수준이 높으며 더 중요하기에 현재 비서양의 사람들을 지배한다고 여겨졌듯이

* Antiquarianism. 주로 낭만주의적 동기를 가지고 옛 시대의 유물을 수집하고 탐구하는 활동. 오늘날엔 아마추어 고고학의 한 갈래로 여겨지며 과학적 방법론이 도입되기 이전의 전근대적 고고학을 호고주의적 고고학으로 칭하기도 한다.

서양의 기원이 비서양의 과거보다 더 낫고 더 수준 높으며 더 중요하기 때문에 비서양 사람들은 과거에도 보잘것없었다는 것이다. 결국 서양의 기원만이 〈고전〉으로 상상될 수 있었다. 제국주의, 정치, 인종주의, 역사 서술 등 다양한 가닥이 한 사람의 인생에 얽혀 있었는데, 그가 바로 윌리엄 글래드스턴이다.

인민의 윌리엄

글래드스턴은 자신이 살았던 시대를 대표하는 인물이었다. 그는 한 세기에 가까운 삶을 살았고(1809년에 태어나 1898년에 사망했다) 60년 이상 놀라운 정치 경력을 이어 갔으며 네 번의 총리직, 네 번의 장관직을 역임했다. 글래드스턴은 그 시대의 산물이라고 해도 과언이 아니다. 그는 제국의 아이로 그 삶을 시작했다. 번창하는 항구 도시인 리버풀에서 스코틀랜드 출신의 무역상의 넷째 아들로 태어났다. 그의 아버지는 설탕, 목화, 담배 따위를 취급했으며 노예 노동으로 운영되는 카리브해의 플랜테이션에서 얻는 수익으로 부를 축적했다.[24]

    부유한 아버지 덕분에 글래드스턴과 그의 형제들은 명망 높은 기숙학교인 이튼에 입학했다. 그곳에서 글래드스턴은 그의 생애를 통틀어 그가 누구인지를 정의할 특징들을 이미 드러내고 있었다. 탁월한 학술적 재능으로 선생들을 놀라게 한 글래드스턴은 라틴어와 그리스어에 능통했고 언어에 특별한 소질을 보였으며, 이는 훗날 그의 입지를 다지는 데 도움이 되었다. 그러나 글래드스턴의 유년기는 그리 행복하지 않았다. 그는 영국 기숙학교의 중심적인 활동이었던 스포츠와 체육에 그다지 즐거움을 느끼지 못했고, 그의 깊은 신앙심은 위안보다는 죄책감을 심어 줌으로써 그를 괴롭혔다. 옥스퍼드 대학교 크라이스트 처치에 진학한 뒤에도 그는 고전학과 수학에서 수석을 차지했고 옥스퍼드 유니언의 토론에서 인상적인 연설을 하는 등 뛰어난 학생이었으나 또래에 비해 즐거운 학창 생활을 보내지는 못했다. 2학년이던 해의 어느 늦은 밤, 술 취한 학우들이 그의 방에 들이닥쳐 그가 독선적이고 경건한 체한다며 그를 놀렸을 때, 글래드스턴은 그들의 기대에 부응하여 〈용서의 의무를 행할 기회를 주신 것〉에 대해 신께 감사했다.[25]

옥스퍼드를 졸업한 뒤 글래드스턴은 오늘날에도 학업에서 해방된 젊은이들이 으레 그러하듯 여행을 떠났다. 형과 함께 자신만의 축약된 그랜드 투어*를 계획하여 프랑스를 거쳐 이탈리아로 향했고 토리노, 제노바, 루카, 피사, 리보르노, 피렌체 등을 짤막하게 방문한 뒤 로마와 나폴리에서 다소 오랜 시간을 보냈다. 영원의 도시 로마에서 글래드스턴은 문화보다는 종교에 훨씬 심취한 것 같았는데, 가톨릭과 프로테스탄트 사이의 분열을 고찰하고 서양 기독교 세계의 근본적인 단일성에 대해 이전부터 갖고 있던 믿음을 확고히 다졌다. 이제 글래드스턴은 느긋하게 북쪽으로 떠나 라벤나, 볼로냐, 베로나, 인스부르크, 가르다 호수와 코모 호수를 거쳐 제네바에 도착했다. 이 모든 여행은 불과 두 달 남짓 사이에 이루어졌다.

그때 귀가 솔깃한 제안을 받지 않았다면 그는 유럽 대륙

* Grand Tour. 고대 로마의 문화유산을 접하고 교양을 함양한다는 명목으로 이루어진 장거리 여행. 영국의 중상류층 사이에서 크게 유행했다.

을 더 둘러보았을 것이다. 보수당의 저명한 활동가인 뉴캐슬Newcastle 공작이 정치인으로서의 가능성을 눈여겨 본 글래드스턴에게 노팅엄셔의 뉴어크 선거구에 출마할 것을 제안했다. 이 놓칠 수 없는 기회를 잡기 위해 글래드스턴은 부리나케 영국으로 돌아갔고 공작에게서 선거 자금을 지원받아 예상대로 당선되었다. 1833년 2월 7일에 겨우 스물셋의 나이로 글래드스턴은 영국 의회에 첫발을 들였다. 그는 앞으로 이런저런 직책을 맡으면서 61년 동안 정계에 머무르게 될 터였다.

의회 의원이 되고 나서 무엇보다도 그를 괴롭힌 한 사안에 대해 글래드스턴은 다음과 같이 회고했다. 〈내가 의회에 들어왔을 때 가장 먼저 마주한 질문은 노예 문제였다. 나의 아버지가 서인도의 노예 사업주로 유명했기 때문에 나는 원하든 원하지 않든 그 문제에 연루되어 있었다.〉[26] 1807년에 대영제국에서 노예무역은 금지되었으나 노예 소유 자체는 합법이었고 제국의 경제에서 노예는 여전히 중요했다. 영국에서 노예제 폐지 운동은 윌리엄 윌버포스William Wilberforce와 같은 의회 의원뿐만 아니라 올라우다 에퀴아노Olaudah Equiano, 오토바 쿠고아노Ottobah Cugoano 등을 비롯한 전직 노예들의 노력에 의해서도 확산되었는데 이들은 노예제를 완전히 폐지하기 위한 운동을 전개했다.[27] 글래드스턴과 같이 노예 노동을 기반으로 부를 축적한 공인들은 자신들이 노예제 폐지 운동의 표적이 되었음을 깨달았다.

글래드스턴의 대응은 두 진영 모두에게 변명하는 것이었다. 그는 자신이 원칙적으로는 〈노예제의 완전한 종식을 열망한다〉라고 주장하면서도 노예들이 〈자유를 누리기에 적절한 상태〉를 달성하기 위해 도덕 교육 및 직업 교육 프로그램이 선행된 이후에 점진적인 노예 해방이 이루어져야 한다고 주장했다.[28] 1833년 의회에서 이 문제를 논의할 때 그는 〈점진적이고 안전한 노예 해방〉을 주장하면서 노예주에게는 그로 인한 재정적 손실을 보상해야 한다는 의견을 밝혔다.[29] 글래드스턴은 결국 노예제 폐지를 시행하기 위한 위원회에 참여했는데, 그들은 노예주에 대한 보상을 감독했고 성년기에 새로이 해방된 노예들이 전 소유주를 위해 〈도제〉 자격으로 12년 동안 일하도록 결정하면서 플랜테이션 소유주들이 받을 타격을 완화했다. 플랜테이션 소유주를 위한 처방은 확실히 달콤했다. 예를 들어 글래드스턴의 아버지는 2천여 명의 노예를 해방하는 대가로 대략 9만 3천 파운드를 보상받았는데 오늘날의 가치로 환산하면 약 1,200만 파운드에 상당하는 금액이다. 글래드스턴 자신은 마음 깊이 자리한 기독교적 원칙과 자신의 양육 환경 및 가족의 경제적 이해 관계에 의해 주입된 기대 사이에서 갈등했던 것 같다. 훗날 글래드스턴은 자신이 그 문제에 대해 근본적으로 틀리지 않았다는 입장을 고수하면서도 과거의 의견과 발언에 대해 다소 불편함을 드러냈다.[30]

그 후 20년 동안 글래드스턴은 사적으로나 정치적으로나 굴곡을 겪었다. 여성과의 관계에서는 그를 주눅 들게 한 몇 차례의 실패를 겪었고, 1838년에 마침내 옛 학우의 자매였던 캐서린 글린Catherine Glynne과 결혼하여 여덟 명의 자식을 두었다.[31] 그러나 글래드스턴은 성욕 때문에 괴로워했는데, 스스로 〈나의 가장 끈질긴 죄〉라 불렀던 그 충동을 제어하기 위한 방책을 일기

장에 자세히 기록했다. 그러나 그 어떤 방책도 소용이 없었다. 1840년대 동안 글래드스턴은 자신이 〈구제 작업〉이라 부른 매춘을 시작했다. 또한 그는 〈즉각적인 고통〉을 가함으로써 죄책감을 달래고 육욕을 몰아내고자 자신의 몸을 스스로 채찍질하기 시작했다.[32]

의정 활동은 그런 정신적 고뇌로부터의 도피처가 된 것 같다. 글래드스턴은 로버트 필Robert Peel이 이끄는 보수당에 속해 있었다. 필은 보호주의에 반대해 자유무역을 옹호한 인물로 1840년대부터 1850년대까지 보수당의 성쇠는 그의 정치 경력의 흥망과 직결되어 있었다. 글래드스턴은 아편전쟁에 대해 강력한 반대 의견을 냈는데 이는 그의 여동생인 헬렌Helen이 아편 중독으로 고통받은 가족사와 무관하지 않았다.[33] 그가 보기에 청나라를 아편에 취하게 해서 경제권을 장악하고 홍콩과 상하이를 포함한 무역항을 빼앗은 영국의 행위는 수치스러운 일이었다. 그는 〈이보다 더 부당한 이유에서 시작되었고, 이보다 더 이 나라를 영원한 불명예로 뒤덮을 전쟁〉은 없을 것이라고 역설했다.[34] 그러나 아일랜드 대기근에 대해서는 둔감한 반응을 보였다. 그는 100만 명에 달하는 사람을 굶주려 죽게 한 감자 마름병이 분노한 신이 〈섭리의 손길〉을 행사한 결과라고 해석했다. 아일랜드의 곡물 가격을 인위적으로 높게 유지했던 곡물법을 폐지하는 데 그가 마지못해 동의한 것도 그래서였을 것이다.[35]

1852년에 중년으로 접어든 글래드스턴은 평의원에서 벗어나 정치 싸움의 한복판에 뛰어들었고, 1894년에 은퇴할 때까지 40년 동안 그 자리를 지켰다. 그는 유능한 재무 장관으로서 주목을 받다가 1867년부터는 새로이 결성된 자유당의 지도자가 되었다. 1859년에 결성된 이 정당은 급진 좌파와 보수당 내의 자유무역 옹호자, 그리고 잔존한 휘그당 귀족의 불안정한 연합 세력이었다. 그러나 그 모든 것을 제쳐 두고 글래드스턴은 네 번에 걸쳐 총리로 재직했던 14년 동안 여러 사건의 중심에 놓여 있었다.

이 시기의 글래드스턴은 자유무역주의자들의 경제적 자유주의와 개혁가들의 사회적 자유주의의 결합으로 특징지어지는 영국식 자유주의를 옹호하는 정책을 펼쳤다. 경제 정책에서 글래드스턴은 무역 규제를 완화하고 식료품에서 종이에 이르기까지 다양한 품목의 세금을 인하한 것으로 알려져 있다. 사회적 측면에서는 공장의 노동 환경을 개선하기 위한 규제, 초등 교육 무료화, 선거제 개혁 등을 포함한 프로젝트를 열성적으로 추진했다. 부유한 아버지 덕분에 이튼과 옥스퍼드에서 수학했고 강박적으로 종교적 도덕성을 중시했다는 점에서 글래드스턴은 민중의 투사가 되기엔 거리가 먼 인물이었다. 그러나 그의 정책 가운데 다수는 영국 노동 계급 빈민의 생활 수준, 자유, 미래에 대한 전망을 개선하기 위해 고안된 것이었다.

그는 1864년에 〈인격적으로 부적절하거나 정치적으로 위험하기 때문에 부적합하다고 여겨지지 않는 한 모든 사람이 헌법의 테두리 안에 들어오는 것이 도덕적으로 타당하다〉라고 말하면서 광범위한 선거권의 확대를 주장하여 의회를 충격과 전율에 빠뜨렸다.[36] 그는 무역 조합의 결성을 지원했고 부두 노동자와 광부의 파업을 지지하면서 〈대체로 노동자의 주장에 타당성이 있다〉라고 주장했다.37 1889년 전 세계 노동자들의 광범위한 지지 속에 최초의 국제 노동절 행진이 열리자 그는 아내 캐서린과 함께 밖으로 나가 행진 참가자들을 만남으로써 그들을 기쁘게 했다. 이러한 정책 및 행동으로 그는 특히 영국 북부의 노동 계층과 중산층을 중심으로 폭넓은 대중적 인기를 끌었고, 〈인민의 윌리엄〉이라는 별명을 얻었다.38

하지만 아일랜드의 지위는 글래드스턴을 유독 괴롭히는 문제였다. 그곳은 영국의 가장 오래되고 가장 가까운 제국주의적 지배 영역이었다. 대기근의 상처를 여전히 간직하고 있던 아일랜드인은 유럽 대륙을 휩쓴 혁명 운동에서 희망을 얻어 19세기 후반에 격렬한 독립운동을 일으켰다. 글래드스턴은 초창기에는 아일랜드인의 고난에 그다지 동정심을 느끼지 못했으나 정치 경력의 후반부에 접어들자 아일랜드 자치권의 필요성을 인정했다. 아일랜드 정치인들과 협력하여 그는 아일랜드에 자치권을 부여하는 법안을 1886년과 1893년 두 차례 의회에 상정했으나 모두 좌절되었고(처음에는 하원에서, 두 번째는 상원에서) 자유당은 이 사안을 두고 분쟁이 일어나 쪼개지고 말았다.

글래드스턴의 자치권 부여 법안을 가장 강경하게 반대한 것은 보수당이었다. 그들은 공식적으로도 자유당의 맞수였고 제국을 운영하는 데 깊고 근본적인 헌신을 바쳤다. 보수당의 지도자이자 글래드스턴의 정치적 경쟁자였던 벤저민 디즈레일리 Benjamin Disraeli는 1872년에 보수당의 우선과제를 다음과 같이 설정했다. 〈첫 번째는 이 나라의 제도를 보전하는 것이고, 두 번째는 내 사견이지만 잉글랜드 제국을 유지하는 것입니다.〉39 디즈레일리는 〈제국을 효과적으로 분열시키려는〉 글래드스턴과 자유당의 시도를 조롱하면서 영국의 빈민 노동 계급에게조차 우월감을 안겨 주는 제국에 대한 대중의 열광을 이용했다. 하지만 제국, 인종, 계급에 대한 디즈레일리 자신의 입장은 복잡했다.[40] 유대인 가정에서 태어났으나 열두 살에 영국 성공회로 개종한 디즈레일리는 영국 사회의 상류층에 들어간 아웃사이더로서 정치 경력을 이어 나가는 동안 반유대주의 공격의 대상이 되어 왔다. 그는 여러모로 글래드스턴과 정반대였다. 글래드스턴이 영국 토착민 출신이었다면, 디즈레일리는 이민자 가정의 2세대였다. 단순하고 무뚝뚝하고 엄격한 성격의 글래드스턴과 달리, 디즈레일리는 세련되고 재치 있으며 대담한 사람이었다. 글래드스턴이 난해한 비평문을 자주 쓴 것과 달리 디즈레일리는 성공적인 베스트셀러 소설의 작가였다.

디즈레일리의 소설은 당대를 사로잡은 추동력, 특히 서양 문명의 서사를 유지하는 인종, 권력, 역사의 교차점을 포착하고 있다. 그가 1847년에 쓴 소설인 『탕크레드, 혹은 새로운 십자군 Tancred; or The New Crusade』은 성지로 떠나는 장대한 모험에 나선 어느 젊은 영국 귀족의 이야기인데 디즈레일리의 〈인종은 모든 것이다. 그밖에 다른 진실은 없다〉는 유명한 문구가 거기에서 나왔다. 그리고 마지막 미완성작인 『엔디미온 Endymion』(1880)에서 그는 인종은 〈역사의 열쇠〉라고 주장했다. 그는 인종이 예수와 초기 기독교를 근대 유럽인이 아닌 유대인과 더욱 밀접한 연관성을 갖게 했다고 주장했고, 오늘날 유럽인이 그들에게 남겨진 유대인의 문화적 유산을 부정하는 경향을 한탄했다. 〈동양의 지성인들이 오랫동안 우세를 점하면서 자신들의 문명에 이바지했다는 사실에 편견 어린 질투심을 느끼는 북부 인종과 서양 인종 가운데서도 가장 지혜롭고 재치 있는 사람이라면 시나이와 칼바리*의 전통이 꾸며 낸 이야기임을 인정하고 또한 전 세계가 인정하도록 만들어야 할 것이다. 반세기 전 유럽은 그들이 지닌 아시아적인 신앙으로부터 벗어나려고 거칠지만 성공적으로 보이는 노력을 기울여 왔다.)⁴¹ 디즈레일리가 이러한 비판의 눈으로 바라본 이들 가운데는 분명 자신의 숙적이었던 글래드스턴도 포함되어 있었을 것이다.

동양에 대항하는 방벽

글래드스턴의 역사관에 대해 말하자면 그는 디즈레일리와 정반대의 입장이었다. 이튼과 옥스퍼드 출신의 뛰어난 고전학자였던 그는 지금은 정전으로 자리 잡은 서양 문명의 서사를 열성적으로 받아들였을 뿐만 아니라 퍼뜨렸다. 글래드스턴에게 서양 문명의 뿌리는 그리스와 로마, 그리고 이후 그 위에 세워진 기독교였다.

> 서양에서 우리는 개인으로서든 그 사회적 형태로서든 인간의 본성이 그리스인과 로마인 사이에서 비상한 발전을 이루었음을 볼 것인데, 이는 지고한 섭리가 목적한 바를 이루기 위해 의도된 것이다. 그들은 유럽 문명의 지적이고 사회

---

* 예수가 십자가형을 당한 언덕으로 갈보리 또는 골고타 언덕으로 더 잘 알려져 있다.

적인 부분을 이루는 물질적 재료들을 공급했고 그 문명의 영적 본질은 기독교 신앙에서 비롯되었다.[42]

글래드스턴이 생각하기에 〈고대의 두 위대한 종족〉[43]인 그리스인과 로마인은 서로 우열을 가리기 어려운 유산을 남겼다. 로마인은 서양에 정치 구조와 〈사회적 인간을 결합하는 가장 확고하고 견고한 법률 조직〉을 주었다. 반면 그리스인은 〈개인의 진보〉라는 서양 사상에 이바지했다. 글래드스턴에게 어느 쪽이 더 위대한 선물이었는지는 분명했다. 진정한 서양을 확립할 수 있도록 정체성의 근원을 제공한 모든 이들 가운데서 그리스인이 으뜸이었다. 그는 서양인이 자신들의 문화를 형성하는 가운데서 〈그리스인의 다정한 우월성〉을 본능적으로 알았다고 주장했다.[44] 〈의심할 여지없이 그리스인의 정신은 이탈리아를 통해 그 일부가 전해졌으나 그것은 어디까지나 전해진 것으로 그 기원과 본질은 여전히 그리스적이니 근대 유럽 문명의 근본적인 틀이 여기서 빚어지고 정련되었다.〉[45]

여기까지는 확실히 정전으로 받아들여지는 이야기였다. 그러나 글래드스턴은 한 걸음 더 나아가 고전기의 문화유산은 성서 시대의 중동으로부터 어떤 문화적 영향도 받지 않았다고 주장했다. 디즈레일리가 『탕크레드, 혹은 새로운 십자군』에서 서양인이 그들의 문화유산 속의 아시아적 요소를 무시하거나 부정하려 든다며 비난한 지 10년 뒤에 글래드스턴은 디즈레일리가 비난했던 그 점을 겨냥하는 책을 출간했다. 『호메로스와 호메로스 시대에 관한 연구 Studies on Homer and the Homeric Age』는 역사학과 민족지학의 범주를 넘나들며 수집한 비교 자료와 그에 대한 상세한 주해로 빼곡히 채워진 세 권짜리 책이었다. 576면에 달하는 제1권은 〈그리스 인종의 민족학〉를 다루는데, 고대 그리스인이 아리아 인종에 속하고 오늘날 독일 인종과 연관되어 있다는 결론을 내린다. 〈호메로스 시대의 종교〉를 다룬 제2권(533면에 불과하다)은 기독교 도덕과 영성의 핵심적 요소가 초기 그리스의 종교 관습에서 이미 나타난다고 주장했다. 마지막으로 제3권(616면이라는 엄청난 분량이다)은 호메로스에 나타난 그리스인과 트로이인을 민족지학적으로 비교하면서 두 집단은 근본적으로 다른 인종과 문명에 속해 있었고 트로이인은 동양과 아시아의 특성을 가장 잘 보여 주는 예시라고 주장했다(제1장에서 보았듯 호메로스 서사시에 대한 최근의 연구들은 글래드스턴의 이론을 반박하고 있으며 『일리아스』는 문명의 충돌이라는 서사와 한참 동떨어져 있긴 하지만 말이다[46]).

학술적 언어를 사용하고 호메로스 시의 연구서라는 형태를 취하고 있지만 글래드스턴의 책은 디즈레일리의 낭만 소설 못지않게 매우 정치적인 작품으로서 그의 세계관을 정당화하고 있었다. 글래드스턴은 〈인종 간의 투쟁〉이라 할 만한 것이 〈역사의 전 과정을 통틀어〉 펼쳐져 왔다고 기술했다.[47] 그 한쪽에는 서양의 문화적, 인종적 선조가 되는 아리아 인종이 있어 기독교의 신은 그들 가운데 신성한 계시의 첫 씨앗을 뿌렸다.[48] 역사 속에서 그들이 맡았던 역할은 신에 의해 정해진 것으로 〈고대 그리스가 신의 섭리에 의해 통치되는 세계 속에서 뚜렷하고 두드러지며 가장 중요한 위치에 있다〉라고 글래드스턴은 주장했다.[49] 〈만일 메시아가 정치적 현명함, 상무적 활력, 드높고 신성한 지성, 활기찬 상상력, 문명화와 예술로써 축복받은 삶 등 그 시대의 총화를 누리는 사람들 사이에서 태어났다면 기독교의 신성한 기원들은 오늘날보다 더 불확실하고 불안한 것이 되었을 것〉이라고 그는 애석해하는 태도로 고찰했다.[50]

그러나 글래드스턴은 고대 그리스와 달리 서아시아에서 기독교가 처음 등장했음에도 그곳의 사람들이 서양 문명에 문화적으로 기여한 바가 매우 적거나 아예 없다고 주장했다. 아리아인과 셈족이라는 두 종족의 대립은 이미 독일 신낭만주의적 학문 연구에서 보편적인 주제가 되었고 이는 프랑스의 학자 에르네스트 르낭Ernest Renan의 작업 덕분이었다.[51] 글래드스턴은 영어권 청중에게도 이 점을 확실히 전했다. 그는 유대인을 콕 집어 지목하면서 그들이 서양 문화에 아무것도 이바지하지 않았다고 말했다. 〈그들은 기독교 시대에 법률, 제도, 예술, 과학 분야에서 독창성이나 특징을 보여 줄 가장 위대한 표본을 제시한 적이 없다.〉[52] 히브리인이 스스로 선택받은 민족이라고 주장한다는 사실조차 이 주장을 뒷받침하기 위해 이용되었다. 〈신께서는 그분의 모든 지혜로써 유대 민족을 그분의 가장 심오한 계획에서 떼어내도록 안배하셨으니 그분의 과업을 이루시는 동안 그들을 국제 사회에서 배제하셨다〉라는 것이 글래드스턴의 주장이었다.[53] 그는 의기양양하게 〈다시 말해 팔레스타인은 우리 인종의 영광을 함께 나눌 수 없다. [대신] 그들은 압도적인 경이로움을 지닌 그리스의 역사를 낱장 하나하나 불살랐다〉라는 결론을 내렸다.[54]

이 설명은 그 가시 돋친 어조만큼 예리하지는 않았다. 그는 자신의 정치적 경쟁자를 곧바로 표적으로 삼고 있었으나 서양에서 아시아의 영향을 완전히 말소하고 순수하게 유럽적인 과거를 창조한다는 더 높은 목적 역시 갖고 있었다. 고대 그리스는 근대 서양의 선조이자 기독교 시대 이전 초기 형태의 신적 계시의 수혜자로서 중동으로부터 그들에게 전해진 모든 문화적 영향은 소거되었다. 더군다나 자신은 〈동양에 대항하는 효과적인 방벽〉의 역할을 수행하여 그들의 오염되지 않은 문명으로부터 아시아와 동방의 영향력을 몰아냈다.[55] 글래드스턴에게 〈그리스 인종과 (훗날 이른바) 바르바로이βάρβαροι로 불리는 아시아 인종〉[56] 사이의 대립이 있었고 〈트로이인의 부족한 호전성, 더욱 동양적인 관습, 다양성과 상상력이 부족한 종교, 그 모든 것을 미루어 볼 때 그들 민족의 구성이 상당히 달랐다〉는 점은 분명했다.[57] 고대 그리스인이 자유와 활력을 사랑했다면 〈트로이인은 감상적이고 거짓을 일삼는 악덕을 지녔다. (……) 유럽 인종과 아시아 인종 간에는 크든 작든 언제나 찾아볼 수 있는 근본적인 차이가 있다.〉[58] 글래드스턴이 생각하기에 신화 속 트로이인은 서양의 신심 깊은 일부일처제와 반대되는 중혼과 성적 문란함을 그 풍습으로 지니고 있다는 점에서 오늘날의 아시아인과 근본적으로 다르지 않았다.[59] 〈정치 조직을 결성할 능력의 미성숙한 발달〉과 통치권의 계승[60]에 대해서도 마찬가지로 보았으며 심지어 지적 능력도 서양인보다 뒤떨어진다고 추정했다.[61]

호메로스 서사시에 등장하는 트로이인에 대한 글래드스턴의 특징짓기는 19세기 비서양인, 특히 오스만인에 대한 그의 설명과 일치하는 부분이 있다. 1876년에 그는 불가리아에서 일어난 봉기를 진압하는 오스만인의 가혹함을 비난하는 정치 운동을 열렬히 추진했다. 이 또한 디즈레일리를 폄훼할 절호의 기회였는데, 디즈레일리가 오스만인에게 인종적 동질감을 느끼고 있기 때문에 이 사태에 대해 미온적인 반응을 보였다는 것이다. 그는 〈전방위적으로 쇄도하는 오스만 군대〉의 맹공에 저항하는 〈한 줌 소수의 우리 인종〉에게 공감하는 것이 옳다고 주장했다.62 이 사태가 진행되는 동안 글래드스턴은 자신이 할 수 있는 가장 거친 모욕을 오스만인에게 쏟아내면서 종교보다는 인종적 차원에서 반유대주의와 튀르키예인 혐오를 동원했다.

이는 단순한 무함마드교의 문제가 아니라 무함마드교가 어느 종족의 기이한 특성과 결합한 데서 생긴 문제이다. 그들은 인도의 온건한 무함마드교도가 아니고 시리아의 살라딘과 같은 기사도적인 무함마드교도도 아니며 스페인의 무어인과 같이 개화된 무함마드교도도 아니다. 무엇보다 그들은 유럽에 처음 들어온 그 암울한 날부터 인류에게 가장 반인륜적인 표본이었다. 그들은 가는 곳마다 피로 얼룩진 선혈의 길을 남겼다. 그들의 지배가 미치는 곳에서 문명은 자취를 감추었다. 그들은 법에 의한 통치와 반대되는, 힘에 의한 통치가 이루어지는 모든 곳을 대표한다. 이러한 삶은 사후에 낙원에서의 쾌락을 보상으로 받을 것이라는 숙명론을 지침으로 삼은 까닭이다.63

반오스만 감정을 품고 있던 사람이 글래드스턴만은 아니었다. 당시 옥스퍼드 근대사를 강의했던 국왕 임명 교수인 에드워드 오거스터스 프리먼Edward Augustus Freeman은 애통해하는 어조로 〈유럽 문명이 처음 태어난 그 나라들에서 유럽인이 아시아인의 지배를 받고 문명인이 야만인의 통치를 받는다〉라고 썼다.[64] 물론 그가 말한 나라는 당시 오스만 제국의 일부였던 그리스였다. 글래드스턴의 관점은 우리가 보기에 충격적인 부분이 있으나 당시에는 널리 통용되었다.

인류 역사를 통틀어 전성기의 글래드스턴만큼 큰 권력을 가진 사람은 거의 없었다. 그는 전 세계 수백만 명의 생명에 관여하여 그들을 억압하거나 끌어올리거나, 비하하거나 격상하거나, 밝히거나 꺼뜨릴 수 있었다. 다양한 관점을 지닌 역사가와 평론가들이 그의 공과에 대해 서로 다른 평가를 내릴지라도 이 책에서 나는 그가 영웅인지 악당인지를 논하는 데 관심이 없다. 나의 관심사는 그들의 행동 이면에 있는 더 넓은 세계관과 그들이 알고 있던 역사적 서사를 이해하는 것이다. 글래드스턴의 세계관은 의심할 여지없이 서양이 그 나머지와 영원한 문명의 충돌을 벌이는 가운데 태생적인 우월성을 지닌 서양 문명이 그 불변의 체제를 통해 세계 지배라는 운명에 당도하는 것이었다.

영국이 고전기 고대의 최종적인 계승자라는 발상은 이 괴짜 총리의 난해한 글을 벗어나 19세기 영국에서도 널리 찾아볼 수 있었다. 〈더욱 위대한 로마와 더욱 위대한 영국〉[65]을 비교하는 글들은 〈정복을

하는 강대국이자 통치자로서의 유사점〉에 초점을 맞추고 있다.⁶⁶ 반대로 우리가 제10장에서 보았듯 미국은 그 정치 제도, 폴리비오스적으로 혼합된 정체, 로마의 영향을 받은 공화주의 등 전혀 다른 근거를 가지고서 자신들이야말로 그 유산의 계승자임을 주장했다. 그리고 영어권 국가만이 고전기 고대의 계승 의식을 갖고 있었던 것도 아니다. 1809년 독일의 철학자 헤겔은 학문의 기초는 〈모름지기 그리스와 로마에서 시작〉되고 독일의 〈고등 학문은 그리스 문헌을 으뜸가는 토대로 삼고 로마 문헌을 그다음 토대로 삼아 그 위에 머무르도록 수립되어야 한다〉라고 주장했다.⁶⁷ 19세기에 서양 문명이라는 거대 서사는 서양 각지에서 각기 다른 방식으로 정립되고 있었다.

그 용어는 이제 본격적으로 쓰이기 시작했다. 〈서양 문명〉이라는 용어가 언제 처음 사용되었는지 콕 집어 말할 수는 없지만 19세기 중반에 영국과 미국 양쪽에서 정치 논고, 교육에 관한 보고서, 여행기 등 다양한 맥락에서 널리 사용되었음을 볼 수 있다.⁶⁸ 그리고 글래드스턴은 호메로스 문학의 중요성을 언급하면서 〈서양 문명 전체를 통틀어〉라고 말함으로써 그 용어의 초기 용례를 제시했다.⁶⁹

문명에 대한 도발적인 생각과 확고한 역사관을 가지고 있던 글래드스턴은 번져 가는 그 유행을 완벽히 드러냈다. 그의 정치와 역사관은 서로 얽혀 있었고 영국과 서양의 우월성에 대한 믿음이 과거에 대한 관점과 상호 작용하여 윤곽을 드러낸 이 시기에 접어들어 명백히 〈서양 문명〉이라는 이름이 붙은 거대 서사가 뒤이어 등장했다. 그는 고대 그리스와 로마가 자신들의 문화의 최초 기원이고 이 점이 자신들의 문화를 다른 이들의 문화보다 더 우월하게 만든다고 믿었다. 글래드스턴의 삶과 저술에서 우리는 역사관으로서 서양 문명이 절정에 이른 모습을 찾아볼 수 있다.

그러나 서양의 권력이 정점에 도달해 서양 문명이라는 거대 서사가 가장 강력한 힘을 가졌던 순간에도 다른 목소리가 있었고 또한 다른 서사가 만들어질 수 있었다. 때로는 식민화된 사람들도 영국과 고전기 고대를 비교하면서 제국을 비판하는 수단으로 삼았다. 인도의 지식인이자 정치 개혁가인 바스카르 판두랑 타르카드카르Bhaskar Pandurang Tarkhadkar는 고전기 고대가 가진 호소력을 이용하면서 〈인도의 대의를 성공적으로 변론하기 위해서는 《주니어스Junius》의 문장력이나 《데모스테네스》의 언변이 필요하다〉고 적었다. 만일 로마인이 영국인이 인도인에게 대하듯 자신들의 피지배민을 대했다면 그들의 파멸은 더 앞당겨졌을 것이다. 그는 로마 제국조차 피지배민이 제국의 지배자에게 고분고분 복종하려 들지 않는다는 예시가 될 수 있다고 주장하면서 〈원주민이 다른 민족의 통치를 받는 것을 싫어했기 때문에 로마인이 자신들이 복속시킨 나라들을 잃어버렸다는 것은 의심할 여지가 없다〉라고 적었다.[70] 19세기에 〈힌두인 작가〉라고만 알려진 익명의 인도인 논평가는 로마 통치의 성격을 자세히 분석한 논문을 발표하면서 피지배민이 식민 통치에서 이익을 얻은 역사적 전례가 없으며 사실상 모든 사람이 그로 인해 필연적인 고통을 겪었다는 결론을 내렸다.[71]

시에라리온의 민족주의자이자 외과 의사인 제임스 아프리카누스 베알레 호턴James Africanus Beale Horton은 아프리카인이 그리스와 로마의 고전기 문화에 상당히 기여했고 다수의 그리스인과 로마인이 아프리카에 와서 지혜를 구했다고 주장하면서 〈몇몇은 세계에서 가장 유명한 수학 학파의 수장인 아프리카인 유클리드의 가르침을 얻으러 왔고 (……) 아프리카의 위대한 장군 한니발Hannibal은 아프리카인 시인 테렌티우스를 자신의 동료이자 측근으로 삼았다〉라고 말했다.[72] 만일 서양 문명이라는 거대 서사가 서양 제국주의에 복무하기 위해 사용될 수 있다면 그것을 전복하는 데도 사용될 수 있었다.

게다가 비슷한 이중성을 제국의 심장부에서도 엿볼 수 있었다. 1789년 에드워드 기번의 『로마 제국 쇠망사 History of the Decline and Fall of the Roman Empire』 마지막 권이 출간되면서 그 저작 전체가 19세기의 베스트셀러가 되었다. 제국의 몰락을 종말론적 시각으로 다룬 그 책은 제국의 과도한 팽창에 대한 영국인의 불안을 자극했는데, 퍼시 비시 셸리Percy Bysshe Shelley와 그의 친구인 호러스 스미스Horace Smith가 1818년에 각자 「오지만디아스Ozymandias」라는 제목으로 낸 두 시에서 그랬듯이 문학에서도 그 불안의 징후를 드러냈다.

새로운 로마인 영국이 로마가 그러했듯 몰락으로 치닫고 있었다면 로마에 종속된 식민지인에게도 동등한 비유가 적용될 수 있었다. 뉴캐슬 지역에 거주하는 역사학자 존 콜링우드 브루스John Collingwood Bruce는 장대한 하드리아누스 방벽에 대해 고찰하면서 〈로마가 포기했던 그 왕홀을 우리가 차지했다. 위대함은 우리의 명예이니 우리의 의무 또한 크다〉라고 적었다. 그러나 같은 소책자에서 그는 하드리아누스가 방벽을 쌓도록 만든 고대 브리타니아인을 로마인과 비교하는 데는 신중을 기했다. 〈훈련 수준과 무장이 빈약했을지 몰라도 그들의 용기와 정신력은 뒤처지지 않았다.〉[73] 현재 템스강 변의 웨스트민스터에는 부디카와 그 딸들을 기리는 청동상이 세워져 있는데, 1850년 로마에 저항해 봉기한 이세니족의 여왕을 기념하기 위한 것이다. 또 다른 동상의 주인공은 로마 정복에 저항한 카투벨라우니족의 족장이었던 카락타쿠스Caractacus인데 그 동상은 현재 시티 오브 런던의 시장 관저 정면에 세워져 있으며 처음 공개될 때 광범위한 찬사를 받았다. 길버트Gilbert와 설리번Sullivan의 유명한 코믹 오페레타인 「펜잔스의 해적들The Pirates of Penzance」에 등장하는 소장의 노래에 언급될 정도로 그 상은 큰 화젯거리였다. 소장은 〈카락타쿠스의 옷차림 하나하나를〉 꿰고 있노라고 장담하지만 이는 사실 우스갯소리다. 왜냐하면 그 족장의 상은 위풍당당한 벌거숭이 모습이라는 점을 관객 역시 잘 알고 있기 때문이었다. 19세기 대부분의 영국인이 스스로 로마를 계승했다고 여겼을지라도 한편으로 그들은 로마에 복속되었던 자신들의 과거 또한 인식하고 있었다.

제국이라는 맥락에서 고전기 고대는 지배의 서사를 전복하고 약화하는 데만 사용되지 않았다. 고전주의적인 수사는 노예제 폐지,[74] 여성 해방,[75] 노동 계급의 지위 상승[76] 등의 주장을 위한 예시와 학습 수단으로 이용되기도 했다. 정전으로서의 성격, 엘리트 계급과의 연관성, 서양 최고의 기원이자 문화적 선조로서의 지위 등 고전기 고대를 정립한 바로 그 특질들이 또한 그것을 전유하기에 적절하도록 만든 것이었다. 서양 문명이라는 거대 서사는 서양에 강력한 이념적 도구를 그 무기로 제공했으나 마찬가지로 광범위한 서발턴* 계층에게 전복을 위한 강력한 표현의 도구를 제공했다. 본디

* Subaltern. 하위 계층 또는 식민지 사회에서 (피지배민 엘리트를 포함한) 지배

명백한 근본에 우리를 붙들어 매도록 설계되었던 서양 문명이라는 개념이 이제는 급진적 변화를 조장하고 정해지지 않은 미래를 다시 쓰기 위해 사용된 것이다.

계층에 의해 형성된 담론에 포섭되지 않은(또는 포섭될 수 없는) 이질성을 지닌 기층 민중을 가리킨다. 인도의 사례를 중심으로 이루어졌던 서발턴 연구는 점차 비서양 탈식민지 사회 전반으로 그 지평을 넓혀 나갔고 서발턴의 개념에 대한 논의 역시 풍부함을 더했다.

제13장
서양과 그 비판자들: 에드워드 사이드

과거에 호소하는 것은 현재를 해석하기 위한
가장 흔한 전략이다.
— 에드워드 사이드(1993)[1]

서양은 공격받고 있다. 적어도 오늘날의 일부 정치 전문가와 문화 평론가 들은 우리에게 새되고 공황에 빠진 어조로 그런 이야기를 우리에게 들려준다. 그 위협은 이중으로 전개되고 있다. 외적으로 서양은 세계의 지배권을 앗아가 자신들의 것이라 주장하고자 하는 대안적 강국들의 블록으로부터 위협받고 있다. 우리는 다음 장에서 이 서양의 경쟁자들에 대해 논의할 것이다. 하지만 이 장에서는 이러한 외부의 적이 아닌 내부의 위협, 즉 서양의 작동 방식을 비판하고 그 근본적 전제에 도전하며 그 적법성에 의문을 품는 요소에 초점을 맞출 것이다.

최근 몇 년 동안 〈서구의 자멸〉을 경고하는 책이 많이 나왔다.[2] 이러한 책들은 정치, 군사, 경제적 힘에서 서양이 상대적 쇠락을 겪고 있는 이유를 본디 서양 문화를 위대하게 만들었던 전통적인 믿음과 원칙에 대한 자신감이 부족해진 탓으로 돌린다. 사회적 자유주의라는 풍조가 이러한 믿음을 뒤흔들어 도덕적 타락, 사회적 파편화, 서양의 약화를 유발하고 있다고 그들은 주장한다. 서양이 내부의 비판으로 인해 쇠락하고 있다는 수사는 최근 몇 년 동안 주류의 정치적 담론에서도 통용되고 있다. 영국의 한 유명 정치인은 2022년 초에 〈깨시민woke들〉*의 이념은 〈일종의 퇴폐〉였다고 주장했다.³ 어떤 이들에게 이는 〈백인을 악마화하는〉 습관을 받아들여 〈서양에 대한 전쟁〉마저 불사하는 것이었다.⁴

사실 내부로부터의 위협에 대한 불안은 새삼스러운 일이 아니다. 서양의 세계적 우위가 정점에 달했던 19세기(제12장)에도 그러했다. 당시에도 도덕적, 종교적, 인종적 퇴폐가 즉각적인 쇠락으로 이어질 것이라고 경고한 이들이 있었는데, 영국의 유명한 미술 평론가이자 작가인 존 러스킨John Ruskin도 그중 한 명이었다.⁵ 다른 이들은 특정 개개인을 〈내부의 적〉으로 비난하기도 했다. 우리가 앞 장에서 보았듯 19세기 후반에 정치인 벤저민 디즈레일리는 영국, 기독교 세계, 서양의 이익에 반하는 행위를 적극적으로 꾀하는 〈거짓으로 개종한 유대인〉으로 지목되곤 했다.⁶ 그러나 〈내부의 적〉에 대한 불안이 있다고 해서 그러한 위협 요소가 실제로 존재한다는 의미는 아니다. 그리고 음모론을 만들기 위해 항상 그 음모가 실재할 것이라 믿을 필요도 없다.

하지만 노심초사하며 서양의 수호자를 자처하는 이들에게도 한 가지 옳은 점이 있다. 서양 내부의 비판자들은 실제로 〈존재한다〉는 것이다. 20세기 중반부터 서양이 그동안 토대로 삼아 왔던 근본이념을 의문시하고 서양 문명이라는 서사에 도전하는

* 〈깨어 있는 시민〉을 비하의 뉘앙스를 담아 줄인 말이다. 한국의 〈깨시민〉과 영미권의 〈woke〉는 중도 및 진보 진영의 슬로건에서 비롯되었으나 보수 진영에 의해 전유되었다는 공통점이 있다. 비록 사회상의 차이로 인해 각각의 용어가 주로 겨냥하는 대상 역시 다소 차이를 드러낼지라도 그 용어들은 매우 비슷한 방식으로 이용되고 재생산된다.

사람이 많아졌다. 이들이 서양을 비판한 목적은 다양하다. 어떤 이들은 서양 출신의 다에시* 이슬람 근본주의자들과 마찬가지로 서양을 완전히 끌어내리길 바라면서 스스로 서양의 적임을 공언했다. 우파 극단주의자와 테러리스트는 서양을 새로이 만들고 그들이 불온하다고 생각하는 요소를 몰아내기 위해 제도를 뒤엎고 사람들을 공격하는 것이 서양을 지키기 위한 길이라고 주장한다(서양에 대한 공격을 경고하는 데 가장 큰 목소리를 내는 이들의 다수는 서양의 가치와 원칙을 근본적으로 위협하는 진영 출신이기도 한데, 이 책의 결론에서 이에 대해 다룰 것이다). 하지만 이번 장의 주인공인 에드워드 사이드를 비롯하여 서양의 더 적절한 진보를 바라는 이들이 서양을 비판하는 목적은 서양이 세계와 어떻게 연결되어 있는지를 이해하기 위함이다.

서양에 대한 비판자들은 목적과 비판 내용에서는 저마다 다르지만 모두 정치, 군사, 경제에서 서양의 지배력의 쇠락이라고 하는 역사적 과정에서 출현했다는 점에서는 같다. 서양의 적을 자처하는 이들은 이 쇠락을 축하하면서 서양이 과거에 저지른 제국주의적 만행과 불의에 대한 기억을 양분 삼아 증오심을 키워 나가고 있다. 이 쇠락을 개탄하는 자칭 서양의 수호자들은 잃어버린 서양의 우위에 대한 향수를 간직하면서 자신들의 열정을 불태운다. 그리고 (나 자신을 포함해) 서양 자체를 의문시하는 사람들은 세계 판도의 변화로 인해 새로이 열린 공간에서

---

* Daesh. 이라크-레반트 이슬람 국가(ISIS)에 대한 멸칭. 이슬람 문화권 국가들 사이에서 처음 등장해 서양에서도 사용되고 있다. 그들의 행적에 대해서는 제14장을 참조하라.

활약할 여지를 찾으면서 기회를 엿보고 있다.

서양을 다시 생각하기

두 가지 주요한 지정학적 전개가 서양이 스스로를 바라보는 방식의 변화에 이바지했다. 그 결과 19세기 윌리엄 글래드스턴의 시대(제12장)에 지배적이었던 서양 정체성 모델은 이제 쓸모를 잃어버렸다.

첫 번째는 식민 제국의 해체이다. 두 차례의 세계 대전이 식민주의적 세계의 오랜 질서를 성공적으로 뒤엎으면서 서양의 세계적 패권은 융해되기 시작했다.[7] 식민지 독립은 잔혹한 유혈 사태에서부터 조화로운 협상에 이르기까지 다양한 방식으로 이루어졌다.[8] 그러나 독립이 완전히 이루어지지 않은 식민지도 있고 식민 통치나 위임 통치에서 벗어난 정착지에서도 인종 분리, 부조리, 유혈 사태가 고착화되어 계속 진행되고 있다. 하지만 식민 제국의 해체는 〈저 바깥〉에서만 일어나는 일이 아니었다. 그것은 〈집 안에서도〉 일어날 수 있는 일이었다. 식민지 피지배민의 이민과 노예의 강제 이주는 제국의 심장부에서 인구 구성을 영원히 바꾸어 놓았다. 나 또한 그 결과물인데 내 부모님의 출신지는 각기 다른 영국의 식민지였고 남편의 출신지 역시 그러하다. 인종 관계 운동가인 암발라바너 시바난단Ambalavaner Sivanandan의 말을 빌리자면 당신들이 그곳에 있었기에 우리가 지금 여기 있는 것이다. 물론 서양 국가들의 식민 제국 해체의 역학은 각기 달랐다. 나는 지금 빈의 주방 식탁에서 이 장을 쓰고 있는데, 이 오랜 제국의 수도는 내가 자랐던 또 다른 오랜 제국의 수도인 런던과는 매우 다른 탈식민적 인구 구성을 지니고 있다.

20세기 중반에 우리는 미국 민권 운동이 일어났던 1950년대와 1960년대부터 〈흑인의 생명은 소중하다Black Lives Matter〉, 〈로즈는 쓰러져야 한다Rhodes Must Fall〉라는 구호가 있었던 최근까지 서양 국가들이 각기 다른 방식으로 인구 구성의 변화를 겪었음을 보았다. 그러나 우리가 최근의 그 캠페인과 운동을 지지하든 폄하하든, 아니면 불편한 시선으로 관망하든, 그리고 우리가 식민지 지배자의 후손이든 피지배민의 후손이든, 아니면 점점 늘어나는 그 둘 사이의 후손이든 이러한 투쟁과 그 바탕이 되는 인구 구성의 변화는 서양이 자신을 보는 방식을 바꾸어 놓았다. 중요한 점은 18세기의 조지프 워런이나 필리스 휘틀리, 19세기의 윌리엄 글래드스턴이 그러했듯, 서양을 주로 인종적 개념으로 생각하는 서양인이 점점 더 줄어들고 있다는 것이다(물론 이러한 일반론에는 예외가 있기 마련이고, 우리는 결론에서 이에 대해 논의할 것이다).

이러한 원칙은 20세기 후반에 전개된 두 번째 주요한 지정학적 요소인 냉전으로 인해 서양의 자기 인식에서 핵심이 되었다.[9] 오늘날 사람들은 대체로 서양을 경제 및 정치적 개념으로 생각한다. 냉전기 동안 서양은 공산주의의 반대 항인 자본주의로써 자신을 정의하는 수사법을 이용해 왔기에 서양에 대한 생각에서 경제적 요소가 부상했다. 이는 서양의 지리적 경계를 확장하는 결과를 낳았다. 북아메리카와 서유럽이 여전히 핵심부로 남아 있긴 하지만 서양은 오스트레일리아, 뉴질랜드와 같이 세계의 다른 영어권 국가와 더불어 서양에 합류하도록 〈자극받은) 나라들로까지 확장되었는데 연성 권력*을 사용하거나 공통의 역사에 호소하는 것에서부터 군사 개입과 강압적인 친서방 정부의 설립에 이르기까지 다양한 수단이 동원되었다.10

그러나 냉전이 끝나자 중국의 적극적인 국가 자본주의에서부터 러시아의 탐욕스러운 올리가르히** 자본주의에 이르기까지 한때 공산 국가였던 나라에서 다양한 형태의 자본주의가 출현함에 따라 자본주의는 더 이상 서양을 정의하는 특징이 될 수 없게 되었다(다음 장에서 우리는 서양의 경쟁자로서 러시아와 중국에 대해 논의할 것이다). 그 결과 정치 체제, 특히 자유 민주주의가 서양을 스스로 정의하는 데 다시 강조되는 방향으로 변화를 겪었다. 나의 성년기에 서양은 다른 무엇보다도 자유 민주주의를 대표하고자 했고, 그로써 자신의 행위를 정당화하고자 했다. 자신을 자유 민주주의의 대변자로 삼는 서양의 수사가 때로는 진실되고 때로는 그렇지 않았을지언정 적어도 지난 30년 동안은 내내 일관성을 지니고 있었다. 역사학자 프랜시스 후쿠야마Francis Fukuyama는 근대 서양의 관점에서 자유 민주주의는 인류 정부의 이상적이고 최종적인 형태라고 말하면서, 서양에서 자유 민주주의의 지배는 〈역사의 종언〉을 나타낼 징표라고 대담하게 주장했다.11 (물론 역사는 20세기 후반에 끝나 버리지 않았고 서양은 〈승리〉하지 않았으며, 후쿠야마 본인이 인정했듯 자유

---

* Soft Power. 문화나 외교 정책 등 비강제적 수단을 통해 협력을 이끌어 내는 힘. 정치학자 조지프 나이Joseph Nye가 주창했다.

** Oligarch. 소련의 해체 이후 자본주의 체제를 도입하는 과정에서 국영 기업의 민영화와 정경유착을 통해 성장한 신흥 재벌 집단.

민주주의가 세계적 합의를 얻은 것도 아니다.)

서양을 재상상하는 일은 여전히 미완의 상태이고, 서양의 지정학적 지위와 정체성의 근본적 토대가 바뀌었던 20세기 중후반에야 극적인 변화가 나타나기 시작했다. 20세기를 거치면서 18세기와 19세기에 채택되었던 서양에 대한 인종 및 지리적 정의는 더 이상 유효하지 않게 되었다. 그런 정의는 서양이 처한 현실과 정치적 요구 모두를 따라가지 못했고 서양 정체성의 이념적 토대를 대변하지도 못했기 때문이다. 그러나 서양을 재상상하기는 서양사를 급진적으로 재고하여 서양 문명이라는 거대 서사에 의문을 제기하고 도전하는 것과도 연관되어 있다.

제자리를 벗어나다

에드워드 와디 사이드는 서양이(그리고 그 나머지 세계도 그와 함께) 변화를 겪었던 격동의 수십 년을 살았다. 교수, 활동가, 대중 지식인으로서 사이드는 자신의 저술을 통해 이 책을 구성할 수 있게 해준 지적 토대를 마련했고, 문화적 정체성의 구성된 본성과 그 안에 내재된 정치적 본성을 탐구했다. 또한 그는 역사학자들이 랑케식 객관주의를 적용하려 시도하고 있지만 그들도 결국 자신이 살아가는 시대의 산물이기에 그들의 저술은 현존하는 권력의 역학에 이바지한다고 주장했다. 자신의 주장을 완벽히 드러낸 사이드의 학술 작업은 식민 제국의 해체, 망명, 그리고 (그의 말을 빌리자면) 스스로 〈제자리를 벗어났다〉고 끊임없이 느꼈던 자신의 경험을 뿌리로 두고 있었다.[12]

사이드는 1935년 예루살렘에서 태어났다. 당시 그곳은 대영제국의 팔레스타인 위임 통치령에 속했다. 그의 부친은 예루살렘 출신이었으나 미국에서 일자리를 얻어 몇 년 동안 살다가 제1차 세계 대전 때 미국 해외 파견군으로 복무했다. 사이드는 그런 아버지 덕분에 태어나자마자 미국 시민권을 획득했다.[13] 그의 모친은 나사렛 출신의 열성적인 친영파로 당시 웨일스Wales 공을 기리기 위해 그의 이름인 〈에드워드〉를 아들에게 붙여 주었고 네 딸에게도 영국식 이름을 지어 주었다. 부친의 사업이 번창하고 안정되었던 덕분에 사이드 가족은 주로 카이로에서 살았으나 휴가를 보내거나 친척을 방문하기 위해 예루살렘을 찾곤 했다. 카이로에서 그의 가족은 소수자 중에서도 소수자였다. 동방 정교회가 주류인 카이로 기독교도 공동체에서 성공회 교도로 살았고 또한 이슬람교가 우세한 두 나라에서 기독교도로 살았기 때문이다.[14]

어린 시절의 사이드는 영국 공립학교를 모방하여 카이로와 예루살렘에 세워진 엘리트층의 학교에 다녔고, 아랍어와 영어 가운데 무엇이 자신의 제1언어인지 모르겠다고 회고할 정도로 완벽한 이중 언어 환경에서 자라났다. 하인들의 시중을 받고 클래식 음악 연주회에 다니며 회원 전용 클럽의 수영장에서 여름의 더위를 식히면서 사이드는 특권층으로서 어린 시절을 보냈다. 그러나 그는 자신이 이웃인 영국인이나 미국인 백인과 다르고 그들보다 열등한 존재라는 사실을 언제나 뼈저리게 느끼고 있었다. 그는 이따금 가족이 회원으로 등록된 클럽에서조차 〈아랍인은 들어오지 못한다〉는 말을 들었고,[15] 〈워그Wog〉라는 멸칭으로 불리곤 했던 다른 비백인과 어울려야만 했다.[16]

그가 열두 살이 되던 해인 1948년에 영국은 팔레스타인에서 철수하고 이스라엘 건국이 선포되었으며, 이스라엘과 아랍 국가들 사이에 전쟁이 발발했다. 유혈과 혼돈의 1년이 지나자 국경이 확정되어 요르단강 서안에 신생국 이스라엘이 등장했다. 유대인 이민자들이 새로운 조국으로 쏟아져 들어오면서 〈나크바Nakhba〉, 즉 〈대재앙〉으로 알려진 사태 속에서 수십만 명의 팔레스타인 사람이 살 곳을 잃고 피난길에 올랐다. 사이드의 대가족 역시 그들 가운데 섞여 있었다. 그들은 카이로에서 비참한 가난에 시달렸다. 사이드의 부친은 힘이 닿는 한 많은 팔레스타인 난민을 고용하고자 했고, 사이드는 비공식적으로 1인 여성 자선단체를 맡고 있던 이모와 함께 앉아 있었던 어느 긴 오후를 회상했다. 그의 이모는 의료 상담을 하고 어린이들이 학교에 다닐 수 있도록 도왔으며, 난민이 이집트 관리를 상대할 수 있도록 안내했고, 힘이 닿는 데까지 자금을 지원했다.[17]

어린 사이드는 수많은 팔레스타인 난민이 겪는 곤경이 그동안 자신이 누려 왔던 특권적인 세계와는 동떨어져 있음을 고통스럽게 실감했다. 그는 이집트인뿐만 아니라 아르메니아인, 그리스인, 이탈리아인, 유대인, 요르단인, 사우디인, 시리아인, 튀르키예인 등 다양한 국적의 엘리트층과 어울리고 있었다. 나중에 사이드는 당시의 사회적 환경에 대해 〈성격, 대화 방식, 배경, 종교, 국적이 현란할 정도로 종잡을 수 없었다〉라고 회상했다.[18] 이러한 각양각색의 사람들과 어울린 데다 학문에 소질이 있었지만 학교에서 따분함을 느껴 왔던 그는 자신의 말을 빌리자면 〈말썽꾼〉이 되었다.[19] 이 몇 년 동안 음악은 그에게 감성과 지성의 중요한 배출구였다. 피아노에 재능이 있던 그는 자신의 선생인 폴란드계 유대인 이그나스 티거만Ignace Tiegerman과 가까이 지냈는데, 그는 사이드가 클래식 음악을 섭렵하도록 일생에 걸쳐 꾸준하고도 잔잔한 영향을 주었다.

하지만 사이드가 올곧게 자라는 데 음악만으로는 충분하지 않았다. 열다섯 살에 사이드는 결국 영국인이 운영하고 있던 카이로의 학교에서 제적되었다. 부모는 그를 미국으로 보내 학업을 마저 끝마치게 했다. 처음에 그는 매사추세츠주의 시골에 있는 한 기숙학교에 등록했다. 사이드는 〈아마 내 삶에서 가장 비참했던〉 시기라고 그 시절을 회고했다. 대다수의 학생이 백인이었고 미국 출신이었으며 〈노골적으로 말해 나는 열등하거나 어쩌면 승인받지 못한 인종에 속해 있었다〉.[20] 교직원과 학생들의 적대감에도 불구하고 사이드는 열심히 공부해서 프린스턴 대학에 들어가 영어와 비교 문학을 전공했으며 학부를 졸업한 뒤에는 하버드 대학원에 진학했다.

이 시기를 통틀어 사이드는 정치에 상대적으로 무관심한 태도를 취했다. 그는 정기적으로 카이로로 돌아가 어릴 적 그랬듯 레바논에 있는 부모와 친척들을 만났고 장기간의 유럽 여행에 나서기도 했다. 하지만 그는 이 모든 일에서 어느 정도 거리를 두고 미국에서 학자의 삶에 집중하는 것처럼 보였다. 그는 훗날 〈프린스턴에서 보낸 50년대는 비정치적이었고 만족스러웠으며 뚜렷한 자각이 없었다〉라고 회상했다.[21] 1956년 대학 신문에 아랍의 시각에서 본 수에즈 위기에 관한 글을 썼으나 그 기고문은 큰 관심을 끌지 못했다.[22] 하버드에서 서양 철학과 문학 전통에 빠져들수록 사이드는 〈중동이 내 의식 속에서 점점 더 멀리 흘러가 버렸다〉고 생각했고 하이데거Martin Heidegger, 사르트르Jean-Paul Sartre, 비코Giambattista Vico를 파고든 끝에 조지프 콘래드Joseph Conrad를 박사 논문의 주제로 결정했다.[23] 사이드는 박사 과정 시절에 박사 과정을 준비하는 비교 문학 전공자를 만났고 그 학생 마리 재너스Maire Jaanus와 결혼하게 된다.[24] 재너스는 에스토니아인이었으나 독일어에 능통해 프랑스어에 익숙했던 사이드의 학업을 보완해 주었다. 그들은 함께 유럽의 문학, 철학, 사회 이론의 세계를 탐사하면서 시와 소설을 습작하는 나날을 보냈다.

사이드의 정치적 각성은 훗날 뉴욕 컬럼비아 대학에서 강의하던 시기에 일어났다. 1967년에 발발한 아랍-이스라엘 전쟁은 단 엿새 만에 끝났으나 그 후유증은 오랫동안 지속되었다. 전장의 흙먼지가 걷히고 보니 이스라엘은 드넓은 땅을 새로이 차지했고, 더 많은 팔레스타인인이 영원히 내쫓기고 말았다. 사이드에게 이는 전환점이었다. 당시 베트남 전쟁 반대 시위와 인종 차별에 저항하는 민권 운동을 비롯해 강력한 정치 운동이 미국을 휩쓸고 있었다. 동정심을 지닌 대중이 평범한 팔레스타인 사람들의 고난을 알아주기를 바라면서 사이드는 자신의 펜촉을 갈았다.[25]

그 결과물인 수필 「아랍인 묘사The Arab Portrayed」는 이후 그의 가장 유명한 저작들에서 나타날 요소 가운데 많은 것을 담고 있다. 거기서 사이드는 북아메리카와 영국 전역의 신문 및 잡지의 기사를 망라해(약간의 프랑스 출간물과 함께) 영어권 언론이 묘사하는 아랍인에 대해 다루었다. 그는 어리석음, 성적 퇴폐, 야만성 등이 반복적인 주제로 나타나고 있음을 발견했는데, 이는 〈아랍적인 것이 정신의 어느 한 부분을 차지한다는 것은 부정적인 의미를 지닌다〉는 것을 뜻했다.[26] 사이드는 이러한 정신적 이미지는 무해하지 않지만 현실의 삶에 심각한 영향을 미친다고 주장했다. 이런 이미지는 모두 서양인에게 아랍인은 고통받아 마땅한 사람들이라는 인식을 심어 준다. 그렇기에 백인이자 서양인에 더 가깝다고 인지되는 이스라엘인에 비해 팔레스타인인에 대해서는 거의 동정심을 느낄 필요가 없다는 것이었다.

1967년은 사이드에게 개인적으로나 정치적으로나 인생의 전환점이었다. 재너스가 가족에 대한 자신의 헌신을 결코 이해하지 못한다고 느낀 그는 결국 이혼했고 미래의 아내가 될 마리암 코르타스Mariam Cortas를 만나기 시작했다. 그들의 첫 만남은 그리 전망이 밝지 않았다. 사이드는 기혼자였고 (당시 다리가 부러진 여동생의 병문안을 왔기에) 상당히 심란한 상태였으며, 금융을 전공한 마리암은 학업을 마치는 대로 뉴욕을 떠나 고향인 베이루트로 돌아갈 예정이었다.[27] 그들이 교제하기까지는 2년이 더 걸렸고 그들의 대가족이 베이루트에 모여야만 했으며, 1970년에 드디어 결혼해서 1974년에 딸 나즐라Najla를 낳았다.

그 뒤로 30년 동안 사이드는 가정 생활과 학업과 사회 활동을 병행했다. 교수로서 그는 비교 문학에 대한 강의와 연구 그리고 출판을 이어 나갔다. 활동가로서 그는 곧 대중적 지식인이 되어 신문과 잡지에 글을 투고했고, 텔레비전에도 꾸준히 모습을 내비쳤다. 팔레스타인을 공개적으로 지지하면서 그는 지지자와 비판자를 모두 얻었다. 지지자들은 그에게 식민지 압제의 희생양을 대표하는 간판 인물이라는 상징적인 지위를 부여했고, 비판자들은 그를 서양의 적이자 〈테러를 가르치는 교수〉로 폄훼했다. 그는 양극화된 논란을 불러일으켰으나 서양에서 대중적 담론을 바꾸었다. 즉 팔레스타인에 대한 지지는 존중할 만한, 혹은 심지어 어떤 집단에서는 멋진 의견으로 받아들여졌다.

1977년에서 1993년 사이에 그는 더 직접적인 정치 운동에 뛰어들어 망명 중인 팔레스타인 민족주의 운동가들의 입법 기구인 팔레스타인 민족 평의회(PNC)에서 선출직으로 일했다. 그러나 곧 자신이 대세를 거스르고 있음을 깨달았다. 그는 야세르 아라파트Yasser Arafat를 비롯한 팔레스타인 지도부를 비판했는데, 그들의 기대가 비현실적이고 요구 역시 원칙이 없다고 생각했기 때문이다.[28] 그가 1993년 오슬로 평화 협정 비준에 반대한 것은 더 큰 논란을 불러일으켰는데, 언론에서는 고된 협상 끝에 타결된 그 합의가 분쟁에 대한 평화로운 해결책이 될 것이라고 떠들었다. 사이드는 그 합의에는 근본적인 결함이 있기 때문에 결국 실패할 것이라고 비판했다. 분노와 좌절감에 빠진 그는 PNC에서 사임했다. 당시 사람들은 사이드의 비관론을 비난했으나 시간이 지나자 슬프게도 그가 옳았음이 드러났다.*

이 무렵 사이드는 백혈병 진단을 받았다. 그는 이후 20년을 더 살면서 음악, 정치, 학술에 대한 프로젝트를 계속 이어 갔으

* 미국의 중재하에 비준된 오슬로 협정은 이스라엘 군대의 점령지 철수와 팔레스타인 자치 정부의 수립 등을 골자로 한다. 양측의 공존과 협력을 원칙으로 삼는다는 점에서 큰 기대를 불러 모았다. 그러나 이스라엘 시온주의자들은 협정 이후에도 팔레스타인의 영역을 침범해 정착촌을 확장했고 팔레스타인 자치 정부의 미온적인 대응은 강경파인 하마스의 이탈을 초래했다.

나 2003년에 병마에 굴복하고 말았다. 마지막 10년 동안 그는 자신의 유한한 삶을 자각하면서 지난 세월을 돌아보았고 자신의 정체성에 대한 의문, 망명지에서의 삶, 고향에 대한 회고록과 수필을 집필했다. 그는 또한 음악 프로젝트에 더 많은 시간을 투자했다. 특히 웨스트-이스턴 디반 오케스트라는 1999년에 그가 유대인 지휘자인 다니엘 바렌보임Daniel Barenboim과 함께 시작한 다종교 사업이었다. 중동의 여러 국가에서 젊은이들을 모아 음악에 대한 사랑을 공유하는 것이 그 오케스트라의 목적이었다. 사이드는 음악에는 변화를 일으키는 힘이 있다고 생각했고, 그와 바렌보임은 정치가 실패한 곳에서 문화적 협력이 성공을 거두어 평화와 상호 이해를 촉진하기를 희망했다.

　사이드는 훌륭한 정치인은 아니었고 팔레스타인 사람들의 고향을 지킨다는 최종 목적에서도 성공을 거두지 못했다. 그러나 문화와 정치가 서로 얽혀 있음을 보여 주었다는 점에서 그는 논란의 여지가 없는 업적을 이루었다. 사이드의 바람대로 웨스트-이스턴 디반 오케스트라와 같은 문화 활동은 평화와 이해를 촉진했다. 사이드는 문학 속 아랍인의 이미지를 분석하여 부정적인 편견이 증오와 소외의 씨앗을 뿌리는 역할을 담당하고 있음을 밝혔다. 이렇게 사이드는 정치와 문화 사이의 상호 작용을 조명함으로써 서양 문명이 사실은 하나의 발명된 사회 구조임을 우리가 볼 수 있게 재평가의 토대를 놓았다. 그 구조는 극도로 강력하고 현실에서 매우 중요해 보일지라도 결국 인공적인 발명품이라는 것이다. 이런 통찰이야말로 사이드가 남긴 가장 위대한 유산일 것이다.

서양 문명을 다시 생각하다

이 유산은 우리가 서양 문명을 다시 생각할 수 있게 해주는 수단이다. 20세기 후반 이전 대부분의 사람은 문명의 정체성이 자연스럽고 고정된 것이라고 생각했다(지금도 많은 사람이 그렇게 생각한다). 하지만 이 책의 주인공들의 삶을 보면 문명의 경계와 정의는 결코 고정되지 않았다는 것을 알 수 있다. 우리는 서양에 대한 생각과 서양의 정체성이 시대와 장소뿐만 아니라 사람에 따라서도 제각기 얼마나 달랐는지 보았다. 프랜시스 베이컨은 조지프 워런과 다른 역사적 맥락에 뿌리를 두고 있었고 사회적 환경과 개인의 상황 역시 달랐기에 각기 다른 방식으로 서양을 생각했다. 사피예 술탄과 윌리엄 글래드스턴이 영국의 문화적 소속을 서로 다르게 상상했던 것도 마찬가지이다. 그 인물들 각각이 위치한 독특한 역사적 입지에 따라 서양과 서양 문명은 그들의 눈에 상이하게 비쳤다. 그 결과 우리 책의 주인공들은 서양을 각기 다르게 그려 내고 또 경험했다.

물론 어떤 이들에게 이는 매우 의도적인 일이었다. 그들은 특정한 방식으로 문명의 정체성을 그려 내고자 했고, 어떤 구체적인 정치적 목표를 위해 그것을 빚어내고 재단했다. 이 책에 실린 인물 가운데 헤로도토스, 비테르보의 고프레도, 조지프 워런은 아마 가장 좋은 예시일 것이다. 하지만 모든 사람이 서양 정체성을 의식하면서, 혹은 의도적으로 조작하지는 않았다. 그들은 그저 자신이 살아가던 시대, 장소, 사회적 맥락에 의해 주어진 문명 인식을 표현했을 뿐이다. 이러한 집단의 사례를 우리가 다룬 인물 가운데서 꼽아 보자면 라스카리스, 앙골라의 은징가,

필리스 휘틀리 등이다. 그리고 그보다 더 많은 사람에게 진실은 아마 그 양극단 사이의 어디쯤에 있는 것으로 받아들여졌을 것이다.

하지만 이 책에서 다룬 인물들은 심지어 그들이 의도하지 않았을지라도 문명 정체성을 〈형성했다〉. 문화적 산물을 만들어 내거나 아니면 지원하는 행위는 더 넓은 사회에서 어떤 발상을 바꾸고, 옮기며, 다른 의미를 더하고 강화한다는 뜻이다. 예를 들어 리빌라의 입상과 비문은 대륙을 넘나드는 다원적 정체성을 가진 왕조에 대한 자부심의 산물일 뿐만 아니라 대륙을 넘나든 왕조라는 발상을 널리 퍼뜨리는 데 이바지했다. 휘틀리의 시는 자신이 느낀 인종적 소외를 표현하는 한편 인종적 구분에 대한 사회적 감각을 더욱 일반적인 것으로 강화하고 보강했다. 알킨디가 아랍인이 고대 그리스인의 지적 계승자라고 썼을 때 그는 종교적 보수주의자로부터 비판을 받으면서 더 큰 대중적 논쟁을 촉발했다. 우리는 사회적, 정치적 맥락이 문화를 형성한다는 것을 알고 있지만, 또한 거꾸로 문화가 사회적, 정치적 맥락을 형성한다는 것도 인지해야 한다. 그러므로 문화와 정체성의 관계는 되먹임의 고리와 같아서 한쪽의 변형이 다른 쪽의 변화를 촉발하고 공통되는 끊임없는 흐름 속에서 이 변화는 순환한다.

20세기 후반의 탈식민주의 연구자 및 사회 이론가들과 더불어 사이드는 우리에게 이 과정이 어떻게 일어나는지를 보여 주었다. 우리는 이제 정체성이 자연적이고 타고난 것이며 처음부터 있었던 것이 아니라 사회적, 문화적으로 구성되는 것임을 인지하고 있다. 우리는 이를 당연하게 여길지 모르지만, 20세기의 3분기에 이러한 생각은 위험할 정도로 논쟁적이었다. 사이드는 때때로 이 논쟁의 선봉에 있었다. 그는 그 역할을 자신의 의무 혹은 사명으로 받아들였다. 사이드의 글에 따르자면 〈그러므로 문화적 지식인이 당면해야 할 의무는 정체성의 정치를 무비판적으로 받아들이지 말고 그 모든 표현을 누가 무슨 목적으로 어떤 요소를 가지고 어떻게 구성했는지를 보여 주는 것이다〉.[29] 이러한 일반 원칙은 모든 시대의 모든 종류의 정체성에 적용될 수 있지만, 사이드는 그 원칙을 자신이 속해 있다고 생각한 두 거대한 정체성, 바로 아랍 세계와 서양에 적용했다. 신기원을 이룬 그의 책 『오리엔탈리즘Orientalism』이 1978년에 출간되었을 때 그는 책에서 자신의 개인사가 학술 활동에 미친 영향을 솔직하게 시인했다. 그는 서문에서 〈부분적으로 이 문제에 대한 나 자신의 경험이 이 책을 쓰게 했다〉라고 적었다.[30] 『오리엔탈리즘』은 18세기, 19세기, 20세기를 차례로 거치며 영어권 및 프랑스어권 문헌에서 중동과 아랍인을 어떻게 다루었는지 상세하게 밝힌 연구서이자 학술 저서이다. 사이드는 중동과 아랍 세계를 전제주의, 화려함, 관능, 잔혹함 같은 고정관념과 결부하여 〈동양〉의 틀에 가두는 저술들이 동시에 서양의 우월성을 낭만적이고 진취적인 감각으로 묘사한다고 주장했다. 이러한 점에서 〈동양은 거의 유럽의 발명품이고 고대부터 낭만, 이국적 존재, 마음을 사로잡는 기억과 풍경, 놀라운 경험을 제공하는 장소가 되어 왔다〉.[31]

그러나 오직 동양만이 발명된 것은 아니었다. 사이드의 주장에 따르면 동양을 발명하는 데 기여한 핵심적인 요소들이 서양의 발명에도 기여하여 점차 서양인은 서양이 동양과 반대된다고 이해하기 시작했다.

> 나는 동양이 타성적인 성질을 지니지 않았다고 가정하는 데서 출발했다. 서양이 그저 그곳에 존재하기만 한 것이 아니듯 동양 역시 그저 존재하기만 한 것은 아니었다. (……) 역사적으로는 물론 지리적으로나 문화적으로 〈동양〉과 〈서양〉이라는 위치, 지역, 지리적 구분은 인간에 의해 만들어진 것이다. 그러므로 서양 그 자체가 그러하듯 동양은 서양 안에서, 그리고 서양을 위해 현실성과 존재감이 부여된, 사상, 이미지, 어휘의 역사와 전통을 지닌 발상이다.[32]

그러므로 동양이든 서양이든 처음부터 존재한 것은 아니었다. 〈동양이라는 용어나 서양이라는 개념은 존재론적으로 고정된 것이 아니라 그 각각이 인간의 노력에 의해 만들어진 것으로 부분적으로는 자기 긍정에 의한, 부분적으로는 타자에 대한 인식에서 나온 것이다. (……) 이 최고의 가공물은 손쉽게 대중의 열정을 조직하고 조작하는 데 이용되었다.〉[33] 물론 단지 꾸며 낸 것이라는 이유로 현실에서 아무런 중요성도 없다는 뜻은 결코 아니다. 사이드에게 동양의 발명 및 그와 결부된 서양의 발명이 가져온 중요한 결과는 제국주의 지배의 이념적 정당화였다. 동양은 서양과는 근본적으로 다르고, 또한 서양보다 필연적으로 열등하다는 상상은 서양인이 중동의 사람들을 지배하는 것을 손쉽게 만들었고 이념적으로 정당화했다. 처음에는 18세기, 19세기, 20세기 초에 직접적인 제국주의적 통치를 통해 정치적 지배가 이루어졌으나 문화적, 지성적 지배는 20세기 후반까지 이어졌다고 사이드는 주장했다. 〈오리엔탈리즘은 동양을 다루기 위한 총체적 제도로 논의되고 분석될 수 있는데 동양에 대한 표현을 만들어 내고, 동양을 보는 시각에 권위를 부여하며, 동양을 설명하고 동양을 가르치고, 동양에 정착하고 동양을 통치하는 그 모든 일을 통해 다루는 것이다. 요약하자면 오리엔탈리즘은 동양을 지배하고 재구성하며, 그에 대한 권위를 갖기 위한 서양의 방식이다.〉[34]

그러나 사이드는 이 모든 것이 〈어떤 사악한《서양》제국주의자들이《동양》세계를 손에 넣기 위해 음모를 꾸민 결과는 아니다〉라고 신중하게 정리했다. 개인이 처한 상황과 사적인 관심사뿐만 아니라 역사적 맥락이 중요하게 작용한 개인들의 무수한 선택이 이 지식의 폭넓은 질감을 만들어 냈다는 것이다.

사이드의 학문은 그의 정치 활동 못지않게 논쟁의 대상이었다. 어떤 비판자들은 사이드가 부당하게도 서양을 부정적으로 묘사했다고 비난했다.[35] 저명한 연구자인 버나드 루이스 Bernard Lewis는 사이드가 자신의 학문 분과를 정치화하고 이슬람을 잘못 표현하고 있다며 공격했는데, 그가 이슬람과 기독교 서양의 〈문명의 충돌〉에 갇힌 주장을 계속하고 있다는 것이었다.[36] 다른 이들은 그의 책 『오리엔탈리즘』이 좁은 영역만을 다룬다는 점을 문제 삼았다. 예컨대 양적으로도 방대한 데다 독일어 사용자에게 중요하고도 상당한 영향을 미쳤던 독일어권의 동양학 전통에 대해서는 다루지 않았다는 것이다.37 비슷하게 그 책은 아프리카, 라틴아메리카, 오리엔트의 다른 지역들, 중앙아시아와 동아시아에 대한 서양의 생각을 간과했는데,『문화와 제국주의Culture and Imperialism』(1993)에서 사이드는 폭넓은 주제를 다루면서 그런 단점을 부분적으로나마 보완했다. 이러한 지역들은 상이하고 미묘한 관점을 지니고 있는데, 특히 일본의 경우에는 확실히 동양과 서양을 이분법적으로 나누는 사이드의 정의에는 들어맞지 않는다.38 그러나 다른 이들은 그 책에 언급되는 역사적 사실에 대한 상당수의 오류를 지적했다(이 장의 뒷부분에서 그중 몇 가지를 다룰 것이다).

하지만 이러한 비판을 고려하더라도『오리엔탈리즘』의 핵심적인 주장은 여전히 반박하기 어렵다. 그 책은 인문학 분야에 급격히 영향력을 행사하기 시작했고, 오늘날 전 세계의 학생들이 읽는 고전이 되었다. 그것은 하나의 원칙으로서 탈식민주의 연구의 진척을 위한 토대를 놓았고 새로운 방향으로의 연구를 촉진했다. 아시아와 아프리카에서 나타나는 옥시덴탈리즘의 다층적인 본성에 대한 연구가 이에 해당한다.39 이는 그 모든 오류, 누락, 이론적 과장을 제쳐 두고서라도 이 책의 중심 주장이 확고하기 때문이다. 학술 저술을 포함한 문화적 산물은 역사와 정치라는 두 맥락에서 만들어져 **형성된** 것이고 **또한** 그와 동시에 그 맥락들을 형성하기도 한다. 이것이 문화와 정체성의 되먹임의 고리이다.

사이드가 어떤 점에서는 옳았다고 하더라도 그 역시 오류를 가지고 있다. 서양에 대한 발상은 분명 제국주의라는 맥락 속에서 중동의 사람 및 사회와의 관계를 통해 발달했으나 이 책에서 나는 이를 넘어 주장하려는 것이 있다. 서양과 서양 문명의 발명은 순전히 유럽 제국주의에 의해 발생한 사건이 아니라는 것이다. 영어권 세계에서 그것들은 미국 혁명과 북아메리카 내부의 사회적 불평등을 동시에 정당화하기 위한 이념적 방책으로 등장했다(제10장과 제11장). 유럽 대륙에서 그것들은 러시아-유라시아 진영과 대서양 진영 사이의 이념적 대립에 의해 덧칠되었다(제12장). 또한 사이드는 서양사에서도 근본적인 결함을 보였는데, 특히 서양 문명이라는 거대 서사를 다루는 데 있어 그러하다. 그는 서양 그 자체가 가공물이라고 주장하면서도 (문학 분야에서) 〈호메로스에서 버지니아 울프까지〉 이어지는 불변의 문화적 족보로서 서양 문명의 서사를 받아들이는 경향을 보였다.[40]

호메로스는 몇 가지 점에서 서양의 오리엔탈리즘적 태도의 시작점으로 지목되는 인물로, 사이드는 불가피하게도 고대 그리스 세계의 문헌에서부터 서양의 오리엔탈리즘에 대한 분석을 개시했다. 사이드는 독자들에게 〈먼저 동양과 서양 사이의 구분 짓기를 고려하자. 이는 『일리아스』의 시대부터 불거진 것이었다〉[41]라고 말했다. 제1장과 제12장에서 언급했듯 이는 사실이 아니다. 호메로스의 『일리아스』는 전쟁의 두 당사자 사이에 어떤 종족적, 문화적, 인종적 차이도 두지 않았고 동양과 서양 사이에 경계를 긋지도 않았다.[42] 그다음 사이드는 아테네 비극인 아이스킬로스의 『페르시아인들』과 에우리피데스의 『바쿠스의 여신도들Bakchai』에서 나타나는 아시아 동양인에 대한 전형적인 시각을 논의한다. 하지만 우리가 제1장에서 보았듯이 기원전 5세기 중반의 아테네 문학은 광범위한 고대 그리스 세계의 시대정신을 그대로 담은 것이 아니라 다른 그리스인에 대한 아테네의 제국주의적 지배라는 맥락 속에서(그 지배에 부역하기 위해서라고 말하는 게 지나치다면) 생산된 것이다. 사이드가 아테네 희곡 대신 헤로도토스를 자세히 읽었다면 다소 다른 그림을 그렸을 것이다.

개별적인 사료 선택의 문제는 제쳐 두고 더 큰 문제로 넘어가자면, 사이드는 서양 문명의 서사에 의해 정립된 기존 형태의 역사를 고수했다. 그는 로마를 간략하게 다루었는데 (우리가 제2장에서 보았듯) 아마 로마 이념의 노골적인 혼종성이 그의 전체적인 주장과 맞지 않기 때문이었을 것이다. 그는 중세 기독교, 중세 이슬람 혐오, 십자군에 다소 오래 머무른 뒤 르네상스를 가볍게 다루고는 책의 남은 부분을 18세기 후반과 19세기의 문학을 다루는 데 할애한다. 그 결과 『오리엔탈리즘』에서 사이드는 서양 문명이라는 거대 서사를 폭넓게 받아들이면서 그 일반적인 틀을 자신의 저작에 도입한 원칙들을 구성하는 데 사용했다. 문학에 반영된 정치를 민감하게 포착한 사이드조차도 서양 문명의 액면적 가치를 그대로 받아들였다는 점은 서사로서 서양 문명이 지닌 힘과 지속성을 보여 주는 증거이다. 서양 문명이라는 거대 서사 외에는 다른 것을 상상할 수 없었던 시대가 지나고 서양 그 자체를 재상상할 필요가 대두된 시점에서조차 서양사를 재상상하기 어렵게 만드는 무언가가 존재하는 듯하다.

사이드는 스스로 『오리엔탈리즘』이 지닌 특수성과 한계를 인지했고 나중에 출간한 『문화와 제국주의』에서 더 넓고 복잡한 정체성을 다루기 위해 씨름했다. 거기서 그는 정체성을 만드는 관습이 인위적인 경계선 긋기와 배제하기 위한 배타성을 만들어 내는 것과 관련되어 있으며 그 배타성은 필연적이지도 자연적이지도 않다는 결론을 내렸다. 그는 제국주의에 대해 이렇게 주장했다.

> 가장 나쁘고도 가장 역설적인 선물은 그것이 사람들에게 스스로 순수한, 전적으로, 확연히 차이가 나는 백인이나 흑인이라고, 또는 서양인이나 동양인이라고 믿게 만들었다는 것이다. 그러나 역사를 스스로 만들어 나갔듯 인류는 문화와 종족 정체성 역시 스스로 만들었다. 오랜 전통, 지속되는 관습, 민족 언어, 문화적 지형의 지속되는 연속성을 누구도 부정할 수 없겠지만 마치 인간의 모든 삶이 그것과 연관되어 있다는 듯 분리와 구분을 계속 주장하는 데에는 공포와 선입견 말고 다른 이유가 없을 것이다.[43]

그러나 사이드는 그러한 범주 속에서 자신이 자랐고 스스로도 그 범주를 내면화했기에 이를 극복하기 어렵다는 사실을 깨달았다. 말년의 자서전에서 그는 서양과 그 나머지, 〈우리〉와 〈그들〉 사이의 움직일 수 없고 화해할 수 없는 구분으로 다시 돌아갔다. 학자로서 그는 그러한 대립을 비판하면서 그것이 처음 만들어진 방식을 폭로했다. 하지만 인간적인 차원에서 그는 그러한 세계 바깥에 자신이 있을 곳을 상상할 수 없었다. 사이드가 인정했듯 언제나, 그리고 필연적으로 자신이 〈제자리를 벗어났다〉는 감각은 이후의 글에서 반복적으로 나타났다. 사이드는 자신이 영원한 추방자라 느꼈다. 그는 서양 안의 동양인이자 동양 안의 서양인인 자신이 어떤 사회에도 속할 수 없다고 느꼈다. 한 수필에서 그는 다음과 같이 추방자로서 살아간다는 것이 어떤 것인지를 설명했다.

> 타향살이는 이상할 정도로 매력적인 것이라 생각되지만 겪어 보면 끔찍하다. 그것은 인간과 그의 출생지, 자신과 진정한 집을 갈라놓는 치유할 수 없는 틈이다. 그 본질적인 슬픔은 결코 극복할 수 없다. 문학과 역사에서 고향을 떠난 자의 삶이 영웅적이고 낭만적이며 영광스럽고 심지어 승리의 일화들로 채워졌음에도 불구하고 그것은 그저 고통스러운 소외의 슬픔을 극복하기 위한 수단에 불과하다. 추방자의 성취는 그가 영원히 남겨 놓고 떠나온 것들로 인해 흔들리고 만다.[44]

그의 말은 같은 경험을 가진 오늘날의 독자에게도 심금을 울리는 면이 있을 것이다. 강제 이주의 예시를 넘치도록 들 수 있고 전쟁과 폭정에 의한 난민이 대량 발생한 세계에서 그의 글은 어떤 비참한 진실을 건드리고 있다. 하지만 그 글은 모든 사람이 반드시 어떤 단일한 〈출생지〉를 가지고 있다는, 언제나 모든 경우에 적용될 수는 없는 한 가지 가정을 토대로 삼는다. **이곳**에 속한다는 것은 **저곳**에 **속하지 않는다**는 것이고, 인간의 한 범주에 속한다는 것은 필연적으로 다른 범주에는 속하지 않는다는 것이다. 하지만 정체성 사이에 절대적 경계가 그어져 있다는 발상은, 사이드가 그의 저술에서 인간은 〈자신의 문화와 종족 정체성을 스스로 만든다〉라고 주장하면서 반대했던 것이다. 사이드의 사적 감정과 학문적 주장 사이의 대비는 강렬하다. 만일 어떤 것이 사회적으로 구성되었다고 하더라도 그것이 존재하지 않는다는 뜻은 아니다. 만일 무엇인가 발명된 것이라 해도 그것이 우리 삶을 이루는 유의미한 진실이 되지 못하리라는 법은 없다. 사이드가 해체했던 정체성들의 경우에도 이 점이 적용되듯 서양의 경우도 마찬가지이다.

당신의 정체성이 만들어진 것이고 다원적이라는 생각을 갖고 살아간다는 것은 21세기에는 더욱 쉬운 일이 되었다. 국제적 유동성과 다인종, 다문화 가정의 증가는 동시에 여러 집단에 속하는 것이 흔한 일이 되었을 뿐만 아니라 이곳과 저곳 **양쪽 모두**를 집으로 삼을 수 있음을 뜻한다. 어떤 이들에게 다원적 정체성은 때때로 고심하고 선택하며 설명(또는 변명)해야 할 문제이다. 나도 살면서 그러한 감정을 느꼈던 적이 있다. 하지만 신세대에게 이러한 다원성은 가능성과 자긍심의 원천이 될 수 있다. 이라크계 웨일스인 시인이자 예술가인 하난 이사 Hanan Issa의 말을 빌리자면 그것은 〈누구도 못 당해 낼 힘〉이 될 수 있다.

내 몸에 두 개의 심장이 깃들 수 있으리

우리는 두 개의 심장을 칼바인이라 일컫는다.
진홍빛 바다를 거쳐 조각들을 퍼 올리고
쪼개진 땅의 역사를 묶어

나는 짜 맞추려 하니

쉬운 일은 아니리.

타는 듯한 피가 결합해

사로잡고

되감아

나를 좌절케 한다.

두 의자 사이에서 말하는 나는 떨어졌으니

이 국경의 벽은 일찍이 만들어진 것이다.

그러나 내 몸은 능히

부드럽고도 튼튼하게

고통스레 기지개 켜고 사랑을 키우며

포옹하며

가부장을 거부하며

내 동료들을

부끄러워할 필요 없이

혹은 내 두려움이

나를 내몰지 않도록

내 몸 두 심장을 품을 수 있으리.

그러니 나

내 유산을 주조하여

모두에게 넉넉한 공간을 만들리라.

우뚝 서도록

나는 일어서

자유롭게 숨 쉬리.

두 심장은

누구도 못 당해 낼 힘이니.

사랑은 호수이며

세계는 목말라 하니.[45]

제14장
서양과 그 적수들:
캐리 람

나는 세계 각지에서 홍콩을 찾는 방문자를 진심으로
환영합니다. (……) 여러분은 동서양의 최고를 포용한
독특한 문화적 경험에 빠져들 것입니다.
— 캐리 람(2021)[1]

폭력 시위를 벌인 군중이 정부 청사로 몰려갔다. 그들에게 내심 공감했을, 긴장한 경찰 병력은 주저하면서 소극적인 대응을 했고, 군중은 입법부를 점거해 유리창을 깨뜨리고 문을 부수면서 벽에 정치적 구호를 휘갈겼다. 자신들의 삶의 방식과 정치적 전망이 위협받고 있다고 생각한 일부 사람들이 몇 달 동안 일으킨 풀뿌리 시위는 정점에 달했다. 정부는 그들을 정당한 시위자로 생각하는 동조자들과 불법적이고 폭력적인 점거를 행사한 폭도로 비난하는 이들로 나뉘었다. 전 세계에서 사람들은 기성 뉴스 채널과 소셜 미디어 양쪽을 통해 실시간으로 이 충격적인 사건의 경과를 지켜보았다.

    이는 2021년 1월 6일 수요일에 미국 워싱턴 DC의 의회 의사당 건물에서 일어난 사건이다. 시위대는 대통령 선거 결과에 격앙되어 있었고, 개표 결과와 상관없이 그들이 지지하는 후보인 도널드 트럼프에게 권력을 되돌려주려 했다. 한편 2019년 7월 1일 월요일의 홍콩 의회 청사 지구에서도 비슷한 일이 일어났다. 당시 시위자들은 정치범을 중국 본토로 인도할 수 있는 법안이 새로이 제정되는 것을 막고자 했다. 두 사건 사이에는 상당한 차이점이 있다. 하나는 폭력의 수위였다. 미국 의회 의사당 공격은 폭도들에 의해 제압되고 폭행을 당해 사망한 경찰관 한 명을 포함해 다섯 명의 사망자를 낳았으나,[2] 홍콩 입법부 공격에서는 단 한 명의 사망자도 발생하지 않았다. 시위대의 목적 역시 달랐다. 홍콩의 시위대는 더 많은 민주주의를 요구했고, 미국의 시위대는 그 반대였다. 두 사건은 정치, 문명 인식, 서양에 대한 생각이 현재 어떻게 변하고 있는지를 보여 준다.

2021년 1월 6일의 미국 의회 의사당 습격 사건을 유심히 지켜본 사람 가운데는 홍콩의 행정 장관인 캐리 람Carrie Lam*도 있었다. 캐리 람은 전통적으로 (이 장의 시작에 인용한 연설대로) 〈동서양의 최고〉로서의 지위를 누려 왔던 이 지역의 행정을 총괄하는 직책에 있었는데, 당시 이는 독특하고도 남들이 선뜻 내켜 하지 않는 자리였다. 홍콩은 한 세기 반 이상 대영제국의 일부였고 이는 이 도시의 문화와 사람들의 사고에 깊게 아로새겨진 경험을 남겼다. 영국은 상대적으로 최근인 1997년에야 홍콩의 식민 통치를 포기했다. 이에 따라 홍콩은 중화인민공화국의 특수 행정 구역이 되었고 상당한 수준의 자치권과 함께 정치적, 경제적으로 고유한 관리 체계를 갖게 되었다. 캐리 람이 때때로 인정했듯 홍콩은 본래 중국의 땅이었으나 문화, 정치, 사회, 경제 분야에서 서양의 전통이 그 위에 덧쒸워졌다. 2017년 7월에 행정 장관에 취임한 캐리 람은 홍콩이 중국과 서양의 최고를 함축하고 있다는 찬사를 보냈다. 그러나 2022년 6월이 끝날 무렵, 두 문화의 공존은 불가능한 것이 되고 말았다. 세계는

* 중국명은 린정웨어(林鄭月娥). 홍콩에서 주로 사용되는 광둥어로는 람젱윗오.

바뀌었고 중국과 서양의 역사적 이미지 역시 마찬가지였다.

　21세기 중반으로 접어들면서 중국은 서양의 여러 적수 가운데서도 가장 두각을 드러냈다. 경제, 정치, 군사 측면에서 이 경쟁 관계에 대해 논의하는 데 많은 양의 잉크가 사용되었고 특히 미국을 위시한 다른 영어권 국가와 중국 사이의 대립에 초점이 맞추어졌다.[3] 하지만 이 관계에서 덜 관심을 끄는 다른 측면이 있다. 그들이 지지하고 조장하는, 역사적 거대 서사와 관련된 두 지정학적 블록 사이의 차이가 바로 그것이다. 그들 각각은 세계사에 대해 저마다의 시각을 갖고 있고 문화와 문명의 관계에 대한 고유한 모델을 갖추고 있다.

세계(관) 사이의 전쟁

이제 서양은 19세기와 20세기 초(제12장)에 그랬던 것처럼 도전할 자 없는 세계적 패권자가 아니다. 서양에게는 경쟁자들이 있다.

　서양의 〈적수〉에 대해 말하자면 나는 이것을 단순히 반서방의 입장을 취하는 어떤 개인, 조직, 국가를 가리키는 데 사용하지 않았다. 21세기의 서양은 수많은 국가를 거느린 광범위한 초국가적인 권력 블록으로, 그 안에 속한 나라들은 언제나 손발이 맞는 것이 아니고 때로는 서로 경쟁할 때도 있지만 어쨌든 세계에 대한 전반적인 전망과 정체성을 공유하고 있다. 그러므로 서양의 경쟁자란 그에 상응하여 서양이 지배하는 국제적 체계 바깥에 자립하여 그 대안이 될 만한 고유한 국제적 체계를 갖출 만큼 충분히 거대한 지정학적 집단이어야 한다. 따라서 북한 같은 개별 국가는 단지 서양이 지배하는 국제적 공동체 바깥에 존재한다는 이유로 서양의 적수로 간주될 수 없다. 이는 결국 규모의 문제인데 북한은 핵무기를 사용할 능력이 있지만 어쨌든 눈에 띄는 국제적 도전자가 되기엔 너무 작다.

21세기의 첫 20년 동안 서양 매체에서 논의된 외부의 위협 중 하나는 이슬람 무장 세력이다. 특히 두 조직이 서양의 적수임을 자처했는데, 그 하나는 알카에다이고 다른 하나는 이른바 이슬람 국가(IS)이다. 이슬람 무장 세력이 서양의 적수가 되려 한다는 생각은 2001년 9월 11일에 일어난 사건 때문에 지구촌 사람들에게 공공연한 상식이 되었다. 알카에다는 민간 여객기를 납치하여 사람들이 붐비는 건물과 핵심 정부 지구에 충돌시킴으로써 미국에서 계획적인 테러 공격을 감행했다. 그 공격은 수천 명의 사람을 죽였고, 그보다 더 많은 사람의 삶에 흉터를 남겼다. 그러나 그 공격은 미국 내에서 공포와 분열의 씨앗을 뿌리거나 세계 공동체에서 미국의 지위를 약화하기보다는 그 반대의 결과를 불러왔다.

당시 미국 대통령인 조지 W. 부시George W. Bush는 〈테러와의 전쟁〉⁴을 선언했다. 그리고 한 달이 채 지나기도 전에 알카에다에 은신처를 제공한 아프가니스탄의 탈레반 정권에 전쟁을 선포했고 광범위한 국제 공조 체제의 수장이 되었다. 많은 서양 국가뿐만 아니라 서양에 속하지 않는 것으로 여겨지는 국가들도 이 연합에 참여했는데 러시아, 이집트, 요르단, 바레인, 아랍에미리트연합, 우즈베키스탄, 일본, 한국 등이 이에 해당한다. 그 소속국 가운데 일부는 원래 아프가니스탄에서 공산 세력을 막기 위한 방벽으로 삼고자 탈레반을 지원했으나 이제 서양이 주도하는 연합은 탈레반 정권을 전복하고 새로운 친서방 정부를 세웠다. 그러나 이 빠른 승리는 항구적인 평화로 굳어지지 못했다. 연합 세력은 20년에 걸쳐 아프가니스탄에서 피비린내 나는 게릴라 전쟁에 빠져들었다. 미군은 2021년 여름에 마침내 그곳에서 철수했으며, 그들이 빈곤과 혼란을 남겨 두고 떠나간 자리에서 탈레반은 다시금 통제권을 장악했다. 서로 대립하고 있던 서양의 지도자들은 2003년 3월에 이라크를 침공함으로써 〈테러와의 전쟁〉의 두 번째 전선을 만들었다. 명분은 이라크가 서양을 타격할 만한 대량 살상 무기를 갖고 있다는 것(훗날 거짓으로 판명되었다)이었고, 짧은 통보 뒤에 전쟁이 개시되었다. 이라크 전쟁의 전개 과정은 어떤 점에서 아프가니스탄 전쟁과 유사했다. 빠른 승리와 함께 친서방 정부가 세워졌지만 쉽게 끝나지 않는 반란과 내전이 이어졌기 때문이다. 하지만 2011년 5월에 알카에다는 대부분 무력화되었다.

이라크에서의 내전은 새로운 서양의 도전자를 만들어 냈다. 바로 이라크-시리아 이슬람 국가이다. 그들은 영어로 된 축약어인 ISIS나 아랍어 축약어에서 비롯된 〈다에시〉라는 이름으로도 불리며 후자의 경우 아랍 세계 내에서 비판자들이 부르는 멸칭이다.[5] 2014년에 그 조직은 칼리파국을 자칭하면서 서양으로부터 독립되고 반대되는 이념을 지닌 대안적인 국제 체제를 부르짖었다. 그러나 이 체제는 국제적이지도 않았고(다에시는 언제나 국지적인 조직이었다) 안정적이지도 않았으며(군사적 패배를 겪은 뒤 5년도 채 못 되어 무너졌다) 서양으로부터 완전한 독립을 이루지도 못했다(그들은 가스, 석유, 인산염, 시멘트 등을 수출하여 자금을 마련했다).⁶ 그러나 짧게나마 그들은 서양의 적수라고 주장할 수 있었다. 그 전성기에 다에시는 바그다드 이북의 이라크 영토의 대부분과 해안 지방을 제외한 시리아 전역을 장악했고 튀르키예의 국경 지대를 위협했다. 또한 그들은 시나이 반도, 리비아, 예멘, 아프가니스탄, 나이지리아 등 여러 지역을 자신들의 〈속지〉라고 주장했다. 세계 곳곳에서 이른바 칼리파국을 위해 싸우고 머지않아 완벽해질 그 종교적 사회에서 새로운 삶을 살아가기를 갈망하는 지원자들이 모여들었다. 다에시의 성공은 오래가지 않았다. 2016년과 2017년을 거치면서 그들은 유럽, 서아시아와 중앙아시아, 아프리카를 비롯해 〈실제 전투 인력〉의 주력을 담당했던 쿠르드인 전사들의 국제적 공조에 의해 밀려났다. 알카에다와 마찬가지로 다에시는 서양에 도전하겠다는 목표를 가졌을지 모르나 서양과 비서양의 국가들을 단결시키는 성과를 거두었을 뿐이다. 2019년의 첫 몇 달이 지나는 사이 이라크와 시리아의 국경 지대에 있는 바구즈 마을에서 다에시의 마지막 잔당이 공격받아 패배했다.

    이슬람 무장 세력은 국제적 규모로 보나 존속 기간으로 보나 서양의 진지한 적수가 될 수 없었음에도 그들만의 문명 서사를 전개해 나갔다. 그들은 서양 문명이 중세 십자군을 거쳐 고대 그리스와 로마까지 이르는 연속성을 지니고 있다는 생각을 받아들였다. 2004년 1월 6일 알카에다의 지도자인 오사마 빈라덴이 언론사 알자지라에 배포한 그 유명한 연설에서는 전 세계의 무슬림에게 〈새로운 로마〉와 〈십자군 시온주의자들의 맹공〉에 저항하기 위해 이슬람 군대에 합류할 것을 촉구했다. 그는 〈로마인에 의해 왕과 관료로 임명되어 로마의 이익을 수호하기 위해 아라비아 반도의 동포들을 죽였던〉 고대 아랍의 가산 왕조가 되어서는 안 된다고 말했다. 그는 〈지금의 상황을 우려하는 정직한 사람들은 이 압제의 그림자에서 벗어나 전면적인 동원을 선언하고 로마인의 약탈을 몰아내기 위해 대비해야 한다〉라고 주장했다.

다에시 역시 서양인 적을 로마인, 즉 〈룸Rum〉이라 칭했는데, 이는 중세 아랍어에서 비잔티움 기독교인과 라틴 교회의 신자를 아울러 가리키는 표현이었다. 다에시의 초창기 성장세와 성공의 비결은 온라인을 활용한 강력한 존재감이었는데 이는 그들의 지도자들이 지역적 한계를 넘어 멀리까지 청중을 확보할 수 있게 해주었다.[7] 그들은 전 세계의 무슬림이 테러리즘에 동참하도록 격려하기 위해 여러 언어로 된 온라인 잡지 몇 종을 발행했다. 주방에서 만들어 낼 수 있는 폭탄 제조법 강좌, 암호 메시지 보내기, 테러에 적합한 차량 고르기 등의 내용이 거기에 포함되어 있었다. 그들은 특히 영어권 독자를 겨냥해 2014년부터 2016년까지 발행된 잡지『다비크Dabiq』에 가장 심혈을 기울였다. 그 이름은 선지자 무함마드의 예언과 하디스에 기록된, 무슬림과 룸의 마지막 전투가 벌어질 장소에서 따왔다.[8] 그러나 2016년에는『루미야Rumiyah』(로마)라는 이름의 새로운 영어 잡지가 등장했으며, 이는 무슬림이 언젠가 로마 제국을 무찌르고 정복하리라는 예언에서 따온 것이었다. 그 잡지의 매 호에는 다음과 같은 문구가 따라붙었다. 〈오 무와히딘muwahhidin(믿는 자〉

들)이여, 기뻐하라. 알라에 의해 우리는 루미야의 올리브 나무 아래에 당도할 때까지 결코 지하드를 멈추지 않을 것이다.〉[9] 비록 찬미가 아닌 적대하는 어조를 띠고 있으나 그 잡지는 서양 문명이라는 서사에 동조하면서 〈로마 제국은 완전히 무너지지 않았으니 단지 새 이름을 얻었을 뿐〉이라고 말했다.[10]

이 〈문명의 충돌〉이라는 서사는 고대 유적지, 기념물, 유물에 대해 다에시가 파괴와 반달리즘으로 일관한 이유를 설명해 준다.[11] 이슬람 이전의 모든 시기의 유물과 고고학적 잔존물이 〈우상 숭배적인〉 것으로 여겨져 공격받았으나[12] 고대 그리스와 로마 시기가 특별한 관심 속에 표적이 되었다. 이는 그것들이 서양 문명의 탄생과 관련되어 있다고 생각되었기 때문이다(물론 다에시가 이따금 자금을 확보하기 위해 유물을 불법으로 팔아치울 때는 이러한 점에 구애받지 않았다).[13] 그 사건은 서양 언론의 이목을 끌었다. 특히 2015년 5월에 다에시가 고대 지중해 문명의 유적 가운데 가장 유명한 곳으로서 유네스코 세계 문화유산인 유서 깊은 도시인 팔미라를 약탈했을 때 많은 관심이 쏠렸다. 벨 사원, 로마 극장, 그밖에 다른 건물들이 다이너마이트로 폭파되고 그곳의 수석 고고학자인 칼레드 알아사드Khaled al-Assad가 살해당하면서 국제적 공분을 불러일으켰다.[14]

다에시가 팔미라에서 축출된 뒤 다시금 그 유적들이 귀중한 정치적 자본이라는 점이 입증되었다. 런던의 트라팔가르 광장에는 〈야만인들에 대한 항거〉를 기리면서 실물 크기의 복제된 개선문이 세워졌다.[15] 독일 고고학 연구소는 팔미라의 벨 신전을 복구하기 위한 국제적인 운동을 전개하면서 이 행동을 〈문화적 항거〉이자 〈전투적인 복구〉로 설명했다. 이 운동은 어느 정도 호소력이 있었다. 내 동료인 빈 대학의 안드레아스 슈미트콜리네트Andreas Schmidt-Colinet 교수는 수십 년 동안 팔미라의 발굴 작업에 참가한 사람으로서 그 운동에 몸담고 있으며, 팔미라에서 살해당한 칼레드 알아사드 박사 또한 나와 친분이 있어서 나는 복원 계획을 잘 알고 있고 상당히 공감하고 있다. 그러나 팔미라에 투입될 국제적 원조는 우선적으로 지역 공동체의 요구 사항을 충족하는 데 사용되어야 하며, 지역민들과 상생하는 재건 계획을 수립해야 할 것이다.[16]

고대 팔미라 유적을 정치적 상징으로서 바라본 사람은 정치인과 평론가에 국한되지 않았다. 다에시가 쫓겨나고 몇 달 뒤인 2016년 5월에 러시아 국립 교향악단이 그곳에서 연주회를 열었는데 러시아 대통령 블라디미르 푸틴이 영상에 출연해 (그 고대 도시의 일부가 여전히 무사한 것을 언급하면서) 〈고대 문화를 구해 낸〉 러시아 병사들을 치하했고 〈서방은 이를 해낼 수 없었다〉라고 주장했다.[17] 이러한 수사는 서양의 적수인 러시아에 대한 폭넓은 담론의 일부로서 20세기의 냉전 동안 매우 익숙한 것이었다. 그러나 21세기에 그 담론은 새로운 생명력을 얻게 되었다.[18]

이 담론은 이르게는 2005년 4월부터 시작되었다. 그때 푸틴은 러시아 사람들에게 소련에 대한 향수를 자극하면서 소련의 붕괴가 〈세기의 주요한 지정학적 참사〉였다고 말했다.[19] 그 이후로 그는 자주 소련 시절을 러시아의 위대했던 시기로 언급하면서 그때의 러시아는 서양과의 관계에서 힘을 겨룰 만한 위치였음을 환기했고 그때의 위치로 돌아가는 것이 자신의 목표라고 공언해 왔다. 15년이 넘는 세월 동안 푸틴은 반서방적인 수사를 자주 사용했고 소련 시절에 대한 국민적 자부심에 다시 불을 붙였으며, 한때 소련에 속했던 국가들에 다시금 러시아의 영향력을 확대하려 했다. 이는 2022년 우크라이나 침공으로 가장 명백히 드러났다. 이르게는 2008년부터 서양의 몇몇 논평가는 푸틴 집권기가 새로운 냉전의 시작을 알리는 것이라고 주장했다.[20]

러시아와 서양은 정치, 군사, 경제 분야에 못지않게 역사적인 거대 서사에서도 경쟁하고 있다. 우크라이나 침공을 개시하기 불과 몇 달 전인 2021년 7월에 푸틴은 크렘린의 웹사이트를 통해 러시아어, 영어, 우크라이나어로 된 수필 한 편을 공개했는데 그 제목은 「러시아인과 우크라이나인의 역사적 단일성에 관하여」였다.[21] 러시아인과 우크라이나인이 본질적으로 〈단일한 전체인 하나의 민족〉이라는 주장이었다.[22] 그는 이 단일성은 공통의 언어, 러시아 정교회라는 공통의 종교와 공통의 문화를 바탕으로 하고 있고 그 모두가 장구하고도 영광스러운 공통의 역사에서 비롯되었다고 주장했다. 또한 이 공통의 역사에 따르면 우크라이나가 분리된 정체성과 민족성을 가졌다는 생각은 그릇된 것이라고 했다. 우크라이나 민족이 구분된다는 믿음은 〈실제〉 역사를 정치적 목적을 위해 다시 썼기 때문에 생겨났다는 게 푸틴의 주장이었다. 〈서방 저자들의 반러시아 프로젝트〉에 의해 이념적으로 조작된 결과 사람들은 〈그들의 뿌리와 수 세대에 걸친 선조들을 부정할 뿐만 아니라 러시아를 그들의 적으로 여기게끔 강제되었다〉. 그러나 러시아는 서방의 조작에 의해 그

〈역사적 영역〉이 〈반러시아〉적인 곳이 되도록 결코 방관하지 않을 것이라는 말로 푸틴은 글을 마무리했다.

그 글에서 푸틴은 사실에 더 부합한다고 생각한 판본의 역사상을 제시하면서 〈러시아인, 우크라이나인, 벨라루스인은 모두 유럽에서 가장 거대한 국가를 이루었던 고대 루스인의 후예이다〉라고 주장했다. 기독교의 전래 이전에 다른 모든 슬라브 민족은 고대 루스 민족의 일부였다고 푸틴은 단언했다. 고대 루스인의 국가는 로마 제국과 비잔티움 제국에 비견될 만했고, 중세에는 〈다른 유럽 국가들과 마찬가지로 고대 루스인 역시 중앙집권의 쇠락과 파편화를 겪었다〉. 그럼에도 불구하고 〈귀족과 평민 모두는 루스가 공통의 영토이자 그들의 고향임을 알고 있었다〉.

러시아가 로마 제국과 비잔티움 제국을 계승한 〈제3의 로마〉라는 생각이 부활했다는 점을 고려한다면 이것은 중요하다. 이 역사의 거대 서사에서 문명과 제국의 승계는 로마에서부터 중유럽과 서유럽을 향해(그리고 더 나아가 북대서양과 영어권 전체를 향해) 서쪽으로 이루어진 대신 처음에는 로마에서 시작해 제2의 로마인 콘스탄티노폴리스와 영광스러운 제3의 도시인 모스크바를 향해 동쪽으로 이루어졌다. 모스크바가 〈제3의 로마〉라는 발상은 16세기에 처음 등장했다. 러시아 북서부에 있던 한 수도원의 원장이었던 프스코프의 필로테우스Philotheus of Pskov는 1523년 혹은 1524년에 쓴 편지에서 〈이것이 러시아 제국이다. 두 로마는 쓰러졌으나 셋째는 버티었으니 넷째는 등장하지 않을 것이다〉라고 이를 깔끔하게 요약했다.[23] 애당초 그 관념은 제국주의(16세기는 러시아가 영토 확장에 속도를 내던 시기였다), 그리고 정교회와 연결되어 있었다. 1589년에 모스크바에서 독립적인 정교회 대주교직이 설치되었을 때 발표된 칙령에서는 명확히 〈제3의 로마〉를 언급하고 있었다. 〈옛 로마는 아폴론교 이단(즉 토속 신앙)에 의해 무너졌습니다. 제2의 로마, 즉 콘스탄티노폴리스는 하가르의 손자들, 즉 불신자 튀르키예인이 차지했습니다. 경건하신 차르여! 당신의 위대한 루스인의 차르국, 제3의 로마는 신앙심에서 그 모두를 능가했습니다.〉[24]

19세기에 러시아 사상가들이 동양의 이슬람과 아시아, 그리고 서양의 가톨릭과 프로테스탄트와의 관계에서 러시아를 특징짓고자 했을 때 러시아가 제3의 로마라는 관념이 다시금 힘을 얻었다.[25] (제12장에서 보았듯 이 시기 러시아 작가들은 중유럽과 서유럽을 가리키는 표현으로 〈서양〉을 사용했다.) 근대화 시기인 1890년과 1940년 사이에 극적인 정치적 변화가 러시아를 휩쓸었을 때도 그러한 생각은 지속되었다.[26] 푸틴 집권기에 그 발상은 조금씩이나마 다시 떠올랐다. 2001년에 푸틴은 러시아의 새로운 국장(國章)을 제정하는 연방법에 서명했다. 비잔티움 제국의 쌍두 독수리가 새겨진 이 문장은 본디 〈제3로마〉가 처음 거론되던 시기의 차르들에 의해 도입되었고, 2016년 루블화 동전에 모습을 드러냈다. 그리고 팔미라의 로마 극장에서 열린 러시아 교향악단의 연주회에서 푸틴이 보낸 영상 메시지는 서양이 아닌 러시아야말로 고전기 고대의 정당한 계승자임을 암시한 것이다.

이 장에서 서양의 적수로 가장 먼저 언급한 이슬람 무장 세력은 서양 문명에 대한 역사적 서사를 대부분 받아들여 그것을 도리어 서양을 공격하는 수단으로 이용했다. 두 번째로 논의한 적수인 러시아는 다른 접근 방식을 취했다. 그들은 서양 문명의 서사에서 주장하는 문화적 족보를 뜯어고쳐서 문화와 문명이 서쪽이 아닌 동쪽으로 이동했다는 새로운 역사관을 제시했다. 하지만 이 책에서 다루는 서양의 세 번째 적수인 중국은 서양의 일부 정치 평론가들 사이에서 경악을 불러일으킬 만큼 부상하고 있다.[27] 그리고 역사에 대한 거대 서사에서 중국은 나머지와는 전혀 다른 접근 방식을 보이고 있다.

병렬적 문명

20세기 중반에 중국의 역사학자들은 세계사의 전반적인 형태와 관련하여 열띤 토론을 벌였다. 1850년대에 마르크스가 〈아시아적 생산 양식〉이라는 말을 썼을 때, 이는 아시아가 영원히 발전이 정체된 채 서양과는 분리되어 자신만의 문명 궤적을 따른다는 의미였을까? 아니면 〈붉은 교수〉로 알려진 애국주의적 역사학자인 린지춘(林志純)이 주장한 대로 〈아시아적 생산 양식〉이란 표현은 모든 사회가 반드시 거쳐야 할 경제 발전의 한 단계를 가리키는 것이었을까? 린지춘은 중국과 서양은 동일한 역사적 궤도를 따르며 서양이 자신들을 서양 문명이라는 거대 서사 속에 놓은 서양사를 포함해 모든 세계사는 하나의 보편적인 마르크스주의 모델과 연관되어 있다고 주장했다.[28]

공통의 세계사라는 모델을 바탕으로 린지춘은 〈고대 세계사〉의 학술 연구를 추진했는데 고대 중국과 아시아뿐만 아니라 고대 그리스와 로마까지 그 범위에 포함했다. 그가 속한 국립 연구 센터는 1950년대 초 창춘의 동북사범대학에 설립되었고, 그 후 수십 년 동안 린지춘의 거대 서사는 중국에서 큰 영향력을 발휘했으며 1979년 『고대사 개요』라는 교과서가 발간된 뒤에는 더욱 그러했다.[29]

수십 년이 지나자 중국 정부는 또 다른 역사의 거대 서사를 추진하기 시작했다.[30] 다양한 민족과 국가가 저마다 보폭은 다를지언정 모두 동일한 세계사적 경로를 따른다는 린지춘의 보편적 마르크스주의 모델은 사라졌다. 새로운 거대 서사는 인류를 몇 개의 분리된 문명으로 나누는데, 그 각각의 문명은 서로 병렬적이면서도 고대부터 지금까지 고정된 노선을 따른다. 현재 중국 정부의 공식적인 수사에 따르면 근대 중국은 고대 중국의 계승자가 아니라 고대 중국 자체가 변치 않고 지속된 것이었다. 요컨대 이것은 비역사적 역사 모델이다. 이는 문명이 이전되거나 변화한다는 생각을 거부하고 문명의 순수성과 본질주의를 상정한다.

이러한 역사관 아래 고대 문명을 체현하는 근대 국민 국가는 중국만이 아니었다. 2017년 4월 아테네에서는 10개국의 외무 장관들이 만나 새로운 국제 조직을 창설한다는 조약에 서명했다. 이는 〈소프트 파워와 스마트 파워〉의 한 형태로서 문화 외교를 활용하겠다는 목표를 천명한 것으로 참가국의 유대를 강화하고 문화를 〈경제 성장의 동력으로 삼겠다〉는 의도였다.[31] 그 조직인 고대 문명 포럼은 처음에는 중국과 그리스의 합작으로 발족했고 그들이 〈위대한 고대 문명〉이라 간주한 여덟 국가인 볼리비아, 이집트, 인도, 이란, 이라크, 이탈리아, 멕시코, 페루 등을 초빙했다. 아테네에서 첫 회담이 열린 이래 고대 문명 포럼은 1년에 두 번, 각국의 문화부 장관이 참석한 가운데 한 번은 유엔 총회의 회기가 있는 동안 뉴욕에서 열리고 다른 한 번은 가맹국의 수도 중 한 곳에서 열린다. 2018년에는 라파스에서,[32] 아르메니아가 새로이 가입한 2019년에는 베이징에서 개최되었다.[33] 코로나19의 대유행으로 인해 2020년과 2021년에는 페루의 주최로 원격 회담을 가졌으며,[34] 2022년에는 다시 바그다드에서 개최되었다.[35]

고대 문명 포럼의 첫 회담에서 비준된 선언문은 각 가맹국의 고대 문명이 〈어디에나 존재하고〉 또한 〈시간을 초월한다〉라고 선언했으며, 그들과의 관련성이 〈지금까지도 여전히 남아 있다〉고 주장했다. 그러므로 이들의 문명이 아주 오래된 옛것일지라도 포럼의 가맹국들은 그들의 문명이 단지 과거에 머무르지 않고 고대부터 근대까지 단절 없이 연속되어 왔다고 주장하는 셈이다. 2021년 회담에서 아르메니아의 외무부 차관 바헤 게보르기얀Vahe Gevorgyan은 연설에서 이렇게 주장했다. 〈오늘 우리를 이 자리에 모여 단결하게 한 것은 우리 고대 문명이 지닌 방대한 역사, 문화, 전통, 가치로서, 이는 우리가 수 세기에 걸쳐 거두고 축적해 온 것입니다.〉[36] 이 모델에서 문명은 역동적인 것이 아니라 시간의 흐름을 초월한 것이고, 문화는 가변적인 것이 아니라 누적되는 것이다.

이 모델에서 문화는 변하지 않는 것이고, 이전될 여지 역시 거의 없는 것이다. 이전translatio, 즉 문화가 시간과 장소를 넘어 다른 사람들에게 옮겨진다는 발상은 서양 문명이라는 서사의 핵심이지만 여기서는 그렇지 않다. 이 포럼에서 제시하는 시각에 따르면 문명 간 관계에서 한 인구 집단이 다른 집단으로부터 문화적 영향을 받아 만들어지는 선조나 후예 같은 것은 있을 수 없다. 대신 〈각 개별 문화〉37는 독자적이고도 구분되는 개체이다. 중국 모델에서 독일, 영국, 미국과 같은 근대 국가들은 자신들이 고대 그리스와 로마의 문화적 후예라고 주장할 수 없으며, 그리스와 이탈리아라는 근대 국민 국가만이 이 고대 문명에 속한다고 배타적으로 주장할 수 있다.

거기서는 문화의 이전, 적응, 계승 대신 〈문명 사이의 대화〉라는 개념이 선호된다. 바로 이것이 아테네에서 열린 첫 회담에서 비준된 최초 선언문의 핵심이기도 했다. 〈대화〉라는 낱말이 암시하는 것은 한 문명이 다른 문명과 교차 오염되는 것을 피하기 위한 거리두기이다. 이 원칙은 중국의 왕이(王毅) 외교부장이 제1차 아테네 회담 때 열린 기자 회견에서 발언한 바로 요약된다. 〈우리는 우리 전통 문화를 계승하여 확고히 지켜 내고 각자의 사회 체제와 발전 경로를 존중하고 예우해야만 합니다.〉38 다시 말해 각 문명은 그들만의 길을 지켜야 한다는 것이었다. 그러므로 각각의 문화는 상호 연관되는 것이 아니라 서로 병렬적이면서도 구분된다는 것이 고대 문명 포럼의 이념이다. 그들이 집단을 이룰 수 있는 것은 문화적 족보가 아닌 문화적 유사성 때문이며, 각각의 〈위대한 고대 문명〉은 병렬적이고 내적으로 완결되어 있으면서도 서로 유사성을 지니고 있는 것이다.

이 모델에서 문명 간의 영향, 계승, 이전은 존재하지 않듯

이 문명 간의 충돌이나 갈등 역시 존재하지 않는다. 포럼의 제1차 회담에서 이라크의 외교부 장관인 이브라힘 알자파리Ibrahim al-Jaafari는 국제 언론과의 회견에서 자신들은 〈몇몇 지식인이 제시하는 것과 같은 문명의 충돌〉이라는 발상을 거부한다고 말했다.[39] 심지어 그는 분노에 찬 어조로 악명 높은 『문명의 충돌』의 저자를 거론하기까지 했다. 〈새뮤얼 헌팅턴은 우리에게 『문명의 충돌』을 가져왔습니다. (……) 대체 이것이 무엇을 뜻합니까?〉 문명의 다양성에 대한 존중은 중국의 시진핑(習近平) 주석의 연설에서도 나타난다. 그는 이렇게 주장했다. 〈인류 문명 사이에서 나타나는 다양성은 세계의 근본적인 특징이다.〉 그는 또 〈풍부한 다양성을 지닌 서로 다른 민족과 문명은 자신들만의 독특한 특성을 가지고 있다. 그들 사이에 우열이란 없다〉[40]라고 말했다. 시진핑과 중국의 공식 입장에 따르면 고대 문명 포럼과 같은 창구를 통한 문화적 〈대화〉와 〈공통의 배움〉이 이루어질 때 문명의 충돌을 피할 수 있다.

포럼의 모든 가맹국 가운데서도 중국은 특히 그리스와의 문화 외교를 진전시키는 데 관심을 기울이는 것처럼 보인다. 당시 그리스의 외교부 장관인 니코스 코치아스Nikos Kotzias의 기록에 따르면 두 국가는 포럼의 설립을 추진한 〈쌍둥이 엔진〉이었다.[41] 관과 국가의 지원을 통한 양국의 고대사 접근은 최근 몇 년 사이 극적으로 활성화되었는데, 2017년은 양국에서 문화 교류의 해로 지정되었다. 두 나라는 박물관의 유물을 서로 교환하여 대여했고 순회 전시회를 개최했다. 베이징 중국 과학 기술관에서 열린 「유레카! 고대 그리스의 과학 기술과 예술」(2017년

11월~2018년 5월), 아테네 헤라클레이돈 박물관에서 열린 「고대 중국의 과학 기술」 전시회(2017년 9월~2018년 4월), 베이징 자금성 고궁 박물원에서 열린 「안티키테라 난파선」 전시회(2018년 9~12월), 아테네 아크로폴리스 박물관에서 열린 「자금성: 건륭제의 내실」 전시회(2018년 9월~2019년 2월) 등이다. 양국의 극단 역시 협력하여 2개 국어로 된 전통극을 무대에 올렸다. 아테네(2018년 11월)에서는 「조씨고아」가, 베이징(2019년 2~3월)에서는 「아가멤논」이 상연되었다.

고대 그리스와 중국 사이에 병렬성을 드러내려는 학술 연구 역시 증가했다. 서양에서 고대 그리스에 대한 연구는 서양 학자들의 전유물로 여겨졌으나 이제 중국의 대학에서 부상하는 주제가 되었다.[42] 고대 그리스와 고대 중국 사이의 〈대화〉에 관한 연구를 장려하는 회담도 열렸다. 동계 올림픽의 성대한 개막을 앞두고 있던 2022년 1월 베이징에서 열린 〈중국과 고대 그리스 문명 간 정신적 대화〉와 같은 회담이 그러했다.[43] 2021년 10월에 비준된 협력 조약은 이러한 학술 교류를 증대했는데, 특히 중국과 그리스의 고대 문명에 대한 비교 연구에 초점을 맞춘 양국 대학의 교류를 촉진했다.[44]

병렬적인 고대 문명국인 중국과 그리스가 〈대화〉에 관심을 갖고 나선 것은 우연이 아니다. 2021년 그리스와 중국의 대학이 정식 협력 조약을 발표했을 때 그리스의 교육부 장관은 고대 그리스와 고대 중국이 〈각각 서양 문명과 동양 문명의 요람〉이라는 점을 고려하면 서로 연결되는 것은 적절한 일이라고 강조했다.[45] 2022년 〈정신적 대화〉 회담이 열리는 동안 고대 그리스 문헌에 대한 새로운 중국어 번역본이 찬사를 받았다. 그 덕분에 중국 학자들이 〈서양 문명과 그 역사적 기원에 대한 이해〉를 심화함으로써 〈중국의 고전 문화를 재발견하기 위한 문명 비교의 관점〉을 가질 수 있다는 이유에서였다.[46] 그들의 병렬성은 고대 중국과 고대 그리스가 〈동양과 서양의 정신문화〉를 대표한다고 생각되었기에 특히 중요하게 여겨졌다.[47]

고대 그리스와 고대 중국의 병렬성 및 그들 사이의 〈대화〉는 소수의 역사 애호가나 관심을 가질 만한 학술적인 주제로 보일지 모르나 명백히 현실 세계에 시사하는 바가 있다. 그 문화 외교는 양국 사이의 정치적이고 경제적인 연결을 강화했다. 2019년에 그리스의 총리 키리아코스 미초타키스Kyriakos Mitsotakis는 상하이 무역 박람회에 참석하면서 경제적 기회를 물색하는 60명 이상의 그리스 사업가를 대동했다. 며칠 뒤 중국의 시진핑 주석은 그 답례로 아테네를 방문하여 피레우스 항구와 아크로폴리스의 고고학 유적지를 찾았다. 2022년 5월 아테네의 중국 대사관에서는 양국의 수교 50주년을 기념하는 축하 행사가 성대하게 열렸고 〈중국과 그리스: 고대 문명에서 지금의 우호 관계에 이르기까지〉라는 제목의 회담이 그 백미였다.[48] 지금의 우호 관계란 중국의 한 국영 기업이 피레우스 항구의 지배 지분을 매입했던 2016년으로 거슬러 올라간다. 아시아의 선박이 지중해에 입항할 수 있는 으뜸가는 심해 항구인 피레우스는 중국의 일대일로(一帶一路) 계획에서 핵심 역할을 맡게 되었고 그 이후 중국 정부가 그리스 경제에 큰 관심을 갖게 되면서 경제만큼이나 문화에서도 가까워지게 되었다.[49]

2013년에 출범한 일대일로 계획은 유라시아를 잇는 하부 구조망을 개발하는 대규모 정책으로 〈실크로드 정신〉을 되살리고 참가국들이 중국을 중심으로 경제적, 문화적으로 밀접한 관계를 맺는 것을 목표로 한다. 현재 이 글을 쓰는 시점에서 대략 5천만에서 1억 달러 정도가 매년 그 계획에 투입되는 것으로 추정되며, 참가국은 80개국 이상으로 그 국가들의 인구를 모두 합치면 세계 인구의 63퍼센트인 44억 명에 달한다.[50] 이는 중국이 서양의 세계 지배에 도전한다는 명백한 징후로 중국의 독자적인 세계 네트워크는 이미 서양이 지원하는 기존의 세계 질서에 대적하기 시작한 것이다.

　　비록 일대일로의 성공 여부는 경제적 이익과 정치적 필요에 달려 있긴 하지만 문화 외교, 특히 병렬적인 고대 문명이라는 수사는 지금의 행동에 정당성을 부여하기 위해 어떤 상상된 과거를 제공한다는 점에서 중요한 이념적 도구가 될 수 있음을 증명했다.[51] 아테네의 선언문에서 고대 문명 포럼(때로는 공식 문서에서 ACF로 축약되곤 하는)의 가맹국은 〈ACF의 각 가맹국의 주요한 사회적, 경제적 성장을 강화한다〉는 목적에서 〈일대일로 계획을 추진하는 데〉 전념하기로 했다. 고대 문명 포럼과 중국의 힘의 확장 사이의 관계는 노골적이다. 왕이 외교부장은 〈고대 문명 포럼은 《일대일로》 건설과 맥을 같이하며 《일대일로》의 건설에 대한 지적이고 문화적인 지원과 원조를 제공할 수 있다〉라고 발표했다.[52]

　　역사의 거대 서사에서 순진무구한 것은 없다. 그 각각은 특정한 역사적, 사회적 맥락에 놓여 있고 (명시적이든 암시적이든)

세계에 대한 어떤 정치관을 담고 있다. 우리가 이 책에서 계속 확인했듯 서양 문명이라는 거대 서사는 17세기와 18세기에 특정한 역사적, 사회적 맥락에서 출현하여 이 맥락과 함께하는 정치관을 담고 있다. 현재 중국 정부가 추진하고 있는 병렬적인 문명이라는 거대 서사 역시 다르지 않다. 이 서사는 중국이 서양을 대신해 세계의 주도자가 되고자 하는 21세기 초의 역사적, 사회적 맥락에서 출현했고 그 대안적 체제를 지지하는 정치관을 담고 있다.

이 거대 서사에서 수립된 문명 모델은 문화적 변화, 차용, 이전이 아닌 비교, 대화, 병렬성의 관점에서 다른 문명을 이해해야 한다는 생각이 깔려 있다. 비록 공적으로는 문명 간〈대화〉를 장려하는 수사를 내비치지만 그 문명들이 순수하고 영원하여 불변의 본질을 지니고 있다는 관점은 변하지 않는다. 각 문명은 특징적이고 변하지 않는 장소에서 기원한, 특징적이고 변하지 않는 배타적인 인구 집단으로 상상된다. 이러한 모델에서 문화의 결합이나 동서양의 융합과도 같은 발상은 불편하게 여겨진다. 그러므로 이 모델은 2017년부터 2022년까지 홍콩 행정 장관을 지내면서 이 장의 처음에서 인용했듯 홍콩이〈동서양의 최고를 포용한 독특한 문화적 경험〉[53]을 제공한다고 말한 캐리 람에게 운신의 여지를 거의 주지 않았다.

불운의 777

캐리 람은 중국과 서양의 두 세계 사이에서 인생의 대부분을 보내면서 양쪽의 전통을 모두 받아들였다. 대영제국에 복속된 홍콩에서 성장기를 보낸 그녀의 또래 세대에게 중국과 서양이 혼합된 홍콩의 독특한 문화는 자연스러운 것이었다. 홍콩이 1997년에 중국에 반환된 이후에도 그 혼합은 꾸준히 존속했으나 지난 10년 사이 홍콩의 혼합적 문화는 중요하고 긴박한 상황에 놓이게 되었다.

캐리 람은 1957년 홍콩에서 태어났다. 가난한 아버지는 다섯 아이와 아내를 먹여 살리기 위해 배에서 일해야 했다.[54] 캐리 람은 어린 시절을 회상하면서 집이 너무 작아서 침대 말고는 숙제를 할 곳이 없었다고 말했다. 그럼에도 뛰어난 성적으로 가톨릭계 여학교에 진학했고, 그곳에서 서양식 교육을 받으면서 강직한 직업윤리와 신앙심을 갖게 되었다. 캐리 람은 투쟁심이 강한 아이였던 것 같다. 그 자신의 회상에 따르면 시험에서 일등을 놓쳤을 때 말고는 울어 본 적이 없었다. 몇 년 뒤에 한 라디오 인터뷰에서 그 문제에 어떻게 대처했는지 묻자 캐리 람은 특유의 확신에 찬 우직한 태도로 대답했다. 〈도로 일등을 찾아왔죠.〉[55]

캐리 람은 대학에 다닐 때 정치에 눈을 떴고 학생 운동에 참여할 기회가 더 많다는 이유로 사회 복지에서 사회학으로 전공을 바꿨다. 이 시기의 캐리 람은 〈반정부 인사〉로 불렸고, 정부 청사의 연좌시위에 가담하거나 베이징 칭화 대학교와의 학생 교류를 추진하는 데 앞장서기도 했다.[56] 이 잠깐의 반항기를 거쳐 1980년에 대학을 졸업한 캐리 람은 홍콩의 공무원으로 취직했다. 훗날 그녀는 이에 대해 체제 내부로부터 사회 변화를 도모하기 위해서였다고 주장했다.

캐리 람은 매우 유능했고 2년 뒤에 정부 고위직을 대상으로 한 심화 연구 과정을 밟도록 케임브리지 대학에 보내졌다. 그곳에서 캐리 람은 미래의 남편이 될 람시우포(林兆波)와 만나게 되는데 그는 수학 박사 학위를 받기 위해 유학을 와 있었다. 몇 년이 지난 뒤 그들은 홍콩으로 돌아가 결혼했다. 람시우포는 홍콩 중문대학에서 강의를 시작했으며, 캐리 람은 홍콩 재무국 등에서 여러 직위를 두루 역임했다. 그 후 20년 동안 캐리 람은 경력을 쌓는 동시에 두 아들을 돌보면서 바쁜 나날을 보냈다. 1997년에 홍콩이 영국의 식민지에서 벗어나 중국으로 반환되면서 정세가 바뀌자 그들을 둘러싼 환경 또한 매우 불안정하게 변했다. 많은 홍콩인은 중국이 약속한 〈일국양제(一國兩制)〉 정책을 신뢰할 수 없었고, 영국과 북아메리카로 이주하기 위해 줄줄이 홍콩을 빠져나갔다. 람 부부는 홍콩에 남았으나 영국의 식민지 출신자는 영주권을 포함하여 영국 국적을 얻을 수 있다는 점을 이용해 영국 시민권을 획득함으로써 만일의 경우에 대비했다. 두려움도 잠시, 반환 이후 몇 년 동안 홍콩은 별문제 없이 잘 돌아가는 것처럼 보였다. 캐리 람은 새천년과 함께 경력의 전성기를 맞이했다.[57] 2000년부터 2003년까지 사회복리서 서장직, 2003년부터 2004년까지 주택 토지 계획국 사무 차관, 2006년부터 2007년까지 민정 사무 총서 사무 차관 등의 요직을 역임했다. 2004년부터 2006년까지는 런던에 있는 홍콩 경제 무역 대표부에서 대표로 일했다. 캐리 람이 영국에 거주하고 두 아들이 케임브리지에서 수학하고 있었고 가족 전부 영국 시민권자임을 고려하면 우리는 캐리 람이 두 문화 전통의 수혜를 입은 홍콩과 마찬가지로 스스로 두 세계 모두에 속한다고 생각했으리라는 결론을 내릴 수 있다. 당시 람 가족이 영국과 맺은 관계는 매우 끈끈해서 람시우포는 강단에서 은퇴한 뒤 퇴직 생활의 일부를 옥스퍼드에서 보낼 정도였다.

한편 캐리 람은 홍콩으로 돌아가 승승장구했고 공직을 떠나 정치에 투신했다. 이제 캐리 람은 자문관이자 행정가가 아니라 공공 정책에 대한 결정을 내리는 정부의 중심인물이 되고자 했다. 그러나 그 새로운 직업을 얻기 위해서는 대가를 치러야 했다. 캐리 람은 영국 시민권을 포기함으로써 홍콩에 헌신한다는 사실을 공표해야 했다.

캐리 람은 발전국 국장으로서 정치 경력을 시작했다. 여기서 캐리 람은 〈거친 전사〉라는 평판을 얻는데, 타협하지 않고 논란의 여지가 있는 개발 프로젝트를 밀어붙였기 때문이다.[58] 2012년에 첫 임기가 끝났을 때 사람들은 캐리 람이 은퇴하고 영국에 있는 가족과 재결합하리라고 예상했다. 하지만 캐리 람은 홍콩에 남아 홍콩 정부의 권력 서열에서 행정 장관 다음의 자리에 해당하는 홍콩 정무사 사장으로 임명되었다. 이념적으로 캐리 람은 점차 베이징에 더욱 동조했고, 홍콩을 중국 본토와 더 결부시켜 〈일국양제〉를 무색하게 만들 일련의 정책을 도입하여 논란을 일으켰다. 캐리 람은 2012년, 학교 교육 과정에 애국 교육을 필수 교과목으로 지정하려 했으나 새로운 교육 요강에 담긴 이념적 요소를 우려한 교사, 학생, 민주파의 상당한 반대에 부딪혔다. 반대 여론이 너무나 거세어 캐리 람은 교육 과정을 이식하는 일은 일단 보류하고 논란을 부른 또 다른 문제인 기본법 개정에 집중했다.

복잡한 선거 제도 탓에 홍콩의 입법회 의원 가운데 소수만이 직접 선거를 통해 선출되었다. 나머지는 다양한 직업 분과의 대표들과 더불어 기업, 시민 단체, 종교 단체에서 선발된 비선출직 인사 및 정계 지명으로 이루어진 선거인단의 투표를 통해 선출되었다. 민주파는 더욱 소리 높여 변화를 요구했고 2013년에서 2015년까지 캐리 람은 이 문제를 해결하기 위한 전담반을 이끌었다. 2014년 8월에 캐리 람이 모든 행정 장관 후보는 비선출직 지명 위원회의 승인을 받아야 한다는 새로운 임명 제도를 발표하자 민주파 운동가들은 더욱 분노했다.

이후 77일 동안 도심 곳곳에서 시위대가 거리를 가득 메웠다. 이때 경찰의 최루탄과 최루액 분사에 맞서기 위해 시위대가 우산을 사용하면서 우산 혁명이라는 이름이 붙여졌다. 우산 혁명은 홍콩뿐만 아니라 그들의 명분을 지지했던 서양인들에게도 깊은 인상을 주었다. 그러나 캐리 람은 흔들리지 않았고 경찰에게 점거 시위를 해산하도록 명령했다. 하지만 이 〈거친 전사〉의 전술에도 불구하고 캐리 람은 개정안을 강행할 수 없었고 시위에 나선 대중뿐만 아니라 국제적 비난 역시 의식해야만 했던 홍콩 입법회는 개정안을 부결했다.

이 실패를 계기로 홍콩 행정부는 시위 주동자들을 가차 없이 고발했고, 시위대의 지도부는 짧은 징역형을 선고받았다. 이 시위대는 이상주의적인 젊은 세대가 많았는데 홍콩 반환 이후의 호황기에 태어났으나 감당할 수 없는 집세와 악화되는 취업난이라는 미래를 맞이한 이들이었다. 그 세대는 홍콩의 독특한 정체성을 찾아내고자 애썼는데, 식민지로서 영국과의 오랜 유대와 중국 본토와의 민족적 유대 양쪽에 양가감정을 느끼고 있었다.[59] 이 새로운 운동에 참가한 사람은 대부분 매우 젊었다. 조슈아 웡(黃之鋒)과 아그네스 차우(周庭)는 이 세대의 지도자격인 인물이다. 학생 운동을 조직하고 애국 교육 과목의 도입에 반대했을 때 그들의 나이는 고작 열다섯이었고 우산 시위에 참가했을 때는 열여덟 살도 미처 되지 않았다. 조슈아 웡은 이 시위로 인해 2017년에 스물한 살의 나이로 첫 수감 생활을 겪었다.[60]

2017년에 행정 장관 선거가 실시될 무렵 캐리 람은 많은 민주파 인사에게 증오의 대상이었다. 하지만 홍콩 안에서 여전히 많은 지지를 얻고 있었는데, 특히 사업가들과 기득권층은 람을 믿고 일을 맡길 만한 사람으로 여겼다. 또한 기본법 개정과 애국 교육 도입의 실패에도 불구하고 캐리 람은 베이징이 선호하는 후보였고, 람이 최고의 지위에 오르는 데도 이 점이 작용했을 것이다. 2017년에 캐리 람은 선거인단의 1,194표 중 777표를 얻어 행정 장관에 당선되었다. 압승이었지만 득표수는 곧 반대 진영에서 조롱의 대상이 되었다. 광둥어에서 숫자〈7〉은〈찻〉으로 발음되는데 이는 불능 상태의 음경을 가리키는 비속어를 뜻하는 낱말과 발음이 비슷했기 때문이다.[61] 비록 캐리 람은 그 최고의 자리에 올라 기뻤겠지만 777이라는 새 별명은 그다지 행복하게 받아들이지 못했을 것이다.

신규 교육 과정과 기본법 개정을 강행하는 데 실패한 무능은 분명 정치적 불능 상태를 나타내는 사례로 보였을 것이고, 이에 캐리 람은 썩 유쾌하지 않은 별명에 걸맞게 행동하는 것을 피하기로 결정했다. 2019년 3월에 홍콩의 정치범을 중국 본토로 손쉽게 인도할 수 있는 법안을 막기 위해 새로운 대중 저항의 물결이 일어났다. 그 시위의 규모는 캐리 람이 이전에 겪었던 그 어떤 시위보다 더 거대했다. 그러나 수십만의 시위대가 꾸준히 거리로 쏟아져 나왔음에도(추산치는 다양하지만 2019년 6월의 한 거리 행진에서는 100만 명 이상이 참가한 것으로 추정된다) 캐리 람은 굽히지 않았고 양보할 생각도 없었다. 그 법안이 마침내 철폐된 8월까지 대학과 공항에서는 농성 시위가 이어졌고, 7월 1일에는 이 장의 첫머리에서 다루었듯 입법회 건물에 대한 점거 시도가 있었다. 캐리 람은 세 번째로 물러설 수밖에 없었다.

   2020년 초, 코로나19 대유행은 세계의 다른 여러 사안에서도 그러했듯 홍콩의 정치 투쟁을 정지 상태로 만들었다. 봉쇄 조치로 인해 상대적인 소강상태에 있던 6월에는 새로운 국가보안법이 통과되어 〈분리주의, 체제 전복, 테러리즘, 해외 세력과의 공모〉를 꾀한 것으로 판결된 이들과 〈중앙 정부와 홍콩 지역 정부에 대한 증오를 선동한〉 혐의가 있는 이들에게 종신형을 선고할 수 있는 막강한 힘이 정부에 주어졌다. 본토에서 임명된 관료들이 이 법의 집행을 감독했고, 이 과정은 홍콩의 일반적인 사법 체계와는 무관하게 이루어질 수 있었다. 도시가 엄격한 코로나 방역 체제로 들어가 새로운 법안의 세부 사항은 그 법이 완전히 통과될 때까지 공개되지 않았고, 캐리 람은 마침내 승리를 거머쥘 수 있었다. 이것은 평범한 승리가 아니었다. 반대 세력은 완전히 와해되었다. 6월 30일에 민주파 야당인 데모시스토 Demosistō는 해산했는데, 같은 날에 발효된 국가보안법에 의해 구성원들이 기소되고 종신형에 처해지는 일을 막기 위해서였다.

행정부를 비판한 수많은 저명인사가 기소되었고 체포가 기승을 부렸다. 20대 중반에 불과한 조슈아 웡과 아그네스 차우는 각각 13개월과 10개월의 징역형을 선고받았다.

2021년 5월에는 기본법 개정안이 조용히 통과되어 직접 선출되는 직선구 의석이 크게 줄고 입법회 의원 절반이 비선출직 선거인단에 의해 선출되고 있다. 그와 동시에 베이징 정계에 의해 세워진 선거인단의 비율이 증가했고, 법안에서는 오직 〈애국자〉만을 정부에 몸담을 수 있게 허용할 것이라고 언급했다.[62] 그 임기 동안 큰 정치적 격동이 있었고, 코로나19에 대한 홍콩 행정부의 대처 방식이 큰 불만을 샀기 때문에 2022년 5월에 캐리 람이 연임에 성공하지 못할 것이라는 소식에 놀란 사람은 거의 없었다. 전직 경찰관으로서 베이징의 공식 지지를 받은 존 리 John Lee가 행정 장관 선거에 유일하게 입후보하여 2022년 7월 1일에 캐리 람의 뒤를 이었다.

캐리 람은 좀처럼 파악하기 힘든 인물이었다. 대중매체의 인터뷰에도 거의 응하지 않았고 발언을 할 때 사적인 감정을 드러내는 일도 드물었다. 한 번의 예외가 2019년 여름에 있었다. 그때 캐리 람은 자신의 경력 가운데 가장 거대한 저항에 직면하고 있었다. 8월 중의 한 텔레비전 방송에서 캐리 람은 시위대에게 진정할 것을 호소하던 중 감정이 북받쳐 눈물을 흘렸다.[63] 캐리 람의 동료들은 그녀가 인신공격을 받아 진정으로 〈매우 흔들리고 있었다〉고 주장했으나 반대 진영에서는 그저 동정을 사기 위해 흘린 악어의 눈물일 뿐이라고 비난했다. 그 눈물의 진짜 의미가 무엇이었든 이때를 기점으로 캐리 람은 더욱 침묵을 지켰다. 홍콩에 주재한 언론인과 외교관 들은 캐리 람이 상호 관계에서 점차 격식을 차리게 되었고 대화에서나 대외 발표에서나 베이징이 선호하는 표현을 신중하게 답습하고 있다고 보고했다.[64] 2019년 8월에 텔레비전에서 흐트러진 모습을 보인 지 며칠 뒤에 캐리 람은 재계 지도층과의 대담에서 드물게도 부주의한 실수를 저질렀다. 〈정치적 공간, 그러니까 헌법에 의해 중앙의 인민 정부와 홍콩 시민이라는 두 주인을 섬겨야 하는 행정 장관에게 정치적 운신을 위한 공간은 불행하게도 아주 아주 한정되어 있다〉라고 속마음을 내비친 것이다.[65]

이 짤막한 진술이 문제의 핵심을 건드리고 있다. 오랫동안 캐리 람은 동양과 서양이라는 두 세계에 동시에 속해 있었다. 캐리 람이 경력을 시작할 때의 환경은 그러한 다원주의를 그냥 허용하는 정도가 아니라 장려하고 있었다. 젊은 여성으로서 캐리 람과 그 가족은 영국과 홍콩을 오가면서 홍콩 행정부의 고용주들이 기대하는 이중 문화적 방식을 잘 수행하고 있었다. 이 이중적 문화는 홍콩에 대한 캐리 람의 핵심적인 관점이기도 했다.

행정 장관을 지내면서 캐리 람은 동서양의 문화가 만나는 장소인 홍콩의 지위를 위해 최선을 다했다. 이 장의 첫 인용구는 2021년 11월에 있었던 엠플러스 미술관M+ Museum의 개장식 연설에서 나온 것으로 캐리 람은 현대 시각 문화를 주제로 삼은 그 새 미술관이 관람객에게 〈동서양의 최고를 포용한 독특한 문화적 경험〉을 제공할 것이라고 희망했다.[66] 엠플러스 미술관은 서구룡 문화 지구에 위치하는데, 캐리 람은 2017년의 선거 공약에서 〈서구룡 문화 지구의 발전은 문화 허브로서 홍콩의 지위를 드높일 것으로 기대한다〉라고 언급한 바 있었다(공약문 제5장 44조). 캐리 람은 2021년 6월에 한 사업 설명회에 참석해 중국의 최근 5개년 경제 계획에서 홍콩이 맡은 역할을 설명했다. 그녀는 홍콩이 〈중국과 그밖의 세계가 예술과 문화를 교류하는 허브〉가 될 것이라고 장담했다.[67] 홍콩이 문화 교류의 장이라는 생각은 캐리 람의 연설과 정책 자료에서 반복적으로 등장했고, 캐리 람은 무엇보다도 예술과 문화를 통해 홍콩을 〈동양과 서양이 만나는 문화적 허브〉로 만들고자 했다.[68]

  홍콩을 두 세계의 최고, 동서양의 조화로운 융합으로 만들겠다는 캐리 람의 희망은 파멸을 맞았다. 캐리 람이 홍콩 행정 장관을 맡은 2017년에는 이미 중국의 병렬적 문명 모델과 정책이 확립되어 있었다. 공교롭게도 제1회 고대 문명 포럼 회담이 성사된 지 고작 며칠 뒤에 캐리 람이 행정 장관에 선출된 것이다. 2019년 여름이 되자 캐리 람이 베이징과 친서방 민주파 시위대의 요구 모두를 들어주면서 두 세계에 발을 걸치는 것은 더 이상 불가능하다는 점이 명백해졌다. 한 인간의 눈높이에서 볼 때 캐리 람이 공직에 들어서면서 영국과 중국 가운데 한 국적만을 선택해야 했던 것처럼 홍콩이라는 도시 역시 동양과 서양 양쪽에 동시에 속할 수 없게 되었다. 중국의 새로운 문명 모델에 따르면 그 도시는 어느 한쪽 문명에 속해야만 했다. 문화의 이전, 변화, 융합은 결코 선택 사항이 될 수 없었다.

―

중국 전체, 특히 홍콩과 캐리 람이라는 인물 모두가 지금은 서양 문명과는 내용뿐만 아니라 근본적인 구조 자체가 다른 거대 서사에 따라 움직이고 있다. 다에시가 서양 문명이라는 거대 서사를 수용하여 역이용했고 러시아가 그 서사를 고쳐 썼다면, 중국은 그것을 완전히 무시하고 독자적이면서 질적으로 다른 문명사 모델을 창조하고 있다. 중국은 세계의 문명이 이전되고 계승되며 문화적 계보에 따라 전수된 것이 아니라 병렬적이고 순수하며 불변의 것이라고 보고 있다. 이는 오늘날의 세계를 이해하는 방식에서 서양에서 상상되어 온 것과는 매우 다르고 역사 형성의 모델에 있어서도 그러하다.

여기에는 두 가지 이유가 있다. 첫 번째는 그것이 역사의 형성을 상상하는 데 급진적인 차이를 보이는 방식들이 존재할 수 있음을 보여 주기 때문이다. 우리는 이 책에서 다양한 거대 서사를 만나 보았고, 각자 다른 시대의 다양한 사람들이 각기 다른 문명의 족보를 그렸음을 보았다. 9세기의 알킨디(제3장)는 그리스에서 바그다드로, 12세기의 비테르보의 고프레도(제4장)는 트로이에서 로마를 거쳐 중유럽으로, 18세기의 조지프 워런(제10장)은 그리스에서 서유럽을 거쳐 북아메리카로, 16세기의 프스코프의 필로테우스는 로마에서 비잔티움을 거쳐 모스크바로 이어지는 계보를 그렸다. 그러나 현재 중국 정부가 추진하는 병렬적 문명이라는 거대 서사는 그와는 질적으로 완전히 다르다. 그것은 변화가 아닌 불변성, 이전이 아닌 축적을 가정하며 각각의 특징적인 인구 집단, 장소, 문명이 본질적이고 불변하는 관계를 맺는다는 비역사적 역사관을 제공한다. 역사적 증거들은 그러한 본질주의적 문명관을 부정하고 있지만 (이 책의 서장에서 언급했듯 문화의 상호 작용과 이전에 관한 명백한 증거들이 널리 기록되어 있다) 그처럼 기존의 것과 급진적으로 결별한 모델이 등장할 가능성이 있다는 점은 우리에게 여전히 무언가를 이야기해 준다. 서양의 내부와 외부에 있는 우리 모두에게 그것은 우리가 당연하게 받아들였던 서사에 의문을 제기하게 하고, 우리가 미래를 위해 구축할 수 있는 서사의 유형에 대해 좀 더 해 더욱 열린 생각을 갖게 한다.

병렬적 문명이라는 중국의 모델은 서양사의 형성에 대해 우리에게 중요한 무언가를 말해 주기도 한다. 정전으로 여겨지는, 서양 문명이라는 거대 서사는 우리가 이 책에서 보아 왔던 대로 그릇되었다. 그러나 그것은 이 책에서 우리가 검증한, 마찬가지로 그릇된 문명의 족보와 공통점을 갖고 있다. 그 모두는 전파성과 유동성을 전제로 한 것으로 상이한 사람 및 장소 간에 문화적 요소가 이동할 수 있다는 생각에 의존한다. 중국이 추진하고 있는 정적이고 병렬적인 문명이라는 거대 서사와 비교할 때 그것들이 문명의 이전을 공통적으로 강조한다는 점이 더욱 명백히 드러난다. 그것은 정체되지 않고 가변적이다. 그것은 축적되지 않고 이전된다. 그것은 사람과 장소가 연속성을 갖기보다는 분화되고 이동하는 것이다.

그러므로 전파성과 유동성은 어떤 방식으로든 서양이라는 개념과 관련하여 문명의 계승을 이야기하는 모든 거대 서사의 핵심에 놓여 있다. 이 모든 거대 서사에서 문명은 움직인다. 문명은 사람들 사이를 오가기에 어떤 단일한 인구 집단도 그것에 대한 독점권을 주장할 수 없다. 문명은 장소 사이를 왕래하기에 어떤 단일한 장소에 배타적으로 속해 있지 않다. 실로 우리가 서양 문명을 〈금덩이〉(이 책의 서장을 보라)라고 생각한다면 그 금덩이란 문화적 전파성과 유동성의 원칙이 될 것이다. 이 핵심 원칙을 바탕으로 서양 정체성에 대한 새로운 시각이 나타나야 하고 서양사에 대한 새로운 거대 서사를 써야 한다.

결론:
역사 만들어 가기

역사란 영국의 역사학자 아널드 토인비Arnold Toynbee가 말한 대로 〈빌어먹을 일들의 연속〉이 아니다. 분명 역사에서는 〈빌어먹을 일〉이 많고 그 개별적인 사실들은 과거에 대한 객관적이고 검증 가능한 진실일 것이다.¹ 하지만 역사는 그 이상이다. 언제나 개별적인 사실을 토대로 삼아야겠지만 더 중요한 것을 포함하고 덜 중요한 것은 제외한다. 이렇게 어떤 사실을 취사선택하는 방식은 주관적이고, 그 사실들을 어떤 인과관계를 갖도록 구성하는 것은 더더욱 주관적이다. 역사의 형성은 당신의 관점에 따라 달라지는 것이다.

〈누가〉 서양사를 대표하느냐를 선택하는 것 역시 분명 주관적이다. 에인스워스 랜드 스포퍼드Ainsworth Rand Spofford가 선정한 선조들은 여전히 워싱턴 DC의 미국 의회 도서관을 장식하고 있고 프랜시스 베이컨은 벤살렘에 위치한 상상 속 회랑에 가상의 선조들을 세우기로 결정했다. 이 책에서 내가 제시한 인물들 또한 나의 개인적 경험과 관심사를 바탕으로 선정되었다. 당신이라면 아마도 다른 선택을 할 것이다. 그러므로 이 책은 필연적으로 서양사에 대한 나의 주관적인 해석이다. 스포퍼드와 베이컨처럼 〈위인〉에 초점을 맞추는 대신 내가 생각하기에 시대정신을 가장 잘 축약한 삶을 살았던 인물들에 집중했다. 하지만 이 책은 내 주관을 담고 있는 만큼 사실에 바탕을 두고 있기도 하다. 나는 최선을 다해 증거를 수집하고 열네 명의 인물에 대한 사실들을 모아 가치 판단에 의한 왜곡을 가능한 한 피하면서 그들의 삶을 독자들에게 보여 주고자 했다. 나는 이 각각의 인물을 통해 내가 알고 있는 한 과거의 사실들과 부합하는 방식으로 서양사를 더욱 풍부하고 다양하게 풀어내기 위한 서사의 토대를 그려 내고자 했다. 그것은 서양 문명에 대한 기존의 거대 서사와는 다를 것이다. 기존의 서사는 사실과 맞지 않았음에도 오랫동안 대중문화와 정치적 수사에서 지속적으로 재생산되어 왔다.

    서장에서 언급했듯 기원은 중요하다. 서양 문명이라는 거대 서사는 서양의 기원을 그리스-로마 세계에 두었고 현재의 정치적 수사는 이 상상된 기원을 많이 이용하고 있다. 하지만 헤로도토스의 삶과 저작을 살펴봄으로써 우리는 고대 그리스인이 복잡하고도 때로는 대조적인 방식으로 문명 정체성을 구축했음을 알아냈다. 그들은 스스로 백인이나 유럽인이라고 여기지 않았고, 아시아나 아프리카의 사람들과 근본적으로 구분된다고 여기지도 않았다. 아시아의 그리스인과 아프리카의 그리스인은 우리가 오늘날 유럽이라고 부르는 곳에 살았던 그리스인과 마찬가지로 그저 모두 헬레네스였다. 마찬가지로 메울 수 없는 문명의 격차가 있다는 생각은 리빌라와 초기 로마 제국이 존재했던 시기에는 낯설었다. 아시아의 트로이의 후예를 자처하고 세 대륙에 걸친 제국을 통치했던 로마인은 그들이 오직 서양에만 속한다는 분류법에 이의를 제기했을 것이다. 하지만 그리스-로마 세계가 단일하고 일관된 개체이고 지리적으로는 유럽에, 인종적으로는 백인에 속한다는 허상은 꾸준히 반박되었음에도 불구하고 끈질기게 유지되었다. 이 우스꽝스러운 개념이 틀렸다는 사실을 인지하고 더욱 다양한 고대사를 인정하는 우리조차도 그리스와 로마를 〈고전〉으로서 따로 떼어 놓고 생각하면서 그것을 서양의 정체성과 일치시키려 하는 것이다.

내적으로 일관되고 문화적으로 순수한 그리스-로마 세계를 기원으로 삼는, 서양 문명이라는 거대 서사는 또한 그리스-로마 세계를 오직 서양만이 계승했다고 주장한다. 다시 말하지만 이는 명백한 거짓이다. 알킨디의 시대에 고대 그리스-로마 세계의 유산은 북서쪽의 영국에서부터 동쪽의 아프가니스탄과 남쪽의 수단에서까지 찾아볼 수 있었다. 이슬람 세계의 중심부에서 고대 그리스는 그들의 중요한 문화적 선조로 받아들여졌고, 서유럽 및 중유럽에서는 그와 별개로 로마로부터의 계승을 주장했다. 비테르보의 고프레도와 테오도로스 라스카리스의 글은 고대 로마가 고대 그리스와는 별개의 존재이자 근본적으로 반대되는 존재로 이해되었음을 보여 준다. 오랫동안 피로 얼룩진 종교 분쟁을 겪었던 그들에게 통합된 그리스 세계라는 개념은 공허하게 들렸고, 유럽이 단일한 문화 지대라는 생각도 우스꽝스럽게 여겨졌을 것이다. 라틴 전통이 그리스 전통과는 완전히 다르고 심지어 서로 대립한다는 믿음은 오늘날 서양에서의 문명관과는 매우 달랐다.

서양 문명에 대한 기존의 이야기는 유럽이 르네상스기에

고전이라는 뿌리를 재발견하여 오랫동안 잠들어 있던 전통을 되살렸다고 말한다. 그러나 가까이에서 들여다보면 그렇지 않다는 것을 알 수 있다. 툴리아 다라고나와 같은 르네상스기의 사상가와 작가 들은 옛 전통을 되살렸다기보다는 새로운 것을 창조했고, 고대를 수동적으로 받아들이기보다는 적극적으로 전유했다. 그들은 그리스와 로마라는 두 세계를 하나의 개념적 존재로 융합하면서도 이를 확고히 결합된 채 다른 고대 문명의 영향을 받지 않은 순수한 존재로 상상하지 않았다. 비록 르네상스기에 서양의 문화적 정체성의 토대가 마련되었으나 서양 문명이라는 거대 서사는 아직 제자리를 잡지 못했다. 심지어 근세에도 프로테스탄트와 무슬림이 중유럽의 가톨릭에 맞서는 지정학적 동맹을 상상할 수 있었고, 이를 위해 고대 그리스와 로마가 결합된 존재라는 개념을 거부하는 상상된 공통의 트로이 유산에 호소했다. 하지만 사피예 술탄이 살았던 시대는 아마 그러한 일이 가능했던 마지막 순간이었을 것이다. 17세기의 개막과 함께 새로운 세계 질서(그리고 그와 함께하는 세계사의 새로운 개념)가 문을 연 것이다.

    우리가 〈지식은 힘〉이라는 경구를 통해 떠올리는 프랜시스 베이컨의 시기에 서양은 일관된 개체로서 형태를 갖춰 나가기 시작했고 새로운 계몽주의적 사고뿐만 아니라 나머지 세계와 점차 비대칭을 이룬 역학 관계에 의해 단합되었다. 고대 그리스-로마에 뿌리를 둔 공통의 정체성을 지닌 서양이라는 관념이 자리를 잡았고, 유럽의 팽창과 제국주의에 의해 더욱 날카롭게 다듬어졌다. 하지만 이 시기 서양 정체성의 경계는 침투 가능한 상태로 남아 있었다. 17세기 후반 앙골라의 은징가는 기독교로 개종함으로써 서양 정체성의 요소를 획득할 수 있었고, 그 결과 서양의 몇몇 논평가에게 고대 그리스-로마 세계라는 렌즈를 통해 들여다볼 수 있는 대상이 되었다.

 서양 문명이라는 거대 서사는 17세기에 큰 틀을 갖추기 시작했으나 18세기 중반까지도 확고히 구체화되지는 못하다가 아메리카 혁명이라는 이념적 요구를 충족하기 위해 정련되고 대중화되어 공적 상식의 일부가 되었다. 조지프 워런과 같은 인물들의 연설 속에서 서양이라는 개념은 신생 미합중국과 밀접하게 연결되었고, 미국의 독립은 미국이 서양 문명의 역사적 정점이라는 생각을 통해 일부 정당화되었다. 그와 동시에 서양 문명의 인종화는 오랜 식민 체제의 내부에 존재하는 불평등과 백인 엘리트층의 구미에 맞는 인종적 계급을 유지하는 데 이바지했고, 아메리카 원주민과 노예화된 아프리카인이 힘을 얻는 것을 가로막았다. 그러므로 필리스 휘틀리와 같은 사람들은 〈고전〉이라는 고급문화를 접할 수 있을지는 몰라도 서양 문명의 인종화된 거대 서사로 인해 그리스-로마 문화유산의 적법한 계승자로 인정될 수 없었다.

 윌리엄 글래드스턴의 저술은 서양 문명이라는 발상이 정점에 이르렀을 때 어떻게 작동했는지 그 예시를 보여 준다. 19세기에 그 서사는 가장 확실하고 가장 강력하게 표현되었고, 그때 비로소 〈서양 문명〉이라는 이름표를 얻었다. 서양 문명은 순수하게 유럽적이고 인종적으로는 백인의 문화적 혈통을 지녔으며, 다른 〈열등한〉 문화의 오염이나 혼입이 없이 고대 그리스와 로마로부터 기원했으나 이후 기독교를 거치며 형성된 것으로 상상되었다. 이 시기에 서양의 세계 지배에서 그 서사는 건국 신화와 제국 헌장의 역할을 모두 수행했다.

    그 서사에 대한 의심은 훨씬 나중인 20세기 중반에 들어서야 일반화되었다. 에드워드 사이드는 그 도전을 촉발한 핵심 인물이었다. 그는 서양에 곤혹스러운 질문을 던지고 그 역사의 본질이 구성된 것임을 밝혀냈다. 이 과정은 오늘날에도 계속되고 있으며, 이 책은 그 일부분이다. 역사의 거대 서사와 그 구성된 본질이 지닌 정치적 중요성은 현재도 중국에서의 전개 과정을 통해 드러난다. 중국 정부는 그들만의 지정학적 세계 체제를 가꾸어 나가고 있고 문명 간 관계에 대한 그들만의 모델은 당연하게도 세계사에 대한 그들 고유의 거대 서사라고 할 수 있다. 중국과 더불어 고대 문명 포럼에 참가한 국가들 역시 이 새로운 거대 서사를 추진했다. 병렬적 문명이라는 거대 서사 속에서 문화는 혼합되거나 합쳐지지 않고, 계승되거나 이전되지도 않는 요소이다. 대신 문화는 역사를 통틀어 지속적이고 확고하며 안정된 것으로 남는다. 이 정적이고 비역사적인 모델은 인간과 문화 모두 어느 고정된 장소, 심지어는 고정된 정치 구조인 어느 하나의 근대 국민 국가에 속해야만 하는 것으로 상정한다. 이 모델은 서양의 다양한 역사관에서 이야기된 상상된 족보와는 근본적으로 다르다. 서양과 관련된 거대 서사에서 문화는 전파될 수 있으므로 민족과 장소를 오간다(물론 그 민족과 장소가 구체적으로 어떠한지는 이야기마다 다르다). 그 핵심에 있는 서사들은 문명을 전파성과 유동성을 갖춘 것으로 본다. 이 두 문명 모델은 근본적으로 양립할 수 없다. 따라서 동서양을 아우르는 홍콩이라는 캐리 람의 비전은 언제나 문제의 소지를 안고 있었다.

이제 서양은 어디로 가게 될까? 서양 내부에서 어떤 사람들은 오래전에 사라진 과거에 대한 향수를 팔면서 우리를 과거로 되돌리려 한다.[2] 그러한 향수는 위험할 수 있다. 서양 문명이라는 거대 서사는 특정한 이념적 기능을 수행했기에 17세기에서 19세기를 거치면서 구성되고 대중화되었다. 그것은 서양의 기원에 대한 신화를 제공했으며, 그 신화는 수준 높고 영광스러운 과거를 바탕으로 지배를 정당화하고 예속을 합리화하는 이념적 도구였다. 그러나 이제 그 이념적 기능은 쓸모를 잃었다. 오늘날 서양에서 대부분의 사람은 인종적 억압이나 제국주의적 패권을 지탱하기 위해 사용되는 기원 신화 따위를 바라지 않는다.

그 결과 서양 문명에 대한 서사를 근대 서양의 자유 민주주의 원칙에 더 알맞게 만들려는 시도가 이루어졌다. 고전기 아테네의 민주정, 근세기 종교적 관용의 발전, 현재의 사회 자유주의 사상을 확립한, 개인의 자유에 대한 계몽주의적 찬사 등이 강조된 것이 그 예시이다. 그러나 이러한 시도 역시 때로는 문제를 안고 있는데 그 근간이 되는 역사 자료의 성격 때문이다. 고전기 아테네는 부분적으로는 민주적이었을지 모르나 인종주의적이고 제국주의적이었으며 성차별적인 면모 역시 존재했고 노예제에 의존했다. 근세의 종교적 관용은 끔찍한 전쟁과 잔혹한 유혈 사태를 겪은 뒤에야 베스트팔렌 조약을 통해 출현했다. 심지어 그 뒤로도 유럽에서 종교 분쟁은 종식되지 못했다. 계몽주의에서 개인의 자유는 모든 인간에게 동등하게 적용되지 않았고,

특히 인종과 성별에 근거한 배제가 이루어졌다. 비록 이러한 개별적인 요소들에 대한 재고가 성공적으로 이루어지고 있을지라도 그 총합으로서 서양 문명이라는 거대 서사는 21세기의 감성에 적합하도록 조정될 수 없을 것이다. 그 기원적 신화가 과거의 서양에 중요했을지 몰라도 지금의 서양에서는 아무런 쓸모도 없다.

    이를 부정하는 어떤 사람들은 서장에서 언급한 문화 전쟁의 선봉에 섰다. 한때 그들은 극우 진영에 속한 것으로 생각되었으나 지금은 정계 주류에 진출했고 다수의 저명한 평론가, 정치운동가, 정치인, 심지어는 일부 서양 국가의 전직 및 현직 수장조차 그 대열에 합류했다. 이들은 서양의 시계를 거꾸로 돌려 지난 세기에 이루어진 대부분의 사회 변화를 무위로 되돌리고 서양이 세계를 지배했던 영광의 나날을 회복하길 바란다. 자칭 서양의 수호자들은 사실상 서양에 대한 공격자로 취급되어야 한다. 서양에서 떠오르는 반자유주의에 대한 최근의 연구들[3]에서 지적하는 대로 이들은 현재 서양의 핵심을 이루는 원칙들을 반대하면서 이제는 명백히 과거에 속한, 철 지난 서양의 원칙들을 지지한다. 그리고 그들이 새된 소리로 서양 문명을 수호해야 한다고 부르짖을 때 사실 그들은 우리에게 도덕적으로 파산한 허구를 지키기 위해 결집하라고 요구하는 것이다.

    내가 속한 학계 안의 논쟁에서도 이러한 목소리를 들을 수 있다. 우리는 우리 나름대로 이 광범위한 문화 전쟁의 축소판을 경험하고 있는 것이다. 만일 기원이 중요하다면 우리가 서양의 상상된 기원으로서 고대 그리스-로마 세계를 공부하는 방식은 우리가 서양 그 자체를 생각하는 방식에서 매우 중요하다고 할 수 있다. 서양 문명이 온전히 고대 그리스와 로마에서 기원했고 그들의 문헌과 문화가 근대 서양의 유산으로 남았다는 생각을 토대로 오직 그곳만을 연구 대상으로 다루는 기성 〈고전학〉을 고수하려는 사람들이 있다.[4] 그런가 하면 다른 사람들은 고전학이 억압, 착취, 백인 우월주의와 결부된 복잡한 역사성 때문에 그 학문을 반대하면서 완전히 없애 버리려고 한다.

하지만 그 학문 분과를 재상상해 보자고 주장하는 사람들도 있다(나 또한 여기에 속한다).[5] 우리는 학문 분과로서 〈고전학〉이 지닌 역사와 지위의 문제점을 인지하고 이 분야에서 일하는 우리가 여전히 그 안에 존재하는 인종, 성, 계급에 근거한 차별(그리고 여타 형태의 차별)의 체제를 해체할 책임이 있음을 받아들인다. 그러나 무엇보다도 우리는 현실의 고대 세계가 서양 문명이라는 거대 서사에 의해 알려진 것보다 얼마나 다양하고 흥미롭고 다채로운지를 밝혀내고 전파하는 데 전념한다. 우리가 호메로스의 서사시가 메소포타미아와 히타이트의 시에서 가져온 주제와 모티프를 재상상했음을 깨달을 때 호메로스에 대한 찬사는 더욱 풍성해진다. 우리가 로마의 종교 집단이 철기 시대 유럽의 종교 집단과 복합적인 융합을 이루었음을 조사할 때 로마 종교에 대한 이해는 더욱 깊어진다. 기원전 5세기의 아테네에서 반(反)페르시아 수사를 전개하는 것이 어떻게 페르시아의 문화와 예술을 채용하는 것과 밀접하게 연관되었는지를 생각한다면 그곳에 대해 우리는 더욱 세련된 해석을 할 수 있다. 가장 정확하게 (그리고 가장 흥미롭게) 고대 세계를 연구하는 방법은 헤로도토스가 그러했듯 그 현란한 다양성을 있는 그대로 받아들이는 것이다.

학문 분과로서 〈고전학〉을 둘러싼 논쟁은 고대 그리스-로마 세계가 서양 문명이라는 거대 서사에서 서양의 상상된 원점이자 발상지라는 특별한 지위를 누리고 있다는 점 때문에 큰 중요성을 지닌다. 서양은 서양 문명에 대한 낡은 거대 서사를 버리고 고대 그리스-로마가 서양의 단일하고도 순수한 기원이라는 생각을 그만두면서 앞으로 나아갈 필요가 있다. 나는 서양이 우리가 알고 있는 역사적 사실에 더욱 근접한 새로운 거대 서사를 설정하기를 바란다. 이 역사적 사실들로 인해 서양사란 거대 서사가 더욱 복잡해질지라도 더 풍성해지고, 다양성으로써 포용성을 불러오며, 변화를 감내할 수 있는 역동성을 지니게 될 것이다. 나는 기존의 서양 문명이라는 거대 서사보다 이 새로운 서사가 서양의 많은 사람에게 자유주의적이고 다원주의적이며 민주적인 가치를 더욱 쉽게 받아들이게 할 것이라고 제안한다.

이 책은 서양에 대한 공격이 아니다. 나는 이 책이 서양과 그 근본적 원칙에 대한 찬사를 담고 있다고 주장한다. 그 원칙은 우리가 지금까지 둘러보았던 서양의 다양한 족보들을 현재 고대 문명 포럼에서 추진하고 있는 비역사적인 병렬적 문명 모델과 비교했을 때 더욱 극명하게 드러난다. 역동성, 혁신, 과거에 대한 창조적인 재상상은 헤로도토스의 『역사』, 알킨디의 철학, 툴리아 다라고나의 시, 조지프 워런의 연설 등에서 특징적으로 나타난다. 의문을 던지고 비판하며 주어진 지혜를 논박하는 것보다 더 서양다운 것이 있을까? 대화에 참여하는 것보다 더 서양다운 것이 있을까? 역사를 다시 형성하기 위해 재상상해 보는 것보다 더 서양다운 것이 있을까?

감사의 말

이 책이 존재할 수 있도록 도움을 준 사람들에게 이 자리를 빌려 감사의 인사를 드리고자 한다. 가장 먼저 나의 에이전시 담당자인 샬럿 메릿은 초인적인 인내심을 갖고 확고한 격려를 해주었다. 담당 편집자인 제이미 조지프와 캐시디 삭스는 횡설수설하는 나의 글을 일관된 주장으로 다듬는 데 도움을 주었고 내가 마감에 쫓겨 짜증을 내도 차분하게 받아주었다. 또한 앤드루 뉘른베르크 협력사, 이버리, 듀턴 등 여러 출판사의 팀, 그중에서 특히 어맨다 워터스에게 감사한다. 하난 이사는 친절하게도 자신의 시 「내 몸에 두 개의 심장이 깃들 수 있으리」를 제13장에 실을 수 있도록 허락해 주었다.

로자 안두자르, 사이카 차우드리, 피터 프랭코판, 로런스 프리드먼, 리베카 푸토케네디, 줄리아 L. 헤어스턴, 얀 헤이우드, 존 맥루카스, 앤드루 머릴스, 자나 모크리소바, 코시모 파라바노, 조지핀 크롤리 퀸, 서미라, 조지 사우스콤, 쉬에 야나에게 감사한다. 이 경이로운 사람들은 각 장과 절의 원고 초안을 읽고 평가해 주었으며, 너그럽게 자신의 전문 지식을 공유하면서 번역을 확인하고 참고할 문헌을 제안하고 건전하고도 도움이 되는 조언을 남기거나 아직 연구 중인 미공개 자료들을 친절히 제공했다. 그들이 아니었다면 이 책은 더욱 허술해졌을 것이다. 또한 지원과 격려를 보내 준 섀런 가우치 메스트레, 메리 할로, 마티아스 회르네스, 야스민 야세리에게도 고마움을 전한다. 그들의 유용하고도 때로는 무의식적인 개입이 없었다면 이 책을 쓸 수 없었을 것이다.

이 책은 원래 트로이의 신화적 족보에 대한 학술 연구에서 출발했다. 나는 2017년 워싱턴 DC에 있는 하버드 그리스학 연구소의 연구 위원으로서 그 작업을 시작했다. 그 연구소의 모두에게 감사하며 특히 연구소의 총괄자로서 지적 자극을 주는 분위기를 조성한 그레고리 나지에게 각별한 감사를 전한다. 그 뒤로 몇 년 동안 몇 차례의 행사에서 내 생각을 발표하고 귀중한 의견을 듣는 행운을 누릴 수 있었다. 나에게 기회를 준 미카에 오키에레 아산테와 2018년 가나 고전 협회 개회식의 주최자들, 리베카 리딜과 2018년 히스트페스트의 운영진, 시몬 순과 2019년 10월에 있었던 말라야 대학 역사학부의 연구 세미나 주최자들, 다니엘 주와 2019년 싱가포르 국립대학 역사학부의 연구 세미나 주최자들에게 감사드린다. 내가 레스터 대학에 몸담고 있을 때 이 책의 여러 부분을 읽고 논평해 준 동료와 학생들, 그리고 그들과 마찬가지로 도움을 준 지금의 빈 대학의 동료와 학생들에게도 감사를 전한다.

삼촌 존 닐센에게 고마움을 전한다. 삼촌은 이 프로젝트가 처음 시작될 때부터 모든 문장을 읽고(때로는 한 번 이상이나!) 지치지도 않고 사실관계를 확인하고 참고 문헌을 찾았으며 새롭고 예상치 못한 방향으로 나아갈 수 있도록 나를 독려해 주었고 언제나 그 자리에 있어 주었다. 남편 존 벨라에게 고마움을 전한다. 남편은 내 자신감이 흔들릴 때마다 나를 붙들어 주었고 내가 일에 몰두하는 동안 가정을 돌보았으며, 내 최고의 생각들이 틀을 잡을 수 있도록 나와 긴 이야기를 나누며 산책을 했고(지금도 마찬가지이다) 지적 엄정함으로 편집 과정을 도왔으며 내가 들어야 할 필요가 있는(그러나 언제나 기꺼이 받아들이길 원하지 않았던) 이야기를 해주었고 나의 핵심 가정을 논박했다. 그리고 무엇보다도 진흙 언덕과 숲에 감사한다.

주

서장

1 서양인이 개인주의를 추구할 심리적 요건을 갖추었다는 주장에 대해서는 Joseph Henrich(2020)를 참조하라.
2 〈플라톤에서 나토에 이르기까지〉는 주로 미국에서 서양 문명 탐구에 관한 문화 강좌에서 폭넓게 사용하는 문구이다. 이는 또한 1998년 데이비드 그레스David Gress가 쓴 저명한 서양사 책의 제목이기도 하다.
3 다면적 과정으로서 서양의 흥기를 지적으로 다룬 책을 읽고 싶다면 Ian Morris(2011)를 추천한다. 이 주제를 특히 승자의 시각에서 다루는 다른 책들의 목록은 Jasper Trautsch(2013), 89면 주석 1~2번에 정리되어 있다.
4 미국 의회 도서관에 세워진 동상들의 분석에 대해서는 다음을 참조하라. Thomas P. Somma(2010), 321~323면. 소마에 따르면 그 열람실은 〈지식의 전달을 위한 최우선적 장소로 과거, 현재, 미래라는 역사적 시간을 넘나드는 활동 지점이다. 오늘날의 방문객은 서양 문화의 꾸준한 진보에 연료를 공급하는 데 필요한 지적 원료인, 인류 문명의 인쇄된 기록에 직접 접근할 권한을 얻을 수 있다〉(321~322면).
5 Thomas F. X. Noble et al.(2013), xxiii. 그와 동일한 기초 구조를 공유하는 최근의 교과서와 유명 역사서를 꼽자면 다음이 포함될 것이다. Joshua Cole and Carol Symes(2020); Paul R. Waibel(2020); Marvin Perry et al.(2015); Jackson J. Spielvogel(2005); Sara S. Drogin(2008); Roger Osborne(2008); Mark Kishlansky, Patrick Geary and Patricia O'Brien(2006); David Gress(1998).
6 각 낱말에 대해서는 다음을 참조하라. 〈유산〉, Roger Osborne(2008); 〈진화〉, David Gress(1998); 〈가계〉, Marvin Perry et al.(2015), 9면〈히브리인과

그리스인을 서양의 정신적 선조로 간주한다) 및 32면(이집트와 메소포타미아는 정신적 선조에서 제외했다).

7   Roger Osborne(2008).
8   물론 이 이야기는 릭 라이어든Rick Riordan의 유쾌한 퍼시 잭슨 이야기 속 견학 과정을 언급한 것이다. 그 시리즈의 첫 책으로 2005년에 출판된 『퍼시 잭슨과 올림포스의 신: 번개 도둑』과 2010년 영화 「퍼시 잭슨과 번개 도둑」에서 이 서양 문명의 여정이 등장한다.
9   Spencer McDaniel(2021)의 보고를 인용했다. 폭도들은 남부 연합 깃발과 십자군의 십자 문양이 새겨진 깃발을 들고 있었고 고대 게르만 전사를 연상케 하는 옷차림이었다. 폭도들이 선호한 그리스 문구는 〈몰론 라베Molon Labe〉로 〈와서 가져가 보라〉라는 뜻이다. 이는 기원전 480년 테르모필레 전투에서 스파르타인에게 무기를 내려놓을 것을 요구하는 페르시아군에게 스파르타 왕 레오니다스가 한 대답이다. 레오니다스가 실제로 이런 말을 했는지는 확실하지 않으나 그 문구는 최근 미국의 총기 옹호론자들에게 채택되었다.
10 당시에도 이에 대한 논란이 있었다. Sam Agbamu(2019)를 보라.
11 이 내용은 오사마 빈라덴에 의해 제작되어 알자지라를 통해 2004년 1월 6일 최초로 공개된 녹화 기록에서 발췌했다.
12 식민지 건축에 대해서는 Phiroze Vasunia(2013), 157~192면을 보라.
13 탈식민주의 연구와 철학 양쪽에서 지적된 바로 그 예시는 다음과 같다. Kwame Anthony Appiah(2016); Kwame Anthony Appiah(2018). 〈금덩이〉라는 표현은 제6장에서 등장했다; Aijaz Ahmad(1992), 166면. 또한 이 담론에 깊이 연관되어 있는 고전학에 관한 연구 중에도 관련된 논의가 있다. Rebecca Futo Kennedy(2019); Rebecca Futo Kennedy(2022); Emily Greenwood(2010), 서장.
14 이에 대한 최신 관점에 대해서는 다음을 추천한다. Josephine Quinn(2023). 또한 이러한 관점은 고전이 된 맥닐의 1963년작 『서양의 발흥』을 통해 널리 알려지게 되었다. Hobson 2004; 2020 또한 보라.
15 우리가 제1장에서 살펴볼 것과 같이 고전기 아테네는 여성과 노예, 아테네 혈통의 순수성을 입증하지 못하는 사람은 정치에서 배제했다는 점에서 진정한 민주정은 아니었다.
16 로마 제국의 강역은 유럽 대륙의 대부분에 그치지 않고 북아프리카와 서아시아까지 걸쳐 있었으며, 제2장에서 살펴볼 것처럼 각지의 사람들은 로마인과 동등한 법적 지위를 누렸다.

17 십자군 가운데 많은 이들은 제5장에서 살펴보게 될 것처럼 유럽인 이교도와 일탈한 기독교도로 간주된 자들과도 싸웠다.
18 Alastair Bonnett(2004)에서는 〈서양〉이라는 개념이 그 이념적 유용성 덕분에 발명되고 지속되었다고 주장한다.
19 적어도 이는 Strabo 9권 1장 10절에서 『일리아스』에 등장한 배들의 목록(*Iliad* 2:558)에 관해 언급하면서 나오는 내용이다.
20 Çiğdem Atakuman(2008).
21 Rana Mitter(2020). Katie Stallard(2022)에서는 이를 유의해야 할 것으로 보고 있으나 Vincent K. L. Chang(2022)은 축하할 일로 보았다. 정치화된 근대 중국사에 대한 폭넓은 관점에 대해서는 Xin Fan(2021)을 보라.
22 Sally-Anne Huxtable et al.(2020). 이 보고서의 상당 부분은 코린파울러Corinne Fowler(2021)의 연구를 토대로 하고 있다. 영국사를 놓고 벌어진 논쟁 및 그에 대한 역사상의 자기 인식에 대한 훌륭하고 생생한 토론에 대해서는 Hannah Rose Woods(2022)를 보라.

제1장

1 Herodotus, *Histories*, 4권 45장.
2 지난 25년 동안 적어도 일곱 종의 헤로도토스 영어판이 새로 발간되었다. 이는 헤로도토스가 서너 해에 한 번꼴로 새로이 출간된다는 뜻이다. 그 책들은 로빈 워터필드Robin Waterfield의 번역을 기반으로 한 Peter Frankopan(2020), 패멀라 멘시Pamela Mensch의 번역을 기반으로 한 James Romm(2014), 톰 홀랜드Tom Holland의 번역을 기반으로 한 Paul Cartledge(2014), 안드레아 퍼비스Andrea Purvis의 번역을 기반으로 한 Robert Strassler(2009), 로빈 워터필드의 번역을 기반으로 한 Carolyn Dewald(2008), 오브리 드 셀린코트Aubrey de Sélincourt의 번역을 기반으로 한 John Marincola(2003), 조지 롤린슨George Rawlinson의 번역을 기반으로 한 Rosalind Thomas(1997) 등이다.
3 Samuel Huntington(1996), 42면.
4 Anthony Pagden(2011).
5 Cicero, *De Legibus*, 1권 5부.
6 메소포타미아의 연대기에 대해서는 Jean-Jacques Glassner(2004)를, 메소포타미아의 역사 서술에 대한 좀 더 일반적인 설명은 J. J. Finkelstein(1963)을 보라. 초기 그리스의 운문 역사 문헌의 예시로는

밈네르모스Mimnermus의 『스미르네이스*Smyrneis*』를 보라(Archibald Allen(1993); Martin L.West(2008).
7   Christopher Pelling(2019).
8   Herodotus, *Histories*, 4권 71장.
9   Herodotus, *Histories*, 3권 80~83장.
10 Herodotus, *Histories*, 2권 25~27장.
11 Herodotus, *Histories*, 5권 35장.
12 이 악명은 플루타르코스의 「헤로도토스의 악의에 관하여On the Malice of Herodotus」(『윤리론집*Moralia*』854절)에서 비롯된 것이다. Arnaldo Momigliano(1958)를 보라.
13 Herodotus, *Histories*, 3권 102장(금 캐는 개미); 4권 191장(개 머리 인간).
14 Herodotus, *Histories*, 4권 2장(암말의 음문에 삽입한 뼈피리); 1권 199장(신전 매춘부).
15 광기에 빠진 캄비세스는 이집트에서 아피스의 신성한 소를 찔러 죽게 했다(『역사』 3권 29장). 크세르크세스는 헬레스폰투스 해협 다리가 폭풍으로 부서지자 격노하여 그에 대한 벌로 바다를 채찍질하라고 명했다(『역사』 7권 35장).
16 아리스타고라스는 빚을 갚길 거부하고 밀레투스에서 자신의 지위를 잃지 않기 위해 이오니아의 반란을 획책했다고 한다(『역사』 5권 35장). 테미스토클레스는 도서 지역의 그리스인으로부터 돈을 갈취하기 위해 자신의 지위를 이용했다(『역사』 8권 112장).
17 이 지역의 문화적 혼종성에 대해서는 Naoíse Mac Sweeney(2013)를 보라. 특히 할리카르나소스에 대해서는 Renaud Gagne(2006)와 Naomi Carless Unwin(2017)을 보라.
18 *Suda*, 〈헤로도토스〉 및 〈파니아시스〉 항목. 당시의 비문을 보면 한 가계 안에서 그리스인 이름과 카리아인 이름이 뒤섞여 등장하는 것은 매우 흔한 일이다. Russell Meiggs and David Lewis(1969), 32면; Damien Aubriet(2013). 파니아시스는 헤로도토스의 삼촌이라고 전해지기도 한다.
19 당시 그리스 문헌에서 그와 같은 통치자에게는 〈티라노스Tyrannos〉라는 호칭이 붙었는데 현대에 이 낱말은 〈폭군〉이라는 부정적 의미를 지니게 되었다.
20 헤로도토스의 여행에 대한 여러 의문에 관해서는 David Asheri et al.(2007), 6~7면을 보라.
21 기원전 5세기의 아테네인에 대해서는 Robin Osborne(2008)을 보라.

22 헤로도토스의『역사』는『안티고네』를 비롯한 소포클레스의 희곡과 수상할
정도의 유사성이 감지된다. 이는 두 사람이 작품에 대해 함께 상의했고
어쩌면 출처와 영감을 공유하고 있었음을 암시한다. 소포클레스는 역사가
친구를 기리는 노래를 지었고, 이는 그들의 관계가 직업적으로나 사적으로나
긴밀했음을 시사한다. 예를 들어 소포클레스의『안티고네』903면 이하 및
헤로도토스의『역사』3권 119장을 비교해 보라. 그들의 우정을 언급한 고대의
자료로는 Diehl, *Anthologia Lyrica Graeca* I³ 79; 플루타르코스의『윤리론집』
785b 등이 있다. 또한 Charles C. Chiasson(2003)을 보라.

23 헤로도토스의 공개 낭독회에 대해서는 Eusebius, *Chronica Arm* 83; Diyllus,
FGrHist 73 F3. 기원전 5세기 아테네에서 1달란트의 가치에 대해서는
Thucydides 6권 8장을 참고했다.

24 이 역사에 대해서는 Roderick Beaton(2019)을 보라.

25 고대와 현대 그리스를 이념적으로 결부하려는 염려스러운 시도에 대해서는
Johanna Hanink(2017)를 보라.

26 그 발명에 대해서는 Mogens Herman Hansen and Thomas Heine
Nielsen(2004)을 보라.

27 Hans Beck and Peter Funke(2015); Naoíse Mac Sweeney(2021a).

28 Johannes Engels(2010).

29 광의의 그리스 세계에 대해서는 Franco De Angelis(2020)를 보라.
고대부터 현재까지 그리스다움이라는 개념의 변천사에 대해서는 Roderick
Beaton(2021)을 보라.

30 마케도니아인에 대한 고대의 종족관에 대해서는 Johannes Engels(2010)를
보라. 민족적 특성과 그리스인다움에 대한 헤로도토스의 시각에 대해서는
Rosaria Vignolo Munson(2014)을 보라.

31 고대 그리스 세계에서의 보학에 대해서는 Robert L. Fowler(1999) 및 Emily
Varto(2015)를 보라.

32 Jonathan M. Hall(1997); (2002); Irad Malkin(2001); Kostas
Vlassopoulos(2013); Naoíse Mac Sweeney(2013).

33 무엇이 그리스인다움을 규정하는지는 문제의 소지가 있다. 헤로도토스는
그에 대해 직접 진술한 적이 없기 때문이다. 그 낱말은 아테네 정치인이
스파르타인들에게 페르시아인의 편에 서지 않도록 설득하는 과정에서
언급되었다. 헤로도토스 자신이 그리스인다움이라는 개념을 어떻게
정의했는지, 또는 그가 그것을 아테네인의 특성의 일부로 여겼는지 우리는

확신할 수 없다.
34 그 방언 및 문자의 다양성에 대해서는 Steven Colvin(2010)을 보라. 다양한 교단에 대해서는 Robin Osborne(2015)을 보라.
35 클라조메나이의 석관에 대해서는 Robert Manuel Cook(1981)을 보라. 코린토스 북부 집단 묘지의 석실묘에 대해서는 Kathleen W. Slane(2017)을 보라.
36 이것이 과연 황소 고환인지에 대해서는 논란의 여지가 있다. 어떤 학자들은 아르테미스에게 달린 것들이 다수의 유방을 표현한 것이라고 생각한다.
37 Lieve Donnellan(2016).
38 Alexandra Villing et al.(2006).
39 Aristotle, *Politics*, 1327b.
40 당시 아테네와 아티카의 인구 구성에 대한 추산은 Ben Akrigg(2019)을 보라.
41 델로스 동맹과 아테네 제국에 대해서는 John Ma et al.(2009); Polly Low(2008)를 보라.
42 Thucydides 5권 84~116장. 이 사건의 서두에 벌어진 논쟁에 대한 투키디데스의 기록은 〈멜로스의 대화〉라는 이름으로 유명하며 정치 이론의 토대를 놓은 저작으로 여겨지고 있다.
43 Aristotle, *Politics*, 26권 4장; Plutarch, *Pericles*, 37권 3장. 페리클레스의 새로운 시민권법과 아테네인 정체성에 대한 새로운 인종주의적 접근법이 미친 폭넓은 영향에 대해서는 Susan Lape(2010)를 보라. 아테네 시민권법에 대한 일반적인 설명은 Cynthia Patterson(2005)을 보라.
44 아테네 종교에서 외국인 거주자의 역할에 대해서는 Sara M. Wijma(2014)를 보라.
45 기원전 5세기에 일어난 이 과정은 잘 기록되어 있고 〈야만인의 발명〉으로 잘 알려져 있다. Jonathan Hall(2002); Edith Hall(1989)을 보라.
46 기원전 5세기 페르시아인에 대한 선입견은 D. Castriota(2005)를 보라.
47 Johanna Hanink(2017)는 이 과정을 아테네인의 〈상표 만들기〉로 설명한다.
48 헤로도토스와 아테네 제국과의 관계에 관해서는 John P. Moles(2002)를 보라.
49 Herodotus, *Histories*, 서장.
50 헤로도토스는 리디아의 역사와 문화를 자세히 다루는 민족지적 일화로 넘어간다(Herodotus, *Histories*, 1권 6~94장).
51 아테네인이 발명해 낸 그 낱말에 대해서는 Thucydides, 1권 96장 2절을 보라. 헤로도토스가 포로스라는 낱말을 어떤 식으로 사용하는지에 관해서는

Elizabeth Irwin(2013), 275~276면; Kai Ruffing(2018)을 보라.
52 관대한 파라오 아마시스: 5권 172~179장; 영웅적인 스키타이의 여왕 토미리스: 1권 205~214장; 바빌론의 기술자와 농학자: 1권 192~193장 세계에서 가장 빼어난 에티오피아인의 외모: 3권 144장.
53 그러나 고대의 그리스다움에 대한 근대의 담론에서 피부색은 중요한 역할을 했는데, 대부분의 근대 학자는 고대 그리스인이 백인종의 범주에 그들을 넣었으리라 추측했다. 이 현상에 대한 훌륭한 논의와 더불어 고대 그리스에서 피부색에 대해 가졌던 유동적인 태도에 대해서는 Sarah F. Derbew(2022)를 보라. 고대 인종관에 대한 일반적인 설명은 Denise McCoskey(2021)를 보라. 고대 지중해에서 인종과 민족의 구분에 대해서는 Naoíse Mac Sweeney (2021b)를 보라.
54 다만 정치적 이득을 위해 이러한 이념을 활용한 사람들은 아테네인만이 아니었다. 시칠리아 시라쿠사의 데이노메네스 가문의 참주들은 시라쿠사가 이웃한 그리스계 도시들을 지배하는 것을 정당화하기 위해 페니키아와 카르타고의 야만인에 맞서 헬레네스가 단결할 것을 촉구하는 수사를 활용했다. Jonathan Prag(2010)를 보라.
55 Naoíse Mac Sweeney(2018); Kostas Vlassopoulos(2013), 172면; Shawn A. Ross(2005).
56 Suzanne Said(2001).
57 Thucydides 1권 2~3장.

제2장

1 Peter Frisch(1975), no. 88 = *IGRR* IV. 20.
2 리빌라에 대한 짧은 전기는 Susan Wood(2001), 180~184면, 그리고 Patrick Sinclair(1990)를 보라.
3 고고학에서의 트로이에 대해서는 Charles Brian Rose(2013) 그리고 Naoíse Mac Sweeney(2018)를 보라.
4 Andrew Erskine(2001); T. P. Wiseman(1995), (2004).
5 Andrew Erskine(2001), 6~10면에서 이 일반적인 오해의 역사를 다루고 있다.
6 플라비오 바르톨루치Flavio Bartolucci가 *Il Primato Nazionale*(2019년 1월 29일)에 기고한 기사에서 가져왔다.
7 T. P. Wiseman(2004).
8 하드리아누스 황제에 대해서는 Anthony R. Birley(1997)를 보라. 로마에서의

그리스식 교육에 대해서는 Stanley Bonner(2012)를 보라.
9 초기 로마 제정기의 혼종 문화에 대해서는 Andrew Wallace-Hadrill(2008)을 보라.
10 로마 제국의 중국산 비단 수입에 대해서는 Berit Hildebrandt(2017); 로마 세계의 머리카락 염색에 대해서는 Kelly Olson(2012)을 보라.
11 이베리아 출신: 트라야누스, 하드리아누스; 리비아 출신: 셉티무스 세베루스, 카라칼라; 아랍 출신: 필리푸스, 시리아 출신: 엘라가발루스; 트라키아(불가리아): 막시미누스 트락스, 갈레리우스; 일리리쿰(크로아티아 및 알바니아): 디오클레티아누스, 아우렐리아누스, 콘스탄티누스.
12 피정복민과 속주의 관점에서 로마 제국을 보는 상향식 접근에 대해서는 Greg Woolf(1998); Richard Hingley(2005); D. J. Mattingly(2011)를 보라.
13 Marguerite Johnson(2012).
14 Andrea M. Berlin and J. Andrew Overman(2003).
15 로마 제국의 잔혹성을 조명한 가장 최근의 연구인 Manuel Fernández-Götz et al.(2020)과 비교하라.
16 제국이 팽창하는 과정에서 그 신화를 이용한 방식에 대해서는 Nicholas Horsfall(1986)을 보라. 로마 정치의 맥락에서 『아이네이스』에 대해서는 A. M. Stahl(1998)을 참조하라.
17 Rolf Michael Schneider(2012).
18 Andrew Erskine(2001), 19~20면. 카이사르의 전략은 당시에도 언급되고 있었다(Suetonius, *Julius Caesar* 6:1).
19 Peter Toohey(1984).
20 Andrew Erskine(2001), 19면. 아우구스투스는 자신이 트로이의 혈통을 이었음을 널리 선전했고, 당시의 기록에서도 언급된다. Horace, *Satires* 2권 5장 63절 및 *Carminae* 4권 15-21-32 및 *Carminae Saeculae* 50.
21 이 표준적인 이미지의 재생산에 대해서는 Werner Fuchs(1975); Alexandra Dardenay(2010), 43~51면; Paul Zanker(1997)를 보라. 아이네이아스 이야기의 확산에 대해서는 Andrew Erskine(2001), 15~23면; Michael Squire(2011)를 보라.
22 Sergio Casali(2010); Nicholas Horsfall(2000).
23 Bill Gladhill(2009). 이 독창적인 모호함의 몇몇 부분은 그 이야기 속 등장인물의 입을 통해 이야기되는데, 그들은 족보를 다시 쓰기 위해 〈보학적 기회주의〉를 발휘했다; Sharilyn Nakata(2012)를 보라.

24　Charles Brian Rose(2013), 223~227면.
25　Tacitus, *Annals* 4권 3장.
26　이후 원로원의 칙령에서는 리빌라가 리비아와 티베리우스 모두에게 인정받았다고 명시적으로 언급하면서 칭찬한다(*Senatus Consultum de Gn. Pisonem Patre* 142~145).
27　Zonaras 10권 36장.
28　Cassius Dio 55권 10장 18절.
29　아랍에 대해서는 Pliny, *Nat. Hist.* 6권 32장; Glen Warren Bowersock(1994), 56면을 보라. 메소포타미아에 대해서는 Velleius Paterculus 2권 101장을 보라. 가이우스의 부상과 죽음에 대해서는 Cassius Dio 55권 10a장 8절; Velleius Paterculus 2권 102장을 보라.
30　Cassius Dio 57권 13장 1절; Cassius Dio 57권 14장 7절.
31　리빌라의 딸 율리아는 어릴 적부터 병약했다. 아우구스투스는 임종 때 손녀딸의 건강을 염려하며 회복하기를 바랐다(Suetonius, *Augustus* 99장).
32　역사가 타키투스는 당시 게르마니쿠스와 아그리피나의 대중적 지지에 대해 실로 〈놀랍다mirus〉고 기록했다(Tacitus, *Annals* 1권 7장).
33　북방에서 거둔 승리를 기념하기 위해 로마에서 열린 게르마니쿠스의 화려한 개선식에 대해서는 Mary Beard(2009), 107~109면; Strabo 7권 1장 4절을 보라. 그가 거둔 제한적인 성공에 대해서는 Tacitus, *Annals* 1권 55장을 보라. 타키투스의 저술에 등장하는 게르마니쿠스의 인물상에 대해서는 Christopher Pelling(2012)을 보라.
34　Tacitus, *Annals* 2권 43장.
35　Tacitus, *Annals*, 2권 62~63장.
36　타키투스는 세야누스가 사적이고 정치적 출세욕과 드루수스에 대한 악의를 품고 먼저 리빌라를 유혹했다고 주장한다(Tacitus, *Annals* 4권 3장). 그러나 타키투스는 자신이 거론한 많은 제국의 여성에게 그다지 우호적이지 않았고, 리빌라가 이후 받았던 가혹한 대우를 감안하면 그 건에서 리빌라의 역할은 매우 적극적이었고 종래에 가정하고 있던 것보다 더욱 정치적 동기에서 움직였다고 추측할 수 있다.
37　티베리우스는 심지어 세야누스에게 친근감을 담아 〈함께 일하는 동료socium laborum〉라고 불렀다(Tacitus, *Annals* 4권 2장).
38　Suetonius, *Tiberius* 62권 3장.
39　Tacitus, *Annals* 2권 84장.

40 로마: BMC 95(티베리우스), Cohen 1(드루수스), RIC 42(티베리우스). 코린토스: RPC 1171. 키레나이카: RPC 946.
41 살라미스: IGRR 3:997. 에페수스: *Forsch.Eph.* 7:2:4773 = *IvEph* 4337.
42 Tacitus, *Annals* 2권 71~73장.
43 Cassius Dio 57권 22장 1~2절; Tacitus, *Annals* 4권 8장; Tacitus, *Annals* 4권 10~11장.
44 Tacitus, *Annals* 4권 39장; Patrick Sinclair(1990), 250-53면.
45 사료에서는 세야누스의 혼약 상대가 누군지 명확하게 언급되지 않지만 리빌라일 가능성이 크다. 이에 대한 논의는 Jane Bellemore(1995), 259~260면을 보라.
46 영국 박물관 R.4456과 베를린 주화 전시관 Münzkabinett 18237641이 그 사례로 포함될 수 있다.
47 Susan Wood(2001), 220면에서 아그리피나의 입상 양식에 대한 논의를 볼 수 있다. 아그리피나의 생전에 만들어진 입상의 표준적인 양식은 한껏 꾸며 다듬은 곱슬머리를 보여 준다. 후대에는 조금 더 단순화된 양식으로 묘사된다.
48 Susan Wood(2001), 190~200면; Eric R. Varner(2004), 94~95면.
49 두 여성의 냉전에 대해서는 Tacitus, *Annals* 4권 12장을 보라.
50 Tacitus, *Annals* 2권 43장; Suetonius, *Caligula* 1장.
51 Charles Brian Rose(1997), 29면에서 이 부재를 언급한다.
52 Cassius Dio, 58권 11장 7절.
53 Suetonius, *Tiberius* 53장.
54 Richard Hingley(2019); Ian Moyer et al.(2020), 24면.
55 로마 시기 아프리카와 브리타니아 사이의 왕래는 유골의 방사성 동위원소 연대 측정을 통해 입증된다. Carolyn Chenery et al.(2011); Hella Eckhardt et al.(2016); Stephany Leach(2009).
56 Sam Agbamu(2019).
57 당시 애리조나 공화당 의장이었던 켈리 워드 Kelli Ward가 트위터에 쓴 내용인데, 은퇴한 장성인 마이클 플린 Michael Flynn이 2020년 12월 20일에 이를 공유했다.

제3장

1 Al-Kindi, *On First Philosophy* II.4. Peter Adamson(2007)의 번역본 23면.
2 비잔티움 제국에 관해 영어로 손쉽게 접할 수 있는 책으로는 Judith Herrin

(2007) 또는 Dionysios Stathakopoulos(2014)를 보라.
3   이 구절은 케네스 클라크Kenneth Clark의 유명하고도 영향력 있는 TV 시리즈인 「문명: 사적인 시각Civilisation: A Personal View」(1969)의 첫 에피소드의 제목으로 사용되었고, 이후로도 반복적으로 인용되고 있다.
4   Seb Falk(2020).
5   이 문제에 대한 논의로는 Seb Falk(2020), 2~5면을 보라.
6   Samuel P. Huntington(1996), 70면.
7   현대의 법률에 남은 로마법에 대해서는 Reinhard Zimmerman(2001)을 보라.
8   중세 초 로마 도로의 지속적인 활용(그리고 부분적인 유지 보수)에 대해서는 Mateusz Fafinski(2021)를 보라.
9   Sulpicius Severus, *Vita Martini* 12~15면.
10 이는 에드워드 기번이 18세기 후반에 주장한 것으로 오늘날 전반적으로 부정되는 추세임에도 반복적으로 나타나고 있다.
11 서로마 제국의 다양한 후계 왕국에 대해서는 Peter J. Heather(2009)를 보라. 라벤나를 근거지로 삼았던 이탈리아 왕국에 대해서는 Judith Herrin(2020); 고트족에 대해서는 Peter J. Heather(1998); 반달족에 대해서는 Andrew Merrills and Richard Miles(2010)를 보라.
12 린디스판 성가에 대한 앨드레드의 주해본에 대해서는 Michelle P. Brown(2003), 90~204면을 보라.
13 서유럽의 초기 중세에서 로마 공공건물의 변모와 재사용에 대해서는 Diana Y. Ng and Molly Swetnam-Burland(2018)를 보라.
14 Peter Heather(2017), 제7장.
15 Anthony Kaldellis(2019b).
16 안나 콤니니에 대해서는 Leonora Neville(2016)을 보라.
17 András Németh(2018).
18 칼델리스가 첨언한 대로 〈어떤 작품이 사라지는 것에 대해 그것이 꼭 존재하기엔 너무 위험하거나 전복적이라고 여길 필요는 없었다. 그저 흥미를 끌지 못하거나 그다지 유용하지 못하다고 여기는 것으로 충분했다〉. Anthony Kaldellis(2019a), 57~58면.
19 인도-그리스 왕국들에 대한 일반적인 설명은 Rachel Mairs(2016); (2020)를 보라. 박트리아와 지중해 사이의 학문과 철학의 교류에 대해서는 Richard Stoneman(2019)을 보라.
20 Grant Parker(2002).

21 바리가자에 대해서는 『에리트라이해 항해기』의 49절을, 무지리스에 대해서는 같은 책의 56절을 보라.
22 간다라 미술에 대해서는 Wannaporn Rienjang and Peter Stewart(2020)를 보라.
23 Fabrizio Sinisi(2017).
24 Nicholas Sims-Williams(2022).
25 Karl Galinsky(2009).
26 Hsing I-Tien(2005).
27 Judith McKenzie and Francis Watson(2016). 이 사실을 내게 알려 준 마이 무지에 Mai Musié 박사에게 감사한다.
28 Adam Łajtar and Grzegorz Ochała(2021).
29 바그다드의 건립 및 당대의 면모에 대한 설명은 Amira K. Bennison(2009), 69~71면을 보라. 그 추정 인구에 대해서는 Jim al-Khalili(2011), 7면을 보라.
30 무슬림 통치하의 스페인과 포르투갈에 대해서는 Hugh Kennedy(1996); Brian A. Catlos(2018); Maribel Fierro(2020)를 보라. 이슬람 황금기에서 중앙아시아와의 연관성에 대해서는 S. Frederick Starr(2015)를 보라. 서아프리카의 제국들에 대한 흥미롭고 새로운 견해는 Michael Gomez(2019)를 보라.
31 아바스 왕조 칼리파국에 대한 전반적인 소개는 Amira K. Bennison(2009)을 보라. 이슬람의 관점에서 본 폭넓은 세계사에 대해서는 Tamim Ansary(2020)를 보라.
32 아바스 왕조 칼리파국의 무역에 대해서는 Amira K. Bennison(2009), 제4장을 보라.
33 알킨디의 삶과 저작에 대한 세부적인 정보의 대부분은 Peter Adamson(2007)에서 가져왔다.
34 Ibn Abī Uṣaybiāh, *The Best Accounts of the Classes of Physicians*, 10:1:1-4. 또한 Peter Adamson(2007), 4면을 보라.
35 지혜의 집에서 이루어진 업적과 저술에 대해서는 Jim al-Khalili(2011), 제5장; Tamim Ansary(2010), 제7장을 보라.
36 당대 지식의 발전과 발견을 개괄하는 책으로는 Jim al-Khalili(2011)를 보라.
37 아바스 왕조의 번역 운동에 대해서는 Amira K. Bennison(2009), 제5장; Dimitri Gutas(1998); Jim al-Khalili(2011)를 보라.
38 Peter Adamson(2007), 6~12면.

39 *On First Philosophy* II.5.
40 Peter Adamson(2007), 18.
41 Ibn al-Qifti, *History of Learned Men*, 1~6면.
42 Ibn Abī Uṣaybiáh, *Best Accounts*, 16:10.1.12. Peter Adamson and Peter E. Pormann(2012), lxix-lxx의 번역을 사용했다.
43 Peter Adamson(2007), 4~5면.
44 Ibn Abī Uṣaybiáh, *Best Accounts*, 15:40:3.
45 Al-Jāhiz, *The Book of Misers*, 71~78면.
46 이 일화의 인물이 철학자 알킨디가 맞는지, 아니면 동명이인인지는 논란이 있지만 알자히즈는 『수전노의 책』의 다른 부분(Peter Adamson, 2007, 17~18면)에서 확실하게 철학자 알킨디를 언급한다. 이 편지는 알킨디 본인이 쓴 진본이 아니라 알자히즈가 희화화를 위해 창작했다는 것이 정설이다. 그러나 단지 우스갯거리에 불과할지라도 알자히즈는 알킨디의 인간성에 대해 잘 알려진 면모를 풍자했을 것이고, 그 이야기에는 어느 정도 진실이 있었을 것이다. Peter Adamson and Peter E. Pormann(2012), xxi.
47 아바스 왕조의 경쟁적인 학술 문화에 대해서는 Amira K. Bennison(2009), 178면.
48 Ibn Abī Uṣaybiáh, *Best Accounts* 10:1:7.
49 Al-Jāhiz, *The Book of Animals*(알칼릴리 번역, 2011).
50 Jim al-Khalili(2011).
51 Al-Kindī, *On First Philosophy* II.4(애덤슨과 포어만 번역, 2012).
52 위의 책, II.3.
53 Peter Adamson(2004).
54 Dimitri Gutas(1998), 88면. *Al-Masūdi, Murūj aḏ-Ḏahab wa-Ma'ādin al-Jawhar*(Mas'ūdī, edition by Barbier de Meynard and Pavet de Courteill, 1861-1917, vol. 2, sec. 25, 243).
55 Dimitri Gutas(1998), 87면.
56 Dimitri Gutas, 90~93면.
57 Dimitri Gutas, 83~95면.
58 Markus Stock(2016); Faustina C. W. Doufikar-Aerts(2016).
59 Al-Kindī, *On First Philosophy* III.1~2면(애덤슨과 포어만 번역, 2012).
60 Ibn Abī Uṣaybi'ah, *Best Accounts*, 10:1:6.
61 Peter Adamson(2007), 5면.

제4장

1 Godfrey of Viterbo, *Speculum Regum*: prologue 22~23면.
2 이 별명은 당대에는 사용되지 않았고 13세기에 그의 손자인 프리드리히 2세와 구분하기 위해 붙여졌다. John B. Freed(2016), xviii.
3 Godfrey of Viterbo, *Memoria Seculorum* 22:105:24-36. Loren J. Weber(1994), 175면의 번역문을 인용했다.
4 신성 로마 제국의 역사에 대해서는 Peter H. Wilson(2016)을 보라.
5 바르바로사의 생애에 대해서는 John B. Freed(2016)를 보라.
6 호엔슈타우펜 왕조와 교황의 불미스러운 관계에 대해서는 Peter H. Wilson(2016), 62~67면을 보라.
7 Diarmaid MacCulloch(2009), 350면. 중세기에 로마인다움이 어떤 방식으로 (재)상상되었는지에 대한 탐구는 Walter Pohl et al.(2018)을 보라.
8 카롤루스 대제는 비잔티움 제국과의 충돌을 피하기 위해 그 칭호의 격을 낮추었다. 옛 로마 제국의 계승자로서 카롤루스 대제에 대해서는 Peter Heather(2017)를 보라.
9 Jürgen Petersohn(1992); (2001).
10 그 발상은 특히 12세기에 사람들을 끌어당겼다. Timothy Reuter(1992)를 보라.
11 Peter H. Wilson(2016), 37면.
12 Anthony Kaldellis(2019b).
13 Diarmaid MacCulloch(2010), 274면. 라틴 교회와 비잔티움 교회의 발전 과정에 대해서는 Diarmaid MacCulloch(2010) 제4부(라틴 교회) 및 제5부(비잔티움 교회) 항목을 보라.
14 Peter H. Wilson(2016); 143면. Peter Burke(1980)는 이 시기 〈에우로파〉라는 용어가 라틴 교회의 서방과 정교회의 동방 사이의 차이를 강조하기 위해 사용되었다고 언급한다.
15 Gerard Delanty(1995), 28면; William Chester Jordan(2002); Marianne Ailes(2012).
16 *Karolus magnus et Leo papa* II. 529면.
17 Sedulius: *Seduli Scotti carmina* ii.14:8. Notker: *Notkeri Balbuli Gesta Karoli Magni imperatis*, in MGH, *Scriptores rerum Germanicum* vol.12, bk.1, 40.
18 Dimiter Angelov and Judith Herrin(2012).
19 두 제국의 경쟁 관계에 대해서는 Peter H. Wilson(2016), 138~143면을 보라.

20 고프레도의 가족과 어린 시절에 대해서는 Maria E. Dorninger(2015), 16~17면; Maria E. Dorninger(1997), 33~36면을 보라.
21 Loren J. Weber(1994).
22 제국 승상부에 대해서는 John B. Freed(2016), 107~110면을 보라.
23 John B. Freed(2016), 109~110면. Arnold II.C로 알려진 필적은 논란의 여지가 있지만(로렌 베버의 1994년 책을 보라) 고프레도 본인의 것으로 널리 인정되고 있다. Maria E. Dorninger(2015), 19면; K. Hering(2015), 55~56면.
24 Godfrey of Viterbo, *The Deeds of Frederick*: MGH SS 22:321:37~323:27.
25 Godfrey of Viterbo, *The Deeds of Frederick*: MGH SS 22:326:33~35.
26 Godfrey of Viterbo, *Memoria Saeculorum*: MGH SS 22:105:24~36. Joachim Bumke(1991), 460~461면에서 번역문을 가져왔다.
27 이것은 Loren J. Weber(1994)의 핵심적인 주장이다.
28 Godfrey of Viterbo, *Pantheon*: MGH SS 22:271:43~45.
29 Loren J. Weber(1994), 165면 주71번.
30 Loren J. Weber(1994), 164면.
31 Godfrey, *Speculum Regum*: MGH SS 22:21:3~7.
32 Godfrey, *Speculum Regum*: MGH SS 22:31:26.
33 Richard Waswo(1995); Matthew Innes(2000); Alan Shepard and Stephen D. Powell(2004); Marilynn Desmond(2016); Naoíse Mac Sweeney(2018). 중세 초기 광범위한 민족지적 보학에서 트로이인 족보의 위치에 대한 자세한 연구는 Alheydis Plassmann(2006)을 보라.
34 Snorri Sturluson, *Prose Edda*, 서문 3.
35 Henry of Huntingdon, *History of the English* 7:38.
36 Elena N. Boeck(2015), 264면. 이 현상을 더욱 일반적으로 다룬 연구로는 Willem J. Aerts(2012)와 Marilynn Desmond(2016)를 보라.
37 Godfrey, *Speculum Regum*: MGH SS 22:35:47ff.
38 Godfrey, *Speculum Regum*: MGH SS 22:62:40ff.
39 Godfrey, *Speculum Regum*: MGH SS 22:62:4~6. 나는 의미를 드러내기 위해 짧은 운율로 이루어진 라틴어 원문의 시행을 풀어서 번역했다.
40 Godfrey, *Speculum Regum*: MGH SS 22:66:5~10.
41 Godfrey, *Speculum Regum*: MGH SS 22:93:4~9. 이 번역문은 다소 풀어쓰긴 했으나 라틴어 원문의 운율과 그 운율이 전달하고자 한 핵심적 의미는 그대로

유지했다.
42 Ian N. Wood(2013)는 당시 학자들 사이에서 이후에 독일 또는 로마의 기원 신화를 강조하는 경향이 강조되었음을 드러낸다. 이 점을 짚어 준 앤디 메릴스Andy Merrills에게 고마움을 전한다.
43 Loren J. Weber(1994)에서 이와 같이 추정한다.
44 Godfrey, *Pantheon*: MGH SS 22:203:7~9.

제5장

1 Theodore Laskaris, *Epistle* 125:25
2 십자군에 대한 훌륭한 개론서로는 Susanna A. Throop(2018)를 보라. 무슬림의 관점에서 본 십자군 기록에 대해서는 Paul Cobb(2016)를 보라.
3 토머스 제퍼슨이 조지 위스George Wythe에게 보낸 편지, 1786년 8월 13일, 국립 기록 보관소, Founders Online, https://founders.archives.gov/documents/Jefferson/01-10-02-0162#:~:text=Your%20wishes%2C%20which%20are%20laws,proposed%20to%20treat%20you%20with.
4 Christine Caldwell Ames(2015)는 중세기의 이단 관념을 더욱 일반적으로 다루어 기독교뿐만 아니라 유대교와 이슬람교 내의 이단에 대해서까지 시야를 확장했다.
5 Mark Gregory Pegg(2008).
6 Judith Mckenzie and Francis Watson(2016); Rugare Rukuni(2021).
7 콥트 교회에 대해서는 Jill Kamil(2013); 중세기 시리아, 메소포타미아, 이란의 기독교에 대해서는 Lucy-Anne Hunt(2011)를 보라.
8 Michael Keevak(2008).
9 *Itinerarium fratris Willielmi de Rubruquis de ordine fratrum Minorum, Galli, Anno gratiae 1253 ad partes Orientales* 14.
10 예를 들어 Diarmaid MacCulloch(2010)는 대체로 훌륭하지만 1,016면에 달하는 내용 가운데 에티오피아 교회에 대해서는 겨우 5면을 할애했고 그밖에 다양한 동방 교회에 대해서는 9면을 할당했다. 이 책은 서양 문명이라는 서사를 충실히 따라 고대 그리스 세계에서부터 기독교의 역사를 시작하는데 이 점에 대해 그리스 사상이 훗날 기독교적 사고관을 쌓아 올리기 위한 지적 토대를 제공했다고 말한다.
11 비잔티움 제국과 베네치아의 관계의 전반적인 변천 과정에 대해서는 Donald M. Nicol(1989)을 보라.

12 제4차 십자군에 대해서는 Susanna A. Throop(2018), 제4장; Donald M. Nicol(1989), 제8장; Jonathan Harris(2003), 제10장과 제11장을 보라. 제4차 십자군에 대한 학술적 논쟁을 다룬 논의는 Jonathan Harris(2005)를 보라.
13 Donal M. Nicol(1989), 제9장.
14 프랑코크라티아에 대해서는 Nikolaos G. Chrissis, Mike Carr and Christoph Maier(2014)를 보라.
15 Michael Angold(2009).
16 Michael Angold(2009), 731면.
17 라스카리스가 몇 달 동안 이어진 포위 이후 평화 협상을 위해 도시로 들어갔을 가능성을 제기할 수 있겠으나 그런 행동을 했다는 증거는 없다. 협상은 간략하게 도시의 성벽 밖에서 이루어졌을 것이다. Dimiter Angelov(2019), 92면을 보라.
18 근대 그리스사와 근대 사상으로서 그리스주의에 대해서는 Roderick Beaton(2019)을 보라.
19 라스카리스의 생애와 그가 살았던 시대에 대한 자세한 정보를 얻으려면 Dimiter Angelov(2019)를 추천할 만하다.
20 〈사랑스러운 대지〉에 대해서는 Epistle 111:16~17을 보라. 〈어머니 아나톨리아〉에 대해서는 Epistle 281:84의 부록 소식지를 보라. 오늘날 라스카리스의 편지가 200편 이상 남아 있다. 우리는 그가 더 많은 편지를 썼으리라고 추측할 수 있다. 라스카리스의 저술은 Dimiter Angelov(2019), 부록 1에 수집되고 요약되었다.
21 Dimiter Angelov(2019), 33면. 요안니스 바타치스는 핏줄상 이레네 라스카리나의 삼촌이기도 했다.
22 Michael Angold(2009).
23 Dimiter Angelov(2019), 109면에서는 궁정의 〈젊은이 문화〉를 다루면서 라스카리스 세대를 〈치욕의 세대〉의 〈트라우마적 관점〉과 대조하고 있다.
24 Dimiter Angelov(2019), 69면.
25 철학자로서의 라스카리스에 대해서는 Dimiter Angelov(2019), 181~201면.
26 Dimiter Angelov(2019), 76면.
27 Dimiter Angelov(2019), 72~74면.
28 라스카리스와 엘레나의 관계에 대해서는 Dimiter Angelov(2019), 129~132면.
29 Dimiter Angelov(2019), 61면.

30 Dimiter Angelov(2019), 105~108면.
31 Dimiter Angelov(2011); (2019), 149면. 이젯딘은 나중에 술탄으로 복위했으나 다시 폐위되는 결말을 맞았다. 그는 몽골의 궁정에서 말년을 보냈다.
32 Dimiter Angelov(2019), 169~171면.
33 Dimiter Angelov(2019), 152~165면.
34 Peter J. Heather(2017)는 이 〈서방 제국의 몰락〉을 그 후의 연이은 부흥 운동과 함께 다루고 있다. 서양의 논자들이 비잔티움의 로마인 정체성을 무시하는 경향에 대해서는 Anthony Kaldellis(2019a)와 (2019b)를 보라.
35 Anthony Kaldellis(2019a), 35면.
36 정치적 정체성으로서 그리스주의를 지지한 라스카리스에 대해서는 Anthony Kaldellis(2007), 327~329면; Dimitry Angelov(2019), 제10장을 보라.
37 그 예시로는 Epistle 30:13; 52:40; 89:10; 271:61.
38 Epistle 51.
39 Epistle 59.
40 Epistle 204:59~60, 129.
41 Epistle 214:34~35.
42 라스카리스는 계속해서 자신의 영토와 백성을 로마와 로마인으로 지칭했다. Epistle 27:39; 214:30을 보라.
43 라스카리스는 또한 자신의 영토와 백성을 그리스 또는 헬레네스라 칭하기도 했다. Epistle 5:14; 40:19; 40:28; 51:30; 109:48; 125:24를 보라.
44 Epistle 77:40.
45 Epistle 125:52; Angelov(2019), 213면에서 번역문을 가져왔다.
46 Epistle 118:24.
47 그 논의에 대해서는 Dimiter Angelov(2019), 213~215면을 보라.
48 *Second Oration against the Latins* 4.
49 Dimiter Angelov(2019), 206~207면.
50 *Second Oration against the Latins* 10.
51 Epistle 125:24.
52 제1차 십자군 당시 타자화를 위한 복합적인 수사에 대해서는 Nicholas Morton(2016)을 보라.
53 Dimiter Angelov(2019), 부록 3.
54 Valentina Prosperi(2019).

제6장

1 Tullia D'Aragona, *Il Meschino* 12:69. 이 인용문의 번역은 존 맥루카스John McLucas와 줄리아 헤어스턴Julia Hairston이 공저하여 곧 출간될 예정인 책에서 가져왔다.
2 르네상스를 다룬 역사서는 넘쳐난다. 나는 Jerry Brotton(2006)과 Stephen Greenblatt(2012)이 입문하기에 좋다고 생각한다.
3 이를 지적해 준 줄리아 헤어스턴에게 감사를 전한다.
4 Jacob Burckhardt(1860), 1945년 영문판, 292면.
5 Jacob Burckhardt(1860), 1945년 영문판 89면.
6 Jacob Burckhardt(1860), 1945년 영문판, 91~92면.
7 Matteo Burioni(2010); M. L. MacLaughlin(1988).
8 Peter J. Heather(2017).
9 Kevin Brownlee(2007).
10 Maddalena Signorini(2019); Barbara Graziosi(2015).
11 Arthur Field(1988).
12 Diarmaid MacCulloch(2010), 492~493면.
13 오스만의 콘스탄티노폴리스 정복에 대해서는 Jason Goodwin(1999), 제4장; Marc Baer(2021), 제4장을 보라.
14 알안달루스에 대해서는 Hugh Kennedy(1996); Brian A. Catlos(2018); Maribel Fierro(2020, 특히 물질문화를 주제로 카르바할 로페스Carvajal López가 다룬 훌륭한 장)를 보라.
15 아르기로풀로스와 수박 이야기에 대해서는 Jonathan Harris(2010)를 보라. 이탈리아 내의 비잔티움인 학자들에 대해서는 Peter H. Wilson(2016)을 보라.
16 Josef. Ženka(2018).
17 알레산드로 아리기가 툴리아 다라고나를 〈슬기롭고 순결한 영혼〉으로 칭한 부분은 『시집*Rime*』 제53편에 나온다.
18 다라고나의 생애에 관한 정보를 얻는 과정에서 헤어스턴에게 빚진 부분이 많다. 헤어스턴이 다라고나의 『시집』(2014)을 출간하면서 덧붙인 도입부와 헤어스턴이 존 맥루카스와 공저한 출간 예정인 책을 참고했으며 후자의 경우 최초로 『일 메스키노』를 영역하여 책에 실었다. 그들의 원고를 나와 공유해 준 헤어스턴 교수와 맥루카스 교수에게 감사한다. 또한 그들은 내게 지원과 격려를 아끼지 않았고 이 장을 쓸 때 초안을 읽어 주었다.
19 Julia Hairston(2014), 10면.

20 Julia Hairston(2014), 11~14면.
21 Julia Hairston(2014), 14~15면.
22 바티스타 스탐벨리노Battista Stambellino가 이사벨라 데스테Isabella d'Este에게 보낸 보고서. Julia Hairston(2014), 18면에서 인용했다.
23 Rinaldina Russell(1997), 22면.
24 Julia Hairston(2014), 37면.
25 Julia Hairston, (2014), 17면.
26 Julia Hairston, (2014), 25~26면.
27 Julia Hairston, (2014), 24면.
28 Julia Hairston, (2014), 27~29면.
29 Delfina Giovannozzi(2019). 줄리아 헤어스턴과 존 맥루카스가 내게 다라고나의 동시대인과 그들이 다라고나에게 미친 문학적 영향을 폭넓게 살펴보도록 권해 주었다. 두 사람에게 감사한다.
30 두 『사랑의 대화』 사이의 작품을 뛰어넘은 상호 작용은 Janet L. Smarr(1998)에서 이미 논의되었다. 그 자신이 쓴 『대화』에서 다라고나는 더욱 지적이고 원숙한 인물로 등장하는 반면, 스페로니의 『대화』에서 다라고나는 고급 매춘부로서의 면모가 부각되고 감정에 휘둘리는 여성으로 격하되었다. 아마 다라고나는 스페로니가 자신과 여성을 묘사하는 방식에 반박하려는 동기를 일부 지니고 글을 썼을 것이다.
31 Rinaldina Russell(1997), 37면.
32 Rinaldina Russell(1997), 39면.
33 Gloria Allaire(1995); Tullia D'Aragona, John C. McLucas and Julia Hairston(출간 예정).
34 다라고나가 쓴 『일 메스키노』 판본과 그 원본이 되는 여러 문헌 자료 사이의 관계에 대해서는 D'Aragona, McLucas and Hairston(출간 예정)을 보라. 다양한 작가들에 의해 쓰인 『일 메스키노』의 여러 판본에 대해서는 Gloria Allaire(1999)를 보라.
35 그 시의 요약문은 John C. McLucas(2006)를 보라.
36 사제왕 요한을 주제로 한 전설은 다양하다. 사제왕 요한은 중세 및 르네상스기의 방대한 문헌에서 이상적인 기독교 군주로 등장하며, 때로는 아프리카에 살고 있거나 때로는 인도에 사는 것으로 전해졌다.
37 Giuseppe Mazzotta(2010).
38 Gloria Allaire(1998).

39 Tullia D'Aragona, John C. McLucas and Julia Hairston(출간 예정).
40 『일 메스키노』의 내용에 대한 모든 번역은 Tullia D'Aragona, John C. McLucas and Julia Hairston(출간 예정)에서 인용했다.
41 그중 내가 가장 재미있게 본 일화는 가슴에 외눈이 달린 사람들의 이야기인데(『일 메스키노』 11:49) 이는 블레미족에 대한 헤로도토스의 허풍스러운 이야기(『역사』 4:191)를 연상시킨다.
42 『일 메스키노』에 표현된 반이슬람 감정에 대해서는 Tullia D'Aragona, John C. McLucas and Julia Hairston(출간 예정)을 보라.
43 이 주제에 대해서는 Margaret Meserve(2008); M. Frassetto and D. Blanks(1999) 등이 훌륭하게 다루었다.
44 루크레치아 마리넬라의 생애와 저작에 대해서는 Lucrezia Marinella and Maria Gill Stampino(2009)의 서문을 보라.
45 Vasari, *Lives of the Artists*, 프롤로그.

제7장

1 Safiye Sultan, 「잉글랜드의 엘리자베스 1세에게 보내는 편지」. S. A. Skilliter(1965), 131면: 문서1(스킬리터가 번역했다).
2 엘리자베스 1세가 메흐메트 3세와 사피예 술탄에게 보낸 사절단에 대한 더 자세한 내용은 Lisa Jardine(2004); Jerry Brotton(2016), 226~232면을 보라.
3 엘리자베스 1세가 메흐메트 3세에게 보낸 비범한 시계 장치 오르간과 토머스 댈럼에 대해서는 Jennifer Linhart Wood(2015); Scott A. Trudell(2020)을 보라.
4 종교 개혁에 대해서는 Diarmaid MacCulloch(2010), 제17장을 보라.
5 반종교 개혁에 대해서는 Diarmaid MacCulloch(2010), 제18장을 보라.
6 Michael Wolfe(1993).
7 Mehmet Bulut(2001), 111~112면.
8 오스만 측 문헌에서는 오스만의 지배 계급을 〈오스만르Osmanlı〉라 지칭하며 〈튀르키예〉는 오직 경멸적인 의미에서 사용되었으나 오늘날 기독교 유럽의 저자들은 〈오스만〉과 〈튀르키예〉를 동의어처럼 사용하고 있다. Margaret Meserve(2008), 〈명명법에 관한 언급〉을 보라.
9 Jerry Brotton(2016), 157면.
10 Jerry Brotton(2016), 10면, 23면; Noel Malcolm(2019), 96면.
11 Jerry Brotton(2016), 75면.

12　Noel Malcolm(2019), 83면.
13　Jerry Brotton(2016), 14면.
14　Peter Marshall(2012)은 프로테스탄트 잉글랜드 내에서 표출된 반오스만 감정의 사례를 수집했다.
15　이 논쟁에 대해서는 Margaret Meserve(2008); Jerry Brotton(2016); Noel Malcolm(2019) 등을 보라.
16　오스만의 역사에 대해서는 Marc Baer(2021); Jason Goodwin(2011); Halil Inalcık(2001) 등을 보라.
17　Bernard Lewis and Benjamin Braude(1982).
18　Noel Malcolm(2019), 105~106면.
19　프랑스와 오스만의 동맹에 대해서는 Noel Malcolm(2019), 110~118면을 보라.
20　합스부르크 가문에 대해서는 Martyn Rady(2020)를 보라.
21　신성 로마 제국의 역사에 대해서는 Peter H. Wilson(2016)을 보라.
22　오스만과 오스트리아 합스부르크 사이의 경쟁 구도에 대해서는 Noel Malcolm(2019), 57면 이하를 보라.
23　합스부르크와 몰타의 구호 기사단의 관계에 대해서는 E. Buttigieg(2021)를 보라.
24　Halil Inalcık(2001), 제7장.
25　이 편지에 대한 전체 발췌문은 Jerry Brotton(2016), 78면을 보라.
26　사피예 술탄의 출신지와 유년기에 대해서는 S. A. Skilliter(1965), 145면; Leslie P. Peirce(1993), 308면 주 2번을 보라. 베네치아 대사의 보고서에 대해서는 Maria Pia Pedani(2000)를 보라.
27　이는 포르투갈계 유대인으로 오스만의 궁정인이 된 솔로몬 우스케 Solomon Usque의 진술이다. 그의 가족은 포르투갈에서 달아나 이스탄불로 가기 전에 이탈리아에 머물렀던 적이 있다. S. A. Skilliter(1965), 145면.
28　전해지는 말에 따르면 누르바누는 무라트의 아버지가 죽자 무라트가 이스탄불에 도착할 때까지 그 죽음을 비밀에 부쳤고, 그 덕분에 무라트가 없는 사이에 동생들이 제위를 차지하는 것을 막을 수 있었다. Pinar Kayaalp(2018), 26면; Leslie P. Peirce(1993), 261면.
29　발리데 술탄으로서 누르바누의 정치적 행보에 대해서는 Pinar Kayaalp(2018); Leslie P. Peirce(1993)를 보라.
30　사피예와 누르바누의 대립에 관한 세부 사항은 Pinar Kayaalp(2018), 31면

이하를 보라.
31 이 일화에 대해서는 Pinar Kayaalp(2018), 34~36면; Leslie P. Peirce(1993), 94면을 보라.
32 누르바누의 죽음과 그 사건이 무라트에게 미친 영향에 대해서는 Leslie P. Peirce(1993), 238면을 보라.
33 누르바누의 출신지에 대해서는 Pinar Kayaalp(2018)을 보라.
34 프랑스 사절 자크 드 제르미니Jacques de Germigny의 불만에 대해서는 Pinar Kayaalp(2018), 30면을 보라. 잉글랜드 사절 윌리엄 하본William Harborne의 울분에 대해서는 Jerry Brotton(2016), 99면을 보라.
35 잉글랜드에 대한 사피예의 지원에 대해서는 Leslie P. Peirce(1993), 224면을 보라. 몇 년간의 긴밀한 외교 끝에 설치된 잉글랜드 대사관에 대해서는 Jerry Brotton(2016), 121면을 보라.
36 Jerry Brotton(2016), 145면.
37 Leslie P. Peirce(1993), 97면.
38 Jerry Brotton(2016), 186면.
39 그 편지들의 설명, 번역, 주해에 대해서는 S. A. Skilliter(1965)를 보라.
40 S. A. Skilliter(1965), 문서 1(스킬리터가 번역했다).
41 S. A. Skilliter(1965), 문서 2.
42 Marc Baer(2021), 220~223면.
43 S. A. Skilliter(1965), 143면(스킬리터가 번역했다).
44 Noel Malcolm(2019), 67~68면.
45 Dariusz Kołodziejczk(2012).
46 Halil Inalcık(2001), 제6장(이날즉이 번역했다).
47 Fredregar, *Chronicle* 4:45~46. 중세 라틴어 문헌에서 튀르키예인에게 속한 트로이인의 족보에 대해서는 Noel Malcolm(2019), 25~29면; Naoíse Mac Sweeney(2018), 122~125면; Margaret Meserve(2008), 22~64면을 보라.
48 Florentius Liquenaius de Tours; Margaret Meserve(2008), 40면에 실린 원문을 번역했다.
49 Giovanni Mario Fileflo; Margaret Meserve(2008), 42면에 실린 원문을 번역했다.
50 Critoboulos; Margaret Meserve(2008), 43면에 실린 원문을 번역했다.
51 르네상스의 시작에 대해서는 Stephen Greenblatt(2012)을 보라.
52 Anthony Adolph(2015); Alan Shepard and Stephen D. Powell(2004). 어느

연구자가 언급한 대로 〈트로이 전쟁에 대한 어떤 기존의 이야기도 엘리자베스 시기 잉글랜드에서만큼 큰 인기를 끌지는 못했다〉. John S. P. Tatlock(1915), 673면.
53 Helen Hackett(2014).「엘리자베스 1세와 세 여신 (1569, 런던 로열 컬렉션 소장, RCIN 403446);「엘리자베스 1세와 세 여신」(1590년경, 런던 국립 초상화 미술관 소장, NPG 6947)을 보라. 또한 조지 필George Peele의 1589년 희곡「파리스의 판결The Araygement of Paris」을 보라.
54 이 번역이 미친 정치적 파장에 대해서는 John Channing Briggs(1981); Robin Sowerby(1992)를 보라.
55 Coke, 3 *Reports* 4(1602), preface viii a.
56 S. A. Skilliter(1965), 131면: 문서 1(스킬리터의 번역).
57 S. A. Skilliter(1965), 132면: 문서 1(스킬리터의 번역).
58 S. A. Skilliter(1965), 133면: 문서 1(스킬리터의 번역).
59 Noel Malcolm(2019), 59~63면.
60 Laura Stagno and Borja Franco Llopis(2021)는 급격히 신화화된 레판토 해전을 묘사한 대중매체에 대한 방대한 조사 결과를 제공하고 있다.
61 후안 라티노와 그의 서사시, 그리고 근세 스페인의 문학과 인종의 역동성에 대해서는 Seo J. Mira(2011)와 Elizabeth R. Wright(2016)를 추천할 만하다.
62 Marc Baer(2021), 177면.

제8장

1 프랜시스 베이컨, 『신기관』, 78. 역사 인물로서 베이컨을 살펴보도록 내게 권하고 계몽주의 시기에 대해 자세히 공부할 수 있도록 길을 제시해 준 존 닐센에게 감사한다.
2 Margaret C. Jacob(2019).
3 계몽주의를 다룬 수많은 책이 있지만, 그중에서 Margaret C. Jacob(2001)이 입문서로 좋다고 생각한다.
4 홉스와 투키디데스에 대해서는 Joannis D. Evrigenis(2006); Chris Campbell(2022)을 보라. 로크와 스토아학파에 대해서는 Lisa Hill and Prasanna Nidumolu(2021)를 보라.
5 Avi Lifschitz(2016), 1면
6 Quentin Skinner(2008).
7 홉스, 「국민의 자유에 관하여」, 『리바이어던: 교회 국가 및 시민 국가의 재료와

형태 및 권력』(1651). 이 문장을 인용할 수 있도록 내게 제시해 준 조지 사우스콤에게 감사한다.
8   William McNeill(1963), 599면.
9   이 문장은 칸트의 유명한 독일어 문장을 느슨하게 옮긴 것으로 원문은 〈Aufklärung ist der Ausgang des Menschen aus seiner selbst verschuldeten Unmündigkeit〉이고 1784년에 「Beantwortung der Frage: Was ist Audklärung?」이라는 기고문(*Berlinischer Monats-schrift*에 게재)에 실린 것이다. 사회학자 테오도어 아도르노와 막스 호르크하이머가 시작한 유명한 논쟁은 이러한 시각에 대한 비판을 담고 있는데 계몽주의 사상이 끔찍한 나치 집권과 스탈린주의 등에 이바지했다는 것이다. Theodore W. Adorno and Max Horkheimer [1972](1997).
10 Dorinda Outram(2013).
11 계몽주의에 대해서는 조너선 이스라엘의 시각을 중심으로 성장한 학문적 논쟁을 보라. Jonathan I. Israel(2001), (2006), (2009), (2011); 이 주제에 대한 이스라엘과의 인터뷰에 대해서는 Kenan Malik(2013)을 보라.
12 각국의 계몽주의 양상에 대해서는 Roy S. Porter and Mikuláš Teich(1981)를 보라.
13 Sebastian Conrad(2012). 철학사학자 저스틴 스미스는 이를 다음과 같이 깔끔하게 정리했다. 〈만일 우리가 유럽에서의 자연철학과 자연사의 발전을 국제적 발전 과정의 국지적 영향으로 보지 않는다면 그것을 전혀 이해할 수 없을 것이다.〉 Justin E. H. Smith(2015).
14 D. Harvey(2012), 42면의 번역을 가져왔다. 중국의 과학 기술이 영국의 산업 혁명에 미친 영향에 대해서는 John M. Hobson(2004), 190~218면을 보라.
15 Julia Ching and Willard G. Oxtoby(1992).
16 이는 David Graeber and David Wengrow(2021)에서 제시되었는데, 다만 그 주장이 어떠한 창의적 문헌도 인정하지 않는 실증주의적 독해에 의존한다는 점에서 뜨거운 논쟁을 불러일으켰다.
17 예를 들어 이 장의 주인공인 프랜시스 베이컨은 알킨디와 같은 이슬람 학자들의 성취를 인정하지 않았다.
18 서장에서 언급했듯 이 주제에 대해서는 Ian Morris(2011)를 추천한다.
19 과학자로서 베이컨에 대해서는 Markku Peltonen(1996)에서 파올로 로시Paolo Rossi, 구스카와 사치코Kusukawa Sachiko, 미첼 맬허브Michel Malherbe가 쓴 장들을 보라. 베이컨의 사상과 그가 후대에 끼친 영향에 대해 더

폭넓은 관점에서 알고자 한다면 Perez Zagorin(2020)을 보라.
20 Lisa Jardine and Alan Stewart(1998)에서 인용된 에이브러햄 카울리 Abraham Cowley의 시이다.
21 베이컨의 생애에 대해 자세한 사항은 Lisa Jardine and Alan Stewart(1998)를 보라.
22 케임브리지 시절의 베이컨에 대해서는 Lisa Jardine and Alan Stewart(1998), 34~37면을 보라.
23 젊은 시절 베이컨의 객지 생활에 대해서는 Lisa Jardine and Alan Stewart(1998), 39~66면을 보라.
24 Nicholas Hilliard, *Francis Bacon, 1st Viscount St Alban*(1578), 국립 초상화 미술관 소장, NPG 6761.
25 Lisa Jardine and Alan Stewart(1998), 95면.
26 베이컨과 에식스 백작의 관계에 대해서는 Lisa Jardine and Alan Stewart(1998), 121면; Andrew Gordon(2007); Alexandra Gajda(2012)를 보라.
27 에식스 백작의 반란과 그를 놓고 벌어진 이념적 논쟁에 대해서는 Alexandra Gadja(2012), 27~66면을 보라. 이 재판에서 베이컨이 한 역할에 대해서는 Lisa Jardine and Alan Stewart(1998), 240~247면을 보라.
28 Lisa Jardine and Alan Stewart(1998), 245~247면.
29 베이컨과 코크에 대해서는 Lisa Jardine and Alan Stewart(1998), 151면, 253면, 340면; Perez Zagorin(2020), 163~164면, 196면을 보라.
30 Todd Butler(2015).
31 Lisa Jardine and Alan Stewart(1998), 190면.
32 Lisa Jardine and Alan Stewart(1998), 290면.
33 Lisa Jardine and Alan Stewart(1998), 450~462면.
34 Lisa Jardine and Alan Stewart(1998), 464~466면.
35 베이컨의 말년에 대해서는 Lisa Jardine and Alan Stewart(1998), 473~478면을 보라.
36 『새로운 아틀란티스』에 대한 분석과 학술 연구는 Bronwen Price(2018)를 보라.
37 Kate Aughterson(2013).
38 『거룩한 명상 *Meditationes Sacrae*』(1597)
39 프랜시스 베이컨, 『새로운 아틀란티스』.
40 이 책의 제목인 『신기관』, 즉 노붐 오르가눔 Novum Organum은 〈오르가논

Organon〉이라 불린 아리스토텔레스의 논리학 책에서 따온 것이다. 베이컨이 고대 저작에서 이름을 따온 작품 안에서 자신이 고대사에서 지적으로 무엇을 빚졌는지 다룬다는 점은 흥미롭다.
41 프랜시스 베이컨, 『신기관』, 79면.
42 프랜시스 베이컨, 『신기관』, 71면.
43 베이컨이 『새로운 아틀란티스』에 등장한 역사 지식을 구축하는 과정에서 플라톤을 세련되게 이용한 부분에 대해서는 Anna-Maria Hartmann(2015)을 보라.
44 프랜시스 베이컨, 『신기관』, 72면.
45 Leslie W. Hepple(2001), 109면. 아룬델 컬렉션에 대해서는 Elizabeth Angelicoussis(2004)를 보라. 아룬델 컬렉션은 옥스퍼드 애시몰리언 박물관에 있는 그리스-로마 조각상들을 바탕으로 형성되었다.
46 고대 그리스에 대한 계몽주의적 시각으로는 Paul Cartledge(2009)를 보라.

제9장

1 조반니 안토니오 카바치, 『복음의 선교 Missione Evangelica』, bk. 2, 24의 기록, Linda M. Heywood(2017), 51면에서 인용.
2 이 고전적인 인류학 이론은 Fredrik Barth(1969)에서 공식화되었다. 이 이론에 대한 오늘날의 더욱 폭넓은 논의는 Kwame Anthony Appiah(2018)를 보라.
3 튜더 시대의 잉글랜드 제국주의에 대해서는 Jessica S. Hower(2020)를 보라.
4 대영제국을 다룬 책은 넘칠 정도로 많지만 일반적인 개론서로서는 Philippa Levine(2020)을, 대영제국이 우리의 역사 이해를(그리고 역으로 역사관이 대영제국을) 어떻게 빚어냈는지에 대한 분석으로는 Priya Satia(2020)를 추천한다.
5 근대 유럽의 제국주의에 관한 읽을거리는 상당히 많지만 나는 전반적인 기초 입문서로서 David Abernethy(2002)부터 시작할 것이다.
6 인종 만들기와 인종 개념에 대한 이 정의는 Noémie Ndiaye(2022); Geraldine Heng(2018)에서 가져왔다. 또한 The Cambridge Companion to Classics and Race(Rosa Andújar et al., 출간 예정)의 저자들에게 감사한다. 나는 온라인 독서 모임의 일원으로서 그들과 함께 이 주제를 다룬 광범위한 저서들을 읽고 토론했다.
7 Benjamin Isaac et al.(2009)에서 역사를 통틀어 인종과 인종화에 대한 다양한 접근법을 확인할 수 있다. 중세기 유럽의 사례는 Geraldine Heng(2018),

근세는 Noémie Ndiaye(2022), 고전기 고대는 Denise McCoskey(2021); Rosa Andújar et al.(출간 예정) 등을 보라. 오늘날 세계 각지에서의 다양한 형태의 인종화 및 인종주의를 다룬 논의로는 Alastair Bonnett(2021)이 훌륭하다.

8 Michael Keevak(2011), 29면.
9 Noémie Ndiaye(2022), 6면. 이 책에서 은디아예는 다양한 시대 속에서 다양한 방식으로 암시되는 다양한 요인이 존재하는, 모체로서의 인종이라는 유용한 발상을 전개한다.
10 Falguni A. Sheth(2009), 22면. 이 책에서 세스는 하이데거와 푸코의 발상에 따라 인종을 사회적 기술이라는 틀로 보면서 우리가 인종이 무엇으로 〈존재하는지〉에 대해 신경 쓰기보다는 인종이 무엇을 〈하는지〉에 신경 써야 한다고 주장했다.
11 오늘날 서양 독자에게 아프리카 역사의 풍부함과 복잡함을 소개하는 최근의 책으로는 Howard W. French(2021); Toby Green(2019); Michael Gomez(2019); Francois-Xavier Fauvelle(2018) 등이 있다. 아프리카 고고학에 대해서는 Peter Mitchell and Paul J. Lane(2013)을 보라.
12 Toby Green(2019), 39면. 말리에 대한 일반적인 정보를 더 얻으려면 45~67면을 보라.
13 이 시기 포르투갈의 팽창 국면에 대해서는 A. R. Disney(2009), 제16장을 보라.
14 중국인 정화 함대의 항해에 대해서는 Gavin Menzies(2003)를, 더욱 정확한 정보를 얻고 싶다면 Edward L. Dreyer(2006)를 보라.
15 콩고 왕국과 콩고-포르투갈 관계에 대해서는 Linda M. Heywood(2017), 3~8면; Toby Green(2019), 제5장을 보라.
16 Toby Green(2019)은 서아프리카의 복잡한 노예 경제에 대한 통찰을 제공한다.
17 Linda M. Heywood(2017), 19면.
18 Linda M. Heywood(2017), 24면.
19 Linda M. Heywood(2017), 27면.
20 Linda M. Heywood(2017), 31면.
21 Linda M. Heywood(2017), 29면.
22 나는 린다 헤이우드가 2017년에 출간한 훌륭한 저서를 통해 은징가의 자세한 생애를 알게 되었다. 은징가에 대해 흥미를 갖고 더 많이 알고자 하는 사람에게 그 책을 추천한다.
23 Linda M. Heywood(2017), 15면, 45면.

24　Linda M. Heywood(2017), 59면.
25　Linda M. Heywood(2017), 44면.
26　Linda M. Heywood(2017), 50면.
27　Linda M. Heywood(2017), 63~64면.
28　이는 카바치 신부의 기록에서 발췌한 것이다. 번역의 출처는 Linda M. Heywood(2017), 51면이다.
29　Linda M. Heywood(2017), 75면.
30　Linda M. Heywood(2017), 64면.
31　Linda M. Heywood(2017), 65면.
32　Linda M. Heywood(2017), 제4장.
33　Linda M. Heywood(2017), 117면.
34　Linda M. Heywood(2017), 121면.
35　Linda M. Heywood(2017), 130면.
36　Linda M. Heywood(2017), 143~144면.
37　Linda M. Heywood(2017), 210면.
38　이는 가에타 신부가 보고한 사항이다. 번역의 출처는 Linda M. Heywood(2017), 188~189면이다.
39　Linda M. Heywood(2017), 236면.
40　은징가 사후의 일에 대해서는 Linda M. Heywood(2017), 에필로그.
41　Cavazzi, bk. 1, chap. 1:5. 카바치의 글과 그에 대한 주석은 보스턴 대학의 아프리카계 미국인 연구실 African American Studies의 존 손턴이 쓴 「John Thornton's African Texts」를 보라. https://www.bu.edu/afam/people/faculty/john-thornton/john-thorntons-african-texts.
42　Cavazzi, bk. 1, chap. 1:3.
43　Cavazzi, bk. 2, chap. 8:91.
44　근세 여행기에 언급되는 헤로도토스에 대해서는 Boulègue(2012); Carlo Varotti(2012).
45　David A. Lupher(2003).
46　Cavazzi, bk. 2, chap. 1:1.
47　Justin E. H. Smith(2015), 제6장.
48　Michael Keevak(2011).

제10장

1. 조지프 워런. 「보스턴 학살 추도사 Boston Massacre Oration」.
2. 몇 가지 주목할 만한 사례를 제외한다면 워런은 미국 혁명 운동기의 다른 인물들만큼 널리, 혹은 깊이 연구되지 않았다. 그에 대한 주요 연구로는 Richard Frothingham(1865); Samuel A. Forman(2011); Christian Di Spigna(2018) 등이 있다. 이 장에서 나는 워런의 생애에 대한 자세한 정보를 얻기 위해 디스피냐의 연구를 주로 참고했다.
3. 이는 제5척탄병 연대의 중위였던 프랜시스 로던헤이스팅스 Francis Rawdon-Hastings가 1776년 6월 20일에 자신의 삼촌인 헌팅던 백작에게 보낸 편지에서 나온 문장이다. Henry Steele Commager and Richard B. Morris(1968), 130~131면.
4. Archibald Allen(1993), 제1권.
5. 1776년 2월 10일에 조지 워싱턴이 조지프 리드 Joseph Reed 중령에게 보낸 편지.
6. 페어팩스 결의안 제5조에서는 〈이 모임에서 발의한바 우리가 당면한 난관과 곤경을 겪는 동안 어떤 영국령 식민지로부터든 이 대륙으로 노예를 수입해 오지 말아야 할 것이다. 그리고 우리는 이 기회를 살려 그 간악하고 잔인하며 자연에 어긋나는 무역이 영원하고 완전히 중단되도록 우리의 진정 어린 소망을 선언할 것〉이라고 합의했다.
7. 1777년 1월 2일 토머스 넬슨이 토머스 제퍼슨에게 보낸 편지.
8. 1777년 3월 18일 조지 워싱턴이 존 행콕에게 보낸 편지.
9. 페어팩스 결의안 제17조. 조지 워싱턴과 그의 노예들에 대해서는 Francois Furstenberg(2007)와 Henry Wieneck(2003)을 보라.
10. Michael Kammen(1970).
11. 1783년 3월 15일 장교들에게 전달된 뉴버그 연설문. www.mountvernon.org/education/primary-sources-2/article/newburgh-address-george-washington-to-officers-of-the-army-march-15-1783 (2022년 8월 접속).
12. 장군 명령서, 1783년 4월 18일.
13. Alfred F. Young and Gregory Nobles(2011), 144~172면; Robert G. Parkinson(2016).
14. Alfred F. Young and Gregory Nobles(2011), 172~192면.
15. 1775년 존슨의 소책자인 *Taxation No Tyranny*를 보라.
16. *African Slavery in America*(1775). 토머스 페인은 이듬해 『상식 *Common*

Sense』(1776)이라는 제목의 소책자를 발간하여 미국 혁명의 명분을 지지했다.
17 이는 친영 왕당파인 피터 올리버의 회고록에서 가져온 것이다. Peter Oliver [1781](1967), 128면.
18 그러나 대학 시절 워런은 자신보다 사회적 지위가 높은 사람들의 우정에 매달렸던 것 같다. 그가 마지막 2년 동안 함께한 룸메이트들은 공식 등급 체계에서 6~8등을 차지하고 있기 때문이다. 워런의 하버드 시절에 대해서는 Christian Di Spigna(2018), 31~50면을 보라.
19 이 문장은 자메이카 플레인(현재는 보스턴시의 한 구에 속하나 당시에는 도시 외곽의 농업 지대였다)의 목회자였던 윌리엄 고든이 출간한 미국 독립 전쟁 기록에 수록된 워런에 대한 추도사의 일부이다. William Gordon(1788), Vol 2, 50면.
20 1764년 4월 13일 존 애덤스가 애비게일 스미스에게 보낸 편지. 워런의 의사 시절에 대해서는 Christian Di Spigna(2018), 51~66면을 보라.
21 보스턴시 기록물, 1764.
22 워런과 엘리자베스 후턴의 결혼에 대해서는 Christian Di Spigna(2018), 67~71면을 보라.
23 당시 혁명파로서 워런의 활동에 대해서는 Christian Di Spigna(2018), 74~89면을 보라.
24 *Boston Gazette*, 1765년 10월 7일.
25 워런은 살면서 적어도 한 명 이상의 노예를 두었다는 사실이 알려져 있다. 1770년 6월 28일의 매매 기록에서는 워런이 조슈아 그린이라는 사람에게서 〈검둥이 소년〉 하나를 샀고 그 값으로 현금과 〈도기〉를 지불했다고 나온다.
26 그 워런의 글을 일부 소개하자면 다음과 같다. 〈당신의 어리석음은 그 악독함에 걸맞으니, (비탄하며 이 글을 쓰건대) 각하께서는 (……) 당신의 어리석은 신념에 따라 이 지역의 행복을 멋대로 희생시키고 있습니다.〉 *Boston Gazette*, 1766년 6월 6일.
27 1770년 2월 13일 보스턴 콘서트홀에서 초연된 「신 매사추세츠 해방가」. 그 곡조는 「영국 척탄병 행진곡」(제국군이 즐겨 부르던 행진곡)에서 따온 것이나 조지프 워런에 의해 정치적 급진성을 지니도록 개사되었다.
28 John Adams, *Diary and Autobiography*, 1769년 9월 6일.
29 비록 스스로 간결하다고 주장하고 있으나 그 소책자는 81면에 달한다.
30 Christian Di Spigna(2018), 110~113면.
31 역설적인 것은 보스턴 차 사건이 증세가 아닌 감세에 대한 반응으로

촉발되었다는 점으로, 이는 자주 잘못 기억되곤 하는 사실이다. 다른 흥미로운 세금 이야기와 더불어 보스턴 차 사건의 진상에 대해서는 Michael Keen and Joel Slemrod(2021)를 보라.

32 Christian Di Spigna(2018), 130~139면.
33 Christian Di Spigna(2018), 151~153면.
34 실제로 10월에 존 애덤스와 새뮤얼 애덤스가 제1차 대륙 의회에 참석하기 위해 필라델피아로 떠난 동안 워런은 정보 수집 활동을 감독하기 위해 보스턴에 머물렀다. Christian Di Spigna(2018), 163~167면.
35 Christian Di Spigna(2018), 167~171면.
36 *Boston Gazette*, 1777년 5월 17일, 290면. 제목에 붙은 원은 엘리자베스 워런의 성에서 글자를 빼뜨린 부분이다(즉 〈WAR○○○〉은 WARREN을 뜻한다). 아마 워런 가족의 익명성을 지키기 위해 이렇게 한 것으로 추정되지만 친분이 있는 사람이라면 쉽게 본명을 알아챘을 것이다.
37 워런의 필명에 대해서는 Samuel A. Forman(2011), 454면을 보라.
38 Christian Di Spigna(2018), 47면.
39 이 현상은 Carl J. Richard(1995); Eran Shalev(2009); Thomas E. Ricks(2020)에서 자세히 논의되었다. 근대 미국 정치 담론에서 로마의 위치에 대해서는 Margaret Malamud(2009)를 보라.
40 예를 들어 알렉산더 해밀턴은 푸블리우스라는 필명을 사용한 것으로 유명하다. Caroline Winterer(2004).
41 제퍼슨은 예외적으로 로마보다는 그리스 모델을 선호했다. Thomas E. Ricks(2020)를 보라.
42 Peter John Rhodes(2004).
43 훗날 노예 제도의 유지를 주장하는 사람들 사이에서 고대 그리스, 특히 아리스토텔레스의 글을 수사적으로 활용하는 것이 유행하게 되었다. 자연적 예속성에 대한 아리스토텔레스의 이론은 아프리카인과 그 후손에 대한 지속적인 노예화를 정당화하기 위해 이용되었다. Sara S. Monoson(2011)을 보라.
44 Eran Shalev(2009), 230면.
45 미국 혁명 담론에서 키케로의 특별한 위치에 대해서는 Carl J. Richard(2015)를 보라.
46 대(大) 벤저민 프랭클린의 비망록, 미국 호고학회American Antiquarian Society.

47 Nathaniel Ames, *Almanack*(1758).
48 정확한 날짜는 불명확하지만 1769년 1월 17일 이전에 작성된 것으로 보인다. 프랭클린의 친구이자 스코틀랜드인 외과의였던 알렉산더 스몰Alexander Small이 비슷한 표현을 사용했고 프랭클린에게 보낸 편지에서 〈우리는 당신네 서양 세계를 거의 독립하도록 두었고 이제는 다른 무엇보다도 당신들이 우리를 따돌리는 것이 더욱 두렵소〉라고 적었다. 스몰이 프랭클린에게 보낸 편지, 1764년 12월 1일. 북아메리카를 〈서양〉과 〈서양인〉으로 지칭한 초창기 용례에 대해서는 또한 Loren Baritz(1961)를 보라.
49 벤저민 프랭클린이 1773년 1월 5일에 토머스 쿠싱Thomas Cushing에게 보낸 편지.
50 조지 워싱턴이 1774년 3월 21일에 피터 호그Peter Hogg에게 보낸 편지.
51 존 행콕이 필라델피아에서 한 연설, 1775년 7월 28일.
52 머시 오티스 워런이 1775년 10월에 존 애덤스에게 보낸 편지, 국립 기록 보관소. https://founders.archives.gov/documents/Adams/06-03-02-0142(2022년 10월 접속).
53 필립 스카일러가 1776년 7월 17일 조지 워싱턴에게 보낸 편지.
54 Margaret Malamud(2010).
55 Margaret Malamud(2009); Vaclav Smil(2010)을 참조하라.
56 이 시기의 정세와 미국 혁명파의 토가 착용에 대해서는 Eran Shalev(2009), 114면 이하를 보라.
57 로마 세계에서 토가의 착용에 대해서는 Ursula Rothe(2019)를 보라.
58 제4장과 제7장에서 보았듯 로마의 유산을 내세워 정통성을 주장하는 것은 합스부르크 제국의 특성이었으나 18세기 중반 북아메리카 혁명파 역시 이를 사용했고, 당시 스페인 왕실은 이미 합스부르크 가문에서 부르봉 가문으로 교체되어 있었다(최초의 부르봉 왕조 국왕인 펠리페 5세는 1700년에 스페인의 왕으로 등극했다).
59 Rosa Andújar and Konstantinos P. Nikoloutsos(2020), 4면; David A. Lupher(2002).
60 Bernardo Berruecos Frank(2022).
61 Andrew Laird(2006).
62 Maya Feile Tomes(2015); Desiree Arbo(2018).
63 Andrew Laird(2007), 222~223면.
64 식민지 시기와 탈식민 시기, 특히 20세기 카리브해에서 과거의 그리스-

로마를 다루는 복합적인 맥락에 대해서는 Emily Greenwood(2007), 영어권. 카리브인에 대해서는 Emily Greenwood(2010); 프랑스어권 카리브인을 포함한 논의에 대해서는 Justine McConnell(2013)을 보라.
65 루베르튀르의 용감하고도 비극적인 이야기에 대해서는 C. L. R. James(1989)와 Sudhir Hazareesingh(2020)를 보라.
66 Rosa Andújar(2018), 176~177면.

제11장

1 「니오베Niobe」, 1773년 휘틀리 작.
2 Wheatley(1773), vii.
3 전체적인 논의에 대해서는 Henry Louis Jr. Gates(2003)를 보라.
4 Wheatley(1773), 124면.
5 Wheatley(1773), vii.
6 이 과정을 더 폭넓게 다룬 연구로는 Justin E. H. Smith(2015); 독일 계몽주의 사상가들 사이에서 발전한 과학적 인종주의에 대해서는 Sara Eigen and Mark Larrimore(2008); 영어권 저자들과 사상가들 사이에서의 해당 사례에 대해서는 David Bindman(2002)을 보라.
7 Hume(1748), *On National Characters*, 1994년 복각판; Kant(1764), *Observations on the Felling of the Beautiful and the Sublime*, 2011년 복각판(Frierson and Guyer의 번역). 그러나 칸트는 살아가면서 자신의 인종관을 재고하게 된다. Pauline Kleingeld(2007)를 보라.
8 Theodore W. Allen(1994), (1997)에서 앨런은 자신의 주장을 발전시켜 나간다.
9 Theodore W. Allen(1997), 제2권, 239~253면.
10 Theodore W. Allen(1997), 제2권, 242면.
11 Jefferson(1825), *Notes on the State of Virginia*, Philadelphia: H.C. Carey and I. Lea(이 논고는 1784년 자비 출판으로 처음 출간되었다).
12 Margaret Malamud(2016), 10면.
13 이 제2차 대각성 시기에 북아메리카 전역에서 복음주의 교회들이 나타나 급속도로 성장했다.
14 존 울먼John Woolman과 세라 울먼Sarah Woolman이 그러한 인물이다. Maurice Jackson and Susan Kozel(2015).
15 폴 쿠페의 생애에 대해서는 Lamont Dominick Thomas(1986)를 보라.

16 아모의 이야기에 대해서는 Kwame Anthony Appiah(2018)를, 더욱 자세한 이야기는 Justin E. H. Smith(2015)를 보라.
17 프랜시스 윌리엄의 생애에 대해서는 Vincent Carretta(2003)를 보라. 윌리엄의 성취에도 불구하고 20년도 채 안 되어 자메이카에 새로 부임한 총독 에드워드 롱Edward Long은 자신의 책 『자메이카의 역사 History of Jamaica』(1774)에서 흑인과 백인은 근본적으로 다른 종족이라고 주장했다.
18 이후 수십 년 동안 더 많은 흑인 작가들과 정치 운동가들이 눈여겨볼 만한 작품을 출간했다. 그 예시로는 올라우다 에퀴아노Olaudah Equiano와 오토바 쿠고아노Ottobah Cugoano를 보라. 쿠고아노의 『사악하고 악독한 노예무역과 인종 거래에 관한 생각과 감상 Thoughts and Sentiments on the Evil and Wicked Traffic of the Slavery and Commerce of the Human Species』은 1787년에 출간되었고 에퀴아노의 『올라우다 에퀴아노, 혹은 아프리카인 구스타부스 바사의 생애에 대한 흥미로운 이야기 The Interesting Narrative of the Life of Olaudah Equiano; or, Gustavus Vassa, the African』는 1789년에 출간되었다. 에퀴아노와 쿠고아노 모두 영국 생활을 기반으로 정치색이 강한 책을 썼다는 사실은 흥미롭다. 반대로 휘틀리와 윌리엄스의 고전주의적 색채가 강한 작품들은 미국에서 저술되었다.
19 필리스 휘틀리의 생애와 저술에 대해서는 Henry Louis Jr. Gates(2003); John C. Shields et al.(2011); Phillis Wheatley and Vincent Carretta(2019)의 서장; Honorée Fanonne Jeffers(2020) 등을 보라.
20 온갖 역경을 겪으면서 초창기 아프리카계 미국인은 뉴잉글랜드에서 자신들만의 독특한 문화를 창조했다. 이에 대해서는 William D. Piersen(1988)을 보라.
21 Wheatley(1773), 68면. 그 시는 71면까지 계속된다.
22 대각성에 대해서는 Thomas S. Kidd(2009)를 보라.
23 Thomas S. Kidd(2014), 123면.
24 사망자들의 장례식에는 분노한 보스턴 시민 수천 명이 모였고, 휘틀리와 그 주인 가족도 참석했을 것이다. Patricia Willis(2006), 165면.
25 Thomas S. Kidd(2014), 250면.
26 화이트필드에 대한 휘틀리의 애도 시가 출간되기까지의 복잡한 역사에 대해서는 Patricia Willis(2006)를 보라.
27 Emily Greenwood(2011); William W. Cook and James Tatum(2010), 7~48면을 보라.
28 Wheatley(1773), 46면.

29 Wheatley(1773), 51면.
30 Wheatley(1773), 65면.
31 휘틀리의 저술의 진위 여부를 가리는 데 부정적 의견을 내놓은 논평가들에 대해서는 Emily Greenwood(2011)를 보라.
32 휘틀리의 런던 방문에 대해서는 William H. Robinson(1977)을 보라.
33 혁명 운동에서 보스턴이 지닌 중요성에 대해서는 Brooke Barbier and Alan Taylor(2017)를 보라.
34 「To the King's Most Excellent Majesty」(1768)에서 발췌, Wheatley(1773), 17면.
35 「To the Right Honourable William, Earl of Dartmouth」(1772)에서 발췌, Wheatley(1773), 73~75면.
36 「To the Right Honourable」에서 발췌.
37 *The Connecticut Gazette*, 1774년 3월 11일.
38 「His Excellency General Washington」(1775).
39 Thomas E. Ricks(2020).
40 「On the Death of General Wooster」(1778)에서 발췌.
41 새뮤얼 쿠퍼와 혁명 운동에서 그가 맡은 역할에 대해서는 Charles W. Akers(1978)를 보라.
42 「To Maecenas」에서 발췌, Wheatley(1773), 9~12면.
43 Wheatley(1773), 15~16면.
44 고전주의 개념의 역사에 대해서는 Seth L. Schein(2007)을 보라.
45 빙켈만의 생애와 영향력에 대해서는 Katherine Harloe(2013), 제1부를 보라. 또한 독일 고전주의 연구 전통의 등장을 연구한 Suzanne L. Marchand(1996)는 빙켈만에서부터 시작한다. 흥미롭게도 이상적인 신체 비율과 고전기 예술에 대한 빙켈만의 개념은 19세기 인종 이론에도 잘 알려져 있었다. Debbie Challis(2010)를 보라.
46 Katherine Harloe(2013), 107~115면에서 그와 같이 주장한다.
47 Winckelmann[1764](2006), 제2부, II.a(Potts의 번역).
48 위의 책, 제2부, III.c(Potts의 번역).

제12장

1 William Gladstone, *Bulgarian Horrors and the Question of the East* (London: J. Murray, 1876).

2   말 그대로 대영제국의 역사를 다룬 수백 종 이상의 책이 있지만 기본적인 입문서로서 나는 Philippa Levine(2020)에서 시작했다. 대영제국에서 역사 서술의 역할에 대한 고찰은 Priya Satia(2020)를 보라.
3   영국 산업 혁명에 대한 경제적 측면에서의 논의는 Robert C. Allen(2009)을, 문화적 측면에서의 논의는 Joel Mokyr(2009)를 보라. 이 시기 영국을 다룬 고전으로는 Eric Hobsbawm(1968)이 있다.
4   Jasper Trautsch(2013), 90~93면.
5   그 예시로 스코틀랜드인 여행가 휴 포브스Hugh Forbes가 1863년에 출간한 책 *Poland and the Interests and Duties of Western Civilization*에서는 러시아와 슬라브인의 위협에 대해 경고하고 있다.
6   Jasper Trautsch(2013), 94~95면.
7   Thomas Babington Macaulay, *Minute on Indian Education*(1835). Christopher Gogwilt(1995), 221~222면을 보라.
8   Alastair Bonnett(2004), 24~25면에서 인용.
9   Nassau William Senior, *A Journal Kept in Turkey and Greece in the Autumn of 1857 and the Beginning of 1858*(London: Longman Brown, Green, Longmans, and Roberts, 1859), 226~227면.
10 Nassau William Senior, *A Journal Kept in Turkey and Greece*, 227면.
11 Rudyard Kipling,「백인의 짐」(1899)의 제1연.
12 Alastair Bonnett(2004), 제1장에서 이를 섬세히 탐구했다.
13 Johann Gaspar Spurzheim, *Outlines of the Physiognomical System*(London: Baldwin, Craddock and Joy, 1815), 58면. Malik(1996), 88면에서 재인용.
14 녹스에 대해서는 Alan Bates(2010)를 보라.
15 Robert Knox, *The Races of Men*(Philadelphia: Lea and Blanchard, 1850), 8면.
16 Josiah Clark Nott and George R. Giddon, *Types of Mankind*(Philadelphia: J. B. Lippincott, 1854), 79면.
17 Mike Hawkins(1997), 61~81면.
18 *Saturday Review*, 1864년 1월 16일.
19 Jonathan Sperber(2005).
20 마르크스에 대해서는 Gareth Stedman Jones(2016)를 보라.
21 Eric Hobsbawm and Terence Ranger(2012).
22 Bernand S. Cohn(2012).

23 학문 분과로서 고고학의 발전에 대해서는 Bruce G. Trigger(1989)를 보라.
24 글래드스턴의 생애를 자세히 다룬 전기 중에서 나는 Roy Jenkins(2012)에 의존했으나 그 책은 주로 글래드스턴의 개인사와 신앙에 집중하고 있다. 글래드스턴의 어린 시절과 가족에 대해서는 Roy Jenkins(2012), 제1장을 보라. 부친의 노예 사업에 대해서는 Roland Quinault(2009)를 보라.
25 Gladstone, *Diaries* 1권, 290면.
26 Roland Quinault(2009), 366면.
27 쿠고아노의 *Thoughts and Sentiments on the Evil and Wicked Traffic of the Slavery and Commerce of the Human Species*는 1787년 런던에서 출간되었다. 그리고 에퀴아노의 *The Interesting Narrative of the Life of Olaudah Equiano; or, Gustavus Vassa, the African*은 1789년에 출간되었다.
28 Roland Quinault(2009), 367면.
29 Roland Quinault(2009), 369면.
30 Roland Quinault(2009), 386면.
31 글래드스턴의 실패한 초창기 연애 사업에 대해서는 Roy Jenkins(2012), 제3장을, 캐서린과의 결혼에 대해서는 제4장을 보라.
32 글래드스턴의 성적 충동에 대해서는 Richard Aldous(2007), 52~56면; Roy Jenkins(2012), 제7장을 보라.
33 Anne Isba(2003).
34 Peter Ward Fay(2000), 203~206면.
35 Douglas Kanter(2013~2014).
36 Richard Aldous(2007), 157면.
37 Chris Wrigley(2012), 68면.
38 Richard Aldous(2007), 142~151면; Roy Jenkins(2012), 제15장.
39 1872년 6월 24일 수정궁에서 있었던 디즈레일리의 연설. 글래드스턴과 디즈레일리의 경쟁 관계에 대해서는 Richard Aldous(2007)를 보라.
40 Simone Beate Borgstede(2011).
41 Benjamin Disraeli, *Tancred; or The New Crusade*(London: Henry Colburn, 1847).
42 Gladstone, *Studies on Homer and the Homeric Age*(Cambridge: Cambridge University Press, 2010[1858]), vol. 2, 523면.
43 Gladstone, *Address on the Place of Ancient Greece in the Providential Order of the World*(London: Gilbert Murray, 1865), 10면.

44 Gladstone, *Address on the Place of Ancient Greece*, 64면.
45 Gladstone, *Studies on Homer*, vol. 1, 5면.
46 Naoíse Mac Sweeney(2018); Kostas Vlassopoulos(2013), 172면; Shawn A. Ross(2005).
47 Gladstone, *Studies on Homer*, vol. 1, 548면.
48 Gladstone, *Studies on Homer*, vol. 2, 537면.
49 Gladstone, *Address on the Place of Ancient Greece*, 4면.
50 Gladstone, *Studies on Homer*, vol. 2, 532면.
51 Suzanne L. Marchand(2009), 293~300면.
52 Gladstone, *Studies on Homer*, vol. 2, 530면.
53 Gladstone, *Studies on Homer*, vol. 2, 525면.
54 Gladstone, *Address on the Place of Ancient Greece*, 57면.
55 Gladstone, *Studies on Homer*, vol. 3, 2면.
56 Gladstone, *Studies on Homer*, vol. 1, 67면.
57 Gladstone, *Studies on Homer*, vol. 1, 499면.
58 Gladstone, *Studies on Homer*, vol. 3, 207면.
59 Gladstone, *Studies on Homer*, vol. 2, 483면.
60 Gladstone, *Studies on Homer*, vol. 3, 217면.
61 Gladstone, *Studies on Homer*, vol. 3, 244면.
62 Gladstone, *Bulgarian Horrors*, 11~12면.
63 Gladstone, *Bulgarian Horrors*, 10면.
64 Edward Augustus Freeman, *Ottoman Power in Europe: Its Nature, its Growth, and its Decline*(London: MacMillan and Co., 1877).
65 Mark Bradley(2010)에 기재된 논문들과 Richard Hingley(2001)를 보라.
66 「Our Feudatories」, *Friend of India*(1861). Phiroze Vasunia(2013), 121면에서 재인용.
67 Hegel, *On Classical Studies*, 1809년 강의록. 최근 출간된 책으로는 Hegel and Knox(1975).
68 리베카 푸토 케네디는 〈서양 문명〉이라는 용어의 초기 용례를 추적해 왔는데 1844년 미국의 대학 및 신학 교육 추진회 the Society for the Promotion of Collegiate and Theological Education의 보고서와 1846년 한 여행기에 대한 문학 비평이 이에 포함된다. 이를 알려 준 케네디에게 감사를 전한다. Rebecca Futo Kennedy(2019).

69　Gladstone, *Studies on Homer*, vol. 1, 513면.
70　Bhaskar Pandurang Tarkhadkar, *Bombay Gazette*에 공개된 서한, 1841년 7월 28일. Phiroze Vasunia(2013), 122면에서 재인용.
71　Phiroze Vasunia(2013), 124~125면.
72　Barbara E. Goff(2013), 71면에서 인용.
73　John Collingwood Bruce, *The Roman Wall: A Description of the Mural Barrier of the North of England*(London: Longmans, Green, Reader and Dyer, 1851).
74　Margaret Malamud(2016).
75　Yopie Prins(2017).
76　Edith Hall and Henry Stead(2020).

제13장

1　Edward Said(1993), 1면.
2　〈서구의 자멸〉이란 2018년 요나 골드버그Jonah Goldberg, 그리고 2006년 리처드 코흐Richard Koch와 크리스 스미스Chris Smith가 낸 책의 제목으로 이미 1964년에 같은 이름의 책을 낸 제임스 버넘의 잔향이라 할 수 있다. Douglas Murray(2022)는 〈부정직한 학자들〉이 선의를 가졌으나 어리석은 사람들이 서양을 비판하도록 부추기는 〈지적 사기〉를 저지른다고 비난했다. 이 유럽 중심적 관점은 Douglas Murray(2017)에서 채택되었다.
3　Rowena Mason(2022), 보수당 대표인 올리버 다우든Oliver Dowden의 연설에 대한 보고서.
4　〈서양에 대한 전쟁〉은 최근 영국 정치 평론가인 더글러스 머리가 2022년에 펴낸 책의 제목이기도 하다. 해당 문장은 그 책의 13면에서 인용한 것이다.
5　러스킨의 관점에 대한 논의는 Edward Said(1993)를 보라.
6　Simone Beate Borgstede(2011), 10~17면.
7　특히 대영제국의 종식에 대해서는 Piers Brendon(2007)을 보라.
8　알제리 독립 전쟁(1956~1962)은 피로 얼룩진 잔혹한 충돌이었고 그 기억 역시 매우 치욕스럽고 고통스러웠기 때문에 프랑스 정부는 수십 년 동안 그와 관련된 문서 기록을 엄격히 비공개로 유지해 왔다. Franz Fanon(1963), 「On Violence」를 보라. 정반대의 사례로 몰타는 1964년 영국으로부터 독립했는데 그 절차는 상호 협의를 통해 매우 평화롭게 이루어졌다. Simon C. Smith(2007)를 보라.

9 냉전에 대해서는 Odd Arne Westad(2017)를 보라.
10 냉전기 미국-러시아의 대립을 넘어 세계 각국의 광범위한 합류에 대해서는 Odd Arne Westad(2017)를 보라.
11 이 문장은 프랜시스 후쿠야마가 1992년에 낸 베스트셀러 『역사의 종언과 마지막 인간』에서 가져온 것이다. 제목이 암시하는 바와 달리 앞으로 세계사에서 어떤 중요한 사건이나 변화도 일어나지 않을 것이라고 주장하지는 않았다.
12 〈제자리를 벗어나다Out of Place〉는 사이드의 자서전의 제목이기도 하다. 그는 백혈병 진단을 받은 뒤 집필을 시작해 1999년에 그 책을 출간했다.
13 나는 사이드가 1999년에 낸 자서전을 포함해 그가 직접 쓴 글을 통해 그의 생애에 대한 자세한 정보를 얻었다. 그밖에도 Timothy Brennan(2021)이 훌륭하고 꼼꼼하게 조사한 자료 역시 참조했다.
14 사이드의 생애 초기에 대해서는 Timothy Brennan(2021), 제1장을 보라.
15 Edward Said(1999), 44면.
16 Edward Said(1999), 183면.
17 Edward Said(1999), 118~121면.
18 Edward Said(1999), 190면.
19 Edward Said(2000), 558면.
20 Edward Said(2000), 559면. 사이드의 생애 가운데 이 시기에 대해서는 Timothy Brennan(2021), 제2장을 보라.
21 Edward Said(1999), 278면. 사이드의 학창 시절에 대해서는 Timothy Brennan(2021), 제3장을 보라.
22 Edward Said(1999), 279면.
23 Edward Said(1999), 290면.
24 재너스와의 결혼에 대해서는 Timothy Brennan(2021), 제4장을 보라.
25 Timothy Brennan(2021)은 사이드가 자서전에서 밝힌 것과 달리 학창 시절에도 그렇게 정치에 관심이 없지는 않았다고 지적한다. 그는 중동 정계와 계속 연락을 유지하고 있었기 때문이다.
26 Edward Said(1970).
27 Edward Said(2019); Timothy Brennan(2021), 제6장.
28 Timothy Brennan(2021).
29 Edward Said[1978](1993), 380면.
30 Edward Said[1978](1995), 26면.
31 Edward Said[1978](1995), 1면.

32 Edward Said[1978](1995), 3면.
33 Edward Said[1978](2003), 25주년 기념판의 서문.
34 Edward Said[1978](1995), 2면.
35 Ibn Warraq(2007).
36 Bernard Lewis(1990). 루이스는 또한 〈문명의 충돌〉이라는 용어를 만들어 낸 사람으로 나중에 새뮤얼 헌팅턴이 그 용어를 빌려다 자신의 논쟁적인 책의 제목으로 삼았다.
37 이 중요한 주제에 대해서는 Margaret Marchand(2009)를 보라.
38 Nishihara Daisuke(2005).
39 아시아에 대해서는 Chen Xiaomei(1995); 아프리카에 대해서는 Zahia Smail Salhi(2019)를 보라.
40 Edward Said[1978]((1995), xix.
41 Edward Said[1978](1995), 55면.
42 Naoíse Mac Sweeney(2018); Kostas Vlassopoulos(2013), 172면; Shawn A. Ross(2005).
43 Edward Said(1993), 407~408면.
44 Edward Said(2000), 173면.
45 Hanan Issa(2018). 하난 이사의 관대한 허가 덕분에 이 시를 책에 실을 수 있었다.

제14장

1 서구룡 문화 지구 M+ 미술관 개관식 연설, 2021년 11월 11일.
2 Jack Healy(2021).
3 Kishore Mahbubani(2020); Sebastian Strangio(2020); Peter Frankopan(2018).
4 미국 양원 합동 회의 및 대국민 연설, 2001년 9월 20일. https://georgewbush-whitehouse.archives.gov/news/releases/2001/09/20010920-8.html.
5 이슬람 국가에 대해서는 Ondřej Filipec(2020).
6 다에시의 경제에 대해서는 Ondřej Filipec(2020), 165~183면.
7 이 기술에 대한 분석은 Stefan Goertz(2021), 123~168면; Miron Lakomy(2021).
8 Sahih Muslim, bk. 041, Hadith 6294.
9 「다비크」와 「루미야」에 대한 분석은 Peter Wignell et al.(2017); Miron

Lakomy(2021), 125~206면을 보라.
10 「Know Your Enemy: Who Were the Safawiyyah?」 *Dabiq*, no. 13(2016): 12.
11 Finbarr Flood and Barry Elsner(2016)가 이 주제를 더욱 잘 다루고 있다.
12 2015년 2월에 공개된 한 악명 높은 영상은 모술 박물관에 전시된 유물과 조각상을 부수는 모습을 보여 주었는데 아시리아 전시관과 하트라 전시관이 가장 큰 피해를 입었다. Paolo Brusasco(2016)는 그 피해에 대한 초기 추산치를 제시했고, Benjamin Isakhan and Lynn Meskell(2019)에서는 다에시 몰락 이후 재건과 복원을 위한 유네스코 계획을 논의하고 있다.
13 Chris Campbell(2013).
14 Emma Cunliffe and Luigi Curini(2018)에서는 이 사건에 대한 국제적 반응을 평가하는 수단으로서 소셜 미디어 양상을 섬세히 분석했다.
15 2016년 4월 19일 BBC 보도에 등장한 보리스 존슨의 발언을 인용. www.bbc.com/news/uk-36070721 (2022년 2월 26일 접속).
16 Andreas Schmidt-Colinet(2019).
17 Andreas Schmidt-Colinet(2019), 42면.
18 Serhii Plokhy(2017), 제19장.
19 이 문구의 활용에 대해서는 Gerard Toal(2017), 제2장을 보라.
20 Edward Lucas(2008).
21 이 수필은 크렘린 웹사이트에서 읽을 수 있다. Vladimir Putin, 「On the Historical Unity of Russians and Ukrainians」, Kremlin, 2021년 7월 12일 게재, http://en.kremlin.ru/events/president/news/66181 (2022년 2월 26일 접속).
22 러시아인 정체성의 역사적 발전 과정과 그 안에서 우크라이나의 중요성에 대한 논의는 Serhii Plokhy(2017), 제7장; Gerard Toal(2017)을 보라.
23 Marshall Poe(2001)의 번역을 인용했다.
24 Serhii Plokhy(2017), 제2장의 번역을 인용했다.
25 Marshall Poe(2001); Judith E. Kolb(2008), 17~18면; Jasper Trautsch(2013).
26 Judith E. Kalb(2008), 195면.
27 Graham Allison(2018)이 그 예시이다.
28 20세기 중반 중국 학계에서의 해당 논쟁에 대해서는 Fan Xin(2021)을 보라.
29 린지춘의 활동 전반에 대해서는 Fan Xin(2021), 87면을, 교과서 집필에 대해서는 159면을 보라. 중국에서의 〈고전학〉(즉 그리스-로마 연구) 분과에 대해서는 William Brashear(1990)를 보라.

30 서양의 관점에서 본 중국의 역사적 사고에 대해서는 Katie Stallard(2022)를 보라.

31 「Athens Declaration of the Establishment of the Ancient Civilizations Forum」, 중화인민공화국 외교부, 2017년 4월 24일. www.fmprc.gov.cn/mfa_eng/wjdt_665385/2649_665393/201704/t20170428_679494.html(2022년 2월 26일 접속).

32 「Kotzias in Bolivia for Ancient Civilizations Forum」, *Kathimerini*, 2018년 7월 14일. www.ekathimerini.com/news/230701/kotzias-inbolivia-for-ancient-civilizations-forum(2022년 2월 26일 접속).

33 Wang Kaihao, 「Ancient Civilizations Forum Meets in Beijing」, 2019년 12월 3일. www.chinadaily.com.cn/a/201912/03/WS5de5aed1a310cf3e3557b79c.html(2022년 2월 26일 접속).

34 「Lima Declaration, Ancient Civilizations Forum, Fourth Ministerial Meeting, 15th of December of 2020, Lima, Republic of Peru」. http://www.peruthai.or.th/news.php(2022년 2월 26일 접속).

35 Media3, 「Acting Head of Department of International Organizations and Conferences Participates in the Fourth Ministerial Meeting of Forum of Ancient Civilizations」. 이라크 공화국, 외무부, 2020년 12월 20일. www.mofa.gov.iq/2020/12/?p=19956(2022년 2월 26일 접속).

36 「Statement by Vahe Gevorgyan, Deputy-Minister of Foreign Affairs of Armenia, at the 5th Ministerial Meeting of the Ancient Civilizations Forum」. 아르메니아 공화국 외무부, 2021년 12월 17일. www.mfa.am/en/speeches/2021/12/17/dfm-ancient_civilization_speech/11245(2022년 2월 26일 접속).

37 「Athens Declaration of the Establishment of the Ancient Civilizations Forum」, 중화인민공화국 외교부, 2017년 4월 24일. www.fmprc.gov.cn/mfa_eng/wjdt_665385/2649_665393/201704/t20170428_679494.html(2022년 2월 26일 접속).

38 「Spotlight: Countries Turn to Cement Cultural, Economic Ties as Ancient Civilization Forum Opens」, 신화통신, 신중국, 2017년 4월 25일. www.xinhuanet.com//english/2017-04/25/c_136232938.htm(2022년 2월 26일 접속).

39 AFP, 「〈Ancient Civilizations〉 Team Up to Protect Heritage from

Terrorism」, *Times of Israel*, 2017년 4월 24일. www.timesofisrael.com/ancient-civilizations-team-up-to-protect-heritage-from-terrorism(2022년 2월 26일 접속).

40 Li Xue(2019).
41 He Xiao(2019).
42 중국 인민 대학, 푸단 대학, 난징 대학, 베이징 대학, 상하이 사범대학, 베이징 사범대학 등 고대 그리스-로마 연구에 관해 탁월한 연구 전통을 지닌 중국의 대학들이 있다. William Brashear(1990)를 보라.
43 「The Conference on Spiritual Dialogue between China and Greece Was Held in Beijing」, 중국 인민 대학, 2022년 1월 27일. www.ruc.edu.cn/archives/34651(2022년 2월 26일 접속).
44 「New Academic Era with the Establishment of Sino-Greek Cooperation Programme」, 스터디 인 그리스, 2021년 10월 22일. www.studyingreece.edu.gr/new-academic-era-with-the-establishment-of-sino-greek-cooperation-programme(2022년 2월 16일 접속).
45 위의 웹사이트.
46 「The Conference on Spiritual Dialogue between China and Greece Was Held in Beijing」.
47 He Xiao(2019), 432면.
48 아이카테리니 라스카리디스 재단 웹사이트. www.laskaridisfoundation.org/en/china-and-greece-from-ancient-civilizations-to-modern-partnerships/#:~:text=The%20Symposium%20%E2%80%9CChina%20and%20Greece,diplomatic%20relations%20between%20China%20and(2022년 7월 22일 접속).
49 Adam Majendie et al. (2018). 고대 중국과 고대 그리스가 유사하다는 발상을 바탕으로 한 문화 외교가 일대일로 계획을 강화하는 데 맡은 역할은 He Xiao(2019)에서 조명되고 있다.
50 Peter Frankopan(2018)에서 훌륭히 제시된 바이다.
51 He Xiao(2019); Laihui Xie(2019); Li Xue(2019).
52 Wang Yi, 「Revitalizing the Ancient Civilization and Jointly Constructing a Community of Shared Future for Mankind」, 제1차 고대 문명 포럼에서의 연설, 중화인민공화국 외교부. www.mfa.gov.cn/ce/ceno/eng/zgwj_1/t1456650.htm. 정치화된 역사에 대한 이러한 열린 수긍은 중국에서 최근의

현상만도 아니고 일대일로 계획에 국한된 것도 아니다. 어쨌든 마오쩌둥의 유명한 말인 〈고위금용(古爲今用)〉은 그러한 공정을 일컫는 데 사용될 수 있을 것이다. Fan Xin(2021), 161면을 보라.

53 서구룡 문화 지구 M+ 미술관 개관식 연설, 2021년 11월 11일.

54 캐리 람의 성장기에 대한 자세한 사항은 인터뷰와 기사를 통해 반복적으로 알려져 왔는데, 그 가운데 가장 쉽게 접할 수 있는 것은 다음과 같다. 「Hong Kong Protests: 8 Things You Might Not Know about Carrie Lam, Hong Kong's Chief Secretary」, *Straits Times*, 2014년 10월 3일. c6).

55 Kenneth Lau(2016).

56 Kenneth Lau (2016).

57 「Hong Kong Protests: 8 Things You Might Not Know」.

58 Elson Tong(2017).

59 Ben Bland(2017).

60 그들의 정치적 행보는 Joshua Wong(2020)에 대략 나타났다.

61 New Hong Kong Leader's Rude Nickname Portends Challenges Ahead」, *Business Times*, 2017년 3월 27일. www.businesstimes.com.sg/government-economy/new-hong-kong-leaders-rude-nickname-portends-challenges-ahead(2022년 2월 26일 접속).

62 이러한 애국자에 대한 강조는 「Xi Focus: Xi Stresses〈Patriots Governing Hong Kong〉When Hearing Carrie Lam's Work Report」, 신화통신, 2021년 1월 27일. www.xinhuanet.com/english/2021-01/27/c_139702049.htm(2022년 2월 26일 접속).

63 Jennifer Creery(2019).

64 Anne Marie Roantree and James Pomfret, 「Beholden to Beijing」, 로이터통신, 2020년 12월 28일. www.reuters.com/investigates/special-report/hongkong-security-lam(2022년 2월 26일 접속).

65 2019년 8월 캐리 람과 재계 지도자들과의 간담회 중, 로이터통신 직원에 의해 기록되었다. 「Exclusive: The Chief Executive〈Has to Serve Two Masters〉- HK Leader Carrie Lam - Full Transcript」, 로이터통신, 2019년 10월 12일. www.reuters.com/article/us-hongkong-protests-lam-transcript-excl-idUSKCN1VX0P7(2022년 2월 26일 접속).

66 서구룡 문화 지구 M+ 미술관 개관식 연설, 2021년 11월 11일.

67 「CE Addresses Business Sector on Opportunities Brought About by

14th Five-Year Plan」, 보도자료, 2021년 6월 3일. www.info.gov.hk/gia/general/202106/03/P2021060300736.htm(2022년 2월 26일 접속).
68 「Speech by CE at Bauhinia Culture International Forum」, 보도자료, 2022년 6월 16일. www.info.gov.hk/gia/general/202206/16/P2022061600318.htm(2022년 8월 18일 접속).

결론

1 자신의 통찰을 제공하고 역사적 진위와 사실관계에 대해 논의해 준 빈의 내 동료 마티아스 회르네스 박사에게 감사를 전한다.
2 수 세기 동안 영국에서 그러한 향수가 지닌 정치적 영향력에 대해서는 Hannah Rose Wood(2022)가 훌륭히 다루었다.
3 Anne Applebaum(2020)과 Francis Fukuyama(2022)를 보라.
4 이러한 이들 가운데는 지난 세대의 저명한 영어권 고전학자가 몇몇 포함되어 있다. 그 한 가지 사례로는 Victor Davis Hanson, *Why the West Has Won*(London: Faber & Faber, 2001)을 보라.
5 아마 이렇게 주장하는 고전학자 중 가장 대중적인 (악)명성을 얻은 사람은 단엘 파딜라 페랄타Dan-el Padilla Peralta일 것이다. Rachel Poser(2021)를 보라. 고전학자들 사이에서 거론되는 논의를 고려하자면 나는 리베카 푸토 케네디의 글을 읽어 볼 것을 추천한다. 케네디가 운영하는 온라인 블로그 Classics at the Intersections에서 그 글들을 읽을 수 있다(https://rfkclassics.blogspot.com). 이 책에서는 학문 분과로서 고전학과 그 발전 과정, 서양 제국주의와 식민주의의 연관성에 대한 지성계의 논의를 다양하게 다루었으나 다음 책들도 참조하라. Barbara E. Goff(2013); Mark Bradley(2010); Barbara Goff(2005).

참고 문헌

Abernethy, David. 2002. *The Dynamics of Global Dominance: European Overseas Empires, 1415-1980*. Illustrated ed. New Haven, CT: Yale University Press.
Adamson, Peter. 2004. "Al-Kindī and the Reception of Greek Philosophy". In *The Cambridge Companion to Arabic Philosophy*, ed. Richard C. Taylor, 32-51. Cambridge Companions to Philosophy. Cambridge: Cambridge University Press.
Adamson, Peter. 2007. *Al-Kindi*. Great Medieval Thinkers. Oxford: Oxford University Press.
Adolph, Anthony. 2015. *Brutus of Troy: And the Quest for the Ancestry of the British*. Barnsley, UK: Pen & Sword Books.
Adorno, Theodor W., and Max Horkheimer. (1972) 1997. *Dialectic of Enlightenment*. London: Verso Books.
Aerts, Willem J. 2012. "Troy in Byzantium". In *Troy: City, Homer, Turkey*, ed. Jorrit M. Kelder, Günay Uslu and Ömer F. Şerifoğlu, 98-104. Zwolle: WBOOKS.
Agbamu, Sam. 2019. "Mare Nostrum: Italy and the Mediterranean of Ancient Rome in the Twentieth and Twenty-First Centuries". *Fascism* 8: 250-274.
Ahmad, Aijaz. 1992. In *Theory: Classes, Nations, Literatures*. London: Verso Books.
Ailes, Marianne. 2012. "Charlemagne 'Father of Europe': A European Icon in the Making". *Reading Medieval Studies* 38: 59-76.
Akers, Charles W. 1978. "Religion and the American Revolution: Samuel Cooper and the Brattle Street Church". *William and Mary Quarterly* 35 (3): 477-98.
Akrigg, Ben. 2019. *Population and Economy in Classical Athens*. Cambridge Classical Studies. Cambridge: Cambridge University Press.
Aldous, Richard. 2007. *The Lion and the Unicorn: Gladstone vs Disraeli*. New York:

W.W. Norton.

Al-Kindī, Yaq̇ūb Ibn-Isḥāq al-Sabāh, Peter Adamson and Peter E. Pormann. 2012. *The Philosophical Works of Al-Kindī*. Studies in Islamic Philosophy. Oxford: Oxford University Press.

Al-Khalili, Jim. 2011. *The House of Wisdom: How Arabic Science Saved Ancient Knowledge and Gave Us the Renaissance*. New York: Penguin Books.

Allaire, Gloria. 1995. "Tullia d'Aragona's *Il Meschino Altramente Detto Il Guerrino* as Key to a Reappraisal of Her Work". *Quaderni d'italianistica* 16 (1): 33-50.

Allaire, Gloria. 1999. "From Medieval Realism to Modern Fantasy: Guerrino Meschino through the Centuries". In *Modern Retellings of Chivalric Texts*, ed. Gloria Allaire, 133-146. London: Routledge.

Allen, Archibald. 1993. *The Fragments of Mimnermus: Text and Commentary*. Palingenesia 44. Stuttgart: Steiner.

Allen, Robert C. 2009. *The British Industrial Revolution in Global Perspective*. Cambridge: Cambridge University Press.

Allen, Theodore W. 1994. *The Invention of the White Race*. Vol. 1, *Racial Oppression and Social Control*. London: Verso Books.

Allen, Theodore W. 1997. *The Invention of the White Race*. Vol. 2, *The Origin of Racial Oppression in Anglo-America*. London: Verso Books.

Allison, Graham. 2018. *Destined for War: Can America and China Escape Thucydides' Trap?* London: Scribe UK.

Al-Masūdī, Alī Ibn-al-Ḥusain, C. Barbier de Meynard and Abel Pavet de Courteille. 1861-1917. *Maçoudi. Les prairies d'or. Texte et Traduction*. Collection d'ouvrages orientaux. Paris: Imprimerie impériale.

Ames, Christine Caldwell. 2015. *Medieval Heresies: Christianity, Judaism, and Islam*. Cambridge: Cambridge University Press.

Andùjar, Rosa, Elena Giusti and Jackie Murray, eds. Forthcoming. *The Cambridge Companion to Classics and Race*. Cambridge: Cambridge University Press.

Andújar, Rosa, and Konstantinos P. Nikoloutsos. 2020. "Staging the European Classical in 'Latin' America: An Introduction". In *Greeks and Romans on the Latin American Stage*, ed. Rosa Andújar and Konstantinos P. Nikoloutsos, 1-15. London: Bloomsbury.

Angelicoussis, Elizabeth. 2004. "The Collection of Classical Sculptures of the Earl of Arundel, 'Father of Vertu in England'". *Journal of the History of Collections* 16 (2):

143-59.

Angelov, Dimiter G. 2011. "'The "Moral Pieces' by Theodore II Laskaris". *Dumbarton Oaks Papers* 65-6:237-69.

Angelov, Dimiter. 2019. *The Byzantine Hellene: The Life of Emperor Theodore Laskaris and Byzantium in the Thirteenth Century*. Cambridge: Cambridge University Press.

Angelov, Dimiter, and Judith Herrin. 2012. "The Christian Imperial Tradition – Greek and Latin". In *Universal Empire: A Comparative Approach to Imperial Culture and Representation in Eurasian History*, ed. Peter Fibiger Bang and Dariusz Kolodziejczyk, 149-74. Cambridge: Cambridge University Press.

Angold, Michael. 2009. "The Greek Rump States and the Recovery of Byzantium". In *The Cambridge History of the Byzantine Empire c. 500-1492*, ed. Jonathan Shepard, 729-58. Cambridge: Cambridge University Press.

Ansary, Tamim. 2010. *Destiny Disrupted: A History of the World through Islamic Eyes*. New York: Public Affairs.

Appiah, Kwame Anthony. 2016. "There Is No Such Thing as Western Civilisation". *Guardian*, 9 November 2016, sec. World News.

Appiah, Kwame Anthony. 2018. *The Lies That Bind: Rethinking Identity*. New York: Liveright.

Applebaum, Anne. 2020. *Twilight of Democracy: The Seductive Lure of Authoritarianism*. New York: Anchor.

Arbo, Desiree. 2018. "Plato and the Guarani Indians". *Bulletin of Latin American Research* 37 (S1): 119-31.

Asheri, David, Alan B. Lloyd, Aldo Corcella, Oswyn Murray and Alfonso Moreno. 2007. "General Introduction". In *A Commentary on Herodotus Books I-IV*, 1-57. Oxford: Oxford University Press.

Atakuman, Çiğdem. 2008. "Cradle or Crucible: Anatolia and Archaeology in the Early Years of the Turkish Republic (1923-1938)". *Journal of Social Archaeology* 8 (2): 214-35.

Aubriet, Damien. 2013. "Mylasa et l'identité carienne". *Publications de l'Institut Français d'Études Anatoliennes* 28 (1): 189-208.

Aughterson, Kate. 2002. "Strange Things so Probably Told: Gender, Sexual Difference and Knowledge in Bacon's New Atlantis". In *Francis Bacon's New Atlantis*, ed. Bronwen Price, 156-78. Manchester: Manchester University Press.

Baer, Marc. 2021. *The Ottomans: Khans, Caesars and Caliphs*. New York: Basic Books.

Barbier, Brooke, and Alan Taylor. 2017. *Boston in the American Revolution: A Town versus an Empire*. Cheltenham: History Press.

Baritz, Loren. 1961. "The Idea of the West". *American Historical Review* 66 (3): 618–40.

Barth, Fredrik. 1969. *Ethnic Groups and Boundaries: The Social Organization of Culture Difference*. Bergen, Norway: Universitetet i Bergen.

Bates, Alan. 2010. *The Anatomy of Robert Knox: Murder, Mad Science and Medical Regulation in Nineteenth-Century Edinburgh*. Sussex, UK: Sussex Academic Press.

Beard, Mary. 2009. *The Roman Triumph*. Cambridge, MA: Harvard University Press.

Beasley, Edward. 2010. *The Victorian Reinvention of Race: New Racisms and the Problem of Grouping in the Human Sciences*. New York: Routledge.

Beaton, Roderick. 2019. *Greece: Biography of a Modern Nation*. London: Penguin.

Beaton, Roderick. 2021. *The Greeks: A Global History*. London: Faber & Faber.

Beck, Hans, and Peter Funke. 2015. *Federalism in Greek Antiquity*. Cambridge: Cambridge University Press.

Bellemore, Jane. 1995. "The Wife of Sejanus". *Zeitschrift für Papyrologie und Epigraphik* 109:255–66.

Bennison, Amira K. 2009. *The Great Caliphs: The Golden Age of the 'Abbasid Empire*. New Haven, CT: Yale University Press.

Berlin, Andrea M., and J. Andrew Overman (ed). 2003. *The First Jewish Revolt: Archaeology, History and Ideology*. London: Routledge.

Berruecos Frank, Bernardo. 2022. "Classical Traditions and Internal Colonialism in Early Eighteenth-Century Mexico: Text, Translation, and Notes on Three of Villerías' Greek Epigrams". *International Journal of the Classical Tradition* 29 (3): 281–306.

Bindman, David. 2002. *Ape to Apollo: Aesthetics and the Idea of Race in the 18th Century*. London: Reaktion Books.

Birley, Anthony R. 1997. *Hadrian: The Restless Emperor*. London: Routledge.

Bland, Ben. 2017. *Generation HK: Seeking Identity in China's Shadow*. Melbourne, Australia: Penguin.

Boeck, Elena N. 2015. *Imagining the Byzantine Past: The Perception of History in the Illustrated Manuscripts of Skylitzes and Manasses*. Cambridge: Cambridge University Press.

Bonner, Stanley. 2012. *Education in Ancient Rome: From the Elder Cato to the Younger*

Pliny. London: Routledge.

Bonnett, Alastair. 2004. *The Idea of the West: Culture, Politics and History*. Basingstoke, UK: Palgrave Macmillan.

Bonnett, Alastair. 2021. *Multiracism: Rethinking Racism in Global Context*. 1st ed. Cambridge, UK: Polity Books.

Borgstede, Simone Beate. 2011. *"All Is Race": Benjamin Disraeli on Race, Nation and Empire*. Münster: LIT Verlag.

Boulègue, Jean. 2012. "Un Écho d'Hérodote Dans Les Représentations Cartographiques Africaines". In *Hérodote à La Renaissance*, ed. Susanna Gambino Longo, 167-74. Turnhout: Brepols.

Bowersock, Glen Warren. 1994. *Roman Arabia*. Cambridge, MA: Harvard University Press.

Bradley, Mark, ed. 2010. *Classics and Imperialism in the British Empire*. Oxford: Oxford University Press.

Brashear, William. 1990. "Classics in China". *The Classical Journal* 86: 73-78.

Brendon, Piers. 2007. *The Decline and Fall of the British Empire*. London: Johnathan Cape.

Brennan, Timothy. 2021. *Places of Mind: A Life of Edward Said*. London: Bloomsbury.

Briggs, John Channing. 1981. "Chapman's Seaven Bookes of the Iliades: Mirror for Essex". *Studies in English Literature, 1500-1900* 21 (1): 59-73.

Brotton, Jerry. 2006. *The Renaissance: A Very Short Introduction*. Oxford: Oxford University Press.

Brotton, Jerry. 2016. *This Orient Isle: Elizabethan England and the Islamic World*. London: Allen Lane.

Brown, Michelle P. 2003. *The Lindisfarne Gospels: Society, Spirituality and the Scribe*. Toronto: University of Toronto Press.

Brownlee, Kevin. 2007. "Dante and the Classical Poets". In *The Cambridge Companion to Dante*, ed. Rachel Jacoff, 2nd ed., 141-60. Cambridge Companions to Literature. Cambridge: Cambridge University Press.

Brucia, Margaret A. 2001. "The African-American Poet, Jupiter Hammon: A Home-Born Slave and His Classical Name". *International Journal of the Classical Tradition* 7 (4): 515.

Brusasco, Paolo. 2016. "The Assyrian Sculptures in the Mosul Cultural Museum: A

Preliminary Assessment of What Was on Display Before Islamic State's Attack". *Journal of Near Eastern Studies* 75 (2): 205-48.

Bulut, Mehmet. 2001. *Ottoman-Dutch Economic Relations in the Early Modern Period 1571-1699*. Hilversum, Netherlands: Uitgeverij Verloren.

Bumke, Joachim. 1991. *Courtly Culture: Literature and Society in the High Middle Ages*. Berkeley: University of California Press.

Burckhardt, Jacob. (1860) 1945. Die Cultur der Renaissance in Italien: ein Versuch. Basel: Schweighauser. Translated ed. by S.G.C. Middlemore. *The Civilisation of the Renaissance in Italy*. London: Spottiswoode and Co. Citations refer to Spottiswoode edition.

Burioni, Matteo. 2010. "Vasari's Rinascita: History, Anthropology or Art Criticism?" In *Renaissance? Perceptions of Continuity and Discontinuity in Europe, c. 1300- c. 1550*, ed. P. Péporté, A. Lee and H. Schnitker, 115-27. Leiden: Brill.

Burke, Peter. 1980. "Did Europe Exist before 1700?" *History of European Ideas* 1 (1): 21-9.

Burnham, James. 1964. *Suicide of the West: An Essay on the Meaning and Destiny of Liberalism*. New York: Encounter Books.

Butler, Todd. 2015. "The Cognitive Politics of Writing in Jacobean England: Bacon, Coke, and the Case of Edmund Peacham". *Huntington Library Quarterly* 78 (1): 21-39.

Buttigieg, E. 2021. "A Habsburg Thalassocracy: Habsburgs and Hospitallers in the Early Modern Mediterranean, c. 1690-1750". In Stefan Hanß and Dorothea McEwan, eds., *The Habsburg Mediterranean 1500-1800, 99-118*. Vienna: Austrian Academy of Sciences.

Campbell, Chris. 2022. "The Rhetoric of Hobbes's Translation of Thucydides". *Review of Politics* 84 (1): 1-24.

Campbell, Peter B. 2013. "The Illicit Antiquities Trade as a Transnational Criminal Network: Characterizing and Anticipating Trafficking of Cultural Heritage". *International Journal of Cultural Property* 20: 113-53.

Carless Unwin, Naomi. 2017. *Caria and Crete in Antiquity: Cultural Interaction between Anatolia and the Aegean*. Cambridge: Cambridge University Press.

Carretta, Vincent. 2003. "Who Was Francis Williams?" *Early American Literature* 38 (2): 213-37.

Cartledge, Paul. 2009. "Hellenism in the Enlightenment". In *The Oxford Handbook of*

Hellenic Studies, ed. Phiroze Vasunia, George Boys-Stones and Barbara Graziosi, 166-72. Oxford: Oxford University Press.

Casali, Sergio. 2010. "The Development of the Aeneas Legend". In *A Companion to Vergil's Aeneid and Its Tradition*, ed. Joseph Farrell and Michael C.J. Putnam, 37-51. Hoboken, NJ: Wiley.

Castriota, D. 2005. "Feminizing the Barbarian and Barbarizing the Feminine: Amazons, Trojans, and Persians in the Stoa Poikile". In *Periclean Athens and Its Legacy: Problems and Perspectives*, ed. J.M. Barringer and J.M. Hurwitt, 89-102. Austin: University of Texas Press.

Catlos, Brian A. 2018. *Kingdoms of Faith: A New History of Islamic Spain*. Oxford: Oxford University Press.

Challis, Debbie. 2010. "'The Ablest Race': The Ancient Greeks in Victorian Racial Theory". In *Classics and Imperialism in the British Empire*, ed. Mark Bradley, 94-120. Oxford: Oxford University Press.

Chang, Vincent K. L. 2022. "China's New Historical Statecraft: Reviving the Second World War for National Rejuvenation". *International Affairs* 98 (3): 1053-69.

Chen, Xiaomei. 1995. *Occidentalism: A Theory of Counter-Discourse in Post-Mao China*. New York and Oxford: Oxford University Press.

Chiasson, Charles C. 2003. "Herodotus' Use of Attic Tragedy in the Lydian Logos". *Classical Antiquity* 22 (1): 5-35.

Ching, Julia, and Willard G. Oxtoby, eds. 1992. *Discovering China: European Interpretations in the Enlightenment*. Library of the History of Ideas 7. Rochester, NY: University of Rochester Press.

Chrissis, Nikolaos G., Mike Carr and Christoph Maier, eds. 2014. *Contact and Conflict in Frankish Greece and the Aegean, 1204-1453: Crusade, Religion and Trade between Latins, Greeks and Turks*. Farnham, UK: Routledge.

Cobb, Paul. 2016. *The Race for Paradise: An Islamic History of the Crusades*. Oxford: Oxford University Press.

Cohn, Bernand S. 2012. "Representing Authority in Victorian India". In *The Invention of Tradition*, ed. Eric Hobsbawm and Terence Ranger, 165-210. Cambridge: Cambridge University Press.

Cole, Joshua, and Carol Symes. 2020. *Western Civilizations*. Brief Fifthed. New York: W. W. Norton & Company.

Colvin, Steven. 2010. "Greek Dialects in the Archaic and Classical Ages". In *A Companion to the Ancient Greek Language*, ed. Egbert J. Bakker, 200–212. Blackwell Companions to the Ancient World. Chichester: Wiley-Blackwell.

Commager, Henry Steele, and Richard B. Morris. 1968. *The Spirit of Seventy-Six: The Story of the American Revolution As Told by Participants*. New York: Da Capo Press.

Conrad, Sebastian. 2012. "Enlightenment in Global History: A Historiographical Critique". *American Historical Review* 117 (4): 999–1027.

Cook, Robert Manuel. 1981. *Clazomenian sarcophagi*. Forschungen zur antiken Keramik: Reihe 2, Kerameus 3. Mainz on the Rhine: von Zabern.

Cook, William W., and James Tatum. 2010. *African American Writers and Classical Tradition*. Chicago: University of Chicago Press.

Creery, Jennifer. 2019. "Emotional Leader Carrie Lam Says She 'Sacrificed' for Hong Kong, as Police Use Tear Gas, Rubber Bullets to Clear Protests". *Hong Kong Free Press*, 12 June 2019.

Cunliffe, Emma, and Luigi Curini. 2018. "ISIS and Heritage Destruction: A Sentiment Analysis". *Antiquity* 92 (364): 1094–111.

D'Aragona, Tullia, John C. McLucas and Julia Hairston, eds. Forthcoming. *The Wretch, Otherwise Known as Guerrino, by Tullia D'Aragona*. The Other Voice in Early Modern Europe. Toronto: University of Toronto Press.

Dardenay, Alexandra. 2010. *Les Mythes Fondateurs de Rome: Images et Politique dans l'Occident Romain*. Paris: Picard.

De Angelis, Franco, ed. 2020. *A Companion to Greeks Across the Ancient World*. Vol. 158. Blackwell Companions to the Ancient World. Newark, NJ: John Wiley & Sons.

Delanty, Gerard. 1995. *Inventing Europe: Idea, Identity, Reality*. New York: St. Martin's Press.

Desmond, Marilynn. 2016. "Trojan Itineraries and the Matter of Troy". In *The Oxford History of Classical Reception in English Literature*, ed. Rita Copeland, 251–68. Oxford: Oxford University Press.

Disney, A. R. 2009. *A History of Portugal and the Portuguese Empire: From Beginnings to 1807. Vol. 2, The Portuguese Empire*. Cambridge: Cambridge University Press.

Di Spigna, Christian. 2018. *Founding Martyr: The Life and Death of Dr. Joseph Warren, the American Revolution's Lost Hero*. New York: Crown.

Donnellan, Lieve. 2016. "'Greek Colonization' and Mediterranean Networks:

Patterns of Mobility and Interaction at Pithekoussai". *Journal of Greek Archaeology* 1:109-48.

Dorninger, Maria E. 1997. *Gottfried von Viterbo: Ein Autor in der Umgebung der frühen Staufer*. Salzburger Beiträge 31. Stuttgart: Heinz.

Dorninger, Maria E. 2015. "Modern Readers of Godfrey". In *Godfrey of Viterbo and His Readers: Imperial Tradition and Universal History in Late Medieval Europe*, ed. Thomas Foerster, 13-36. Church, Faith and Culture in the Medieval West. Farnham, UK: Ashgate Publishing.

Doufikar-Aerts, Faustina C.W. 2016. "A Hero without Borders: 2 Alexander the Great in the Syriac and Arabic Tradition." In *Fictional Storytelling in the Medieval Eastern Mediterranean and Beyond*, ed. Bettina Krönung and Carolina Cupane, 1:190-209. Leiden: Brill.

Dreyer, Edward L. 2006. *Zheng He: China and the Oceans in the Early Ming Dynasty, 1405-1433*. New York: Pearson.

Drogin, Sara S. 2008. *Spare Me the Details!: A Short History of Western Civilization*. Bloomington, IN: iUniverse.

Eigen, Sara, and Mark Larrimore, eds. 2006. *The German Invention of Race*. Ithaca, New York: State University of New York Press.

Engels, Johannes. 2010. "Macedonians and Greeks". In *A Companion to Ancient Macedonia*, ed. J. Roisman and Ian Worthington, 81-98. Oxford: Wiley Blackwell.

Erskine, Andrew. 2001. *Troy Between Greece and Rome: Local Tradition and Imperial Power*. Reprint ed. Oxford: Oxford University Press.

Evrigenis, Ioannis D. 2006. "Hobbes's Thucydides". *Journal of Military Ethics* 5 (4): 303-16.

Fafinski, Mateusz. 2021. *Roman Infrastructure in Early Medieval Britain*. Amsterdam: Amsterdam University Press.

Falk, Seb. 2020. *The Light Ages: The Surprising Story of Medieval Science*. New York: W.W. Norton.

Fan, Xin. 2021. *World History and National Identity in China: The Twentieth Century*. Cambridge, UK: Cambridge University Press.

Fanon, Franz. 1963. *The Wretched of the Earth*. New York: Grove Press.

Fauvelle, François-Xavier. 2018. *The Golden Rhinoceros: Histories of the African Middle Ages*. Princeton, NJ: Princeton University Press.

Feile Tomes, Maya. 2015. "News of a Hitherto Unknown Neo-Latin Columbus Epic, Part II: José Manuel Peramás's 'De Invento Novo Orbe Inductoque Illuc Christi Sacrificio' (1777)". *International Journal of the Classical Tradition* 22 (2): 223-57.

Fernández-Götz, Manuel, Dominik Maschek and Nico Roymans. 2020. "The Dark Side of the Empire: Roman Expansionism between Object Agency and Predatory Regime". *Antiquity* 94 (378): 1630-39.

Field, Arthur. 1988. *The Origins of the Platonic Academy of Florence*. Princeton Legacy Library. Princeton, NJ: Princeton University Press.

Fierro, Maribel, ed. 2020. *The Routledge Handbook of Muslim Iberia*. Milton Park, UK: Taylor and Francis.

Filipec, Ondřej. 2020. *The Islamic State: From Terrorism to Totalitarian Insurgency*. London: Routledge.

Finkelstein, J. J. 1963. "Mesopotamian Historiography". *Proceedings of the American Philosophical Society* 107 (6): 461-72.

Flood, Finbarr Barry, and Jaś Elsner. 2016. "Idol-Breaking as Image-Making in the 'Islamic State'". *Religion and Society* 7: 116-27.

Forman, Samuel A. 2011. *Dr. Joseph Warren: The Boston Tea Party, Bunker Hill, and the Birth of American Liberty*. Gretna, LA: Pelican Publishing.

Fowler, Corinne. 2021. *Green Unpleasant Land: Creative Responses to Rural England's Colonial Connections*. Leeds, UK: Peepal Tree.

Fowler, Robert L. 1999. "Genealogical Thinking, Hesiod's Catalogue, and the Creation of the Hellenes". *Cambridge Classical Journal* 44:1-19.

Frankopan, Peter. 2019. *The New Silk Roads: The Present and Future of the World*. London: Bloomsbury Publishing.

Frassetto, M., and D. Blanks, eds. 1999. *Western Views of Islam in Medieval and Early Modern Europe: Perception of Other*. New York: Palgrave Macmillan US.

Freed, John B. 2016. *Frederick Barbarossa: The Prince and the Myth*. New Haven, CT: Yale University Press.

French, Howard W. 2021. *Born in Blackness: Africa, Africans, and the Making of the Modern World, 1471 to the Second World War*. New York: Liveright Publishing.

Frisch, Peter. 1975. *Die Inschriften von Ilion. Vol. 3, Inschriften griechischer Städte aus Kleinasien*. Bonn: Habelt.

Frothingham, Richard. 1865. *Life and Times of Joseph Warren*. Boston, MA: Little,

Brown.

Fuchs, Werner. 1975. "Die Bildeschichte der Flucht des Aeneas". *Aufstieg und Niedergang der römischen Welt* 1 (4): 615-32.

Fukuyama, Francis. 2022. *Liberalism and Its Discontents*. New York: Farrar, Straus and Giroux.

Furstenberg, Francois. 2007. *In the Name of the Father: Washington's Legacy, Slavery, and the Making of a Nation*. Reprint ed. Penguin Books.

Futo Kennedy, Rebecca. 2019. "On the History of 'Western Civilization,' Part 1." *Classics at the Intersections* (blog). April 2019. https://rfkclassics.blogspot.com/2019/04/on-history-of-western-civilization-part.html.

Futo Kennedy, Rebecca. 2022. "Classics and 'Western Civilization': The Troubling History of an Authoritative Narrative". In *Authority: Ancient Models, Modern Questions*, ed. Federico Santangelo and Juliana Bastos Marques, 87-108. London: Bloomsbury Academic.

Gagné, Renaud. 2006. "What Is the Pride of Halicarnassus?" *Classical Antiquity* 25 (1): 1-33.

Gajda, Alexandra. 2012. *The Earl of Essex and Late Elizabethan Political Culture*. Oxford Historical Monographs. Oxford: Oxford University Press.

Galinsky, Karl. 2020. "Herakles Vajrapani, the Companion of Buddha". In *Herakles Inside and Outside the Church*, ed. Arlene L. Allan, Eva Anagnostou-Laoutides and Emma Stafford, 315-32. Leiden: Brill.

Gates, Henry Louis Jr. 2003. "Phillis Wheatley on Trial". *New Yorker*, 20 January, 82-7.

Giovannozzi, Delfina. 2019. "Leone Ebreo in Tullia d'Aragona's Dialogo: Between Varchi's Legacy and Philosophical Autonomy". *British Journal for the History of Philosophy* 27 (4): 702-17.

Gladhill, Bill. 2009. "The Poetics of Alliance in Vergil's Aeneid". *Dictynna. Revue de Poétique Latine*, no. 6 (June).

Glassner, Jean-Jacques. 2004. *Mesopotamian Chronicles*. Ed. Benjamin R. Foster. Writings from the Ancient World 19. Atlanta, GA: Society of Biblical Literature.

Goertz, Stefan. 2021. *Der neue Terrorismus: Neue Akteure, Strategien, Taktiken und Mittel*. 2nd ed. Wiesbaden, Germany: Springer Fachmedien

Goff, Barbara, ed. 2005. *Classics and Colonialism*. London: Duckworth.

Goff, Barbara E. 2013. *"Your Secret Language": Classics in the British Colonies of West*

Africa. New York: Bloomsbury Academic.

Gogwilt, Christopher. 1995. *The Invention of the West. Joseph Conrad and the Double-Mapping of Europe and Empire*. Stanford, CA: Stanford University Press.

Goldberg, Jonah. 2018. *Suicide of the West: How the Rebirth of Tribalism, Nationalism, and Socialism Is Destroying American Democracy*. New York: Crown Forum.

Gomez, Michael. 2019. *African Dominion: A New History of Empire in Early and Medieval West Africa*. Princeton, NJ: Princeton University Press.

Goodwin, Jason. 1999. *Lords of the Horizons: A History of the Ottoman Empire*. London: Chatto and Windus.

Gordon, Andrew. 2007. "'A Fortune of Paper Walls': The Letters of Francis Bacon and the Earl of Essex". *English Literary Renaissance* 37 (3): 319-36.

Gordon, William. 1788. *The History of the Rise, Progress, and Establishment, of the Independence of the United States of America: Including an Account of the Late War; and of the Thirteen Colonies, from their Origins to that Period, by William Gordon, D.D.* New York: Hodge, Allen, and Campbell.

Graeber, David, and David Wengrow. 2021. *The Dawn of Everything: A New History of Humanity*. London: Penguin.

Graziosi, Barbara. 2015. "On Seeing the Poet: Arabic, Italian and Byzantine Portraits of Homer". *Scandinavian Journal of Byzantine and Modern Greek Studies*, no. 1 (June): 25-47.

Green, Toby. 2019. *A Fistful of Shells: West Africa from the Rise of the Slave Trade to the Age of Revolution*. London: Allen Lane.

Greenblatt, Stephen. 2012. *The Swerve: How the World Became Modern*. W.W. Norton.

Greenwood, Emily. 2007. "Black Odysseys: The Homeric Odyssey in the African Diaspora since 1939". In *Classics in Post-Colonial Worlds*, ed. Lorna Hardwick and Carol Gillespie, 192-210. Oxford: Oxford University Press.

Greenwood, Emily. 2010. *Afro-Greeks: Dialogues between Anglophone Caribbean Literature and Classics in the Twentieth Century*. Classical Presences. Oxford: University Press.

Greenwood, Emily. 2011. "The Politics of Classicism in the Poetry of Phillis Wheatley". In *Ancient Slavery and Abolition: From Hobbes to Hollywood*, ed. Richard Alston, Edith Hall and Justine McConnell, 153-80. Oxford: Oxford University Press.

Gress, David. 1998. *From Plato to NATO: The Idea of the West and Its Opponents*. New York: Free Press.

Gutas, Dimitri. 1998. *Greek Thought, Arabic Culture: The Graeco-Arabic Translation Movement in Baghdad and Early 'Abbāsid Society* (2nd-4th / 8th-10th Centuries). London: Routledge.

Hackett, Helen. 2014. "A New Image of Elizabeth I: The Three Goddesses Theme in Art and Literature". *Huntington Library Quarterly* 77 (3): 225-56.

Hairston, Julia L. 2014. "Introduction". In *The Poems and Letters of Tullia d'Aragona and Others*, ed. Julia Hairston. The Other Voice in Early Modern Europe. Toronto: Iter.

Hall, Edith. 1989. *Inventing the Barbarian: Greek Self-Definition through Tragedy*. Oxford Classical Monographs. Oxford: Clarendon Press.

Hall, Edith, and Henry Stead. 2020. *A People's History of Classics: Class and Greco-Roman Antiquity in Britain and Ireland 1689 to 1939*. London: Routledge.

Hall, Jonathan M. 1997. *Ethnic Identity in Greek Antiquity*. Cambridge: Cambridge University Press.

Hall, Jonathan M. 2002. *Hellenicity: Between Ethnicity and Culture*. Chicago: University of Chicago Press.

Hanink, Johanna. 2017. *The Classical Debt: Greek Antiquity in an Era of Austerity*. Illustrated ed. Cambridge, MA: Harvard University Press.

Hansen, Mogens Herman, and Thomas Heine Nielsen, eds. 2004. *An Inventory of Archaic and Classical "Poleis": An Investigation Conducted by the Copenhagen Polis Centre for the Danish National Research Foundation*. Oxford: Oxford University Press.

Harloe, Katherine. 2013. *Winckelmann and the Invention of Antiquity: History and Aesthetics in the Age of Altertumswissenschaft*. Oxford: Oxford University Press.

Harris, Jonathan. 2003. *Byzantium and the Crusades*. London: Bloomsbury.

Harris, Jonathan. 2005. "The Debate on the Fourth Crusade". *History Compass* 2(1).

Harris, Jonathan. 2010. *The End of Byzantium*. New Haven, CT: Yale University Press.

Hartmann, Anna-Maria. 2015. "The Strange Antiquity of Francis Bacon's New Atlantis". *Renaissance Studies* 29 (3): 375-93.

Harvey, D. 2012. *The French Enlightenment and Its Others: The Mandarin, the Savage, and the Invention of the Human Sciences*. London: Springer.

Hawkins, Mike. 1997. *Social Darwinism in European and American Thought, 1860-1945: Nature as Model and Nature as Threat*. Cambridge: Cambridge University Press.

Hazareesingh, Sudhir. 2020. *Black Spartacus: The Epic Life of Toussaint Louverture*. London: Allen Lane.

He, Xiao. 2019. "Ancient Civilisations Forum with the Belt and Road Initiative". In *Routledge Handbook of the Belt and Road*, 430–33. London: Routledge.

Healy, Jack. 2021. "These Are the 5 People Who Died in the Capitol Riot". *New York Times*, 11 January 2021.

Heather, Peter J. 1996. *The Goths*. The Peoples of Europe. Oxford: Blackwell.

Heather, Peter. 2009. *Empires and Barbarians: The Fall of Rome and the Birth of Europe*. Oxford: Oxford University Press.

Heather, Peter. 2017. *The Restoration of Rome: Barbarian Popes and Imperial Pretenders*. Oxford: Oxford University Press.

Hegel, Georg Wilhelm Friedrich, T. M. Know and Richard Kroner. 1975. *Early Theological Writings, G. W. F. Hegel*. Philadelphia: University of Pennsylvania Press.

Heng, Geraldine. 2018. *The Invention of Race in the European Middle Ages*. Cambridge: Cambridge University Press.

Henrich, Joseph. 2020. *The Weirdest People in the World: How the West Became Psychologically Peculiar and Particularly Prosperous*. London: Allen Lane.

Hepple, Leslie W. 2001. "'The Museum in the Garden': Displaying Classical Antiquities in Elizabethan and Jacobean England". *Garden History* 29 (2): 109–20.

Hering, K. 2015. "Godfrey of Viterbo: Historical Writing and Imperial Legitimacy at the Early Hohenstaufen Court". In *Godfrey of Viterbo and His Readers: Imperial Tradition and Universal History in Late Medieval Europe*, ed. Thomas Foerster, 47–66. Church, Faith and Culture in the Medieval West. Farnham, UK: Ashgate Publishing.

Herrin, Judith. 2007. *Byzantium: The Surprising Life of a Medieval Empire*. Princeton, NJ: Princeton University Press.

Herrin, Judith. 2020. *Ravenna: Capital of Empire, Crucible of Europe*. Princeton, NJ: Princeton University Press.

Heywood, Linda M. 2017. *Njinga of Angola: Africa's Warrior Queen*. Cambridge, MA: Harvard University Press.

Hildebrandt, Berit. 2017. *Silk: Trade and Exchange along the Silk Roads between Rome and China in Antiquity*. Oxford: Oxbow Books.

Hill, Lisa, and Prasanna Nidumolu. 2021. "The Influence of Classical Stoicism on John Locke's Theory of Self-Ownership". *History of the Human Sciences* 34 (3-4): 3-24.

Hingley, Richard. 2001. *Roman Officers and English Gentlemen: The Imperial Origins of Roman Archaeology*. London: Routledge.

Hingley, Richard. 2005. *Globalizing Roman Culture: Unity, Diversity and Empire*. London: Routledge.

Hingley, Richard. 2019. "Assessing How Representation of the Roman Past Impacts Public Perceptions of the Province of Britain". *Public Archaeology* 18 (4): 241-60.

Hobson, John M. 2004. *The Eastern Origins of Western Civilisation*. Cambridge, UK: Cambridge University Press.

Hobson, John M. 2020. *Multicultural Origins of the Global Economy: Beyond the Western-Centric Frontier*. Cambridge, UK: Cambridge University Press.

Hobsbawm, Eric. 1968. *Industry and Empire*. London: Penguin Books.

Hobsbawm, Eric, and Terence Ranger, eds. 2012. *The Invention of Tradition*. Canto Classics. Cambridge: Cambridge University Press.

Horsfall, Nicholas. 1986. "The Aeneas Legend and the 'Aenied'". *Vergilius* 32:8-17.

Horsfall, Nicholas, ed. 2000. *A Companion to the Study of Virgil*. Leiden, NL: Brill.

Hower, Jessica S. 2020. *Tudor Empire: The Making of Early Modern Britain and the British Atlantic World, 1485-1603*. Cham, Switzerland: Palgrave Macmillan.

Hsing, I-Tien. 2005. "Heracles in the East: The Diffusion and Transformation of His Image in the Arts of Central Asia, India, and Medieval China". *Asia Major* 18 (2): 103-54.

Hume, David. 1994. *Political Essays*. Cambridge, UK: Cambridge University Press.

Hunt, Lucy-Anne. 2011. "A Deesis Mould in Berlin: Christian-Muslim Cultural Interchange between Iran, Syria and Mesopotamia in the Early Thirteenth Century". *Islam and Christian-Muslim Relations* 22 (2): 127-45.

Huntington, Samuel P. 1996. *The Clash of Civilizations and the Remaking of the World Order*. London: Free Press.

Huxtable, Sally-Anne, Corinne Fowler, Christo Kefalas and Emma Slocombe. 2020. "Interim Report on the Connections between Colonialism and Properties Now in the Care of the National Trust Including Links with Historic Slavery".

Swindon, UK: National Trust.

Inalcik, Halil. 2001. *The Ottoman Empire: The Classical Age 1300-1600*. London: Phoenix.

Innes, Matthew. 2000. "Teutons or Trojans? The Carolingians and the Germanic Past". In *The Uses of the Past in the Early Middle Ages*, ed. Yitzhak Hen and Matthew Innes, 227-49. Cambridge: Cambridge University Press.

Irwin, Elizabeth. 2013. "To Whom Does Solon Speak? Conceptions of Happiness and Ending Life Well in the Later Fifth Century (Hdt. 1:29-33)". In *Herodots Wege Des Erzählens: Logos Und Topos in Den Historien*, ed. K. Geus, Elizabeth Irwin and Thomas Poiss, 261-321. Bern, Switzerland: Peter Lang Edition.

Isaac, Benjamin, Miriam Eliav-Feldon and Joseph Ziegler, eds. 2009. *The Origins of Racism in the West*. Cambridge: Cambridge University Press.

Isakhan, Benjamin, and Lynn Meskell. 2019. "UNESCO's Project to 'Revive the Spirit of Mosul': Iraqi and Syrian Opinion on Heritage Reconstruction after the Islamic State". *International Journal of Heritage Studies* 25 (11): 1189-204.

Isba, Anne. 2003. "Trouble with Helen: The Gladstone Family Crisis, 1846-1848". *History* 88 (2 [290]): 249-61.

Israel, Jonathan I. 2001. *Radical Enlightenment: Philosophy and the Making of Modernity, 1650-1750*. Oxford: Oxford University Press.

Israel, Jonathan I. 2006. *Enlightenment Contested: Philosophy, Modernity, and the Emancipation of Man, 1670-1752*. Oxford: Oxford University Press.

Israel, Jonathan I. 2009. *A Revolution of the Mind: Radical Enlightenment and the Intellectual Origins of Modern Democracy*. Princeton, NJ: University Press.

Israel, Jonathan. 2011. *Democratic Enlightenment: Philosophy, Revolution, and Human Rights, 1750-1790*. Oxford: Oxford University Press.

Issa, Hanan. 2018. *My Body Can House Two Hearts*. Bristol, UK: Burning Eye Books.

Jackson, Maurice, and Susan Kozel, eds. 2015. *Quakers and Their Allies in the Abolitionist Cause, 1754-1808*. New York: Routledge.

Jacob, Margaret C. 2001. *The Enlightenment: A Brief History with Documents*. Boston, MA: Bedford/St. Martin's.

Jacob, Margaret C. 2019. *The Secular Enlightenment*. Princeton, NJ: Princeton University Press.

James, C.L.R. 1989. *The Black Jacobins: Toussaint L'Ouverture and the San Domingo Revolution*. New York: Vintage Books.

Jardine, Lisa. 2004. "Gloriana Rules the Waves: Or, the Advantage of Being Excommunicated (and a Woman)". *Transactions of the Royal Historical Society* 14 (14): 209-22.

Jardine, Lisa, and Alan Stewart. 1998. *Hostage to Fortune: The Troubled Life of Francis Bacon (1561-1626)*. London: Gollancz.

Jeffers, Honorée Fanonne. 2020. *The Age of Phillis*. Middletown, CT: Wesleyan University Press.

Jenkins, Roy. 2012. *Gladstone*. London: Pan Macmillan.

Johnson, Marguerite. 2012. *Boudicca*. London: A & C Black.

Jordan, William Chester. 2002. "'Europe' in the Middle Ages". In *The Idea of Europe: From Antiquity to the European Union*, ed. Anthony Pagden, 72-90. Cambridge: Cambridge University Press.

Kalb, Judith E. 2008. *Russia's Rome: Imperial Visions, Messianic Dreams, 1890-1940*. Madison, WI: University of Wisconsin Press.

Kaldellis, Anthony. 2007. *Hellenism in Byzantium: The Transformations of Greek Identity and the Reception of the Classical Tradition*. Cambridge: Cambridge University Press.

Kaldellis, Anthony. 2019a. *Byzantium Unbound*. Leeds: Arc Humanities Press.

Kaldellis, Anthony. 2019b. *Romanland: Ethnicity and Empire in Byzantium*. Cambridge, MA: Belknap Press.

Kamil, Jill. 2013. *Christianity in the Land of the Pharaohs: The Coptic Orthodox Church*. Milton Park, UK: Taylor and Francis.

Kammen, Michael. 1970. "The Meaning of Colonization in American Revolutionary Thought". *Journal of the History of Ideas* 31 (3): 337-58.

Kant, Immanuel. 2011 [1764]. *Observations on the Feeling of the Beautiful and Sublime and Other Writings*. Cambridge and New York: Cambridge University Press.

Kanter, Douglas. 2013. "Gladstone and the Great Irish Famine". *Journal of Liberal History* 81:8-14.

Kayaalp, Pinar. 2018. *The Empress Nurbanu and Ottoman Politics in the 16th Century: Building the Atik Valide*. Routledge Studies in Middle Eastern History 19. Milton Park, UK: Routledge.

Keen, Michael, and Joel Slemrod. 2021. *Rebellion, Rascals, and Revenue: Tax Follies and Wisdom through the Ages*. Princeton, NJ: Princeton University Press.

Keevak, Michael. 2008. *The Story of a Stele: China's Nestorian Monument and Its*

Reception in the West, 1625-1916. Hong Kong: Hong Kong University Press.

Keevak, Michael. 2011. *Becoming Yellow: A Short History of Racial Thinking*. Princeton, NJ: Princeton University Press.

Kennedy, Hugh. 1996. *Muslim Spain and Portugal: A Political History of al-Andalus*. London: Routledge.

Kidd, Thomas S. 2009. *The Great Awakening: The Roots of Evangelical Christianity in Colonial America*. New Haven, CT: Yale University Press.

Kidd, Thomas S. 2014. *George Whitefield: America's Spiritual Founding Father*. New Haven, CT: Yale University Press.

Kishlansky, Mark, Patrick Geary and Patricia O'Brien. 2006. *A Brief History of Western Civilization: The Unfinished Legacy*, Vol. 1. 5th ed. New York: Longman Publishing.

Kleingeld, Pauline. 2007. "Kant's Second Thoughts on Race". *Philosophical Quarterly* 57 (229): 573-92.

Koch, Richard, and Chris Smith. 2006. *Suicide of the West*. London and New York: Continuum.

Kołodziejczyk, Dariusz. 2012. "Khan, Caliph, Tsar and Imperator: The Multiple Identities of the Ottoman Sultan". In *Universal Empire: A Comparative Approach to Imperial Culture and Representation in Eurasian History*, ed. Dariusz Kołodziejczyk and Peter Fibiger Bang, 175-93. Cambridge: Cambridge University Press.

Laihui, Xie. 2019. "The Belt and Road Initiative and the Road Connecting Different Civilisations". In *Routledge Handbook of the Belt and Road*, ed. Cai Fang and Peter Nolan, 165-69. London: Routledge.

Laird, Andrew. 2006. *The Epic of America: An Introduction to Rafael Landívar and the "Rusticatio Mexicana"*. London: Duckworth.

Laird, Andrew. 2007. "Latin America". In *A Companion to the Classical Tradition*, ed. Craig W. Kallendorf, 222-36. Chichester, UK: John Wiley & Sons.

Łajtar, Adam, and Grzegorz Ochała. 2021. "Language Use and Literacy in Late Antique and Medieval Nubia". In *The Oxford Handbook of Ancient Nubia*, ed. Geoff Emberling and Bruce Beyer Williams, 786-805. Oxford: Oxford University Press.

Lakomy, Miron. 2021. *Islamic State's Online Propaganda: A Comparative Analysis*. New York: Routledge.

Lape, Susan. 2010. *Race and Citizen Identity in the Classical Athenian Democracy*.

Cambridge: Cambridge University Press.

Lau, Kenneth. 2016. "Lam Bares the 'Bad Records' in Her Life". *The Standard*, 3 May 2016.

Levine, Philippa. 2020. *The British Empire: Sunrise to Sunset*. 3rd ed. London: Routledge.

Lewis, Bernard. 1990. "The Roots of Muslim Rage". *The Atlantic*, September, 47-60.

Lewis, Bernard, and Benjamin Braude, eds. 1982. *Christians & Jews in the Ottoman Empire: The Functioning of a Plural Society*. Vol. 2. New York: Holmes & Meier.

Li, Xue. 2019. "Exchanges and Mutual Learning among Civilisations". In *Routledge Handbook of the Belt and Road*, ed. Cai Fang and Peter Nolan, 272-7. London: Routledge.

Lifschitz, Avi. 2016. "Rousseu's Imagined Antiquity: An Introduction". *History of Political Thought* 37:1-7.

Low, Polly. 2008. *The Athenian Empire*. Edinburgh Readings on the Ancient World. Edinburgh: Edinburgh University Press.

Lucas, Edward. 2008. *New Cold War: Putin's Russia and the Threat to the West*. New York: St. Martin's Press.

Lupher, David A. 2002. *Romans in a New World: Classical Models in Sixteenth-Century Spanish America*. Ann Arbor, MI: University of Michigan Press.

Ma, John, Nikolaos Papazarkadas and Robert Parker, eds. 2009. *Interpreting the Athenian Empire*. London: Duckworth.

McConnell, Justine. 2013. *Black Odysseys: The Homeric Odyssey in the African Diaspora Since 1939*. Oxford: Oxford University Press.

McCoskey, Denise, ed. 2021. *A Cultural History of Race. Vol. 1, In Antiquity*. London: Bloomsbury Academic.

MacCulloch, Diarmaid. 2010. *A History of Christianity*. London: Penguin.

McDaniel, Spencer. 2021. "Here's What the Costumes and Flags on Display at the Pro-Trump Insurrection Mean". *Tales of Times Forgotten* (blog). January 8, 2021. https://talesoftimesforgotten.com/2021/01/08/heres-what-the-costumes-and-flags-on-display-at-the-pro-trump-insurrection-mean.

McKenzie, Judith S., and Francis Watson. 2016. *The Garima Gospels: Early Illuminated Gospel Books from Ethiopia*. Oxford: University of Oxford.

McLaughlin, M. L. 1988. "Humanist Concepts of Renaissance and Middle Ages in the Treand Quattrocento". *Renaissance Studies* 2 (2): 131-42.

McLucas, John C. 2006. "Renaissance Carolingian: Tullia d'Aragona's Il Meschino, Altramente Detto Il Guerrino". *Olifant* 25 (1/2): 313-20.

McNeill, William. 1963. *The Rise of the West*. Chicago: University of Chicago Press.

Mac Sweeney, Naoíse, ed. 2013. *Foundation Myths in Ancient Societies: Dialogues and Discourses*. Philadelphia: University of Pennsylvania Press.

Mac Sweeney, Naoíse. 2018. *Troy: Myth, City, Icon*. London: Bloomsbury Academic.

Mac Sweeney, Naoíse. 2021a. "Regional Identities in the Greek World: Myth and Koinon in Ionia". *Historia. Zeitschrift Für Alte Geschichte* 70 (2): 268-314.

Mac Sweeney, Naoíse. 2021b. "Race and Ethnicity". In *A Cultural History of Race, Vol. I: Antiquity*, ed. Denise McCoskey, 103-18. London: Bloomsbury.

Mahbubani, Kishore. 2020. *Has China Won?: The Chinese Challenge to American Primacy*. New York: PublicAffairs.

Mairs, Rachel. 2016. *The Hellenistic Far East: Archaeology, Language, and Identity in Greek Central Asia*. Berkeley: University of California Press.

Mairs, Rachel, ed. 2020. *The Graeco-Bactrian and Indo-Greek World*. London: Routledge.

Majendie, Adam, Sheridan Prasso, Kevin Hamlin, Miao Han, Faseeh Mangi, Chris Kay, Samuel Gebre and Marcus Bensasson. 2018. "China's Empire of Money Is Reshaping Global Trade". Bloomberg.com, 1 August 2018. www.bloomberg.com/news/features/2018-08-01/china-s-empire-of-money-isreshaping-lives-across-new-silk-road.

Malamud, Margaret. 2009. *Ancient Rome and Modern America*. Hoboken, NJ: Wiley.

Malamud, Margaret. 2010. "Translatio Imperii: America as the New Rome c.1900". In *Classics and Imperialism in the British Empire*, ed. Mark Bradley. Oxford: Oxford University Press, 249-83.

Malamud, Margaret. 2016. *African Americans and the Classics: Antiquity, Abolition and Activism*. London: I.B. Tauris.

Malcolm, Noel. 2019. *Useful Enemies: Islam and the Ottoman Empire in Western Political Thought, 1450-1750*. Oxford: Oxford University Press.

Malik, Kenan. 1996. *The Meaning of Race: Race, History and Culture in Western Society*. New York: New York University Press.

Malik, Kenan. 2013. "Seeing Reason: Jonathan Israel's Radical Vision". *New Humanist*, 21 June.

Malkin, Irad., ed. 2001. *Ancient Perceptions of Greek Ethnicity*. Cambridge, MA:

Harvard University Press.

Marchand, Suzanne L. 1996. *Down from Olympus*. Archaeology and Philhellenism in Germany, *1750-1970*. Princeton NJ: Princeton University Press.

Marchand, Suzanne L. 2009. *German Orientalism in the Age of Empire: Religion, Race, and Scholarship*. Cambridge: Cambridge University Press.

Marinella, Lucrezia, and Maria Gill Stampino. 2009. *Enrico; or, Byzantium Conquered: A Heroic Poem*. Chicago: University of Chicago Press.

Marshall, Peter. 2012. "'Rather with Papists than with Turks': The Battle of Lepanto and the Contours of Elizabethan Christendom". *Reformation* 17 (1): 135-59.

Mason, Rowena. 2022. "Tory Party Chairman Says 'Painful Woke Psychodrama' Weakening the West". *Guardian*, 14 February 2022.

Mattingly, D. J. 2011. *Imperialism, Power, and Identity: Experiencing the Roman Empire*. Princeton, NJ: Princeton University Press.

Mazzotta, Giuseppe. 2010. "Italian Renaissance Epic". In *The Cambridge Companion to the Epic*, ed. Catherine Bates, 93-118. Cambridge: Cambridge University Press.

Meiggs, Russell, and David Lewis. 1969. *A Selection of Greek Historical Inscriptions: To the End of the Fifth Century B.C.* Oxford: Clarendon Press.

Menzies, Gavin. 2003. *1421: The Year China Discovered the World*. London: William Morrow & Co.

Merrills, Andrew, and Richard Miles. 2010. *The Vandals*. Hoboken, NJ: Wiley.

Meserve, Margaret. 2008. *Empires of Islam in Renaissance Historical Thought*. Cambridge, MA: Harvard University Press.

Mitchell, Peter, and Paul J. Lane, eds. 2013. *The Oxford Handbook of African Archaeology*. Oxford Handbooks. Oxford: Oxford University Press.

Mitter, Rana. 2020. *China's Good War: How World War II Is Shaping a New Nationalism*. Cambridge, MA: Belknap Press.

Mokyr, Joel. 2009. *The Enlightened Economy: An Economic History of Britain, 1700-1850*. New Haven, CT: Yale University Press.

Moles, John P. 2002. "Herodotus and Athens". In *Brill's Companion to Herodotus*, ed. Egbert J. Bakker, Irene J.F. Jong and Hans Wees, 33-52. Leiden: Brill.

Momigliano, Arnaldo. 1958. "The Place of Herodotus in the History of Historiography". *History* 43 (147): 1-13.

Monoson, S. Sara. 2011. "Recollecting Aristotle: Pro-Slavery Thought in

Antebellum America and the Argument of Politics Book I". In *Ancient Slavery and Abolition: From Hobbes to Hollywood*, ed. Richard Alston, Edith Hall and Justine McConnell, 247–78. Oxford: Oxford University Press.

Morris, Ian. 2011. *Why the West Rules - for Now: The Patterns of History and What They Reveal about the Future*. London: Profile Books.

Morton, Nicholas. 2016. *Encountering Islam on the First Crusade*. Cambridge: Cambridge University Press.

Moyer, Ian, Adam Lecznar and Heidi Morse, eds. 2020. *Classicisms in the Black Atlantic*. Oxford: Oxford University Press.

Munson, Rosaria Vignolo. 2014. "Herodotus and Ethnicity". In *A Companion to Ethnicity in the Ancient Mediterranean*, ed. Jeremy McInerney, 341–55. Hoboken, NJ: Wiley.

Murray, Douglas. 2017. *The Strange Death of Europe: Immigration, Identity, Islam*. London: Bloomsbury Continuum.

Murray, Douglas. 2022. *The War on the West: How to Prevail in the Age of Unreason*. London: HarperCollins.

Nakata, Sharilyn. 2012. "Egredere O Quicumque Es: Genealogical Opportunism and Trojan Identity in the Aeneid". *Phoenix* 66 (3–4): 335–63, 467.

Ndiaye, Noémie. 2022. *Scripts of Blackness: Early Modern Performance Culture and the Making of Race*. Philadelphia: University of Pennsylvania Press.

Németh, András. 2018. *The Excerpta Constantiniana and the Byzantine Appropriation of the Past*. Cambridge: Cambridge University Press.

Neville, Leonora. 2016. *Anna Komnene: The Life and Work of a Medieval Historian*. Oxford: Oxford University Press.

Ng, Diana Y., and Molly Swetnam-Burland. 2018. *Reuse and Renovation in Roman Material Culture: Functions, Aesthetics, Interpretations*. Cambridge: Cambridge University Press.

Nicol, Donald M. 1989. *Byzantium and Venice: A Study in Diplomatic and Cultural Relations*. Cambridge: Cambridge University Press.

Nishihara, Daisuke 2005. "Said, Orientalism, and Japan". *Alif: Journal of Comparative Poetics* 25: 241–53.

Noble, Thomas F. X., Barry Strauss, Duane Osheim, Kristen Neuschel and Elinor Accampo. 2013. *Western Civilization: Beyond Boundaries*. 7th ed. Boston, MA: Cengage Learning.

Oliver, Peter. (1781) 1967. *Peter Oliver's Origin & Progress of the American Rebellion: A Tory View*. Stanford: Stanford University Press.

Olson, Kelly. 2012. *Dress and the Roman Woman: Self- Presentation and Society*. London: Routledge.

Osborne, Robin, ed. 2008. *The World of Athens: An Introduction to Classical Athenian Culture*. 2nd ed. Cambridge: Cambridge University Press.

Osborne, Robin. 2015. "Unity vs. Diversity". In *The Oxford Handbook of Ancient Greek Religion*, ed. Esther Eidinow and Julia Kindt, 11-20. Oxford: Oxford University Press.

Osborne, Roger. 2008. *Civilization: A New History of the Western World*. New York: Pegasus Books.

Outram, Dorinda. 2013. *The Enlightenment*. 3rd ed. Cambridge: Cambridge University Press.

Pagden, Anthony. 2011. *Worlds at War: The 2,500-Year Struggle between East and West*. Oxford: Oxford University Press.

Parker, Grant. 2002. "Ex Oriente Luxuria: Indian Commodities and Roman Experience". *Journal of the Economic and Social History of the Orient* 45 (1): 40-95.

Parkinson, Robert G. 2016. *The Common Cause: Creating Race and Nation in the American Revolution*. Chapel Hill: University of North Carolina Press.

Patterson, Cynthia. 2005. "Athenian Citizenship Law". In *The Cambridge Companion to Ancient Greek Law*, ed. Michael Gagarin, 267-89. Cambridge: Cambridge University Press.

Pedani, Maria Pia. 2000. "Safiye's Household and Venetian Diplomacy". *Turcica* 32: 9-32.

Pegg, Mark Gregory. 2008. *A Most Holy War: The Albigensian Crusade and the Battle for Christendom*. Oxford: Oxford University Press.

Peirce, Leslie P. 1993. *The Imperial Harem: Women and Sovereignty in the Ottoman Empire*. New York: Oxford University Press.

Pelling, Christopher. 2012. "Tacitus and Germanicus". In *Oxford Readings in Tacitus*, ed. Rhiannon Ash, 81-313. Oxford: Oxford University Press.

Pelling, Christopher. 2019. *Herodotus and the Question Why*. Austin: University of Texas Press.

Peltonen, Markku, ed. 1996. *The Cambridge Companion to Bacon*. Cambridge: Cambridge University Press.

Perry, Marvin, Myrna Chase, James Jacob, Margaret Jacob and Jonathan W. Daly. 2015. *Western Civilization: Ideas, Politics, and Society*. 11th ed. New York: Cengage Learning.

Petersohn, Jürgen. 1992. "Friedrich Barbarossa und Rom". In *Friedrich Barbarossa. Handlungsspielräume und Wirkungsweisen*, ed. Alfred Haverkamp, 129-46. Stuttgart, Germany: Jan Thorbecke Verlag.

Petersohn, Jürgen. 2001. "Kaiser, Papst und römisches Recht im Hochmittelalter. Friedrich Barbarossa und Innocenz III beim Umgang mit dem Rechtsinstitut der langfristigen Verjährung". In *Mediaevalia Augiensia: Forschung zue Geschichte des Mittelalters,* ed. Jürgen Petersohn, 307-48. Stuttgart, Germany: Jan Thorbecke Verlag.

Piersen, William D. 1988. *Black Yankees: The Development of an Afro-American Subculture in Eighteenth-Century New England*. Amherst: University of Massachusetts Press.

Plassmann, Alheydis. 2006. *Origo gentis: Identitäts- und Legitimitätsstiftung in früh- und hochmittelalterlichen Herkunftserzahlungen*. Berlin: De Gruyter.

Pohl, Walter, Clemens Gantner, Cinzia Grifoni and Marianne Pollheimer-Mohaupt, eds. 2018. *Transformations of Romanness: Early Medieval Regions and Identities*. Berlin: De Gruyter.

Porter, Roy S., and Mikuláš Teich, eds. 1981. *The Enlightenment in National Context*. Cambridge: Cambridge University Press.

Poser, Rachel. 2021. "He Wants to Save Classics from Whiteness: Can the Field Survive?" *New York Times*, 2 February 2021.

Prag, Jonathan. 2010. "Tyrannizing Sicily: The Despots Who Cried 'Carthage!'" In *Private and Public Lies*, ed. A. Turner, F. Vervaet and J.K. On Chong-Gossard, 51-71. Leiden: Brill.

Price, Bronwen, ed. 2018. *Francis Bacon's New Atlantis: New Interdisciplinary Essays*. Manchester: Manchester University Press.

Prins, Yopie. 2017. *Ladies' Greek: Victorian Translations of Tragedy*. Princeton, NJ: Princeton University Press.

Prosperi, Valentina. 2019. *The Place of the Father: The Reception of Homer in the Renaissance Canon*. Leiden, NL: Brill.

Quinault, Roland. 2009. "Gladstone and Slavery". *Historical Journal* 52 (2): 363-83.

Quinn, Josephine Crawley. Forthcoming. *How the World Made the West*. London:

Bloomsbury.

Rady, Martyn. 2020. *The Habsburgs*. London: Penguin.

Reuter, Timothy. 1992. *Germany in the Early Middle Ages, c. 800-1056*. London: Longman Publishing.

Rhodes, Peter John. 2004. *Athenian Democracy*. Oxford: Oxford University Press.

Richard, Carl J. 1995. *The Founders and the Classics: Greece, Rome, and the American Enlightenment*. Cambridge, MA: Harvard University Press.

Richard, Carl J. 2015. "Cicero and the American Founders". In *Brill's Companion to the Reception of Cicero*, ed. William H.F. Altman, 124-43. Leiden: Brill.

Ricks, Thomas E. 2020. *First Principles: What America's Founders Learned from the Greeks and Romans and How That Shaped Our Country*. New York: Harper.

Rienjang, Wannaporn, and Peter Stewart, eds. 2020. *The Global Connections of Gandhāran Art: Proceedings of the Third International Workshop of the Gandhāra Connections Project, University of Oxford, 18th-19th March, 2019*. Oxford: Archaeopress.

Robinson, William H. 1977. "Phillis Wheatley in London". *CLA Journal* 21 (2): 187-201.

Rose, Charles Brian. 1997. *Dynastic Commemoration and Imperial Portraiture in the Julio-Claudian Period*. Cambridge: Cambridge University Press.

Rose, Charles Brian. 2013. *The Archaeology of Greek and Roman Troy*. Cambridge: Cambridge University Press.

Ross, Shawn A. 2005. "Barbarophonos: Language and Panhellenism in the Iliad". *Classical Philology* 100 (4): 299-316.

Rothe, Ursula. 2019. *The Toga and Roman Identity*. London: Bloomsbury Academic.

Ruffing, Kai. 2018. "Gifts for Cyrus, Tribute for Darius". In *Interpreting Herodotus*, ed. Thomas Harrison and Elizabeth Irwin, 149-61. Oxford: Oxford University Press.

Rukuni, Rugare. 2021. "Negus Ezana: Revisiting the Christianisation of Aksum". *Verbum et Ecclesia* 42 (1): 1-11.

Russell, Rinaldina. 1997. "Introduction". In *Dialogue on the Infinity of Love, by Tullia D'Aragona*, ed. Bruce Merry and Rinaldina Russell, 21-42. Chicago: University of Chicago Press.

Said, Edward W. 1970. "The Arab Portrayed". In *The Arab-Israeli Confrontation of June 1967: An Arab Perspective*, ed. Ibrahim Abu-Lughod, 1-9. Evanston:

Northwestern University Press.

Said, Edward W. (1978) 1995. *Orientalism*. Reprinted with a new preface. London: Penguin.

Said, Edward W. (1978) 2003. *Orientalism*. London: Penguin.

Said, Edward W. 1993. *Culture and Imperialism*. London: Vintage.

Said, Edward W. 1999. *Out of Place: A Memoir*. London: Granta Books.

Said, Edward W. 2000. *Reflections on Exile: And Other Essays*. Convergences. Cambridge, MA: Harvard University Press.

Said, Suzanne. 2001. "Greeks and Barbarians in Euripides' Tragedies: The End of Differences?" In *Greeks and Barbarians*, ed. Thomas Harrison, 62–100. Edinburgh: Edinburgh University Press.

Satia, Priya. 2020. *Time's Monster: History, Conscience and Britain's Empire*. London: Allen Lane.

Schein, Seth L. 2007. "'Our Debt to Greece and Rome': Canon, Class and Ideology". In *A Companion to Classical Receptions*, ed. Lorna Hardwick and Christopher Stray, 75–85. Hoboken, NJ: Wiley.

Schmidt-Colinet, Andreas. 2019. *Kein Tempel in Palmyra! Plädoyer Gegen Einen Wiederaufbau Des Beltempels*. Frankfurt am Mainz: Edition Fichter.

Schneider, Rolf Michael. 2012. "The Making of Oriental Rome: Shaping the Trojan Legend". In *Universal Empire*, ed. Peter Fibiger Bang and Dariusz Kolodziejczyk, 76–129. Cambridge: Cambridge University Press.

Seo, J. Mira. 2011. "Identifying Authority: Juan Latino, an African Ex-Slave, Professor, and Poet in Sixteenth-Century Granada". In *African Athena: New Agendas*, ed. Daniel Orrells, Gurminder K. Bhambra and Tessa Roynon, 258–76. Oxford: Oxford University Press.

Shalev, Eran. 2009. *Rome Reborn on Western Shores: Historical Imagination and the Creation of the American Republic*. Charlottesville: University of Virginia Press.

Shepard, Alan, and Stephen D. Powell, eds. 2004. *Fantasies of Troy: Classical Tales and the Social Imaginary in Medieval and Early Modern Europe*. Toronto: Centre for Reformation and Renaissance Studies.

Sheth, Falguni A. 2009. *Toward a Political Philosophy of Race*. Albany, NY: State University of New York Press.

Shields, John C., and Eric D. Lamore, eds. 2011. *New Essays on Phillis Wheatley*. Knoxville: The University of Tennessee Press.

Signorini, Maddalena. 2019. "Boccaccio as Homer: A Recently Discovered Self-Portrait and the 'Modern' Canon". In *Building the Canon through the Classics: Imitation and Variation in Renaissance Italy (1350-1580)*, ed. Eloisa Morra, 13-26. Leiden, NL: Brill.

Sims-Williams, Nicholas. 2022. "The Bactrian Inscription of Jaghori: A Preliminary Reading". *Bulletin of the Asia Intitute* 30, 67-74.

Sinclair, Patrick. 1990. "Tacitus' Presentation of Livia Julia, Wife of Tiberius' Son Drusus". *American Journal of Philology* 111 (2): 238-56.

Sinisi, Fabrizio. 2017. "Royal Imagery on Kushan Coins: Local Tradition and Arsacid Influences". *Journal of the Economic and Social History of the Orient* 60: 818-927.

Skilliter, S. A. 1965. "Three Letters from the Ottoman 'Sultana' Safiya to Queen Elizabeth I". In *Documents from Islamic Chanceries*, ed. Samuel M. Stern, 119-57. Columbia: University of South Carolina Press.

Skinner, Quentin. 2008. *Hobbes and Republican Liberty*. Cambridge: Cambridge University Press.

Slane, Kathleen W. 2017. *Tombs, Burials, and Commemoration in Corinth's Northern Cemetery*. Princeton, NJ: American School of Classical Studies at Athens.

Smail Salhi, Zahia. 2019. *Occidentalism*. Edinburgh, UK: Edinburgh University Press.

Smarr, Janet L. 1998. "A Dialogue of Dialogues: Tullia d'Aragona and Sperone Speroni". *Modern Language Notes* 113 (1): 204-12.

Smil, Vaclav. 2010. *Why America Is Not a New Rome*. Cambridge, MA: MIT Press.

Smith, Justin E.H. 2015. *Nature, Human Nature, and Human Difference: Race in Early Modern Philosophy*. Princeton, NJ: Princeton University Press.

Smith, Simon C. 2007. "Integration and Disintegration: The Attempted Incorporation of Malta into the United Kingdom in the 1950s". *Journal of Imperial and Commonwealth History* 35 (1): 49-71.

Somma, Thomas P. 2010. "American Sculpture and the Library of Congress". *Library Quarterly* 80 (4): 311-35.

Sowerby, Robin. 1992. "Chapman's Discovery of Homer". *Translation and Literature* 1: 26-51.

Sperber, Jonathan. 2005. *The European Revolutions, 1848-1851*. 2nd ed. Cambridge: Cambridge University Press.

Spielvogel, Jackson J. 2005. *Western Civilization: Combined Volume*. 6th ed. Belmont, CA: Cengage Learning.

Squire, Michael. 2011. *The Iliad in a Nutshell: Visualizing Epic on the Tabulae Iliacae*. Oxford: Oxford University Press.

Stagno, Laura, and Borja Franco Llopis, eds. 2021. *Lepanto and Beyond: Images of Religious Alterity from Genoa and the Christian Mediterranean*. Leuven, Belgium: Leuven University Press.

Stahl, A.M. 1998. *Vergil's Aeneid: Augustan Epic and Political Context*. London: Duckworth in association with the Classical Press of Wales.

Stallard, Katie. 2022. *Dancing on Bones: History and Power in China, Russia and North Korea*. Oxford: Oxford University Press.

Starr, S. Frederick. 2015. *Lost Enlightenment: Central Asia's Golden Age from the Arab Conquest to Tamerlane*. Princeton, NJ: Princeton University Press.

Stathakopoulos, Dionysios. 2014. *A Short History of the Byzantine Empire*. London: Bloomsbury.

Stedman Jones, Gareth. 2016. *Karl Marx: Greatness and Illusion*. Cambridge, MA: Harvard University Press.

Stock, Markus, ed. 2016. *Alexander the Great in the Middle Ages: Transcultural Perspectives*. Toronto: University of Toronto Press.

Stoneman, Richard. 2019. *The Greek Experience of India: From Alexander to the Indo-Greeks*. Princeton, NJ: Princeton University Press.

Strangio, Sebastian. 2020. *In the Dragon's Shadow: Southeast Asia in the Chinese Century*. New Haven, CT: Yale University Press.

Tatlock, John S. P. 1915. "The Siege of Troy in Elizabethan Literature, especially in Shakespeare and Heywood". *Proceedings of the Modern Language Association* 30 (4): 673-770.

Thomas, Lamont Dominick. 1986. *Rise to Be a People: A Biography of Paul Cuffe*. Champaign: University of Illinois Press.

Throop, Susanna A. 2018. *The Crusades*. Leeds, UK: Kismet Press.

Toal, Gerard. 2017. *Near Abroad: Putin, the West and the Contest over Ukraine and the Caucasus*. Oxford: Oxford University Press.

Tong, Elson. 2017. "Carrie Lam and the Civil Service Part I: Not a Typical Official". *Hong Kong Free Press*, 2 April 2017.

Toohey, Peter. 1984. "Politics, Prejudice, and Trojan Genealogies: Varro, Hyginus, and Horace: Stemmata Quid Faciunt? Juvenal, Sat. 8:1". *Arethusa* 17 (1): 5-28.

Trautsch, Jasper. 2013. "The Invention of the 'West'". *Bulletin of the German Historical Institute Washington*, Issue 53 (Fall 2013): 89-104.

Trigger, Bruce G. 1989. *A History of Archaeological Thought*. Cambridge: Cambridge University Press.

Trudell, Scott A. 2020. "An Organ for the Seraglio: Thomas Dallam's Artificial Life". *Renaissance Studies* 34 (5): 766-83.

Varner, Eric R. 2004. *Mutilation and Transformation: Damnatio Memoriae and Roman Imperial Portraiture*. Leiden, NL: Brill.

Varotti, Carlo. 2012. "La Leggenda e La Storia: Erodoto Nella Storiografia Tra Quattrocento e Primo Cinquecento". In *Hérodote à La Renaissance*, ed. Susanna Gambino Longo, 99-125. Turnhout: Brepols.

Varto, Emily. 2015. "Stories Told in Lists: Formulaic Genealogies as Intentional Histories". *Journal of Ancient History* 3 (2): 118-49.

Vasunia, Phiroze. 2013. *The Classics and Colonial India*. Oxford: Oxford University Press.

Villing, Alexandra, Udo Schlotzhauer and British Museum, eds. 2006. *Naukratis: Greek Diversity in Egypt: Studies on East Greek Pottery and Exchange in the Eastern Mediterranean*. London: British Museum Press.

Vlassopoulos, Kostas. 2013. *Greeks and Barbarians*. Cambridge: Cambridge University Press.

Waibel, Paul R. 2020. *Western Civilization: A Brief History*. Hoboken, NJ: Wiley-Blackwell.

Wallace-Hadrill, Andrew. 2008. *Rome's Cultural Revolution*. Cambridge: Cambridge University Press.

Ward Fay, Peter. 2000. *The Opium War, 1840-1842: Barbarians in the Celestial Empire in the Early Part of the Nineteenth Century and the War by Which They Forced Her Gates Ajar*. Chapel Hill: University of North Carolina Press.

Warraq, Ibn. 2007. *Defending the West: A Critique of Edward Said's Orientalism*. Amherst, NY: Prometheus Books.

Waswo, Richard. 1995. "Our Ancestors, the Trojans: Inventing Cultural Identity in the Middle Ages". *Exemplaria* 7 (2): 269-90.

Weber, Loren J. 1994. "The Historical Importance of Godfrey of Viterbo". *Viator* 25: 153-96.

Westad, Odd Arne. 2017. *The Cold War: A World History*. London: Allen Lane.

West, Martin L., ed. 2008. *Greek Lyric Poetry: The Poems and Fragments of the Greek Iambic, Elegiac, and Melic Poets (Excluding Pindar and Bacchylides) down to 450 B.C.* Oxford: Oxford University Press.

Wheatley, Phillis. 1773. *Poems on Various Subjects Religious and Moral*. London: A. Bell.

Wheatley, Phillis, and Vincent Carretta. 2019. *The Writings of Phillis Wheatley*. Oxford: Oxford University Press.

Wiencek, Henry. 2003. *An Imperfect God: George Washington, His Slaves, and the Creation of America*. New York: Farrar, Straus and Giroux.

Wignell, Peter, Sabine Tan, Kay L. O'Halloran and Rebecca Lange. 2017. "A Mixed Methods Empirical Examination of Changes in Emphasis and Style in the Extremist Magazines Dabiq and Rumiyah". *Perspectives on Terrorism* 11 (2): 2-20.

Wijma, Sara M. 2014. *Embracing the Immigrant: The Participation of Metics in Athenian Polis Religion (5th-4th Century BC)*. Stuttgart: Franz Steiner Verlag.

Willis, Patricia. 2006. "Phillis Wheatley, George Whitefield, and the Countess of Huntingdon in the Beinecke Library". *Yale University Library Gazette* 80 (3-4): 161-76.

Wilson, Peter H. 2016. *The Holy Roman Empire: A Thousand Years of Europe's History*. London: Penguin.

Winckelmann, Johann Joachim. (1764) 2006. *History of the Art of Antiquity*. Trans. Henry Francis Malgrave. Los Angeles: Getty Publications.

Winterer, Caroline. 2004. *The Culture of Classicism: Ancient Greece and Rome in American Intellectual Life*, 1780-1910. Baltimore: Johns Hopkins University Press.

Wiseman, T.P. 1995. *Remus: A Roman Myth*. Cambridge: Cambridge University Press.

Wiseman, T.P. 2004. *The Myths of Rome*. Exeter: University of Exeter Press.

Wolfe, Michael. 1993. *The Conversion of Henri IV: Politics, Power, and Religious Belief in Early Modern France*. Cambridge, MA: Harvard University Press.

Wong, Joshua, Jason Y. Ng and Ai Weiwei. 2020. *Unfree Speech: The Threat to Global Democracy and Why We Must Act, Now*. London: Penguin Books.

Wood, Ian N. 2013. *The Modern Origins of the Early Middle Ages*. Oxford: Oxford University Press.

Wood, Jennifer Linhart. 2015. "An Organ's Metamorphosis: Thomas Dallam's Sonic Transformations in the Ottoman Empire". *Journal for Early Modern Cultural Studies* 15 (4): 81-105.

Wood, Susan. 2001. *Imperial Women: A Study in Public Images, 40 B.C.- A.D. 68*. Leiden, NL: Brill.

Woods, Hannah Rose. 2022. *Rule, Nostalgia*. London: Penguin.

Woolf, Greg. 1998. *Becoming Roman: The Origins of Provincial Civilization in Gaul*. Cambridge: Cambridge University Press.

Wright, Elizabeth R. 2016. *The Epic of Juan Latino: Dilemmas of Race and Religion in Renaissance Spain*. Toronto: University of Toronto Press.

Wrigley, Chris. 2012. "Gladstone and Labour". In *William Gladstone. New Studies and Perspectives*, ed. Roland Quinault, Roger Swift and Ruth Clayton Windscheffel, 51-71. London: Routledge.

Young, Alfred F., and Gregory Nobles. 2011. *Whose American Revolution Was It? Historians Interpret the Founding*. New York: New York University Press.

Zagorin, Perez. 2020. *Francis Bacon*. Princeton, NJ: Princeton University Press.

Zanker, Paul. 1997. *Augustus und die Macht der Bilder*. 3rd ed. Munich: Beck.

Ženka, Josef. 2018. "A Manuscript of the Last Sultan of Al-Andalus and the Fate of the Royal Library of the Nasrid Sultans at the Alhambra". *Journal of Islamic Manuscripts* 9 (2-3): 341-76.

Zimmermann, Reinhard. 2001. *Roman Law, Contemporary Law, European Law: The Civilian Tradition Today*. Oxford: Oxford University Press.

추천 도서 목록

이 책이 영어로 쓰였기에, 기본적으로 영어로 된 저서들만을 소개한다. 서양의 역사적 발전과 그 과정에서 다른 지역과의 관계에 대해서는 조지핀 크롤리 퀸Josephine Crawley Quinn의 『세계가 서양을 만든 방법How the World Made the West』(2024)을 추천한다. 동서양의 이분법을 극복하는 데 도움을 줄 다른 세계사 저서로는 피터 프랭코판의 『실크로드 세계사Silk Roads: A New History of the World』(2015)와 이언 모리스의 『왜 서양이 지배하는가Why the West Rules–For Now』(2011)가 있다.

헤로도토스에 대해서는 크리스토퍼 펠링Christopher Pelling의 『헤로도토스와 왜라는 질문Herodotus and the Question Why』(2019)을 꼽을 수 있고, 고대 그리스 세계에 대한 훌륭한 입문서로는 로빈 오즈번Robin Osborne의 『그리스 역사Greek History: The Basics』(2014)가 있다. 헤로도토스의 『역사Histories』 그 자체도 환상적인 즐거움을 주는 읽을거리다. 나는 2003년 펭귄북스에서 출간된 영역본을 선호하는데 오브리 드셀린코트Aubrey de Selincourt가 번역하고 존 마린콜라John Marincola가 서장을 썼다. 리빌라를 다룬 글은 많지 않지만 아넬리제 프라이젠부르흐Anneliese Freisenbruch의 『로마의 영부인들*The First Ladies of Rome: The Women Behind the Caesars*』(2010)이 로마 황실 여성들의 삶을 탐구한 훌륭한 책이다. 로마 제국에 대한 통사라면 그레그 울프Greg Woolf의 『로마: 제국 이야기*Rome: An Empire's Story*』(2012)를 추천할 것이다. 피터 애덤슨Peter Adamson의 『알킨디*Al-Kindī*』(2007)는 분량은 적지만 알킨디의 삶을 폭넓게 개관한 책이다. 그뿐만 아니라 중세 이슬람 황금기에 대해 더 많은 것을 알고 싶은 사람이라면 아미라 베니슨Amira Bennison의 『위대한 지배자들*The Great Caliphs: The Golden Age of the Abbasid Empire*』(2009)을 즐겁게 읽을 수 있을 것이다. 토머스 포어스터Thomas Foerster가 편저한 『비테르보의 고드프리와 그의 독자들*Godfrey of Viterbo and his Readers: Imperial Tradition and Universal History in Late Medieval Europe*』(2015)이 고프레도의 삶을 다양한 측면에서 다룬 글을 엄선하고 있으나 신성 로마 제국의 역사를 더 폭넓게 알고 싶은 사람에게는 피터 H. 윌슨Peter H. Wilson의 『신성 로마 제국*The Holy Roman Empire: A Thousand Years of Europe's History*』(2016)이 매우 유용할 것이다. 나는 디미테르 안겔로프Dimiter Angelov의 훌륭한 저작인 『비잔틴 헬레네*The Byzantine Hellene: The Life of Emperor Theodore Laskaris and Byzantium in the Thirteenth Century*』(2019)를 통해 테오도로스 2세 라스카리스에 대한 정보를 얻었으나 비잔티움의 전체 상에 대한 안목을 길러 줄 만한 저서로는 앤서니 칼델리스Anthony Kaldellis의 『비잔티움의 해방*Byzantium Unbound*』(2019)을 추천할 것이다.

툴리아 다라고나의 시에 대해 알고자 한다면 줄리아 L. 헤어스턴Julia L. Hairston의 『툴리아 다라고나와 다른 사람들의 시와 편지*The Poems and Letters of Tullia d'Aragona and Others*』(2014)가 최고의 선택이 될 것이다. 또한 헤어스턴과 맥루카스McLucas가 다라고 나의 『일 메스키노Il Meschino』를 새롭게 번역해 출간할 예정이다. 르네상스에 대해 더 폭넓게 알고 싶다면 제리 브로턴Jerry Brotton의 『르네상스The Renaissance: A Very Short Introduction』(2006)가 매우 유용할 것이다. 사피예 술탄에 대한 학술 연구는 찾기 힘들 정도로 적지만 마거릿 메저브Margaret Meserve의 『르네상스 역사 속 이슬람 제국Empires of Islam in Renaissance Historical Thought』(2008)은 오스만 제국과 유럽의 여러 기독교 국가들 간의 상호 작용에 대해 색다르게 생각할 수 있게 해주었다. 오스만 제국의 역사를 다룬 많은 저서 가운데 나는 할릴 이날즉Halil Inalcik의 『오스만 제국The Ottoman Empires: The Classical Age 1300-1600』(2001)을 추천하겠다.

프랜시스 베이컨을 다룬 저술은 많지만 나에게는 리사 자르딘Lisa Jardine과 앨런 스튜어트Alan Stewart가 공저한 『운명의 인질Hostage to Fortune: The Troubled Life of Francis Bacon』(1998)이 특히 유용했다. 계몽주의 시기를 다룬 많은 책 가운데서 나는 마거릿 C. 제이콥Margaret C. Jacob의 『계몽주의The Enlightenment: A Brief History with Documents』(2001)를 주로 이용했다. 린다 헤이우드Linda Heywood가 쓴 『앙골라의 은징가Njinga of Angola: Africa's Warrior Queen』(2017)는 은징가의 생애를 다룬 훌륭한 저서이며, 그 삶을 더 넓은 역사적 맥락에서 보고자 한다면 토비 그린Toby Green의 『한 줌의 조개A Fistful of Shells: West Africa from the Rise of the Slave Trade to the Age of Revolution』(2019)가 놀라움과 지식 모두를 제공해 줄 것이다.

조지프 워런의 생애에 대해서는 크리스티안 디스피냐Christian Di Spigna의 『건국의 순교자Founding Martyr: The Life and Death of

Dr. Joseph Warren, the American Revolution's Lost Hero』(2018)를 추천할 수 있겠지만 미국 건국의 아버지들의 정치화된 고전주의에 대해서는 토머스 E. 릭스Thomas E. Ricks의『첫 번째 원칙*First Principles: What America's Founders Learned from the Greeks and Romans and How that Shaped Our Country*』(2020)을 선택하겠다. 현재 필리스 휘틀리를 다룬 훌륭한 저서가 많이 있으나 내가 으뜸으로 꼽는 책은 빈센트 카레타 Vincent Caretta가 편저한 휘틀리 시집으로 2019년에『필리스 휘틀리의 글*The Writings of Phillis Wheatley*』이라는 제목으로 나왔다. 미국 혁명기 정치를 문제의식을 가지고 다룬 책으로는 앨프리드 F. 영 Alfred F. Young과 그레고리 노블스Gregory Nobles가 공저한『미국의 독립 전쟁은 누구의 것인가? 역사학자들이 해석하는 건국*Whose American Revolution was It? Historians Interpret the Founding*』(2011)이 내 안목을 길러 주었다. 윌리엄 글래드스턴의 전기는 많이 있지만 그 가운데 나는 리처드 올더스Richard Aldous의『사자와 유니콘*The Lion and the Unicorn: Gladstone vs Disraeli*』(2009)을 가장 재미있게 읽었다. 대영제국을 다룬 책으로는 프리야 사티아Priya Satia의『시간의 괴물*Time's Monster: History, Conscience and Britain's Empire*』(2020)을 추천한다.

티머시 브레넌Timothy Brennan이 쓴『마음의 장소*Places of Mind: A Life of Edward Said*』는 사이드에 대한 새 평전으로 놀라운 읽을거리를 제공해 주며, 콰메 앤서니 아피아Kwame Anthony Appiah의『속박하는 거짓말*The Lies that Bind: Rethinking Identity*』(2018)은 사이드와 같은 사람들이 탈식민적 사고를 가지고 구축해 낸 근대 세계 속의 문화와 정체성을 재고하는 데 탁월하면서도 읽기 쉬운 작품이다. 한편 캐리 람의 평전이 등장할지는 아직 추측하기엔 이르며, 피터 프랭코판의 『미래로 가는 길, 실크로드』 *The New Silk Roads*(2019)와 키쇼어 마흐부바니Kishore Mahbubani의 『중국은 승리했는가? 미국의 패권에 대한 중국의 도전 *Has China Won? The Chinese Challenge to American Primacy*』(2020)이 중국과 국제적 힘의 균형에 대한 내 생각을 바꾸어 놓았다.

삽화 목록

25면   헤로도토스의 대리석 흉상, 2세기
             메트로폴리탄 박물관 소장, 91.8

59면   리빌라에게 바친 명문, 1세기
             베를린 고대 유물 컬렉션 소장 FG 11096. BPK/ 고대 유물 컬렉션 SMB/ 요하네스 라우렌티우스

83면   아리스토텔레스의 저술을 바탕으로 한 13세기 동물지 『키탑 나트 알하야완』의 삽화
            영국 도서관 OR 2784, 96v

113면   비테르보의 고프레도의 초상화, 14세기 수서본 『판테온』에 수록
            프랑스 국립도서관, BNF, LATIN 4805A

143면   테오도로스 2세 라스카리스의 초상화, 게오르기오스 파키메레스의 『역사』의 14세기 사본에 수록
            뮌헨 국립 바이에른 도서관, COD.GRAEC.442, FOL.7v

169면   살로메로 묘사된 툴리아 다라고나의 그림, 모레토 데 브레시아 작, 1537년경
            브레시아 토시오 마르티넨고 미술관 소장

203면   연회를 주최하는 발리데 술탄을 그린 오스만 제국의 소형 회화, 1680년대
            BRIDGEMAN IMAGES

237면   프랜시스 베이컨의 초상화, 파울루스 판 소머 1세의 화실에서 제작, 1620년경
       와지엔키 고궁 미술관 소장, ŁKR 896

265면   앙골라의 은징가 초상화, 조반니 안토니오 카바치 다 몬테쿠콜로가 쓴 『콩고, 마탐바, 앙골라의 세 왕국에 대한 역사 서설』의 17세기 사본에 수록
       파인 아트 이미지/ALAMY

295면   조지프 워런의 초상화, 존 싱글턴 코플리 작, 1765년경
       보스턴 순수예술 미술관 소장, 95.1366

325면   필리스 휘틀리의 초상화, 『종교적이고 도덕적인 다양한 주제에 관한 시집』, 1773년판의 권두에 수록
       스미스소니언 재단 국립 초상화 미술관 소장, NPG 77.2

351면   윌리엄 글래드스턴, 제국 인명 사전에 수록된 사진, 1870년경
       룩 앤드 런/BRIDGEMAN IMAGES

383면   에드워드 와디 사이드의 인물 사진
       한나 애술린/OPALE/BRIDGEMAN IMAGES

413면   캐리 람, RISE 2018 컨퍼런스에 참석할 당시의 사진
       세브 댈리/RISE VIA SPORTFILE

옮긴이의 글

우리말에서 〈서양〉, 한자어로는 〈西洋〉이라고 쓸 수 있는 이 말은 원래 남중국해의 서쪽을 가리키는 명칭으로 중국에서 출발해 서쪽의 인도양으로 향하는 바닷길을 뜻했다. 그 바닷길을 통해 중화 제국은 그들의 서쪽에 자리 잡은 또 다른 문명 세계, 즉 유럽의 존재를 의식하게 되었고 그 결과 서양의 지리적 외연은 확대되어 유럽과 아메리카에 자리 잡은 국가들을 가리키는 명칭으로 굳어졌다.* 그 서쪽 세계는 이따금 우리말에서 〈서방〉이라고도 표현되는데 그 낱말은 다소 정치적인 함의를 가지고 있어 냉전기 때 미국과 서유럽을 중심으로 이른바 제1세계 블록을 형성한 국가들을 가리킨다. 또한 우리에게는 〈서구〉라는 낱말 역시 익숙할 텐데 이는 지리적으로는 〈서유럽〉을 뜻하지만 자주 관념으로서의 서양 문명과 동일시되었고 〈서구화〉라는 낱말은 작게는 식단과 같은 일상의 생활 양식에서부터 크게는 철학, 사상 그리고 법 제도에 이르기까지 문화 전반에 미치는 서양

* 티모시 브룩이 한 장의 흥미로운 지도를 주제로 삼아 남중국해 무역로와 중국의 지리관을 다룬 책을 썼다. 티모시 브룩, 『셀던의 중국지도: 잃어버린 항해도, 향료 무역 그리고 남중국해』, 조영헌, 손고은 옮김 (서울: 너머북스, 2018).

의 영향력을 뜻한다. 우리말에서 서쪽 세계를 일컫는 그 다양한 명칭들은 우리 역사의 길과 굴곡을 반영한다. 전통적으로 동아시아 중화 질서에 포섭되어 있었던 한국(조선)은 중국으로부터 지리적 개념으로서의 서양을 받아들였고 해방과 분단을 겪으면서 정치적으로 〈서방 세계〉의 일원이 되었으며 근대화라는 기치 아래 문화적 기준이자 지향점으로서의 〈서구〉를 추종하고 받아들였다. 그렇기에 서양은 우리에게 단순한 방향일 수 없다. 이 책을 옮길 때 나는 편의상 〈서양〉을 〈서구〉와 〈서방〉을 모두 아우르는 느슨하고 포괄적인 개념으로 선택했는데 이 책의 원제이자 저자 맥 스위니가 비판하는 〈The West〉 또한 부정확하고 가변적인 통념에 불과하다는 사실을 고려하자면 그리 부적절한 번역은 아닐 것이라 믿는다.

  저자는 서양 문명이라는 거대 서사를 재검토하는 기나긴 여정을 함께 할 열네 명의 안내인을 선발했다. 이따금 저자는 그들의 흥미로운 생애를 소개하기 위해 잠시 주제에서 벗어나기도 하고 그들을 더욱 친근하게 그려내기 위해 거리낌 없이 작가적 상상력을 발휘하기도 한다. 일목요연하게 주제에 집중하길 원하는 독자들에게는 이러한 구성이 산만하게 느껴질 수도 있다. 책 속에 등장하는 어떤 인물의 경우 그의 생애가 이 책의 주제와 명확하게 맞물려 나타나지는 않는데 나에게는 프랜시스 베이컨이 그랬다. 그러나 열네 명의 개별적인 인물의 독특한 삶의 단면을 들여다보는 재미는 분명 이 책에서 놓칠 수 없는 부분이기도 하다. 나에게 있어서는 필리스 휘틀리의 이야기가 가장 큰 울림을 주었는데 휘틀리의 이야기는 그보다 앞서 소개되는 조지프 워런의 이야기를 적절히 보충할 뿐만 아니라〈서양 문명〉에 대한 저자의 비판 의식을 드러내는 데도 효과적이었다. 저자가 이야기했듯 이 책에서 다루는 열네 명의 인물은 저자 자신이 선정한 그만의 회랑이다. 그 회랑에 세워진 인물들의 구성이 다소 혼란스러워 그 안에서 헤매었을지도 모르는 이들을 위해 이 책의 이해를 돕기 위한 몇 가지 중점을 짚어보도록 한다.

　우선 고대에서 현대에 이르는 방대한 시간을 다루고 있지만 저자는 고대 그리스-로마가 연속성과 동질성을 지닌 하나의 문화권이라는 생각에 도전하는 데 주요한 관심을 쏟고 있는 것 같다. 저자의 주장을 요약하자면 역사의 아버지로 불리는 그리스인 헤로도토스는 흔히 알려진 것과 달리 그리스와〈바르바로이〉(야만인)의 세계 사이에 큰 우열을 두지 않았고 두 세계가 서로 대립하거나 충돌한다고 여기지 않았다. 유럽이라는 지리적 공간은 그리스인에게 있어 큰 중요성을 지니지 못했고 나중에 그들과 하나의 문화권으로 엮이게 될 로마인에게도 그러했다. 로마인은 트로이의 후예를 자처하며 아시아를 그들의 발상지로 여겼다. 그리고 제국 로마는 세 대륙의 문화와 인종을 아우르는 거대한 세계 제국이었기에 만일〈서양 문명〉을 서유럽을 지리적 무대로 삼은 백인들의 국가로 정의한다면 로마는 그런 서양 문명의 뿌리라고 할 수 없을 것이다. 그리스 로마를 서양 문명의〈고전〉으로 두는 가치관은 근대의 발명품이었고 인종 분류법과 마찬가지로 세부적인 모순에도 불구하고 서양의 제국주의적 세계 질서를 유지하고 서양의 문화적 우위를 재생산하는 데 도움이 되었기에 받아들여졌다. 앙골라의 은징가처럼 그 질서에 성공적으로 편입되어 자신의 지위를 보존하는 데 성공한 경우도 있었으나 휘틀리를 비롯한 대다수의 〈비서양〉 유색 인종은 그 질서의 희생양으로 전락했다. 식민 제국이 해체되고 냉전기가 도래했을 때 제국주의를 정당화했던 〈서양 문명〉의 서사는 이제 〈자유 서방 진영〉의 결속을 촉구하는 도구로 사용되었다. 이러한 〈서양 문명〉의 계보를 재검토하려는 저자의 문제의식은 다소 엉뚱하게도 홍콩의 캐리 람에게서 끝나는데 이 대목은 〈서양 문명〉이 설정해 온 적수가 언제나 필요에 의해 바뀌어왔음을 암시한다. 〈우리〉 서양 문명과 대립하는 적은 한때는 〈소련〉이었고 한때는 〈이슬람〉이었었으나 지금은 〈중국〉이다. 서양 세계의 대표자로 여겨지는 미국에서 도널드 트럼프가 다시 미 대통령이 되어 미중 대립을 격화하고 반중 의식을 고조하며 자신에 대한 지지를 호소하는 현 세태를 고려하자면 오히려 저자의 인물 선택이 의미심장하게 느껴질 정도이다.

다음으로 먼저 저자가 비판하는 대상으로서 〈서양 문명〉, 그러니까 서유럽과 중유럽을 지리적 배경으로 삼아 가톨릭과 프로테스탄트 기독교 전통을 문화적 뿌리로 삼고 있는 문화적 블록으로서 서양 세계라는 관념을 대중에게 각인하는데 가장 큰 영향력을 끼친 인물로 새뮤얼 헌팅턴을 들 수 있을 것이다. 그는 『문명의 충돌』에서 바로 그 정의에 따라 서양 문명의 경계를 설정했는데 그에 따르면 북아메리카와 서유럽 및 중유럽은 물론 오세아니아와 필리핀 역시 서양에 포함되었다. 그러나 그의 문명 분류법은 지금까지도 많은 비판을 받고 있으니, 그 구분이 매우 작위적이고 일관되지 못하며 실제 국제 정세를 제대로 반영하지도 못했기 때문이다. 그가 그려낸 지도에서 필리핀과 마찬가지로 서양 문명의 식민 지배를 겪었고 가톨릭 지지세가 강한 중남미 지역은 정작 서양에 포함되지 못했으며, 일본은 중국과 한국으로부터 많은 문화적 영향을 받았고 한자, 불교, 유교를 모두 받아들였으나 정작 〈일본〉 문명이라는 유일하고도 독자적인 범주로 분류되었다. 〈동방〉 정교회를 따르는 동유럽 국가들이 서양에 포함되지 못하는 것은 물론이었다. 문명의 경계에 대한 헌팅턴식의 편협한 분류는 각국의 독자적인 역사를 제대로 반영하지 못했음은 물론 섬세하고 미묘한 현실 국제 정세의 변동을 반영하는 데도 실패했다. 같은 문화유산을 이어받았다는 사실이 언제나 두 나라를 친하게 만들어 주는 것은 아니고 그 두 나라 사이에 어떤 동질적인 정체성을 부여하는 것도 아니다. 오늘날 근대적 민족 국가에서 살아가는 사람들은 스스로 어느 거대한 문명권의 주변부에 두기보다는 그들을 세상의 중심에 놓으며 독립적인 정체성을 마련하고자 한다. 예컨대 〈중유럽〉이라는 분류에 놓인 국가들이 그러하다. 이 책에서는 주로 신성 로마 제국과 그 후신인 독일과 관련해서 그 낱말을 사용했으나 폴란드나 체코와 같이 한때 동유럽에 속한 것으로 여겨지는 국가들 역시 스스로 중유럽으로 분류하곤 한다. 그들은 구소련의 해체 이후 소련의 위성국이었던 과거를 청산하면서도 서방 세계와는 구분되는 그들의 독자성을 강조하기 위해 그 낱말을 채택했고 오늘날에도 중유럽의 범위는 정세에 따라 바뀌어 가고 있다.* 마찬가지로 헌팅턴의 지도에서 정교회 문명권으로서 러

* 나는 다음 논문을 참조했다. 김종석, 김용덕, 「체제 전환 이후 폴란드 학계에서

시아와 함께 묶인 우크라이나는 오늘날 러시아의 침공에 맞서면서 자신들의 독자적인 민족 정체성과 역사적 경로를 강조하고 있다.

    이 점을 고려하면서 〈서양 문명〉이 단순히 동일한 역사적 경험을 공유하는 문화적 블록이라기보다는 현재의 이해관계에 따라 재구성된, 〈플라톤에서 나토에 이르는〉 상상의 문화적 계보를 따르는 정치적 동맹이라는 사실을 이해할 때 저자의 의도대로 책을 읽어 나갈 수 있을 것이다. 저자가 지적하는 이른바 〈거대 서사〉란 오히려 그 현실의 동맹을 유지하기 위해 그 안에서 발견되는 모순을 무시하고 수정, 짜깁기, 견강부회(牽強附會)를 반복하면서 간신히 유지 중인 구조물이다. 사실 이 책에서 소개하는 대부분의 사실은 현재 학계에서 그다지 놀랍거나 참신한 내용은 아니다. 오늘날 서양 역사에 조금이라도 관심이 있는 사람들에게 그리스와 로마가 서로 동질감을 느끼지 않았고 두 문화 사이에 적지 않은 차이가 있었다는 점, 중세 이슬람 문명이 고대 그리스의 학문을 보존하고 계승해 발전시켰음은 물론 그 성과물이 서양으로 전달되면서 서양의 지적 개화를 이끌었다는 점, 무엇보다도 고대 로마와 그 뒤를 이은 서유럽 왕국들이 트로이의 후예를 자처했다는 점 등은 이미 상식과도 같다. 그러나 〈서양 문명〉의 역사를 대중적이고 통념적인 수준에서 다루고자 할 때는 고대 그리스-로마 문명에서부터 시작된 불꽃이 중세 암흑기를 거쳐 현대 서양으로 계승된다는, 너무나도 진부한

논의된 중유럽 지역 명칭 연구: 냉전 시대의 동유럽 지역에 대한 지리적 재규정」, 『통합유럽연구』 제14권 2집, 2023, 91~114쪽.

그 서사가 되풀이되곤 한다. 이는 부분적으로는 학계의 성과가 대중에 느리고 제한적으로 유통되는 데서 비롯되고 근본적으로는 현실의 복잡성과 다양성을 반영하고자 하는 최근의 연구들이 단순하고 과격한 정치 구호에 동원되기엔 맞지 않기 때문일 것이다. 현대 미국의 총기 옹호론자들이 〈몰론 라베〉로 대표되는, 고대 그리스의 전사-자유민 사회에 대한 환상을 이용할 때나, 미 의회 의사당 폭동에 가담한 자들이 루비콘을 건너라고 외칠 때 고대 서양사에 대한 고도의 소양은 그다지 쓸모 있지 않다. 마찬가지로 극우적 신념을 가지고 서양이 백인 기독교도들만의 사회가 되어야만 한다고 믿는 사람들은 〈데우스 불트〉(신이 바라신다)라는 십자군 구호를 입버릇처럼 외치는데 그들에게 중세는 유럽이 아직 이주민과 문화적 다양성으로 인해 오염되지 않았던 황금기로 여겨지곤 한다. 그러나 유대인, 흑인, 롬인(우리에겐 〈집시〉라는 멸칭으로 알려져 있다), 쿠만인, 무어인, 시칠리아 아랍인 등 다양한 이민족의 존재는 순백색의 사회로 여겨지는 중세 유럽에 다채로운 빛깔을 더할 것이다. 신성 로마 제국의 수호성인인 마우리시오는 아프리카인이었기에 중세의 회화 속에서 흑인으로 그려지곤 했다. 중세의 여성들은 오늘날과 같은 평등을 누리지 못했을지라도 엄격하고 경직된 성역할을 강요받기만 한 존재는 아니었다. 이와 같은 사실들이 중세학 연구자들을 통해 알려져 왔고 지금도 그들은 중세의 복잡하고도 다양한 현실을 조명하기 위해 노력하고 있다.* 〈서양〉이 무엇인지,

---

* 일군의 중세학자들이 현대 사회에서 통용되는 중세에 대한 인식을 폭넓게 비평했다. 이들은 현대의 중세상에서 쉽게 지워지곤 하는 농민과 하층 도시민들에 대한

그리고 무엇이었는지 묻는 일은 이 모든 부당한 거짓 구호들에 대한 도전이다. 어떤 거짓말이 단순히 더 그럴듯하게 들리고 그렇게 믿는 편이 더 편하기 때문에 받아들여질지라도 사실이 아닌 한 언젠가는 그 말에 깃든 힘은 사라지게 될 것이다. 그리고 무엇보다 거짓말에서 힘을 얻는 사람들이 있듯 어떤 사람들은 진실에서 힘을 얻기 마련이다. 그들을 위해 사람들에게 정전으로 여겨지는 서사를 재검토하고 그 정체가 무엇인지 질문할 필요가 있다.

그렇다면 〈현재〉의 〈대한민국에서〉 살아가는 우리에게 〈서양〉이란 무엇인가? 그 질문이 우리에게도 필요한 것인가? 나는 그렇다고 생각한다. 앞서 말했듯 우리는 서양 세계의 일부로 편입되면서 그들의 생활 양식과 가치관을 받아들였고 더 나아가 동아시아 한자 문화권의 일원으로서 쌓아 올려온 전통과는 분리된, 새로운 문화적 계보를 받아들이고 내재화했다. 그 계보는 한자가 아닌 알파벳을, 동아시아 신화가 아닌 그리스-로마 신화를, 유교나 도교의 제례가 아닌 가톨릭 미사나 개신교의 찬송가를 더욱 친숙하게 여기도록 만들었다. 비록 그 새로운 계보가 옛 계보를 완전히 대체하진 못했으나 현재 서양이 겪고 있는 〈정체성의 위기〉에 우리 역시 공감하고 전염되도록 만들기에는 충분했다. 그 위기의식은 차츰 〈유해할 정도로 극단화된 정치 담

재조명에서부터 인터넷 유머에서 이용되는 중세 이미지에 이르기까지 다양한 주제를 다루고 있다. 앤드루 앨빈, 메리 C. 에를러, 토머스 오도널, 니컬러스 L. 폴, 니나 로 엮음, 『누구를 위한 중세인가: 역사의 오독과 오용에 대한 비판』, 이희만 옮김(파주: 한울아카데미, 2022).

론〉을 키워냈고 그 담론에 힘입어 집권한 〈현직 국가수반에 의한 선거 제도의 기반 흔들기〉를 우리 스스로 경험하기에 이르렀다. 외부의 적과 그에 동조하는 내부의 적을 색출하고 축출해야 한다는 위기의식이 극우 진영 사이에 나돌면서 차별, 혐오, 과격 행동을 정당화했음은 더 말할 것도 없다. 안팎의 적으로부터 서양 문명을 지켜내고 그 순수성을 지켜내야 한다는 서사에서 우리 역시 자유롭지 못하게 되었다. 그러나 우리는 〈서양 문명〉에 대한 다른 서사를 말할 수도 있다. 현대 서양 사회가 과거와 달리 다원주의, 평등, 포용성을 근본 원칙으로 삼고 있다면 우리는 그 원칙들에 비추어 우리의 역사를 다시 검토할 수 있다. 만일 충돌, 대립, 배제를 말하는 문명의 계보가 과거로부터 상속된 것이 아닌 과거를 적극적으로 해석하고 선택한 결과물이라면 우리는 공존과 화해를 위한 역사를 선택하고 끌어내 우리 계보를 다시 쓸 수 있을 것이다. 〈서양 문명〉이라는 거대 서사는 도전받고 있지만 아직 대체되진 않았다. 그것을 대체할 새로운 서사를 쓰는 것은 우리의 몫이다.

마지막으로 이 원고를 검토하느라 많은 수고를 들인 열린책들의 편집자께 감사의 인사를 전한다. 또한 권혁빈 씨, 주현성 씨, 황주영 씨, 오진석 씨 등 직접적, 간접적으로 도움을 준 분들, 그리고 누구보다도 언제나 나와 함께한 가족에게 감사를 전하고 싶다.

찾아보기

가에타, 안토니오 다 227, 286, 288
가이우스 71
가톨릭교회 123, 150, 167
갈, 프란츠 요제프 357
거짓말의 아버지(헤로도토스 참조) 31, 33, 35
건국의 아버지들의 고전주 311, 312, 313, 314
검은 스파르타쿠스 321
게르마니쿠스 72, 73, 74, 75, 78
게보르기얀, 바헤 429
계몽주의 241, 242, 245, 269,
 고대 그리스-로마로부터의 영감 342
 인종적 위계 329
 정치철학 264, 312
 지성의 거성들 247
고대 그리스-로마 118, 172, 174, 190, 199, 240, 243, 261, 262, 292, 312, 347, 349, 378, 430, 453, 457
 거짓된 거대 서사 43, 110, 455
 계몽 199, 243
 근대성 199

근대성의 산파 174
 인종 47, 54, 64
 재탄생이라는 발상 173
고대 루스인 425, 426
고대 문명 포럼 428, 429, 430, 431, 434, 444, 454, 458
고대 문명의 체현 138, 428
『고대 미술사』 347
고대 세계의 계승자로서 이슬람 세계 104, 108, 111
「고대 중국의 과학 기술」 432
고대/고대사 176, 231, 293, 311, 321
 고대사 재상상하기 200
 고대사에 대한 르네상스의 관점 181, 188, 199, 200
 〈고전기〉 고대사 87, 173, 177, 348, 377, 379, 381
 중세기가 암흑시대라는 오해 벗겨내기 85, 86
 지혜의 집 94, 96, 98, 118
『고대사 개요』(린지춘) 428
『고대인의 지혜』(베이컨) 261
고트 왕국 88

찾아보기 563

곡물법 367
『공산당 선언』 360
과학적 방법론 241, 244, 362
과학적 인종주의 333, 357, 358
『광란의 오를란도』(아리오스토) 194
교황청 필기체 126
교황파보다 튀르키예인이 낫다(문구, 기독교 세계: 프로테스탄트-가톨릭 관계 참조) 223
구대륙 43, 53
궤리노(카롤루스 참조) 191~193, 195~197
귀차르디, 실베스트로 186
그랜드 투어 264, 364
그레이스 인 법학원 248
그리니치 표준시 353
그리스 27, 31, 37, 38~45, 64, 161, 172
 계승자로서 아랍인(알킨디 참조) 105, 106, 160
 공통 문화 40, 41, 80, 235
 그리스다움 42, 47, 55, 161, 163
 그리스-아시아 적대감 212
 그리스의 문화유산 87, 107, 108, 166
 〈그리스인〉 정의하기 30, 39, 52, 53, 54
 다라고나의 저작에 제공한 구성 189
 르네상스기 그리스 애호주의 107, 178, 264
 아시아의 그리스인 450
 아테네 선언문 429, 430, 434
 아프리카의 그리스인 450
 이슬람 문화 104
 중국-그리스 관계 428, 431~433

 지리적 분산 39, 123, 163
 지역 전통 41, 104
 폴리스 35, 38
 헤로도토스 시기 39
 그리스 아테네 31, 37, 43, 47
 아테네로 통하는 앙골라 287
 외국인 혐오 45
〈그리스인의 왕〉 124, 140
그리스-페르시아 전쟁 31~33, 44
글래드스턴, 윌리엄 유어트 353, 363~379, 388, 453
 고전기 고대의 계승자로서 영국 354, 381
 역사관 363, 371
 트로이인 특징짓기 373, 375
글린, 캐서린 366
기독교 세계 125, 139, 141, 146, 147, 154, 181, 208, 234, 364
 담미로서 기독교도 212
기번, 에드워드 380
기원의 중요성 11
깃발을 꽂기 전에 무역을 한다(문구, 앙골라의 은징가 참조) 269

나리, 티베리오 186
나크바 393
「내 몸에 두 개의 심장이 깃들 수 있으리」 409
내셔널 트러스트(영국) 19
냉전 151, 389, 390, 423, 424
네덜란드 독립 봉기 210
네덜란드인 207, 273

564

노동절 369
노바이스, 파울루 디아스 드 276, 277
노트, 조사이아 358
녹스, 로버트 358
「뉴잉글랜드 케임브리지 대학에」(휘틀리) 345

다라고나, 루이지 182
다라고나, 코스탄초 팔미에리 182
다라고나, 툴리아 171, 174, 181~191
　결혼 186~187
　고대관의 조명
　고급 매춘부 182, 183
　르네상스 맨〉으로서 171
　삶에서의 전성기
　생애 181~191
다리우스 왕 31
「다비크」421
다빈치, 레오나르도 239
다에시 387, 419~423, 445
다원 발생설 358
다트머스 백작 340
단일 발생설 358, 359
〈대각성〉 335,
대기근 367, 369
대륙 의회 308
대영제국 299, 300, 318, 353, 354, 359, 365, 416, 435
대표 없는 과세 331
댈럼, 토머스 207
데카르트, 르네 241, 242
덴마크 119, 209, 362

도스, 윌리엄 308, 309
도제 366
독립 선언문 302
독일 15, 118, 119, 128, 132, 354, 356, 360, 430
독일 고고학 연구소 422
독일 연방 360
동서 대분열 123, 178
동인도회사 269, 270, 307, 308
드루수스 71~76
드메디시스, 카트린 220
디즈레일리, 벤저민 369~373, 376, 386
딤미 212

라스카리스, 테오도로스 141, 153~168, 179, 208, 399, 451
　13세기 세계 145, 149, 153, 208
　로마인에서 그리스인으로의 변모 163~165
라이프니츠, 고트프리트 239, 242, 246
라티노, 후안 232, 333
라티노이 165
라틴아메리카 313, 320, 404
『라틴인을 향한 두 번째 연설』(라스카리스) 165~166, 168
람, 캐리 416, 435~444
　교육 436, 438, 440
　대안적 거대 서사 417, 419, 435
　두 세계의 인물로서 435~438
　별명 440
　병렬적 문명 427

찾아보기　565

출생 436
람시우포 437, 438
랑케, 레오폴트 폰 362
랑케의 역사 탐구 391
램지, 프랭크 239
러스킨, 존 386
러시아 19, 356, 418, 424, 426
러시아 국립 교향악단 423
「러시아인과 우크라이나인의 역사적 단일성에 관하여」(푸틴) 19, 424~425
런던 왕립학회 248
레판토 해전 212~231, 232~233
렉싱턴 전투 297, 309, 342
로마 제국 35, 61, 64, 79, 119~126, 149, 160, 213, 379, 421, 425, 450
로마 조약 80
로마의 아버지(워런) 311
로마이오이 160~161, 165
〈로마인의 왕〉 121
로이체, 에마누엘 315
로즈는 쓰러져야 한다 389
로타르 3세(황제) 126
록스버리 라틴 스쿨 304
롱펠로, 워즈워스 309
『루미야』 421~422
루베르튀르, 투생 321
루소 241~242, 246, 312
루이지, 돈 186
루치오 3세(교황) 120
루터, 마르틴 208
루터교 208~209, 214, 312
르낭, 에르네스트 374

르네상스 14, 17, 22, 118, 172~201, 207, 226, 299, 451
르네상스기 그리스 애호주의 107, 178, 313
리, 존 442
리비어, 폴 297, 307, 309
리비우스 64, 80
리빌라 61, 63, 70~81, 400, 450
리틀턴, 조지 338
린네, 칼 294
린디스판섬, 노섬브리아 88
린지춘 427~428

◉

마라톤 전투 31, 44
마르크스, 카를 356, 427
마리넬라, 루크레치아 198
「마이케나스에게」(휘틀리) 344~345
마지 아 삼바 284
마탐바 왕국 285~286, 288
만사 무사 95, 273
말키, 에스페란사 222
매사추세츠주 의회 297
맥닐, 윌리엄 244
메디치, 코시모 데 178, 187~188
메리 1세(스코틀랜드 여왕) 210, 214
메흐메트 2세(술탄) 226
메흐메트 3세(술탄) 205, 216, 218, 220
『일 메스키노』(다라고나) 185, 193~199
멕시코 429
멜로스의 대화 44
명백한 운명 316

『모든 것에 관한 책』(『왕의 보감』 참조)
  139
모스 마이오룸 작전 15, 80
몬페라토의 콘라트 130~131
몰타 농성전 213
무라트 3세(술탄) 214
무라트 4세(술탄) 231
교역망 65, 274
무잘론, 게오르기오스 162~163
무치오, 지롤라모 182, 185, 188
『무한한 사랑에 관한 대화』(다라고나)
  186, 188~190
무함마드(선지자) 95, 192, 224, 421
문명 정체성 형성하기 400, 450
문명의 충돌 18, 28~30, 46, 48, 53,
  166, 198, 212, 231, 233, 373, 377,
  403, 422, 431
『문명의 충돌』(헌팅턴) 30, 87, 431
『문화와 제국주의』(사이드) 404, 407
미국 독립 전쟁 297, 301, 309, 323,
  328, 342
『미술가 열전』(바사리) 175
미슐레, 쥘 175
미초타키스, 키리아코스 433
미켈란젤로 13, 177
미텔오이로파 356
미헬스베르크의 프루톨프 121
민중에 의한 통치(데모크라티아) 43

(ㅂ)
바그다드 94, 96, 98, 101, 103, 118,
  126, 224, 429
바넘, 앨리스 252

바레인 418
바렌보임, 다니엘 398
바로 67
바르키, 베네데토 189~190
바사리, 조르조 175, 199, 232
바이트 알히크마(지혜의 집 참조) 96
『바쿠스의 여신도들』(에우리피데스)
  405
바턴, 에드워드 221
바헤이라, 발타사르 277
반달 왕국 88
발리데 술탄, 칭호(또한 사피예 술탄
  참조) 206, 217, 221
배젓, 월터 359
『백색 유럽인』 294
백인의 짐 357
버지니아 노예법(1705) 331
번역 운동 98
법 앞의 평등(이소노미아) 43
벙커힐 전투 297, 323
「벙커힐 전투에서 워런 장군의
  죽음」(그림) 323
『베네치아 매춘부 가격표』 184
베네치아에서 온 상인들 150, 220
베르길리우스 68~69, 177, 337
베르니에, 프랑수아 294
베르들로, 필리프 183
베스트팔렌 조약 455
베이컨, 로저 86, 258
베이컨주의 방법론 248, 254
벤티볼리오, 에르콜레 185
벨 신전 422
벨기에 199, 213, 354

벨라스코, 토마스 데 토레혼 이 321
벰보, 피에트로 186
보수당 365, 367~369
『보스턴 가제트』 306, 314
보스턴 차 사건 308, 338
보스턴 학살 298, 307, 319, 336, 340
보이아르도, 마테오 마리아 198
보카치오, 조반니 178, 194
볼리비아 429
볼테르 118~119, 241, 245
부르크하르트, 야코프 174
부시, 조지 418
북아메리카 13, 54, 245, 262, 270, 298~300, 315, 319, 332, 335, 347, 355, 389, 395, 437, 445
북한 417~418
분홍색 잉크의 활용 353
브레이스, 찰스 로링 359
브루스, 존 콜링우드 380
브루스, 토머스 362
『브리타니아의 트로이』(헤이우드) 228
비잔티움 제국 85, 89, 93, 107, 111, 124, 133, 140, 150~153, 157, 159, 165, 167, 179, 224, 425~426
비컨, 토머스 211
비테르보의 고프레도 115~118, 126~141
  우리 담당 사제 고프리도 129
  에우로파 123~124
  역사상에 대한 관점 132
  『왕의 보감』 117, 132, 134~136, 138~140
  왕정의 기원에 관해 116
  외교관 사제로서 126
  트로이 보학에 대한 관심 135, 225
빙켈만, 요한 요아힘 347~348

ㅅ

사드 후작 288, 330
『사랑에 빠진 오를란도』(보이아르도) 198
『사랑의 대화』(스페로니) 185, 188~189
사로치, 마르게리타 198
사이드, 에드워드 47, 391~398, 400~409
  범주 너머로의 움직임 409
  서양 문명에 대한 재고 391
  서양 비판 385~387, 403
  오리엔탈리즘 401, 403, 404, 406, 407
  정치적 각성 395
사피예 술탄 205~207, 215~224, 228~234
  권력의 부상 219, 221
  엘리자베스 1세와 교환한 서신 221~222, 234
사하라 이남 아프리카 92, 93
사회적 불만 359
살로몬의 집 256~260
살비아티, 마리아 187
삼바, 킬루안제 키아 276
「300」(영화) 30
30년 전쟁 242
『새터데이 리뷰』 359
『새로운 아틀란티스』(베이컨) 254,

260
새로운 아틀란티스(벤살렘) 254
서고트 왕국 88
서구룡 문화 지구 443
서구의 자멸, 문구 385
서양 문명의 인물들
　글래드스턴, 윌리엄 유어트 353~382
　다라고나, 툴리아 171~201
　람, 캐리 415~447
　리빌라 61~81
　베이컨, 프랜시스 239~264
　비테르보의 고프레도 115~141
　사이드, 에드워드 385~411
　사피에 술탄 205~235
　알킨디 85~111
　앙골라의 은징가 267~294
　워런, 조지프 297~324
　테오도로스 라스카리스 145~168
　헤로도토스 27~57
　휘틀리, 필리스 327~349
『서양의 발흥』(맥닐) 244
설탕법(1765) 301
설탕세 305
『성 마르틴의 삶』 88
세둘리우스 123
셀주크 158, 163, 203
셸리, 퍼시 비시 380
소년 성애자 253
소자, 코헤이아 드 267~268, 275, 286
소포클레스 37, 90
수에즈 위기 394
『수전노의 책』 101
숙녀를 위한 품목 223

술레이만 대제 224
쉬블림 포르트(오스만 제국 참조)
　206~207, 213~214, 220
슈미트콜리네트, 안드레아스 423
슈푸르츠하임, 요한 가스파르 357
스미스, 호러스 380
스웨덴 179, 209
스카이볼라, 무키우스 311
스카일러, 필립 316
『스칸데르베이데』(사로치) 198
스콧, 월터 361
스페로니, 스페로네 185, 189
스페인 15, 39, 95, 130, 164, 179, 186,
　209, 213, 230, 268, 270
스펜서, 에드먼드 227
스포퍼드, 에인스워스 랜드 449
슬라브 애호 356
시바난단, 암발라바너 388
시스네로스(추기경) 180
시에라리온 379
시진핑 431, 433
「신 매사추세츠 해방가」 317
『신곡』(단테) 177
『신기관』(베이컨) 247, 248, 261
신드 이븐 알리 96, 100, 102
「신붓감을 찾기를 재촉하는 벗들에게
　보내는 답신」(라스카리스) 157
신성 동맹 212, 232~233
신성 로마 제국 120~125, 132~133,
　137~139, 150, 176~179, 213~214,
　270
신플라톤 학당(피렌체) 178~179
실크로드 정신 434

ㅇ

아가멤논 162
아그리피나 70, 72~73, 75~79
아랍에미리트연합 418
아랍-이스라엘 전쟁 395
「아랍인 묘사」 395
아르기로풀로스, 요안니스 179
아르메니아 71, 152, 192, 429
아리스타고라스 35
아리스토텔레스 43, 54, 98, 103, 105, 161, 164, 188~190, 289
아리오스토, 루도비코 194
아모, 안톤 빌헬름 333
아부 마샤르 96, 100, 110
아브라바넬, 레온 189
아우구스투스 68~73, 121, 344
아우스트리아드(라티노) 232
『아이네이스』(베르길리우스) 68~69, 194
아이젠하워, 드와이트 D. 146
아일랜드 193, 250, 269, 300, 361, 367, 369
아치볼드 벨 338
아케메네스 왕조 페르시아 제국 28,
아크로폴리테스, 게오르기오스 162
아테네 선언문(고대 문명 포럼) 434
아편전쟁 367
아폰수(국왕) 274
아폴론 45, 194~195, 426
아프가니스탄 28, 91, 96, 418~420, 451
아프리카계 미국인 332~333
아피아, 콰메 앤서니 548

안트로포이 50
「안티키테라 난파선」 432
알라리크(국왕) 87
알라티프 100
알렉산데르 3세(교황) 120
알렉산드로스 대왕 39, 62, 91, 106, 198, 229, 318, 348
『알렉시아드』(콤니니) 90
알마수디 106
알말리크, 압드 211
알무타와킬 101~102
알아사드, 칼레드 422~423
알자파리, 이브라힘 431
알자히즈 96, 101, 103, 107
알카에다 418~420
알킨디 89, 95~96, 98~111
　경쟁적 학술 활동 101~103
　동료들 99~101
　아리스토텔레스에 대한 꿈 103
　유산 86~92, 104, 107, 110
　저술 86, 90, 98~99, 101, 110
　지혜의 집 94
알파라비 110
암갈색 아시아인 294
앙골라의 은징가 267~268, 271, 273, 275, 277~294
　17세기 세계 269~273, 290, 292~294
　경쟁자 제거 279, 283
　국제 외교 273~274, 276, 285
　묘사된 모습 284~285, 287~289, 293
애덤스, 새뮤얼 297, 306, 314, 343

570

애덤스, 존 297, 304, 306, 316, 318, 343
앨런, 시어도어 330
얼스터 플랜테이션 270
얽매인 자들 330
『산문 에다』 134
『에리트라이해 항해기』 91
에식스 백작 249~251
에우제니오 3세(교황) 129
에티오피아 교회 178
『엔디미온』(디즈레일리) 370
『엔리코』혹은『정복된
  비잔티움』(마리넬라) 198
엘레판티네섬 36
엘리자베스 1세(여왕) 206, 209~210,
  214, 220~223, 227~234, 240, 250
엠플러스 미술관 443
엥겔스, 프리드리히 360
『역사』(헤로도토스) 28~36, 48,
  50~56, 458
역사의 아버지(헤로도토스 참조) 31,
  33, 35
역사의 종언(문구) 390
『연감』(에임스) 315
「열두 달짜리 갓난아기 C. E.를 위한
  추도시」 335
예루살렘 66, 149, 194, 391~392
예이츠, W. B. 361
오도아케르 160
『오디세이아』(호메로스) 194
오라녀의 빌럼 209~210, 214
오를란디니, 아프리카노 182
오리엔탈리즘 403, 405
오비디우스 177, 194, 344~345

오스만 제국 152, 179, 197, 206, 210,
  212~213, 219~220, 225, 233, 357,
  377
오스트리아의 레오폴트 147
오슬로 평화 협정 397
오이쿠메네 164
오컴, 샘슨 342
오키노, 베르나르디노 185
오타바 리마 194
올드사우스 회관 307~308
올리버, 앤드루 327
왕이(중국 외교부장) 430, 434
요르단 418
요한, 사제왕 192, 195~196
우르바노 3세(교황) 120, 139
우산 혁명 439
우스터, 데이비드 343
우즈베키스탄 413
우크라이나 침공 19, 424
울스턴크래프트, 메리 242
워그 329
워런, 머시 오티스 316
워런, 조지프 297~299, 304~311,
  317~324
  그리스-로마 시대의 회고 317~318
  그의 유산 317
  근대성 설계 309
  정치적 활동 298~306
워싱턴, 조지 301~303, 316, 321, 342
웡, 조슈아 440, 442
웨스트-이스턴 디반 오케스트라 398
『위대한 복원』(베이컨) 261
윌리엄, 나소, 시니어 357

찾아보기 571

윌리엄, 프랜시스 333
윌버포스, 윌리엄 365
유난 105~106
『유럽에서의 십자군』(아이젠하워) 146
「유레카! 고대 그리스의 과학 기술과 예술」(전시회) 431
유베날리스 64, 68
유엔 총회 429
율리아, 클라우디아 리비아 70
은골라 하리 283, 285
은골라, 음반데 아 277~283
은동고 왕국 275~286
은둠보, 템보 아 284, 289
은징가의 기독교 개종 281~282
음반자 콩고 274
의회 도서관(미국) 13, 16, 23, 449
의회 의사당 공격(미국) 15, 415~416
이라크 419~420, 429
이란 149, 429
이사, 하난 409
이스라엘 393, 395
이슬람 국가(ISIS, 다에시 참조) 387, 419
이슬람 혐오 166, 197, 199, 233, 406
이오니아 봉기 31
『이온』(에우리피데스) 45
이즈 앗 딘 카이카우스 2세 158
이집트 28, 36, 39, 51, 151, 164, 181, 192, 199, 224, 290, 342, 362, 418, 429
이탈리아 27, 38, 48, 62, 79, 119, 123, 128, 160, 249, 354, 372, 429, 430
『이탈리아 르네상스의 문화』(부르크하르트) 174
이탈리오이 165
이튼 363, 368, 371
『인간 불평등 기원론』(루소)
인도 91, 192, 194~197, 257, 270, 272, 376, 382, 429
인지세법(1765) 301, 305~306, 339~340
일대일로 계획 433~434
『일리아스』(호메로스) 19, 62, 162, 191, 228, 230, 373, 405
일리움(트로이, 로마 참조) 61~62
일본 270, 354, 404, 418
임방갈라인 279, 283~289
임페라토르 로마노룸(로마의 황제) 118, 120

「자금성: 건륭제의 내실」(전시회) 432
『자연의 체계』 294
자유(엘레우테리아) 52
자유주의 21, 368, 385
자칭 수호자들 386, 456
작센 119, 209
재너스, 마리 395~396
재세례파 209
제2차 세계 대전 19, 146
제3의 로마(러시아 참조) 425~426
제4차 십자군 151, 153, 165, 167, 198, 225
제5차 십자군 147,
제국주의 18, 21, 23, 44, 56, 65, 264, 269~270, 301~303, 322, 330, 387,

402, 406~407, 426, 452
제임스 1세 230, 239~240, 251, 263, 269
제퍼슨, 토머스 146, 302~303, 321, 332
「조씨고아」 432
조지 3세(국왕) 339
존슨, 새뮤얼 303
종교 전쟁 145~146, 209
『종교적이고 도덕적인 다양한 주제에 관한 시집』(휘틀리) 328
『종의 기원』(다윈) 358
중국-그리스 관계에 대한 대화 431~435
중세기 86, 95, 110~111, 118, 147, 154, 252
　기독교 세계 147, 151, 167, 181
　암흑시대라는 오해 벗겨내기 85~86, 111, 174
지혜의 집(바그다드의 대도서관) 94~98, 118

ⓧ

차우, 아그네스 440, 442
찰스 1세(국왕) 251, 263
채프먼, 조지 228,
츠빙글리파 209

ⓚ

카롤루스 대제 89, 119~120, 123~124, 133, 137~138, 140, 176, 191
「카르타고의 여왕 디도」(말로) 228

카바사 278, 280
카바치, 조반니 안토니오 277, 288~294
카이사르, 율리우스 15, 62, 67~69, 81, 121, 124, 318
카토 311, 314
칸디아론크 246
칸트, 이마누엘 241, 244, 330
칼뱅교 208
캐슬 윌리엄 305
캘훈, 존 C. 332
코로나19 429, 441~442
코르도바, 돈 곤살로 페르난데스 데 232
코치아스, 니코스 431
코크, 에드워드 228, 251~252
콘라트 3세 127
콘래드, 조지프 395
콘스탄츠 조약 129
콘스탄츠 화평 136
콘스탄티노폴리스 89, 122~123, 133, 150~155, 158, 160~161, 165, 179, 191, 193, 213, 225~226, 425~426
『콘스탄티누스 발췌록』 90
콜럼버스, 크리스토퍼 13, 257~258
콤니니, 안나 90, 162
콩고 민주공화국 274
콩고 왕국 274~275, 285
『콩고, 마탐바, 앙골라의 세 왕국에 대한 역사 서설』 288
콩코드 전투 309, 342
쾨니히스발(국왕 선출) 119
쿠산 제국 92

찾아보기 573

쿠퍼, 새뮤얼 343
퀘이커교도 333
퀵실라스 289
크로이소스 49~50
크리세이스 162
크세르크세스 31~32, 35, 62
클라시쿠스 64, 347
키르케 194
키플링, 러디어드 357
킨디야 102

ㅌ

타르카드카르, 바스카르 판두랑 379
타소, 토르카토 198
타운센드법(1767) 301
타키투스 70
탁티쿠스, 아이네아스 91
『탕크레드, 혹은 새로운
  십자군』(디즈레일리) 370, 372
테미스토클레스 35
토인비, 아널드 449
톰센, 크리스티안 위르겐센 362
투키디데스 56, 91, 242~243
『툴리아 다라고나 부인
  시집』(다라고나) 186
튀르키예 역사 테제 19
트럼불, 존 323
트럼프, 도널드 15
『트로이 이야기』 228
「트로이인의 가계에 대하여」 67
『트로일러스와
  크리세이드』(셰익스피어) 194, 228
「티레니아」 182, 188

ㅍ

『파더보른 서사시』 123
파리 조약 320
파샤, 코카 시난 217
파스칼로스(조지프 워런 참조) 311
판아테나이아 45
『판테온』(『왕의 보감』 참조) 117,
  139~140
팔라디오, 안드레아 176, 263
팔레올로고스, 미하일 159
팔레스타인 민족 평의회(PNC) 397
팔레스타인 위임통치령 392
팔미라 훼손 422
패그던, 앤서니 30
『퍼시 잭슨과 올림포스의 신: 번개
  도둑』(라이어든) 15
페드로, 돈 186
페라라-피렌체 공의회 178, 208
페루 429
페르시아 제국 28
「페르시아인들」(아이스킬로스) 46
페어팩스 결의안 302
페인, 토머스 242
페트라르카 168, 178, 183
페트리, 플린더스 362
펜달리아, 줄리아 182
『펜실베이니아 크로니클』 315
「펜잔스의 해적들」 381
펠리페 2세(국왕) 214, 232
포로스 50
포르피리오스 105
포카스 163
「폴 리비어의 질주」(시) 309

폴리스(도시국가) 35, 38~39, 41~42
푸틴, 블라디미르
프랑코크라티아 152
프랑크 놈들 137
프랜시스 베이컨 13, 239~241,
　246~264, 292, 304, 399, 449, 452
　당시의 계몽 운동 241~247
　문화적 타자에 관한 관점 260, 264
　저작 253~254
　지성의 거성으로서 244
　〈지식은 힘〉 원칙 254, 256
　탐험 246~247
프랭클린, 벤저민 315
프레데가르 225
프로이센 209
프로테스탄트주의 211
프리드리히 1세(황제) 116, 132
프리아모스의 자손 132, 134~135
플라톤 12~13, 90, 98, 156, 161, 188,
　190, 255, 260
〈플라톤에서 나토에
　이르기까지〉(문구) 558
플로티노스 105
플루타르코스 33~35, 54
피부색 54~55, 80, 271~272, 294, 359
피첨, 에드먼드 252
피치노, 마르실리오 189
피타고라스 97, 161, 165, 242
피터스, 존 346
피트리버스, 오거스터스 362
필, 로버트 367
필로바르바로스(야만인 애호가) 34
필리포 스트로치 183, 185

ㅎ

하드리아노 4세(교황) 120, 129
하드리아누스 황제 64, 347, 380
하렘 정치 217
하세키 술탄, 직위(사피예 술탄 참조)
　206, 215~217
하워드, 토머스 262
『학문의 진보』(베이컨) 253
학생 특권 부여령 129
한국 386, 418
할리카르나소스(보드룸) 28, 35, 42,
　48, 54
합스부르크 왕조 119, 209, 212~214,
　220, 231~234, 354
『해방된 예루살렘』(타소) 198
행콕, 존 297, 302, 306~307, 316, 327,
　337, 343~344
허친슨, 토머스 327
헌팅던 백작 부인 336, 338, 344~345
헌팅던의 헨리 134
헌팅턴, 새뮤얼 30, 87, 431
헝가리의 언드라시 147
헤겔, 프리드리히 288, 330, 378
헤로도토스 13, 27, 29~38, 41, 43,
　48~57, 90, 196, 313, 399, 406, 458
　거짓말의 아버지로서 31, 33, 35
　문명의 충돌 28~30, 48, 53, 55
　야만인 애호가로서
　『역사』의 유산 53~54
　역사의 아버지로서 28, 31, 33, 35
　초기 생애 36
　〈탐문〉 48~50
헥토르호 230

헨리 8세(국왕) 269
헬리콘산 184, 337
호메로스 13, 19, 56, 162, 165, 168, 344~345, 372~373, 378, 405, 457
『호메로스와 호메로스 시대에 관한 연구』(글래드스턴) 372
호엔슈타우펜 왕조 116~120, 124, 127~128, 133~134, 138
호턴, 제임스 아프리카누스 베알레 379
홀데인, 조지 334
홉스, 토머스 242~243, 262, 312
홍차법(1773) 301, 307
화이트필드, 조지 335~336, 338, 340
『황금 초원』(알마수디) 106
후쿠야마, 프랜시스 390
후턴, 엘리자베스 305

휘틀리, 수재나 334, 338~339, 342
휘틀리, 존 327, 334
휘틀리, 필리스 327~329, 334~349, 389, 400, 452
  고립 346
  명사로서의 지위 337, 349
  시집 327~328, 334, 344
  인종적 위계 329~334
  정치적 관심 339~346
흄, 데이비드 330, 334
흑색 아프리카인 294
『흑색법』 294, 330
흑인의 생명은 소중하다 389
히기누스 67,
힌두인 작가 379

옮긴이 **이재훈** 고려대학교에서 서양 중세사 전공으로 석사 학위를 받았고 현재 중앙대학교에서 서양 중세사 전공으로 박사 논문을 준비 중이다. 중세 독일의 무예와 스포츠를 중심으로 유럽의 몸의 문화가 정치, 사회, 기술 등의 요소과 관계 맺으며 성장하고 변모한 과정을 고찰하고 있다.

만들어진 서양

발행일 2025년 6월 25일 초판 1쇄

지은이 니샤 맥 스위니
옮긴이 이재훈
발행인 홍예빈
발행처 주식회사 열린책들

경기도 파주시 문발로 253 파주출판도시
전화 031-955-4000 팩스 031-955-4004
홈페이지 www.openbooks.co.kr 이메일 humanity@openbooks.co.kr

Copyright (C) 주식회사 열린책들, 2025, *Printed in Korea.*
ISBN 978-89-329-2526-4 03900